O SUJEITO FALANTE

em ciências da linguagem

Conselho Acadêmico
Ataliba Teixeira de Castilho
Carlos Eduardo Lins da Silva
Carlos Fico
Jaime Cordeiro
José Luiz Fiorin
Tania Regina de Luca

Proibida a reprodução total ou parcial em qualquer mídia
sem a autorização escrita da editora.
Os infratores estão sujeitos às penas da lei.

A Editora não é responsável pelo conteúdo deste livro.
O Autor conhece os fatos narrados, pelos quais é responsável,
assim como se responsabiliza pelos juízos emitidos.

Consulte nosso catálogo completo e últimos lançamentos em **www.editoracontexto.com.br**.

Patrick Charaudeau

O SUJEITO FALANTE
em ciências da linguagem

Restrições e liberdades
Uma perspectiva interdisciplinar

Copyright © 2025 do Autor

Todos os direitos desta edição reservados à
Editora Contexto (Editora Pinsky Ltda.)

Ilustração de capa
Terrasse à Sainte-Adresse, Claude Monet (1866/1867)

Montagem de capa
Gustavo S. Vilas Boas

Diagramação
Cumbuca Studio

Coordenação de tradução
Maria Aparecida Lino Pauliukonis
Rosane Santos Mauro Monnerat

Tradução
Beatriz dos Santos Feres, Lucia Helena Martins Gouvêa,
Maria Aparecida Lino Pauliukonis, Patricia Ferreira Neves
Ribeiro, Rosane Santos Mauro Monnerat, Tânia Reis Cunha e
Bianca Brito de Carvalho Araújo

Preparação de textos
Daniela Marini Iwamoto

Revisão
Tânia Reis Cunha, Bianca Brito de Carvalho Araújo e
Tomoe Moroizumi

Dados Internacionais de Catalogação na Publicação (CIP)

Charaudeau, Patrick
O sujeito falante em ciências da linguagem: restrições
e liberdades: uma perspectiva interdisciplinar / Patrick
Charaudeau. – São Paulo: Contexto, 2025.
320 p.

Bibliografia.
ISBN 978-65-5541-608-4
Título original: Le sujet parlant en sciences du langage.
Contraintes et libertés : Une perspective interdisciplinaire

1. Linguística 2. Análise do discurso I. Título

25-2748   CDD 410

Angélica Ilacqua – Bibliotecária – CRB-8/7057

Índice para catálogo sistemático:
Linguística

2025

EDITORA CONTEXTO
Diretor editorial: *Jaime Pinsky*

Rua Dr. José Elias, 520 – Alto da Lapa
05083-030 – São Paulo – SP
PABX: (11) 3832 5838
contato@editoracontexto.com.br
www.editoracontexto.com.br

Sumário

PREFÁCIO 7

PRIMEIRA PARTE
PERCURSO INTERDISCIPLINAR

INTRODUÇÃO AOS PERCURSOS 17

PERCURSO FILOSÓFICO 23

PERCURSO SOCIOLÓGICO 41

PERCURSO LINGUÍSTICO 57

SEGUNDA PARTE
A DIMENSÃO ENUNCIATIVA

O SUJEITO FALANTE E A CRIAÇÃO DO SENTIDO 85

A ENCENAÇÃO DO ATO DE LINGUAGEM 115

TERCEIRA PARTE
A DIMENSÃO COMUNICACIONAL

O SUJEITO FALANTE E O ESPAÇO DE RESTRIÇÃO............................ 151

O SUJEITO FALANTE EM LIBERDADE VIGIADA 195

QUARTA PARTE
A DIMENSÃO TOPICALISANTE

OS "IMAGINÁRIOS SOCIODISCURSIVOS" 225

O SUJEITO INTERPRETANTE 277

CONCLUSÃO – O SUJEITO FALANTE ENTRE RESTRIÇÕES E
LIBERDADE 301

AGRADECIMENTOS 303

REFERÊNCIAS BIBLIOGRÁFICAS 305

BIBLIOGRAFIA DO AUTOR 317

O AUTOR 319

Prefácio

"Os pensadores são pessoas que repensam e que pensam que o que foi pensado nunca foi suficientemente pensado."
(Paul Valéry, Conclusões)

Em 1983, a disciplina denominada Linguística abria-se a várias correntes de pensamento. Reuniram-se as bases da Linguística e criaram-se a Associação das Ciências da Linguagem (ASL) e a Associação de Linguistas do Ensino Superior (Ales). Ali se confrontavam a tradição dos estudos filológicos, gramaticais e históricos (Meillet), a análise estrutural da língua definida por Ferdinand de Saussure e os seus diferentes prolongamentos, fonológico e funcional (Jakobson, Troubetzkoy, Martinet), semântico (Guillaume, Pottier, Culioli, Martin, Lyons), gerativo (Chomsky), sob a designação de "Linguística Geral". Depois, sob a influência dos escritos de Émile Benveniste, surge a teoria da enunciação e, ao mesmo tempo, na tradição da filosofia analítica da linguagem, a análise pragmática que dá origem à teoria dos atos de fala (Austin, Searle, Grice, Ducrot na França). A disciplina, então denominada uma "ciência da linguagem", estava aberta a outras influências de outras disciplinas interessadas nos aspectos psicológicos e sociais da linguagem: a Sociologia Antropológica, Etnográfica e Etnometodológica (Goffman, Dell Hymes, Gumperz, Garfinkel); diversas Sociolinguísticas (Bernstein, Halliday, na Grã-Bretanha; Fishman, Labov nos Estados Unidos); a Psicologia Social (Moscovici, Ghiglione, Trognon, Chabrol, Marc-Lypianski e Picard, na França, Roulet, na Suíça) descrevendo as interações linguageiras e as dinâmicas das relações psicossociais. Esta ciência da linguagem tornou-se então um todo composto, incluindo a Linguística Histórica, a Linguística Comparada, a Linguística Teórica, a Sociolinguística, a Etnolinguística, a Psicolinguística, a Linguística Discursiva, a Linguística Pragmática, a Linguística Aplicada, entre outras.

Foi nesta época que, após a redação da minha tese de doutoramento,[1] escrevi *Linguagem e discurso*,[2] o primeiro livro em que, influenciado por todas essas correntes, lancei as bases do que viriam a ser as minhas preocupações em Análise do Discurso, centradas em torno do sentido e da significação, nos seus componentes

8 O sujeito falante em ciências da linguagem

externos, psicológico e social, com os conceitos de contrato de comunicação, estratégia discursiva e imaginário sociodiscursivo, num espírito de interdisciplinaridade, uma vez que a Análise do Discurso não é a única a tratar dessas questões. Sendo assim, não é jamais original.

Refletir sobre e com a linguagem é, de fato, colocar-se na filiação de todos os que trabalharam sobre ela no passado, e tudo o que estamos a fazer, à luz de uma época contemporânea; é retomar as noções, os conceitos e as formas de raciocínio daqueles e daquelas que nos precederam. Na história de uma disciplina, nunca ninguém morre. É disso que este livro dá testemunho.

Há um outro aspecto que o caracteriza. É aquilo a que poderíamos chamar, segundo a fórmula consagrada em política, o "direito de fazer um inventário". Só que aqui se aplica a si próprio, no domínio científico. É uma tarefa terrível e um grande risco querer confrontar o nosso próprio itinerário para medir a sua coerência. Porque a investigação segue por estradas secundárias onde nos perdemos, quero dizer, onde somos levados a recomeçar, corrigir e até mesmo contradizer. Por isso, pareceu-me que, depois de tantos anos trabalhando sobre a linguagem, era hora de arriscar e corrigir as coisas. Isto implica voltar a escritos anteriores, ousar citar-se para ser mais preciso, e mesmo retificar-se. Peço desculpa aos leitores que por acaso tenham lido estes escritos, mas, por favor, tenham paciência e não me censurem, tanto mais que não os lerão aqui exatamente da mesma maneira e os encontrarão inseridos num conjunto que lhes dá uma certa coerência. A reflexão científica avança numa redundância progressiva através de uma intertextualidade que põe em diálogo os escritos de uns e de outros com os seus próprios. O *Eu* científico é um *Nós*. Há, no entanto, outras razões mais profundas para este empreendimento.

A LÍNGUA

Em primeiro lugar, a paixão pela *língua*. A língua, essa "coisa" que, desde nosso nascimento, está presente em nossa vida, justificando-a, questionando-a e, por vezes, amaldiçoando-a. A língua em todos os seus componentes: a fala e a boca, a escrita e a mão. A oralidade e as vibrações do aparelho fonador; a escrita e os vacilos da inscrição dos signos. Mas também a linguagem, objeto de tantos mal-entendidos, muitas vezes confundida com a língua, que, no senso comum, é vista ora como uma manifestação frívola do homem nas suas falsas promessas ("blá-blá-blá"), ora como um meio de ocultar a verdade (mentira, engano e ardil), ora como ineficaz perante os atos ("As palavras voam").

Não conhecemos o mundo, apenas sabemos o que a linguagem diz sobre ele. O mundo não significa em si mesmo; significa apenas através da linguagem.

Estas fórmulas parecerão excessivas, levantando-se a questão do que significa "conhecer" e "significar". Perplexidades que se refletem nos debates filosóficos entre "realistas" e "nominalistas", que se poderiam resumir, de forma demasiado esquemática, dizendo que os primeiros postulam que o mundo é pensável para o homem através de categorias universais transcendentes (Platão), enquanto os segundos postulam que a inteligibilidade do mundo só pode ser apreendida nomeando-o, através de categorias construídas (Aristóteles). Parece, segundo alguns filósofos contemporâneos,[3] que a posição nominalista dominou o período moderno desde Hume e a Filosofia Analítica (Wittgenstein), mesmo que certas correntes contemporâneas como o "novo realismo" aspirem a mudar o contexto.

No entanto, podemos adiantar que, enquanto temos em conta esses debates, que analisaremos na primeira parte deste livro, existe um outro ponto de vista, o da reflexão semiológica e linguística, que defende que o mundo adquire significado através de um processo de transformação que o leva de um estado *fora de significação* para um estado de *significação*: o signo não é uma cópia da realidade, o signo faz significar a realidade. E esta transformação dá-se sob a responsabilidade de um sujeito que tem a intenção de dar sentido ao mundo, através da articulação de sistemas de significantes e significados. A significação é sempre o resultado de uma construção. Assim, a língua não é apenas um instrumento ou uma ferramenta, como o martelo para o prego ou a língua para a realidade. A linguagem faz parte dela, está a serviço do ato de linguagem, que é a possibilidade da relação entre o ser e o mundo. É preciso, portanto, tentar dar conta desse processo de construção de sentido, porque é verdade que se a linguagem nos permite representar o mundo, embalar-nos em verdades, ela funciona também como uma ilusão, transportando-nos, para o bem ou para o mal, em considerações fundadoras da nossa condição humana. É essa a minha principal motivação, e é para descrever este processo de construção de sentido que este livro se propõe na sua segunda parte.

Mas isso não é tudo, porque a linguagem é o que permite aos seres humanos relacionarem-se entre si, oporem-se, influenciarem-se, criarem laços de solidariedade, formarem um coletivo, mas também singularizarem-se. Todo o resto decorre disso: a organização social, as instituições, os imaginários sociais e, no meio, o sujeito, que procura o seu caminho e a sua voz. Chego assim à minha segunda razão: o *sujeito*.

O SUJEITO

O sujeito em geral, e o *sujeito falante* em particular. Porque dizer que a linguagem está no centro de todas as coisas humanas é dizer que o sujeito falante é o seu cerne, o seu grande organizador. Tive de voltar a esta noção, que sempre esteve no centro da minha investigação sobre os fenômenos linguageiros. E, nomeadamente, para definir a sua existência como indivíduo, ou seja, como sujeito que se individua face às determinações sociais. Norbert Elias, em "Problemas da autoconsciência e da imagem do homem", considera que "faltam-nos [...] os padrões de pensamento e, sobretudo, a visão de conjunto que nos permitiriam conciliar melhor as nossas concepções do homem como indivíduo e como entidade social". E continua sua reflexão:

> Aparentemente, temos dificuldade em explicar a nós próprios como é possível que cada indivíduo seja uma pessoa única, diferente de todas as outras, um ser que sente de uma certa maneira o que mais ninguém sente, que vive o que mais ninguém vive, que faz o que mais ninguém faz, um ser para si próprio e, ao mesmo tempo, um ser para os outros e entre os outros, com quem forma sociedades com estruturas mutáveis, cuja história, tal como se desenrola ao longo dos séculos, não foi desejada, ordenada ou mesmo intencionalmente provocada por nenhum dos indivíduos que as compõem, e ainda menos por todos esses indivíduos em conjunto, e sem os quais o indivíduo enquanto criança não poderia viver ou aprender a falar, pensar, amar e comportar-se como um ser humano.[4]

Um sujeito singular e, ao mesmo tempo, um sujeito para os outros. No entanto, este sujeito tende, sem surpresa, a desaparecer nas ciências sociais, em favor de um sujeito sobredeterminado por todo o tipo de condicionamentos sociais. Pierre Nora observa que "a história científica, durante mais de um século, levou os historiadores a se apagarem atrás do sujeito. Se o sujeito fosse ele mesmo, onde situar o vetor entre a apreensão de si mesmo pelo social e a hipersubjetividade intimista?".[5] Neste apagamento, o sujeito seria governado pelas forças da sociedade, tornando-se um *ator social*, uma entidade abstrata que não pertence a si mesma. Consequentemente, o sujeito falante não seria uma voz de si mesmo, mas uma voz da sociedade, uma espécie de "entidade espiritual" que fala a partir de um outro lugar. Não seria o sujeito a falar, mas a sociedade a falar através do sujeito; não seria o sujeito a construir ideologias, mas as ideologias a sobredeterminarem o sujeito; por vezes nem sequer seria o sujeito a fazer história, mas a história a fazer o sujeito. Em outras palavras, se há sujeito, ele está numa nebulosa preexistente a ele, como se devesse sua razão de ser a sistemas, estruturas e formas de pensamento prontas (ideologias). Em outras palavras, trata-se de uma ausência de sujeito, sem alteridade nem identidade própria.

Não se trata, porém, de defender a ideia de um sujeito-indivíduo, um ser para si mesmo, um "penso, logo existo", isolado do mundo e voltado apenas para si.

Trata-se de dar existência a um sujeito que, como assinala Norbert Elias, não pode existir sem o outro ou sem o que o mundo e a sociedade lhe legam.[6] O indivíduo é um complexo de partes em interação umas com as outras. E é nesta relação entre ser para si, ser com os outros e ser com o mundo que o sujeito falante se esforça por existir na atividade de linguagem, usando e apropriando-se da língua num ato de enunciação que, queiramos ou não, é seu. Um sujeito que está no centro da sociedade, que a constrói, que é o senhor da representação que faz do mundo e de sua significação.

É este o objetivo das partes três e quatro deste livro. Mostrar que o sujeito falante não desaparece no deserto das determinações sociais, mas, pelo contrário, que é o lugar onde se emaranha o singular, que volta à intencionalidade do indivíduo, e o coletivo, que volta à sociedade; uma história pessoal e uma história coletiva; o subjetivo e o objetivo, o íntimo e os determinismos sociais. Um sujeito que se debate com a sua própria identidade (terceira parte), constrangido pelas próprias condições da situação comunicativa em que fala, mas com alguma margem de manobra para se singularizar (terceira parte), no meio dos imaginários sociais que constrói e dos quais é ao mesmo tempo dependente (quarta parte). O célebre "regresso do sujeito" anunciado por Alain Touraine deve ser entendido não como um regresso à psicologização do sujeito, mas como um operador no centro dos fenômenos sociais, construtor de normas sociais, utilizando estratégias e processos diversos de regulação e de influência, e, portanto, um sujeito responsável. Pelo menos é assim que o compreendo – ou como gostaria de o compreender.

ANÁLISE DO DISCURSO

Isso me leva à terceira razão: o lugar das ciências da linguagem no seio das ciências sociais, que, devemos recordar, são também ciências humanas, porque reduzir o título a ciências sociais é prescindir do sujeito – refiro-me ao sujeito na sua "pessoa" – e, por extensão, do sujeito falante.

A Linguística – que se tornou, com razão, ciências da linguagem – é uma disciplina das ciências humanas e sociais, tal como a Sociologia, a Psicologia, a Antropologia e a História. É certo que é difícil determinar os critérios de definição de uma disciplina; uns a definem pelo seu "objeto", outros pelo seu "objetivo de análise", mas pode-se dizer que toda disciplina se baseia num certo número de pressupostos teóricos, de conceitos e de procedimentos analíticos. Além disso, uma mesma disciplina é constituída por um certo número de subdisciplinas[7] que, sob a égide dos dados epistemológicos da disciplina, especificam o seu próprio objeto e campo de análise: a Linguística da Língua, ela própria composta (Fonologia,

12   O sujeito falante em ciências da linguagem

Morfologia, Sintaxe, Semântica); a Linguística Sociológica e a Sociolinguística; a Linguística Antropológica e a Etnolinguística; a Linguística do Discurso e a Linguística do Texto. Por fim, cada uma dessas subdisciplinas é atravessada por várias correntes: correntes estruturalistas ou gerativistas, para a Linguística da Língua; corrente pragmática, etnográfica, semiótica e interacionista para o estudo dos fatos do discurso. E, dentro de uma mesma corrente, como a da Análise do Discurso, existem subcorrentes de análise: marxista, crítica, semiolinguística etc.[8] Há, no entanto, um certo número de proposições definidoras comuns a essas diferentes correntes, ainda que com designações diversas, em torno de noções como "ato de linguagem", "ato de enunciação", "intertextualidade", "interdiscursividade" e "dialogismo".[9] Há duas coisas que são importantes para mim sobre esta disciplina, as ciências da linguagem: uma é o quão pouco outras disciplinas das humanidades e das ciências sociais pensam sobre ela; a outra é como situar o meu próprio ponto de vista analítico.

Trabalhando em centros de investigação pluridisciplinares, pude constatar que, exceto os pesquisadores, sociólogos, psicólogos, historiadores, os pesquisadores das ciências da informação e das ciências políticas que se interessam pela linguagem, essas disciplinas ignoram e descartam as ciências da linguagem. Por vezes, limitam-nas à análise das línguas, independentemente do seu condicionamento social; por vezes, assimilam-nas ao estudo da retórica, considerando que se trata de uma questão de estilo ou de um disfarce que encobre os fatos sociais. Confundem frequentemente análise de conteúdo e análise do discurso, e os estudos quantitativos ou qualitativos do discurso nem sempre são considerados eficazes para explicar as realidades sociais, como comentou um investigador de ciências políticas: "No fim das contas, o que conta em política são as ações. A linguagem é fumaça e espelhos";[10] como se as ações não fossem linguagem e a fumaça e os espelhos não fossem o que forma a opinião pública. Pareceu-me necessário mostrar, num espírito de interdisciplinaridade – de que falarei na introdução à primeira parte – como, e de que forma, a Análise do Discurso – que, depois de muitos desvios, se tornou o meu campo de estudo – contribui, atravessando várias correntes teóricas, com a sua quota de reflexões e resultados para as ciências humanas e sociais. É este o objetivo da primeira parte, que passa em revista a noção de sujeito na Filosofia, na Sociologia e na Linguística.

Situar o seu próprio ponto de vista não significa que ele seja mais original do que os outros, uma vez que as várias correntes teóricas se influenciam mutuamente e permeiam o sujeito analisante. Também não significa que estamos tentando estabelecer-nos como um modelo, o que seria muito pretensioso, porque um modelo é, em princípio, estruturalmente completo e fechado em si mesmo, e qualquer ponto de vista analítico não é mais do que um conjunto de pressupostos teóricos, de conceitos e metodologias suscetíveis de serem discutidos. Não existe uma ciência pessoal. Existem, no entanto, caminhos que, com as suas múltiplas interseções ligadas à própria história intelectual do investigador, são pessoais.[11]

Dito de outra forma, o *eu* que escreve neste livro – e que se exprime sobretudo em *nós* – é um *eu* atravessado por múltiplas influências, um *eu* que tenta uma recomposição integrativa e atualizada de alguns dos seus escritos: integrativa porque os retoma e articula numa problemática de conjunto; atualizada porque, com a distância do tempo, e a reflexão *a posteriori*, acrescenta novos elementos, argumentos e exemplos, e por vezes até retifica certas proposições. Por isso, não será surpreendente encontrar parágrafos, passagens e extratos dos seus outros escritos (artigos ou livros), porque se trata de colocá-los todos em perspectiva.

NOTAS

[1] *Les conditions linguistiques d'une analyse du discours.* Serviço de reprodução de teses, Lille III, 1978.

[2] *Langage et discours.* Paris: Hachette, 1983, esgotado.

[3] Ver Godin C., *Dictionnaire de philosophie*, Paris, Fayard 2004, e Lalande A., *Vocabulaire technique et critique de la philosophie*, Paris, PUF, 1997. Ver também Wittgenstein L., *Investigations philosophiques*, Paris, Gallimard, 1961.

[4] Elias N., *La société des individus*, Paris, Fayard, 1991, p. 41.

[5] Nora P., *Étrange obstination*, Paris, Gallimard, 2022, p. 216.

[6] Ver, entre outros, a crítica de Elias ao *"ergo sum"* cartesiano, em *La société des individus*, Paris, Fayard, Pocket, 1991, p. 255 e seguintes.

[7] "Subdisciplina" não numa relação hierárquica, mas em termos de especificações dentro de um todo. Ver também: Badir S., *Les pratiques discursives du savoir. Le cas sémiotique*, Limoges, Lambert-Lucas, 2022.

[8] Obviamente, esta classificação inicial é discutível, mas a ideia é refletir a complexidade de uma disciplina e dos seus diferentes componentes, como ilustra o *Dictionnaire d'analyse du discours* (Paris, Seuil, 2002) [*Dicionário de análise do discurso* (São Paulo, Contexto, 2004)], que Dominique Maingueneau e eu editamos com cerca de trinta colaboradores.

[9] Como se pode ver no *Dictionnaire d'analyse du discours*, citado anteriormente.

[10] O que aqui relato não é inventado; é o que foi proposto em colóquios, seminários ou reuniões de trabalho multidisciplinares de que participei. Obviamente, não se trata de todos os pesquisadores destas disciplinas. Muitos deles estão abertos à discussão.

[11] Neste caso, uma primeira formação de hispanista após uma propedêutica literária, a descoberta da Linguística com os mestres que a ensinavam em Paris à época (Pottier, Greimas, Barthes, Culioli, Molho, Ducrot), e os mestres de outras disciplinas (Foucault, Deleuze, Bourdieu).

PRIMEIRA PARTE

PERCURSO INTERDISCIPLINAR

"A interdisciplinaridade é ao mesmo tempo uma etapa e um percurso. Uma etapa que assegura a transição entre a pluri e a transdisciplinaridade. Um percurso que compreende três encruzilhadas, [incluindo] a da interdisciplinaridade propriamente dita, que transforma as margens num ambiente onde, confrontando-se ao nível dos métodos, as disciplinas se 'falsificam' mutuamente e onde, comparando os seus resultados, transferem noções, lógicas e conceitos que subvertem o seu campo disciplinar e as preparam para responder a questões complexas."

(Resweber J.-P., "Les enjeux de l'interdisciplinarité")

Introdução aos percursos

Austin já o previa na década de 1960: "Acabará por surgir uma ciência da linguagem, que englobará muitas das coisas de que a filosofia trata atualmente. [...] Onde está a fronteira? Existe alguma em algum lugar? [...] Não há fronteira".[1] Em termos mais gerais, pode dizer-se que as ciências humanas e sociais se tornaram *interdisciplinares* por necessidade. Não pluridisciplinares, como por vezes se afirma, pois nesse caso trata-se apenas de uma justaposição de disciplinas; mas interdisciplinares, isto é, informando-se mutuamente, cada uma questionando os seus próprios conceitos ao confrontá-los com os de outras disciplinas. Esta é a chave para que cada disciplina não permaneça estática e, ao mesmo tempo, lance uma nova luz sobre todos os problemas colocados pelos fenômenos humanos e sociais. Uma interdisciplinaridade de conceitos e não de modelos, que têm, por definição, a sua própria razão de ser autônoma. Uma interdisciplinaridade a que chamamos "focalizada" num artigo da revista *Questions de communications*, que deu origem a um intercâmbio entre pesquisadores e pesquisadoras de diversas disciplinas.[2] Propusemos ir a outras disciplinas para consultar as definições das noções e dos conceitos que utilizamos na nossa própria disciplina (daí a ideia de focalização), para, no final deste confronto, os redefinir mostrando o que tomamos de empréstimo aos outros. É o caso, para o nosso objetivo, dos conceitos de *influência*, *estratégia*, *norma*, *identidade* e *imaginário*, que também se encontram na Psicologia Social, na Sociologia, na Antropologia e, claro, na Filosofia.

A NOÇÃO DE CONCEITO QUE ESTÁ NO CENTRO DA INTERDISCIPLINARIDADE E DA INTRADISCIPLINARIDADE

Para justificar uma abordagem interdisciplinar, devemos começar por questionar a própria noção de "conceito", uma vez que, como dissemos no prefácio, uma disciplina tem como base, entre outras coisas, um conjunto de conceitos. Quando tentamos definir e distinguir as palavras *conceito* e *noção* consultando dicionários, vocabulários filosóficos e várias nomenclaturas especializadas, ficamos tontos, porque as acepções são muito diversas, por vezes vagas e pouco distintivas. Os dicionários de língua definem um conceito como "uma representação mental geral e abstrata de um objeto", e uma noção como "conhecimento elementar, intuitivo, sintético e suficientemente impreciso" (Le Robert – tradução de Maria Aparecida Lino Pauliukonis). O *Vocabulário técnico e crítico da filosofia*, de Lalande, a maior autoridade na matéria, começa por assinalar que "as diversas escolas diferem na maneira como concebem e explicam a formação dos conceitos", distinguindo depois entre "conceitos *a priori* ou *puros*" e "conceitos *a posteriori* ou *empíricos*", assinalando que se trata de noções muito debatidas; quanto à *noção*, que designa um objeto abstrato do conhecimento, diz-se que "mais especialmente ainda, aplica-se aos conceitos". Podemos ver a circularidade dessas definições, mesmo que se considere que a primeira seja mais científica do que a segunda, embora, nos textos de ciências humanas e sociais, as duas sejam frequentemente utilizadas indistintamente.

Les concepts en philosophie. Une approche discursive, editado por Frédéric Cossutta, tem por objetivo repensar o termo *conceito* numa perspectiva discursiva. Fornece um certo número de esclarecimentos sem, como o próprio Cossutta sublinha, chegar a uma definição única. Tem também o mérito de tranquilizar os não filósofos, acrescentando que: "os conceitos não vivem fechados nos textos canônicos dos grandes filósofos; há uma vida dos conceitos fora das grandes obras. Eles migram para fora das esferas da Filosofia, contaminando outros tipos de discurso – literário, científico, religioso – ou imprimindo-lhes certos elementos".[3] No seu artigo,[4] Dominique Maingueneau mostra como se processa aquilo a que chama "extração" de conceitos dos textos filosóficos e como essa extração depende do fato de o operador se situar no campo filosófico, onde se discutem e comparam doutrinas, no campo das nomenclaturas enciclopédicas, baseadas em escolas, correntes ou épocas, ou no campo lexicográfico, que procura elaborar inventários sob a forma de dicionários, vocabulários ou cartilhas. Mostra também que essas extrações são feitas a partir de palavras que são marcadas no texto por uma declaração do autor ("Eu chamo X..."), ou por uma marca gráfica (aspas, itálico), ou por uma recorrência do termo acompanhada de notas e explicações.[5] Na mesma obra, Dominique Ducard passa em revista as definições do *Vocabulário* de Lalande, e, apoiando-se nas categorizações de Culioli e na argumentação de Bergson, revê as denominações *termo, noção* e *conceito*. Relata três tipos de categorização dos substantivos: "a noção /matéria/ é discreta quando o substantivo matéria significa uma matéria ensinada (*há três matérias no exame*), é densa quando designa a matéria pictórica (*um pouco de matéria a mais na tela*), é compacta quando o substantivo remete para o conceito filosófico, por exemplo na sua oposição ao espírito (*o que Bergson chama 'duração' permite pensar a mente e a matéria sob o mesmo conceito*)".[6] Mas temos dificuldade, através dos seus próprios exemplos, em distinguir *noção* de *conceito*.

Não entraremos neste debate, que nos parece reservado ao domínio filosófico. Da nossa parte, limitar-nos-emos a uma definição geral: um conceito, ou noção, é o resultado da operação que consiste em retirar uma palavra do léxico do seu uso corrente, tal como consta dos dicionários de língua, para, através de um processo de comentário conceitual, metalinguístico e explicativo, lhe dar autonomia enquanto *representação abstrata* que "condensa" um conjunto de proposições que lhe são aplicadas. O conceito talvez seja mais "denso" do que a noção, como sugerem os autores acima citados, mas, para os nossos propósitos, usaremos os dois termos indistintamente. Por outro lado, propomos que se considere que há conceitos (ou noções) mais teóricos ou de princípio e outros mais operacionais. São esses conceitos e noções que serão discutidos aqui.

Nesta perspectiva, é irrelevante dizer que o conceito de uma disciplina é mais "exato" ou "verdadeiro" do que o de outra: "É provavelmente impossível demonstrar que um sistema de conceitos é melhor do que outro. Há uma arbitrariedade irredutível na escolha dos termos em que os problemas teóricos são concebidos. Mas esta arbitrariedade não é injustificável. [...] Um sistema conceitual pode efetivamente ser preferível a um outro, um novo sistema, um sistema em vigor no instante em que seja passível de exprimir uma nova intuição".[7] Por exemplo, o conceito de *representação*, frequentemente utilizado na Sociologia e na Psicologia social, não é mais verdadeiro ou mais exato em nenhuma destas disciplinas; é apenas operativo em cada uma delas, dentro do seu próprio horizonte de relevância. O resultado é uma interdisciplinaridade que não estabelece qualquer hierarquia entre as disciplinas. De fato, seria absurdo considerar que a noção de sujeito, que vamos abordar, seria mais relevante na Filosofia, na História, na Sociologia ou nas ciências da linguagem.

Acrescente-se que este movimento de navegação entre disciplinas pode também ocorrer no interior de uma mesma disciplina entre as suas diferentes componentes. É a intradisciplinaridade. Um filósofo como Jean-Paul Resweber, por exemplo, pode usar a noção de *subjetividade* para comparar o *ego* cartesiano, o *self* de John Locke, o *self* de Michel Foucault e a *ipséité* de Paul Ricœur, para mostrar como as ciências humanas e sociais "tendem a substituir o modelo do sujeito concebido como uma substância preexistente aos seus atributos pelo modelo de um suposto sujeito que emerge nas e através das ações que se atribui a si próprio e que lhe são atribuídas".[8]

EMERGÊNCIA DA NOÇÃO DE SUJEITO

O nosso primeiro passo é explorar a história da noção de "sujeito", através da sua etimologia e das disciplinas em que tomou forma. Não se pretende fazer uma história de cada uma dessas disciplinas, mas antes perceber as questões em jogo no pensamento que prevaleceu em cada período e que permitem compreender o destino que foi reservado a esta noção.

A história desta noção funde-se com a da Filosofia, da Lógica e da Gramática. A primeira, como veremos, determina um modo de pensar em cada época, um quadro de racionalidade no interior do qual se configuram uma visão do mundo e do destino humano – cuja explicação é aceita – e do qual dependerá a noção de sujeito. A segunda, a Lógica, por vezes parte da Filosofia, por vezes da retórica, tenta definir os modos possíveis de raciocínio do espírito humano em relação à linguagem, e, consoante a posição defendida, a noção de sujeito ocupará um lugar particular. A terceira, a Gramática, desde o momento em que começou a tomar forma como tal – isto é, como um processo de decifração de textos escritos[9] – até ao momento em que, ajudada pela finalidade da escola, começou a estabelecer regras de uso correto, questionou-se sobre a organização racional da língua (Port-Royal) e desenvolveu ferramentas analíticas e uma metalinguagem em que a noção de sujeito desempenha um papel central.

Como veremos adiante, ao longo do terceiro percurso, a linguística aproveitou esta noção para torná-la mais do que uma simples categoria gramatical. Vai investi-la do estatuto de sujeito falante com papéis diferentes consoante a teoria em vigor: primeiro, existente mas ausente como iniciador do ato de fala, depois

Introdução aos percursos **21**

aparecendo com papéis diferentes como enunciador na teoria da enunciação e na Pragmática, e finalmente existindo com uma dupla identidade social e discursiva em certas teorias da Análise do Discurso. Ao mesmo tempo, a Sociologia, em diálogo com a Filosofia, procura "reobjetivar" o mundo social a partir de diferentes pontos de vista. O sujeito – que é sempre concebido como um ator social – navega entre o "objetivismo", o "subjetivismo" e o "intersubjetivismo". Além disso, uma corrente da Sociologia da Linguagem nos Estados Unidos defende a ideia de um sujeito falante que é responsável pelos atos de linguagem que produz em função das circunstâncias precisas em que comunica.

Utilizado nessas disciplinas, definido à sua maneira em cada uma delas em relação aos seus pressupostos teóricos, o sujeito, como podemos ver, está no centro das ciências humanas e sociais, o que justifica estes três percursos anteriores ao nosso. Percursos subjetivos, ou seja, tais como os vivi. Trata-se de uma tentativa de reconstituir as linhas de pensamento suscetíveis de iluminar as diferentes questões de sentido que presidiram à construção desta noção, porque, mais uma vez, é o confronto das teorias inter e intradisciplinares que pode fornecer algumas indicações sobre a validade de um conceito. A exploração dessas disciplinas não é isenta de riscos. Outros, especialistas em cada uma delas, encontrarão falhas e, por vezes, até se sentirão ofendidos, mesmo quando se trata da minha própria disciplina. Isso porque o conhecimento de uma disciplina implica necessariamente a experiência e a visão de um objeto, neste caso a sua história intelectual. É, pois, neste espírito que cada um destes capítulos deve ser lido, não para o exonerar dos seus erros, mas como ponto de partida para novas discussões.

NOTAS

[1] Austin J. L., *Quand dire c'est faire*, Paris, Seuil, 1970, p. 22.

[2] "Por uma interdisciplinaridade 'focalizada' nas ciências humanas e sociais", *Questions de communication* n. 17, 2010. Ver os intercâmbios nos números 17, 18 e 19, e o nosso "Pour une interdisciplinarité focalisée. Réponses aux réactions", no número 21.

[3] Cossutta F., "Questions de méthode. Comment aborder la conceptualisation philosophique d'un point de vue discursif", em Cossutta F. (ed.), *Les concepts en philosophie. Une approche discursive*, Lambert-Lucas, 2020, p. 34.

[4] Maingueneau D., "Cartographie philosophique et extraction de concepts", em *Les concepts en philosophie*, op. cit., p. 203.

[5] Dá como exemplo o conceito de "dispositif" de Foucault, ver idem, p. 210.

22 O sujeito falante em ciências da linguagem

[6] Ducard D., "Terme, notion, concept. L'entreprise du vocabulaire de Lalande", em *Les concepts en philosophie*, op. cit., p. 244.

[7] Petit J.-L., "Repenser le corps, l'action et la cognition avec les neurosciences", *Intellectica 1-2*, n. 36-37, 2003, p. 17.

[8] Resweber P., "Les enjeux de l'interdisciplinarité", op. cit., p. 189.

[9] "A *grammatiké* é a aprendizagem elementar da leitura e da escrita", Sylvain Auroux. *Histoire des idées linguistiques*, Bruxelles, Mardaga, 1989, p. 160.

Percurso filosófico

"Considero isto paradigmático das filosofias do sujeito, quer o sujeito seja formulado na primeira pessoa – ego cogito –, quer o 'eu' seja definido como o eu empírico ou como o eu transcendental, quer o 'eu' seja colocado de forma absoluta [...] ou relativa, a egologia exigindo o complemento intrínseco da intersubjetividade."

(P. Ricœur, *Soi-même comme un autre*)

Este território não é percorrido por um filósofo, mas por um investigador das ciências da linguagem que, num espírito de interdisciplinaridade, mergulhou em leituras filosóficas para extrair o que lhe pode ser útil para melhor compreender a noção de *sujeito*. A Filosofia examina a natureza das coisas que compõem o universo, as relações que essas coisas mantêm entre si e, particularmente, o significado que o homem lhes atribui em relação ao lugar que ocupa entre elas, um lugar que depende da sua própria experiência, da sua condição e da sua história. Ao fazê-lo, a Filosofia, enquanto arte, ciência ou técnica (termos ainda em discussão) do conhecimento e da procura da verdade através da razão – em oposição à história e à poesia – propõe, de acordo com o modo de pensamento dominante em cada época, uma definição do sujeito, mesmo que seja para o obscurecer ou mesmo negar.

A Filosofia tem uma relação diferente com a linguagem do que a ciência da linguagem. O seu modo de pensar é mais especulativo do que da observação empírica ou experimental, ainda que a Filosofia Analítica rompa com uma certa tradição filosófica ao dedicar-se, como diz Benveniste, "à análise da linguagem corrente, tal como é falada, a fim de renovar o próprio fundamento da filosofia, libertando-a das abstrações e dos quadros convencionais".[1] Frédéric Cossutta descreve como estranho às ciências sociais o seu modo de raciocínio circular, como uma fita de Moebius, ligando "um processo de dessubjetivação objetivante a um processo de ressubjetivação objetivante". Então, por que explorar a Filosofia? Porque para as ciências humanas e sociais, de que a ciência da linguagem faz parte, ela é incontornável. É como um comandante que interpreta alguns dos mesmos conceitos, obrigando estas ciências a confrontarem-se com ela. Mas isso é obviamente feito de fora, à custa de distorções que só podem irritar os filósofos.

24 Sujeito falante

A Lógica, por exemplo: em Filosofia, é um meio de analisar o conjunto do *logos*[2] para estabelecer o que é verdadeiro e o que é falso; está no centro dos juízos e dos modos de raciocínio do espírito humano.[3] Está, portanto, ligada à linguagem, embora, para alguns (os "formalistas"), a linguagem seja apenas um instrumento de expressão das operações efetuadas no pensamento (a linguagem é o reflexo do pensamento), enquanto, para outros (os "nominalistas"), ela é a própria condição de realização dessas operações. Em ambos os casos, porém, o sujeito é um operador de raciocínio, e esse sujeito é um sujeito linguageiro que interpreta. Deste ponto de vista, a hermenêutica – que utilizaremos para explicar o fenômeno da interpretação[4] – é essencial para compreender como o sujeito falante procede à interpretação do sentido e do significado dos atos de fala com que é confrontado.

Será, portanto, uma investigação sobre as diferentes correntes filosóficas, procurando na história das ideias os vestígios daquilo que fertiliza a noção de sujeito, as filiações do pensamento que nos permitem compreender o que foi. Será o olhar de um não-filósofo sobre o pensamento filosófico, para extrair-lhe "noções inspiradoras" a fim de enriquecer a sua própria disciplina, correndo o risco de não ser reconhecido pelo filósofo. Para completar este percurso, basear-nos-emos nas obras de alguns filósofos, em obras de História da Filosofia e em alguns dicionários especializados nesta disciplina[5]. O resultado será uma leitura que não poderá satisfazer os filósofos, mas que nos será útil porque a noção de sujeito desempenhou um papel fundamental na História da Filosofia, da Lógica e da Gramática, estando cada uma destas disciplinas intrinsecamente ligada às outras duas.

O PENSAMENTO ENTRE A REALIDADE E A LINGUAGEM

Na Antiguidade, não havia a problemática do sujeito tal como viria a ser definida, mas pode ter havido o início da existência de um sujeito a partir de duas fontes. Uma que teve êxito no ensino da Gramática até os nossos dias: o sujeito como *base da predicação*. Veremos isso no percurso linguístico: os seres do mundo existem na sua essência, mas na medida em que são construídos por um ato de predicação que lhes atribui propriedades (algumas "essenciais", outras "acidentais"). O mundo dos Antigos é percebido como "algo que se encontra na base" (*hupokeímenon*), "sobre o que algo é dito" (*kategórema*).[6] Desta relação de dependência será fácil chegar a uma relação de *submissão*. A outra fonte é menos explícita. Ela remete à questão levantada sobre a origem do sentido, que busca saber quem é o portador do conhecimento.

Simplificando, duas respostas surgem em paralelo: (i) é o "ser de razão" que, sendo o promotor da verdade, garante a conformidade com a realidade; (ii) é o ser retórico que, na sua enunciação, busca convencer um terceiro ou coagir um adversário. Para a Antiguidade, é a "busca da essência das coisas" que constitui o fundamento do pensamento, uma busca que implica numa certa percepção do mundo, da relação do homem com o mundo, do seu pensamento e da sua linguagem. Colocam-se então questões: quem determina essa essência das coisas? É o homem, através do exercício da linguagem, ou as coisas são preeexistentes a essa atividade? E qual é a relação entre o mundo, o pensamento e a linguagem? Nesta linha de pensamento, não podemos falar do sujeito tal como será definido mais tarde, mas podemos dizer que este período abre caminho ao aparecimento da *subjetividade* e, através dela, do primeiro sujeito, o *cogito*, que marcará toda a época clássica.

No século V, o debate entre realismo e nominalismo sobre a natureza dos universais, que havia colocado em oposição Platão e Aristóteles, foi reavivado, com o ressurgimento da chamada visão "realista" (o conceito vem antes da coisa, *ante rem*, e é expresso em palavras) e da chamada visão "nominalista" (o conceito vem depois da coisa, *post-rem*, e as palavras são convencionais na referência ao mundo). A perspectiva realista considera que o mundo, o pensamento e a linguagem se refletem mutuamente, enquanto a perspectiva nominalista considera que o mundo é exterior ao pensamento e que é o pensamento que permite falar dele. No entanto, entendia-se que havia uma ligação intrínseca entre as coisas e as palavras, e que podíamos concordar, pelo menos implicitamente, em dois pontos: (i) a questão da verdade e da falsidade não é uma questão de palavras, mas de enunciado (o *logos*); (ii) um mesmo enunciado pode ser verdadeiro ou falso, e é apenas numa relação de conformidade com a realidade que será julgado verdadeiro. Esta realidade é aquilo a que chamamos agora o "referente extralinguístico", que continua a ser o fiador da verdade, como se tivéssemos de redescobrir a ideia da imutabilidade do mundo através de categorias de essência. Numa tal perspectiva, mesmo para os nominalistas da época, é no pensamento que se constrói uma lógica própria (lógica formal, baseada no raciocínio silogístico, fundado num princípio de não-contradição), que permite tanto produzir o enunciado como reconduzi-lo ao seu referente. O pensamento é, portanto, um lugar autônomo, entre o mundo real e a linguagem, sendo esta última apenas um reflexo do primeiro. Ao mesmo tempo, é esta oposição que lhe confere a sua riqueza, sendo cada uma destas posições alimentada pelo questionamento da outra.

O pensamento dito clássico acompanhava a lógica do anterior, mas era também marcadamente diferente dele. Tal como na Antiguidade, o mundo apresentava-se à observação sob falsas aparências, mas esta época descobriu a possibilidade de ultrapassar a aparência sensível do mundo, o seu fingimento, pois surgiram novos instrumentos de observação (como o telescópio de Galileu, 1609) que permitiam ver o que estava por detrás do espelho ilusório da realidade. O mundo já não era percebido apenas a olho nu, mas *visualizado* com o auxílio de artefatos, o que garantia uma maior objetividade, uma vez que qualquer observador que utilizasse os mesmos meios poderia chegar à mesma observação. No entanto, esta nova percepção do mundo, dita objetiva, não é suficiente, pois é preciso poder explicá-lo, daí a necessidade de estabelecer leis para organizar o universo através do cálculo,[7] que se torna o outro meio, desta vez conceitual, de compreender o mundo. Neste ponto, encontramo-nos num contexto geral em que a razão triunfa, contrariando a religião, que presencia a restrição da visão de que o vasto domínio do mistério só poderia ser explicado pela palavra de Deus. Temos aqui um ser de razão poderoso, poderoso no seu saber-fazer como *homo faber*, poderoso no seu poder de abstração e de conceitualização como *homo sapiens*. Isto suscita a dupla questão de saber qual a natureza destas categorias e quem garante a sua verdade. Para simplificar, há duas respostas distintas a esta dupla questão, ambas partilhando a crença na onipotência de um sujeito de razão: o *cogito* cartesiano e a *Gramática* de Port-Royal.

DO *COGITO* CARTESIANO À LÓGICA DE PORT-ROYAL

O *cogito* cartesiano é ainda mais distinto da herança greco-latina. Paul Ricœur faz uma análise atenta deste fato em *O si-mesmo como outro*,[8] na qual nos inspiraremos. Aplicando o seu método da dúvida radical nas *Meditações*, e aplicando-o não só à aparência das coisas como desafio a um hipotético gênio mau, fonte de engano, mas também a si próprio, um ser que duvida de todas as coisas, Descartes chega a duvidar dos seus próprios pensamentos, das suas próprias opiniões sobre as coisas. Concebe um "eu" que parece negar-se a si mesmo, recusando qualquer ponto de referência no espaço ou no tempo, um "eu" que "perde definitivamente toda a determinação singular",[9] com a sua "subjetividade desvinculada",[10] mas um "eu" que "se torna pensamento, isto é, entendimento",[11] ao qual resta ainda a possibilidade de se reconhecer através da sua própria atividade de pensamento. No final desta ascese metafísica, Descartes propõe o *cogito* em que o "eu" se funde com um "ser pensante" empenhado na descoberta da verdade.

Esta é, ao que parece, a primeira tentativa explícita de definir o *sujeito*. É certo que, à medida que as suas *Meditações* avançam, Descartes vai dessubjetivando este "ser pensante": inicialmente dado como verdade primária, Descartes avança com a ideia de que este "ser pensante" precisa de um princípio externo para garantir a verdade, acabando por "colocar a certeza do *cogito* numa posição subordinada em relação à veracidade divina, que é primária segundo a 'verdade da coisa'".[12] Este é um tema de discussão, até mesmo de conflito, como foi o caso entre Ferdinand Alquié e Martial Gueroult.[13] Alquié, adepto de uma leitura "existencialista" do *cogito*, para quem "o ser pensante, antes mesmo de se apreender como pensamento, apreende-se como ser e como *sum*...", o que significa que "o 'eu penso' não revela uma mente pura, um entendimento em geral, mas um 'eu', um 'eu' existente e concreto".[14] Gueroult, partidário da "ordem das razões",[15] para quem "Assim como o ser da coisa exterior não é outra coisa senão a extensão nas suas três dimensões, também o ser da substância espiritual não é outra coisa senão não só o pensamento, mas a inteligência pura".[16] Um ponto de vista existencial *versus* um ponto de vista racional. Obviamente não entraremos nesse debate por falta de competência, mas é inegável que Descartes propõe uma idealização inicial do sujeito como um "ser de conhecimento" que se coloca diante do mundo. Obviamente, este "eu-*cogito*-sujeito" não é um ser psicológico, não conhece a alteridade de um outro. Também não é um ser enraizado na história, pois duvida de tudo. É um ser transcendental, e, ao fazer tal proposta, Descartes prepara o caminho para o pensamento kantiano.

A *Gramática geral e razoada*, conhecida como a *Gramática* de Port-Royal, escrita por C. Lancelot e A. Arnaud em 1660, difere em dois aspectos das primeiras gramáticas da Antiguidade tardia. Continuou a definir as categorias, mas libertou-se da dupla influência da Filosofia e da Retórica, que a tinham confinado ao papel de comentário filológico dos textos e de correção da língua.[17] O seu objetivo era descrever as regras gerais da língua, concebidas como o conjunto de princípios a que obedecem todas as línguas, cada uma das quais é um caso especial. Criticou também as gramáticas da Idade Média por serem demasiado descritivas e pouco explicativas. Isto porque o trabalho descritivo destas gramáticas tinha também um objetivo político: unificar os povos que viviam num mesmo território em torno de uma língua comum.[18] Em contrapartida, a gramática de Port-Royal pretende esclarecer como e por que a língua funciona, recorrendo a explicações baseadas na razão lógica, explicações essas que transcendem todas as línguas – o que significa que o latim deixa de ser tomado como referência – e que, ao mesmo tempo, desempenham um papel prescritivo. Este papel não se destina tanto a defender a beleza da língua como a defender o *seu uso correto*, porque as regras que regem a língua não devem estar sujeitas a desvios devido ao seu poder generalizador. Como justificar, então, a universalidade das categorias da língua face às especificidades de cada língua? Podemos fazê-lo revisitando e clarificando um dos postulados da Filosofia antiga: "o pensamento precede a linguagem". O pensamento é uma organização conceitual do mundo que tem a sua própria lógica, a sua própria categorização, e a linguagem é apenas o seu reflexo, o seu espelho. Assim, as características próprias a cada língua são apenas variantes de categorias lógicas de uma *linguagem-pensamento*: o *sujeito* é "o que é afirmado"; o *predicado*, "o que é afirmado sobre o sujeito"; o *substantivo* corresponde à "substância dos seres"; o *adjetivo*, às "propriedades do ser"; o *verbo-ser*, ao próprio processo de "atribuição", e assim por diante.

O século XVII foi o século do triunfo da razão. Para os gramáticos de Port-Royal, a *lógica* não era apenas uma descrição das operações do pensamento, mas a representação do raciocínio humano e das ideias que o constituem. Para Descartes, o sujeito do conhecimento é também um ser de razão que se confronta com um mundo, objeto do conhecimento. O pensamento clássico postula um sujeito como origem e ator de uma atividade pensante, um "ser de razão" que, liberto das coisas do mundo, as designa como objeto de conhecimento. Ricœur coloca o *cogito* cartesiano na base daquilo a que chama as *filosofias do sujeito*,[19] e pode ser considerado como uma das primeiras fontes da questão do sujeito no centro da reflexão filosófica.

O PENSAMENTO CONTEMPORÂNEO

Vamos dar um grande salto e voltarmo-nos para o pensamento contemporâneo, porque é aí que se encontram as questões que estão na base da noção de sujeito. Esta compreende cinco grandes movimentos de pensamento, alguns dos quais se sobrepõem.

Filosofia transcendental: a inversão da relação sujeito-objeto

Os historiadores da Filosofia concordam que o projeto kantiano se centra num método que consiste em questionar não o conhecimento em si, mas o que o torna possível, o que ele pressupõe, em suma, as condições da sua emergência.

E o seu projeto consiste em "reinserir a sensibilidade na atividade do sujeito conhecedor",[20] redefinindo a *subjetividade* no quadro daquilo a que chamou uma "filosofia transcendental".[21] Ao debater a hipótese do pensamento clássico, segundo a qual o mundo das coisas se apresenta de forma enganadora e, portanto, não é, em rigor, conhecível, distancia-se do pensamento cartesiano, que coloca o *cogito-pensante* em relação com o *mundo-objeto*. Para ele, pelo contrário, todo o conhecimento parte da experiência, o que o leva a afirmar que é necessário incluir o *sensível* naquilo que vai constituí-lo.[22] No entanto, o conhecimento não pode ser reduzido inteiramente à experiência; é preciso aplicar-lhe categorias de entendimento. O conhecimento não é uma questão de coisas, mas de fenômenos, isto é, do que é percebido, não como derivando da experiência, mas como tornando-a possível. Daí a distinção entre o que provém de uma *intuição sensível*, que permite perceber o mundo na sua dupla dimensão espaciotemporal, e o que provém do *entendimento*, que é a faculdade de aplicar aos fenômenos categorias abstratas para os tornar inteligíveis. É necessário, no entanto, um lugar geométrico que sintetize a apreensão sensível dos fenômenos e a sua inteligibilidade. Neste lugar geométrico,[23] coração da subjetividade, encontramos o *sujeito*.

Este sujeito não é nem um *cogito* substancial e único que domina o objeto, nem um sujeito empírico que tem uma realidade concreta. O sujeito é uma instância constituinte do conhecimento, fazendo juízos sobre o mundo *a priori*, a partir da faculdade de conhecer, e *a posteriori*, a partir da experiência. Dualidade, e não oposição, entre um sujeito empírico, a "unidade subjetiva da consciência" que torna possível o sentido, e um sujeito transcendental, universal, constituído por um conjunto funcional de categorias. Assim, já não é o *sujeito-cogito* que se confronta com o mundo, mas o *mundo-objeto* que rege o conhecimento, porque "conhecemos *a priori* das coisas aquilo que nós próprios nelas colocamos".[24] Kant, num movimento inverso ao anterior, torna o mundo-objeto dependente do sujeito do conhecimento, sendo o mundo-objeto instituído apenas através do *a priori* do conhecimento. A noção de *subjetividade* como fundamento de uma filosofia transcendental justifica-se por dois motivos: no movimento de subjugação do objeto ao sujeito e no fato de que não haveria conhecimento possível sem a intervenção da consciência interior – o que, mais tarde, será chamado "*le soi*". O sujeito kantiano é, se assim se pode dizer, o *fundamento subjetivo da transcendência*, no sentido de "tudo o que ultrapassa os limites da experiência, e, portanto, de um conhecimento do possível".[25]

Fenomenologia: o sujeito conhecedor e a descoberta dos outros

Depois de Kant e de sua hipótese da transcendentalidade do sujeito, que subverte a relação sujeito-objeto, Nietzsche, ao apoiar-se na linguagem, leva ainda mais longe a dúvida cartesiana, subvertendo-a mesmo, ao ponto de construir um *anticogito*, porque para ele a linguagem só pode ser enganadora ("figurativa"), o que significa que o ser que pensa utilizando a linguagem só pode estar em ilusão, não tendo como, portanto, constituir uma garantia de conhecimento. Uma ilusão em que o *eu-pensante* se constitui. O sujeito está, assim, imerso num mundo de aparências: "A aparência, para mim, é aquilo que age e vive".[26] Segundo Ricœur, isto abre a porta a uma dupla hipótese: "Assumir a fenomenalidade do mundo interior é também alinhar a ligação da experiência íntima com a *causalidade* exterior, que é também uma ilusão que dissimula o jogo das forças sob o artifício da ordem".[27] Assim, não há sujeito, substrato do *cogito*, mas um sujeito cindido, um sujeito fragmentado, um sujeito *múltiplo*: "uma multiplicidade de sujeitos lutando entre si, como tantas 'células' em rebelião contra a instância governante."[28] É este *cogito quebrado*, como lhe chama Ricœur, que será referência para o resto do pensamento filosófico e que prepara o terreno para a Fenomenologia.

A Fenomenologia de Husserl e as suas extensões existenciais em Heidegger e Sartre reconsideram o mundo na sua dupla dimensão de realidade como dado externo, e de percepção como construção do entendimento. Isto levou a uma reconsideração do sujeito na sua dupla definição empírica e transcendental, e à sua redefinição em termos de alteridade. Duas hipóteses, particularmente relevantes para o problema do sujeito, dominam essa linha de pensamento. Uma consiste em pôr em causa a realidade de um *mundo-em-si* tal como é concebido na opinião comum, como um mundo que existiria fora de mim e sem mim, e propõe-se pôr entre parêntesis esta opinião acrítica, "suspendê-la". Por um lado, é necessário "desreificar a atividade pela qual o sujeito se constitui como sujeito e, correlativamente, sem duvidar da realidade do mundo como ser-em-si, 'pôr entre parêntesis' a opinião, a fé acrítica que nele deposito".[29] É nesta condição que será possível repensar um sujeito ligado a uma dupla totalidade de existência-essência, através de uma problemática da *intencionalidade* que liga subjetivismo e objetivismo. O mundo sensível é percebido por um sujeito, mas isso não significa que ele se reduza aos fatos brutos do mundo. Pelo contrário, esta percepção tem lugar através da mediação de uma consciência que vai para além deste dado bruto e o investe de significado ao incluir nele o conhecimento *a priori* que o sujeito tem das coisas. Esta consciência é, portanto, dupla: é uma *consciência perceptiva*, que apreende o mundo como real, e uma *consciência formadora de imagens*, que coloca o objeto de conhecimento fora do sujeito e o constitui como um objeto desrealizado. Deste modo, realiza-se o projeto existencialista de determinar o ser como ser no mundo. O sujeito conhecedor é, simultaneamente, um eu empírico e um eu transcendental, tensionado entre o subjetivismo do primeiro e o objetivismo do segundo.

A outra hipótese, correlativa da anterior, postula que este *sujeito-conhecedor* toma consciência não só da sua própria pertença ao mundo em que se encarna, mas também da existência dos outros na medida em que estes se lhe manifestam através da mediação da sua própria existência. Com Hegel e a emergência do conceito de *intersubjetividade*, o outro torna-se constitutivo do advento da consciência: "A autoconsciência é em si e para si quando e porque é em si e para outra autoconsciência [...]".[30] E, para Husserl, o *outro* torna-se um constituinte necessário do "sentido do ser" do sujeito e, portanto, a própria condição da sua transcendência.[31] Como assinala Sylvain Auroux, "esta *subjetividade cognoscente* só é transcendental na medida em que não se compreende apenas na esfera do ego, mas onde é também e antes de mais um nós, isto é, uma *intersubjetividade* em que a presença do outro é absolutamente necessária para a compreensão da objetividade do mundo".[32] Sartre, por seu lado, desenvolve esta questão, chegando a afirmar que o reconhecimento do outro produz um "escândalo" intelectual porque obriga a considerar que existe uma multiplicidade de *eus* e, portanto, de consciências.[33] Os diferentes sujeitos partilham o mundo uns com os outros, e cada sujeito, ao olhar para o outro, vê-o e, portanto, fá-lo existir, retirando-lhe parte do seu ser. Cada sujeito deve recusar e assumir esta dupla percepção que é a própria ambiguidade da existência:[34] o olhar do outro tanto me constitui como me desconstitui. O sujeito é assim um *sujeito de consciência e de intencionalidade*, e um *sujeito-nós* que só pode transcender-se a si próprio através da integração dos *outros* na sua própria consciência. Esta primeira aparição do *outro* na definição do sujeito é o fundamento de todo o pensamento contemporâneo e, após o período do positivismo científico, foi retomado pelas ciências humanas e sociais.

A Psicanálise: um sujeito lá onde ele não está

O estatuto da Psicanálise é ambíguo: pertence à Filosofia, em virtude da perturbação que o aparecimento do conceito de *inconsciente* produz nesta ativi-

32 Sujeito falante

dade de pensamento, ou às ciências humanas, em virtude da sua vertente clínica e da técnica que lhe está associada? A resposta a esta questão não é da nossa competência. O fato é que a emergência da Psicanálise trouxe problemas à Filosofia contemporânea, e que esta não cessou – e não cessa – de efetuar leituras reinterpretativas que tentam dar-lhe um lugar no seu quadro de pensamento.

O psicólogo G. Politzer, por exemplo, considera que, contrariamente à hipótese de Freud, o trabalho de análise, que consiste em dar conta do hiato que existe entre o sonho e o relato feito *a posteriori*, é trabalho do analista, e não do sujeito sonhador. E conclui que o desejo expresso no sonho é, de fato, o trabalho de um *eu* – ou pelo menos de uma parte ignorada do *eu* –, mas nunca de um *id*. Ao contrário do que diz Freud, o *id* não pode pensar: "O inconsciente não pensa; é o psicanalista que pensa".[35] A leitura fenomenológica, pelo contrário, aceita que o sujeito não tem uma consciência imediata de si, que o sonho deve ser tido em conta porque é a expressão de um desejo e que o relato do sonhador é uma reconstituição desse desejo, mas critica Freud[36] por dar uma explicação causal demasiado mecanicista. Sartre alarga esse ponto de vista, negando ao inconsciente a possibilidade de conhecimento. Contesta o fato de a repressão poder colocar algo da ordem do conhecimento no inconsciente, porque para reprimir é preciso saber – ou pelo menos discernir – o que se reprime: "Podemos conceber um conhecimento que seria a ignorância de si mesmo?",[37] pergunta. O saber já existe na consciência, e o inconsciente seria apenas constituído por aquilo que o sujeito recusa ao nível da consciência e rejeita num lugar que seria estranho à consciência. O sujeito mantém assim o controle desse processo em que o inconsciente procede da consciência, porque só a consciência tem o direito de dar sentido, incluindo o sentido que consiste em recusar o que ela constrói fora de si.

O marxismo, por seu lado, transforma o freudismo através de um processo que consiste, primeiro, em circunscrever a teoria num determinado contexto, depois em descontextualizá-la e em substituir os seus conceitos fundamentais. Desta forma, a teoria psicanalítica é lida em relação à sociedade austríaca em que Freud viveu, e é vista como um meio de contestação e libertação dos constrangimentos, proibições e tabus da burguesia puritana de Viena. Marx e Freud podiam então se encontrar em torno do tema da *desalienação*: por um lado, Freud propunha o apagamento da fronteira entre normalidade e loucura e, consequentemente, a reabilitação do estatuto do louco, a quem se podia dirigir uma atitude de ajuda terapêutica; por outro lado, eram os pobres, os deserdados, mesmo os oprimidos, que se viam reabilitados. O fato de a sexualidade ser declarada um fenômeno universal, transversal a todas as culturas, é interpretado como um golpe nos tabus alienantes da burguesia, seja qual for a cultura em que se encontre. O fato de o homem ser constituído por um inconsciente, de se ter estabelecido que este inconsciente pode ser tomado em consideração e que pode mesmo ser feito emergir, falar, é interpretado como uma forma de restituir ao homem oprimido o direito à palavra, o direito à dignidade, o direito à existência. O desenvolvedor mais sistemático deste paralelismo foi Herbert Marcuse:[38] a *angústia* freudiana é substituída pela *angústia social*, e a *repressão* freudiana é substituída pela *repressão social*. O "princípio de realidade" é, assim, lido como aquilo que a repressão produz, nomeadamente um estado de escassez do qual os desfavorecidos são as vítimas. Quanto a Althusser, a quem se atribui a tentativa de conciliar a Psicanálise e o marxismo, Alain Badiou contesta que ele tenha uma teoria do sujeito: "[...] para Althusser, toda a teoria procede de conceitos. Mas 'sujeito' não é um conceito"; para Althusser, "A noção de sujeito é ideológica",[39] o que Badiou, talvez um pouco apressadamente, contesta. Ao socializar e historicizar as categorias freudianas da pulsão biológica, o marxismo transforma o pensamento freudiano, positivando-o, quando para Freud é a pulsão de morte que governa o homem: "[...] em todo o homem há tendências destrutivas, portanto antissociais e anticulturais".[40]

De fato, o que Freud postula como radicalmente diferente do pensamento filosófico é que o inconsciente é o Outro da consciência, por assim dizer invertido, um "não-Ego" constituído como um *id* que "pensa e fala" sob o constrangimento social do "Superego". Esse inconsciente não é um inefável opaco ao sentido, é, pelo contrário, um sistema com elementos, relações entre esses elementos e leis de funcionamento, mas alheio à consciência, posição contrária a uma filosofia que procuraria definir um sujeito de conhecimento constituído pela razão e pela experiência, em busca de uma verdade apreensível naquilo a que poderíamos chamar o campo do domínio. A palavra do inconsciente não é uma simples palavra de expressão do desejo, é uma palavra que, através da narrativa onírica, permite alcançar uma verdade e, deste modo, coloca o sujeito do inconsciente como um "ser de linguagem". Lacan explicita esse fato quando, regressando a Freud, afirma que o inconsciente é estruturado como uma linguagem. Assim, o sujeito é fundado na linguagem, a linguagem funda o inconsciente e o inconsciente funda o sujeito. Mas o sujeito do inconsciente não pensa como o *cogito*, ele é pensado. É pensado por esse Outro que ocupa o inconsciente, esse *não-Ego* que faz Lacan dizer "sou onde não penso" e "penso onde não sou", que, portanto, nada tem a ver com a subjetividade do Ego. Na realidade, numa perspectiva psicanalítica, o sujeito está

34 Sujeito falante

dividido entre um *Ego-subjetivo*, *locus* do "imaginário", e um *não-Ego-Outro*, *locus* do "simbólico". Em última análise, é isto que a Psicanálise freudo-lacaniana nos propõe: um encontro face a face entre um *Ego* e um *não-Ego*, que coloca o sujeito fora da problemática da consciência e da subjetividade intencional.

Hermenêutica: o sujeito entre "idem" e "ipse"

A hermenêutica designava originalmente o conjunto de regras de interpretação dos textos,[41] em particular dos textos sagrados (a Bíblia), e, depois, de uma forma mais geral, a partir dos séculos XIX e XX, os sistemas de interpretação dos textos e as técnicas de decifração de tudo o que pudesse ser considerado como pertencente a uma ordem simbólica. Nesta tradição, a reflexão filosófica seguiu dois caminhos que têm em comum a preocupação de estabelecer ontologicamente o sujeito. Um deles foi seguido por Paul Ricœur, que desenvolveu uma "hermenêutica de si", e o outro por Michel Foucault, que desenvolveu as condições para a emergência de um "novo si".

Para Ricœur, uma "hermenêutica de si" deve começar por distinguir o *eu* do *si*. O *eu*, de uma forma ou de outra (único ou múltiplo, essência ou existência), impõe-se numa relação imediata com a consciência e constitui o seu fundamento. O *si*, pelo contrário, constitui-se através da análise das suas próprias operações de pensamento, uma reflexividade que, numa dialética do mesmo e do outro, lhe confere diversas identidades como sujeito falante, sujeito atuante, sujeito ser: "Dizer *si* não é dizer *eu*. O *eu* apresenta-se – ou é depositado. O *si* está implicado de forma reflexiva em operações cuja análise precede o retorno a si mesmo".[42] Uma vez que o sujeito é múltiplo em virtude desta reflexividade, Ricœur propõe que se pergunte "quem fala?" e "quem age?". Para ele, a resposta a "quem fala?" encontra-se na Filosofia Analítica da linguagem, na medida em que esta Semântica pragmática coloca o *eu* no centro de um ato de enunciação que dota o sujeito de *objetivos* e, portanto, de uma certa identidade enunciativa. Por outro lado, a resposta à questão "quem age?" encontra-se numa Filosofia da ação "na medida em que é nos enunciados, isto é, nas proposições, nomeadamente a partir de verbos e frases de ação, que se fala da ação, e é nos atos de discurso que o agente da ação se designa como aquele que age",[43] ou seja, como aquilo a que a Pragmática chama "atos de fala", correspondendo a uma intencionalidade. Esses dois tipos de identificação da pessoa que fala e da pessoa que atua fazem parte de uma hermenêutica de *si*, através do jogo de uma dupla dialética: a dialética da identidade como "mesmidade" (*idem*) que se opõe ao "diferente"; a dialética da identidade como "*self*" (*ipse*) que se opõe ao "outro". É assim que se constitui a identidade pessoal, um si mesmo autônomo numa relação dialética com a alteridade: "A autonomia do si aparecerá intimamente ligada à *preocupação* com os que nos são próximos e à *justiça* para com todos os seres humanos".[44] Por um lado, e ao mesmo tempo, uma "atestação *de* si"[45] e, por outro, numa base ética, uma atestação "com e para o outro".[46] Verificamos a existência de uma divisão do sujeito que será diversamente reinterpretada no domínio da linguagem como um sujeito para o "eu-próprio" e um sujeito para o "eu-outro".

Foucault: o sujeito no discurso

Foucault desloca a problemática do sujeito para uma problemática do discurso porque, diz ele, "parece que o pensamento ocidental assegurou que o discurso ocupasse o menor lugar possível entre o pensamento e a fala".[47] Vê isto em três ordens temáticas. O tema do "sujeito fundador" que teria "elidido a realidade do discurso",[48] pois se, "em sua relação com o sentido, o sujeito fundador tem signos, marcas, traços, letras [...], ele não precisa passar pela instância singular do discurso para manifestá-los".[49] O tema da "experiência originária" de um *cogito* "que nossa linguagem só tem a suscitar",[50] que faz do discurso um já-aí que o poder do *cogito* tornaria possível ler. O tema da "mediação universal", em que "o discurso não é mais do que o brilho de uma verdade que se revela aos seus próprios olhos",[51] de uma consciência imediata cuja capacidade de racionalizar o mundo transformaria as coisas e os acontecimentos num discurso revelador da sua própria essência.

Através da sua concepção de discurso, Foucault procura, portanto, criar um "novo *eu*", não em termos de *quem*, mas em termos de *quê*: *O que é que eu posso? O que é que eu sei? O que é que eu sou?* Foucault não remete o sujeito para a história, assim como não faz uma história dos sujeitos. Como diz Deleuze, ele está preocupado com as *condições*, e particularmente aqui com as condições "dos processos de subjetivação, sob as dobras que operam neste campo tanto ontológico como social".[52] O que parece interessar a Foucault, acrescenta, é o pensamento, porque pensar é experimentar (*ver*) e ao mesmo tempo problematizar (*falar*): "O saber, o poder e o si mesmo são a tripla raiz de uma problematização do pensamento".[53] Foucault explicita este fato:

Eu parto do discurso tal como ele é! Numa descrição fenomenológica, tentamos deduzir do discurso algo que diz respeito ao sujeito que fala; tentamos encontrar,

36 Sujeito falante

a partir do discurso, quais são as intenções do sujeito que fala – um pensamento em construção. O tipo de análise que pratico não lida com o problema do sujeito falante, mas examina as várias formas em que o discurso desempenha um papel dentro de um sistema estratégico no qual o poder está envolvido, e para o qual o poder funciona.[54]

Obviamente, este sujeito, como ele diz, não é o sujeito falante que nos interessa numa problemática de linguagem. Mas, contrariamente ao que por vezes se tem dito, ele não descarta a questão do sujeito: "Não quis excluir o problema do sujeito, quis definir as posições e as funções que o sujeito poderia ocupar na diversidade dos discursos."[55] Foucault apresenta a hipótese de que, por detrás de todo discurso, existe um sujeito enunciador "separado" do sujeito falante individual. Trata-se de um sujeito de enunciação coletivo que é assumido pelas "instituições, pela lei e pelo sistema jurídico". Mas ao problematizar aquilo a que, no seu curso *Du gouvernement des vivants*, ministrado no *Collège de France*, chama a "preocupação de si",[56] o papel livre e reflexivo desempenhado pelo sujeito na sua atividade linguística, que o leva a adquirir um melhor conhecimento de si e ao mesmo tempo do outro, põe em evidência o que esta "cultura de si" exige e a que tipo de verdade conduz. O sujeito seria o homem na medida em que é subjetivamente sujeito de experiência e, portanto, passível de ser estruturado. Há de fato um regresso do sujeito em Foucault, o que abre caminho à existência de um sujeito ligado ao ato de discurso.

Esta concepção de um sujeito que desaparece no discurso está ligada ao que se chamou – sobretudo no mundo anglófono – "viragem linguística" (*linguistic turn*). Na tradição da Filosofia Analítica, que afirma que a reflexão filosófica não pode ser conduzida sem uma análise da linguagem, e particularmente da linguagem ordinária, dá-se uma mudança de foco na medida em que, através da linguagem natural, descobrimos uma lógica natural menos logicista do que a Lógica formal. Esta tendência, que tomou a forma de uma polémica entre historiadores,[57] deu também origem a uma outra tendência que nos interessa para uma abordagem problemática do tema, e que retomaremos no âmbito do percurso linguístico, a da teoria pragmática dos *atos de fala*.

BALANÇO CRÍTICO

Podemos ver como, no pensamento filosófico, o *sujeito* surge, como se torna progressivamente autônomo, depois é questionado e redefinido. Na Antiguidade e na Idade Média – a que Foucault chama "Idade Pré-Clássica" –, o sujeito é o fundamento da predicação, isto é, é constituído pelos atributos que nele se depositam e que o fazem tornar-se pura essência, um ser de verdade, duplamente submisso, submisso à mente enquanto objeto de conhecimento, e dependente da predicação que o *substancializa*. Mas é também o que está na origem do sentido e do conhecimento. Se o termo "sujeito" não é realmente consistente, podemos ver que já se estabeleceram dois traços semânticos: o de *depositário* de propriedades que o essencializam; o de *iniciador* e produtor de algo que lhe é exterior, seja a ação ou o conhecimento. No pensamento clássico, o sujeito se autonomiza. Autonomização do sujeito na teorização gramatical, na medida em que, enquanto suporte da predicação, se funda como categoria do pensamento lógico universalizante; autonomização na Filosofia, na medida em que, ao postular o *cogito*, Descartes liberta o sujeito do mundo, coloca-o face a este último, que se torna objeto, e reenvia-o para si mesmo como "ser pensante" (mesmo que Deus seja, em última análise, o fiador último da verdade), mas um ser pensante enquanto essência para o pensamento, uma essência imutável que não se constrói na consciência. No pensamento contemporâneo, a importância da racionalidade mantém-se e é mesmo reforçada na medida em que procura ser mais explicativa. Neste contexto, em que o Homem está no centro do mundo e se constitui como objeto de conhecimento, surge um sujeito ligado à consciência, um sujeito empírico em Kant dominado por um sujeito transcendental, mas entre os dois estabelece-se uma ligação cada vez mais estreita através da fenomenologia husserliana e sartreana, e depois da hermenêutica. Deste modo, a "consciência de si" e a sua intencionalidade são construídas em conjunto através da palavra, da ação e do "outro", redescobrindo o que, segundo Habermas, Hegel anunciou: "a dialética do conhecimento do mundo e do conhecimento de si é a experiência da reflexão".[58]

Tudo se desenrola num duplo confronto: a relação *subjetiva* entre o *eu* e um *não-eu*, que conduz à concepção de um sujeito como depositário de uma substância significante; a relação *intersubjetiva* entre o *eu* e um *outro*, que conduz à concepção de um sujeito como lugar de uma consciência da intencionalidade. Isto abre o caminho para as ciências humanas e sociais, que tentarão definir a natureza e o lugar do ser pensante-atuante no mundo social.

Notas

[1] *Problèmes de linguistique générale.* Paris, Gallimard, 1967, p. 267.

[2] Pelo menos na Filosofia estoica (ver Auroux S., *Histoire des idées*, 1989, p. 192).

[3] Era essa a perspectiva de Aristóteles quando, pensando em como estabelecer uma técnica da discussão, propôs um catálogo de argumentos nos *Tópicos* e depois alargou o seu âmbito para incluir a *Retórica* como "a faculdade de descobrir especulativamente o que, em cada caso, pode ser apropriado para persuadir" (*Rhétorique*, Paris, Gallimard, 1991, p. 22.)

[4] Consulte a Parte IV, cap. 9, "Sujeito interpretante".

[5] *Le Dictionnaire de philosophie*, de Christian Godin, Paris, Fayard, 2004; Le *Vocabulaire européen des philosophies*, de Barbara Cassin, Paris, Seuil-Le Robert, 2004; Le *Vocabulaire technique et critique de la philosophie*, de André Lalande, Paris, PUF, 1997; *L'Encyclopédie philosophique universelle*, Universalis, on-line.

[6] Auroux S., *Histoire des idées linguistiques*, op. cit, p. 187.

[7] A revolução copernicana data de 1543.

[8] Ricœur P., *Soi-même comme un autre*, Paris, Le Seuil, 1990.

[9] Idem, p. 18.

[10] Idem, ibidem.

[11] Idem, ibidem.

[12] Idem, p. 19.

[13] Ver: *Descartes. Actes*, publicados em 1957 pelas Éditions de Minuit.

[14] Idem.

[15] Veja Baratin M., "La constitution de la grammaire et de la dialectique", em Auroux S., *Histoire des idées linguistiques*, op. cit., p. 202.

[16] Idem, ibidem.

[17] Veja Baratin M., "La constitution de la grammaire et de la dialectique", em Auroux S., *Histoire des idées linguistiques*, op. cit., p. 202.

[18] A primeira gramática de espanhol de Juan Antonio de Nebrija, em 1492, foi um fator importante na unificação linguística da península ibérica.

[19] Ricœur P., *Soi-même comme un autre*, op. cit., p. 14.

[20] Auroux S., *La philosophie du langage*, Paris: PUF, 1996, p. 221.

[21] "Chamo *transcendental* a qualquer conhecimento que se preocupe, em geral, menos com os objetos do que com o nosso modo de conhecer os objetos, na medida em que este último deve ser possível *a priori*. Um *sistema* de tais conceitos chamar-se-ia *filosofia transcendental*", "Introduction à la critique de la raison pure", em *Critique de la raison pure*, Paris, Flammarion, 1997-2008, p. 318.

[22] "[...] há duas linhagens de conhecimento humano, que talvez provenham de uma raiz comum, mas desconhecida para nós, a saber, a *sensibilidade* e o *entendimento*, pela primeira das quais os objetos nos são *dados*, enquanto pela segunda são *pensados*". Idem, p. 323.

[23] Que, aliás, na análise transcendental se chama "imaginação".

[24] Kant E., *Critique de la raison pure*, op. cit., 1997.

[25] Godin C., *Dictionnaire de philosophie*, Paris, Fayard, 2004.

[26] Nietzsche F., *Le Gai savoir*, Paris, Flammarion, 2007, §54, p. 110.

[27] Ricœur P., *Soi-même comme un autre*, op. cit., p. 26.

28 Idem, p. 22 e 27.

29 Husserl E., *Les Méditations cartésiennes*, Paris, Vrin, 1947.

30 Hegel G. W. H., *La phénoménologie de l'esprit*, Paris, Aubier, 1939, p. 155.

31 Ver Husserl, *Méditations cartesiennes*, op. cit., "5º Méditation".

32 Auroux S., *La philosophie du langage*, op. cit., p. 223.

33 "Assim, o complexo de inferioridade é um projeto livre e global de mim mesmo como inferior ao outro, é [...] a solução livre que dou à existência do outro, esse escândalo insuperável", Sartre J.-P., *L'Etre et le néant*, Paris, Tel/Gallimard, 1943, p. 504.

34 "Para obter qualquer verdade sobre mim mesmo, tenho de passar pelo outro. O outro é indispensável à minha existência, assim como ao meu conhecimento de mim mesmo", Sartre J.-P., *L'existentialisme est un humanisme*, Paris, Gallimard, Folio Essais, 1996, p. 59.

35 Veja Politzer G., *Critique des fondements de la psychologie*, Paris, PUF, 2003.

36 Veja, por exemplo, Merleau-Ponty M., *La Phénoménologie de la perception*, Paris, Gallimard, 1945.

37 Sartre J.-P., *L'Etre et le néant*, op. cit.

38 Marcuse H., *Eros et civilisation*, Paris, Ed. de Minuit, 1966.

39 Badiou A., *Abrégé de métapolitique*, Paris, Seuil, 1998, p. 68.

40 Freud S., *L'avenir d'une illusion*, Paris, Gallimard, 1933.

41 *Hermêneuein* = interpretar, explicar; *tekhnê* = arte.

42 Ricœur P., *Soi-même comme un autre*, op. cit., p. 30.

43 Idem, p. 29.

44 Idem, p. 30.

45 Idem, p. 34.

46 Idem, p. 211.

47 Foucault M., *L'ordre du discours*, Paris, Gallimard, 1971, p. 48.

48 Idem, p. 49.

49 Idem, ibidem.

50 Idem, p. 50.

51 Idem. p. 51.

52 Deleuze G., *Foucault*, Paris, Éditions de Minuit, 1986, p. 124.

53 Idem, ibidem.

54 Foucault M., *Dits et écrits II, 1976-1988*, Paris, Quarto Gallimard, 2001, p. 465.

55 Foucault M., *Archéologie du savoir*, Paris, Tel/Gallimard, 1969, p. 271.

56 Foucault M., *Résumé des cours, 1970-1982*, Paris, Julliard, 1989, p. 155.

57 Ver Cerutti S., "Le *linguistic turn* en Angleterre. Notes sur un débat et ses censures". Disponível em: https://doi.org/10.4000/enquete.1183, pp. 125-140, acesso em: 4 abr. 2025.

58 Habermas J., *Logique des sciences sociales et autres essais*, Paris, PUF, 1987, p. 231.

Percurso sociológico

"O sujeito é a vontade do indivíduo de ser um ator, de modificar seu ambiente social, de participar de sua transformação e não simplesmente de ser."

(Alain Touraine, "A recomposição do mundo")

As ciências sociais estão intimamente ligadas à Filosofia. Enriquecidas por ela, mas menos especulativas, fornecem um saber com base no contato com a matéria empírica, que estudam usando métodos de análise que envolvem às vezes, ou ao mesmo tempo, observação, comparação, comutação ou experimentação, explorando um campo, construindo um corpus ou montando experimentos. Entretanto, ao interpretar os resultados de suas análises, elas também precisam adotar uma abordagem mais especulativa para explicar o que caracteriza a atividade humana em termos de comportamento coletivo e individual. Isso explica por que muitos pensadores e pesquisadores, como Lévi-Strauss, Marx, Weber, Aron, Bourdieu, Barthes, Morin, Deleuze, Touraine, Moscovici e outros, são descritos às vezes como sociólogos, psicossociólogos, antropólogos e/ou filósofos. Em seus escritos, vemos constantes idas e vindas entre esses campos disciplinares. Dito isso, as ciências humanas e sociais[1] formam um vasto território no qual as várias disciplinas se entrecruzam e se influenciam mutuamente.[2] O percurso desse campo é, porém, necessário no que diz respeito à questão do sujeito que nos interessa, porque nele essa noção ganhou vida própria.

A Filosofia, como se viu, gradualmente tirou o sujeito do pedestal essencialista em que nasceu para torná-lo uma entidade dupla: um *eu transcendental* e um *eu empírico*, que estão, inicialmente, em uma relação de dominação de um (o primeiro) sobre o outro (o segundo), depois em uma relação de fecundação recíproca. Nesse longo debate, há uma permanência: o sujeito está no campo do conhecimento. O encontro face a face entre o *eu* e o *não-eu* proposto por Freud e Lacan é o que poderia desestabilizar mais uma teoria do sujeito filosófico. Viram-se as tentativas de diferentes correntes filosóficas de "positivar" a todo custo um sujeito do

42 O sujeito falante em ciências da linguagem

inconsciente que só é "negatividade". Pode-se dizer que a Filosofia tem resistido à ofensiva do sujeito do inconsciente.

O surgimento das ciências sociais, entretanto, trouxe outro problema para essa tradição filosófica com o surgimento do que poderia ser chamado de "sujeito social". Mesmo assim, isso não representou uma ruptura completa com a tradição filosófica. Em primeiro lugar, porque permanece no domínio da compreensão e do conhecimento. Em segundo lugar, porque se trata de explicar o destino dos seres humanos que vivem em sociedade, o que também é uma preocupação da Filosofia Política. É claro, há, da parte dos sociólogos, por exemplo, pontos de vista diferentes quanto à relação entre essas duas disciplinas. Cyril Lemieux apresenta as tendências. "Esquematicamente", diz ele, "parece possível reduzir as posições que podem ser observadas nessa área a três opções principais: o "demarcacionismo", que considera que "para progredir, a Sociologia tem pouco a esperar da Filosofia, assim como, inversamente, a Filosofia da Sociologia", porque a Filosofia "não submete a produção de seu discurso a protocolos de investigação empírica", e a Sociologia só pode ser científica "com a condição de renunciar de ter um discurso metafísico ou filosófico sobre o mundo"; o "integracionismo", que, ao contrário, defende que "Nada impede que os trabalhos dos filósofos no tocante à linguagem, à cognição, às emoções, à moral, ou ainda, à ordem política, sejam colocados a serviço de uma demonstração de cunho sociológico"; o "conversionismo" que "consiste em ver na Sociologia e na Antropologia (que são então consideradas como formando um todo) a superação lógica e consequente da Filosofia".[3] Digamos que essas duas disciplinas se fecundam reciprocamente, mas é verdade que a característica fundamental da Sociologia é que o saber que ela fornece se baseia na observação de um objeto empírico e em um método de observação fundado em um campo ou em um *corpus*. Na Sociologia, além disso, há várias correntes, nomeadas, às vezes, de acordo com seu fundador ou teórico (Sociologia durkheimiana, maussiana, weberiana), às vezes, de acordo com uma abordagem metodológica (Sociologia Construtivista, Antropológica, Pragmática), conforme apresentado por um grupo de sociólogos: "Em meados da década de 1980, surgiu na França, em um contexto dominado pela sociologia crítica de P. Bourdieu e pelo individualismo metodológico de R. Boudon, uma corrente nova da Sociologia. Ela ficou conhecida como Sociologia Pragmática."[4]

Uma vez mais, não faremos aqui um histórico das ciências sociais, pois não é essa a proposta. O percurso será feito a passos largos. Interessa-nos particularmente a área da Sociologia, recorrendo a vários trabalhos para tentar entender que noção de sujeito está sendo colocada em prática. Para isso, destacaremos três questões centrais que serão tratadas em conjunto: como *objetivar* o mundo social (o debate entre *subjetivismo* e *objetivismo*); qual é a *natureza* desse mundo social e o *lugar* do sujeito nele (o debate entre *idealismo* e *materialismo*); e se o sujeito é *individual* ou *coletivo* (debate entre *psicologismo* e *sociologismo*).

OBJETIVAÇÃO DO MUNDO SOCIAL

Lembremos que Kant propôs modificar a relação entre o sujeito do conhecimento e o mundo que é o objeto do conhecimento, tornando este dependente daquele. Pode-se dizer que a Sociologia emergente propõe o movimento oposto, partindo de uma premissa de que o mundo tem uma realidade social autônoma e que o sujeito do conhecimento, longe de dominá-lo, lhe é subordinado porque faz parte dele. Passamos de uma problemática *subjetivista* do conhecimento do mundo para uma problemática *objetivista*. Entretanto, sendo essa realidade social, por definição, compósita, é necessário determinar os parâmetros que a constituem.

Primeiro, consideram-se os *fatos materiais* para transformá-los em dados factuais, para que possam ser processados estatisticamente. Essa abordagem tem antecedentes. De fato, na *República* de Platão, parece haver uma consciência do papel que as condições econômicas (divisão do trabalho, número de habitantes) e as condições geográficas (relevo e clima) podem desempenhar na política. Em sua *Política*, Aristóteles também ponderou sobre as diferentes formas de troca e a transição da economia natural, baseada na troca de serviços, para a economia monetária. Mais tarde, a partir do final do século XVII e início do século XVIII, foi desenvolvido gradualmente um método estatístico que permitiria a realização de estudos demográficos[5] sérios e, como resultado, o nascimento de uma nova ciência: a *Economia Política* (Adam Smith, 1776, e Jean-Baptiste Say, 1803). Com Durkheim, o fundador da Sociologia, isso levou a uma concepção multidisciplinar dessa ciência, que permaneceria ligada a outras disciplinas, como a Economia Política, a Geografia Humana e a Etnografia.

Segundo, considera-se o *peso da história*. Como vimos anteriormente, foi no final do século XVIII e no início do XIX que as teorias evolutivas das ciências da vida e os métodos filológico-comparativos da Gramática foram desenvolvidos. A preocupação dominante na época era poder rastrear a origem das espécies e a origem das palavras na língua, descobrir os mecanismos de sua transformação ao longo do tempo de acordo com as áreas geográficas, determinar suas especificidades e chegar a classificações de espécies e famílias de línguas. Sabemos que essa perspectiva historicista sobre a explicação das sociedades humanas se tornaria decisiva para Marx.

Finalmente, como terceiro parâmetro, consideram-se as *regras* e *leis sociais*, que sempre estiveram no centro do pensamento daqueles que, desde a Antiguidade, tentaram definir, principalmente em seus escritos políticos, o que governa as sociedades humanas. O debate gira em torno do fato de as leis resultarem da natureza ("direito natural") ou das decisões dos homens (o governo como a *polis* da sociedade); se elas são as mesmas para todos ("universais") ou se dependem de grupos sociais ("direito comparado"). Durkheim considerava Montesquieu um precursor da Sociologia, pois com os conceitos de "tipo" e "lei" ele liga o que antes era considerado como antinômico; liga os diferentes regimes políticos (república, monarquia, despotismo), cujos modos de governança variam de acordo com o contexto, com as leis, algumas das quais derivantes da "ordem natural" (o solo, o clima, a mentalidade) e, portanto, determinantes do "espírito geral" de uma nação. Posteriormente, os sansimonianos (1830-1840) realizaram estudos sistemáticos da evolução das instituições sociais (transformações sucessivas da propriedade como fato social), confirmando assim que era possível realizar um estudo positivo (objetivo) da "física social", termo que Auguste Comte usou antes de substituí-lo por "sociologia".

Assim se objetiva o mundo social. Para a Filosofia, como se viu, há uma desconfiança em relação a um mundo que não é mais do que aparência, apelando para a sensibilidade da percepção humana, criando as opiniões comuns enganosas, razão pela qual a racionalidade de um sujeito pensante deva ser aplicada a ele, mesmo que esse sujeito não perceba sua relação empírica com o mundo. Para a Sociologia, trata-se de colocar que esse mundo está numa relação de exterioridade com o sujeito, que tem uma existência objetiva, independente de qualquer conhecimento, devido a mecanismos que regem o conjunto de seus componentes e cuja regularidade estabelece sistemas, estruturas e leis de funcionamento da vida social. Esse "objetivismo" sociológico se opõe, portanto, a um certo "subjetivismo transcendental" da Filosofia em três aspectos: o mundo social é um objeto liberado do sujeito, um objeto colocado à distância a partir do qual devem ser estudadas as leis fundamentais específicas dos fenômenos sociais; esse estudo não pode ser "uma pura dedução do estudo do indivíduo";[6] e não é mais o sujeito ele mesmo, mas os métodos de observação que tornam possível trazer à luz essas leis fundamentais.

A NATUREZA DO MUNDO SOCIAL E O LUGAR DO SUJEITO

Para a Filosofia, o mundo social só seria um objeto de reflexão na medida em que se postula que, por trás de sua manifestação, há uma substância única que somente um sujeito pensante poderia explicar. Marx criticou essa posição como *idealismo,* à qual ele contrapôs o *materialismo,* "doutrina segundo a qual não existe outra substância além da matéria".[7] Para Marx, se o todo social é algo diferente da soma de suas partes, é porque ele se compõe de um determinado tipo de organização político-jurídica da vida social, um determinado tipo de relações econômicas de produção (*infraestrutura*) e um determinado tipo de consciência social (*superestrutura)*, sendo o todo uma resultante que integra e excede cada um desses componentes. Assim, o mundo social, longe de ser uma substância cuja manifestação sensível e material seria apenas aparência, ao contrário, seria condicionado pelos modos de produção da vida material e, consequentemente, "não é a consciência do homem que determina sua existência, mas sua existência social que determina sua consciência".[8] Há duas ideias básicas no cerne do pensamento de Marx que nos permitem entender o lugar que ele atribuía ao sujeito: a sociedade não é um "todo homogêneo"; pelo contrário, é um todo *estratificado* (em infra e superestruturas) no qual as relações internas de poder dentro da sociedade ("luta de classes") são, elas próprias, o resultado da estrutura das relações de produção que atribuem a cada um de seus agentes um lugar e um papel determinados; a sociedade não é um "todo imutável", ela muda de acordo com a variação das condições de produção e com a consciência social resultante, o que mostra a importância do peso da história, que é então definida como o resultado de um determinismo decorrente da contradição interna das relações de poder.[9] Essas duas noções de *estratificação social* e de *historicidade* da realidade social foram retomadas e retrabalhadas por Max Weber,[10] depois pela Sociologia construtivista moderna e, de forma controversa, por alguns filósofos e sociólogos (Elias, Bourdieu, Badiou, Dobry, Giddens). Voltaremos a eles quando examinarmos o problema da ideologia. Por enquanto, podemos observar que o sujeito está preso aqui, por um lado, na trama do materialismo, e só pode emergir em uma consciência social que não pertence propriamente a ele, mas o transcende e o sobredetermina, e, por outro lado, em um determinismo histórico que ele tenta internalizar,[11] mas no qual ele só pode existir como uma entidade coletiva sobredeterminada. Essa concepção foi criticada por Ricœur e Foucault, este último se distanciando do materialismo histórico, que, segundo ele, consiste em:

46 O sujeito falante em ciências da linguagem

[...] colocar na base do sistema as forças produtivas, depois as relações de produção, para chegar à superestrutura jurídica e ideológica e, finalmente, àquilo que dá não só profundidade ao nosso pensamento e à consciência dos proletários. As relações de poder são, em minha opinião, simultaneamente mais simples e mais complicadas. Simples, na medida em que não requerem essas construções piramidais; e muito mais complicadas, pois há múltiplas relações entre, por exemplo, a tecnologia do poder e o desenvolvimento das forças produtivas.[12]

A NATUREZA INDIVIDUAL E COLETIVA DO SUJEITO

Ao definir o fato social como "[...] qualquer maneira de fazer, fixa ou não, passível de exercer sobre o indivíduo um *constrangimento externo* [...]",[13] ao mesmo tempo, Durkheim define o sujeito como um ser coletivo, que não é uma soma de indivíduos fundidos no social: "A causa determinante de um fato social deve ser procurada entre fatos sociais antecedentes, e não entre estados de consciência individual":[14] para Durkheim, é o fato social que se impõe aos indivíduos, constituindo um conjunto de crenças e sentimentos comuns aos membros de uma mesma sociedade, cujas determinações são de diversas ordens (etnográficas, geográficas, demográficas, jurídicas, econômicas etc.), o todo formando um sistema próprio, independente de cada indivíduo e, ao mesmo tempo, subsumindo cada um deles. É assim que a "consciência coletiva" é definida e que o "método objetivo" se torna possível. Essa definição do sujeito como consciência coletiva será recorrente no desenvolvimento do pensamento das ciências sociais, embora seja abordado de diferentes maneiras segundo as diferentes disciplinas (História, Lógica Social, Antropologia, Psicossociologia). O sociólogo neodurkheimiano, Cyril Lemieux, ressalta que em Durkheim "o indivíduo e o sujeito não são negados, mas também não são considerados fatos naturais: eles são vistos como resultantes de processos de individualização e subjetivação que são sociais", o que o leva a "reintroduzir a questão da evolução das sociedades humanas na medida em que isso se reflete em uma evolução dos processos e das modalidades sociais de individualização e subjetivação. Isso é o que o leva a especificar a situação particular das sociedades modernas, que ele caracteriza em termos de seu 'culto ao indivíduo' e de sua obrigação moral com o subjetivismo". De acordo com Cyril Lemieux, isso é o que "nos permite nos distanciar do culto moderno ao indivíduo, do subjetivismo e do mito da interioridade, não para negá-los ou denunciá-los, mas para desnaturalizá-los e, assim, entender o que eles devem à organização social e à história". Consequentemente, ele conclui, "a dualidade entre objetivismo e subjetivismo é simplesmente obsoleta".[15]

Essa posição não é a única. Uma "Sociologia Relacional"[16] se desenvolve na década de 1920 na Alemanha, representada por Leopold von Wiese, o qual, rejeitando a concepção realista da sociedade, propõe, em vez disso, considerar que a sociedade é o resultado das múltiplas relações que os indivíduos estabelecem entre si. Essas relações são instigadas pela implementação de certos processos de distanciamento ou vínculo social, consensual ou conflitante, condensando-se em "formações sociais": algumas temporárias e desorganizadas, como multidões e massas populares; outras estáveis e abstratas, como o Estado, a Igreja, os principais grupos econômicos e classes sociais; e outras mais limitadas, mas organizadas e duradouras, como órgãos profissionais ou associações (clubes). Esse conceito foi criticado,[17] mas a noção de "interindividualismo" foi posteriormente adotada, especialmente pela Psicossociologia interacionista, embora de maneira diferente.

Nos Estados Unidos, apesar da forte influência da Sociologia europeia, a partir do final do século XIX, desenvolveu-se um ponto de vista psicologizante que restabeleceu a ideia de que devemos começar com os indivíduos, pois é por meio do estudo de seu comportamento e das redes de relacionamentos em que estão envolvidos que podemos entender como se constrói o "indivíduo social", ou seja, o grupo. Ademais, isso exige que não nos contentemos em considerar os fatores externos que o determinariam de uma forma um tanto fixista, mas que perguntemos o que motiva os indivíduos a agir, quais são suas finalidades e quais procedimentos eles usam para regular suas trocas. Isso deu origem a várias teorias, algumas buscando explicar os instintos, outras a personalidade (G. H. Mead),[18] outras ainda a ação que depende do *status* dos indivíduos, do papel que desempenham e dos valores que defendem, outras buscam casar os níveis micro e macrossociológicos, como a Sociologia Pragmática, cuja principal contribuição é "propor uma *concepção alternativa* da articulação entre as realidades situacionais e estruturais e, consequentemente, entre os níveis 'micro' e macro'".[19]

O sociólogo Raymond Boudon faz parte de um movimento que ele chama de "individualismo metodológico". Sem negar a influência que o contexto sócio-histórico pode exercer sobre o indivíduo, ele se recusa a admitir que o sujeito seja completamente sobredeterminado e até mesmo "engendrado" por determinações sociais externas, isto é, se recusa a admitir "o postulado de que o indivíduo, sendo o produto de estruturas sociais, pode ser negligenciado na análise".[20] Para ele, como nos lembra Roselyne Koren, que constata ser essa posição semelhante à do retórico Perelman, "o sujeito tem boas razões, ou seja, razões transubjetivamente válidas, para endossar uma crença, mesmo quando ela parece ser objetivamente fundamentada".[21] Nas Sociologias modernas, conhecidas como "construtivistas",[22] essas duas tendências continuam a ser representadas com diferentes concepções. A tese do "sociocentrismo" é debatida entre os excessos do objetivismo e os do subjetivismo.[23] É sempre uma questão de saber, no social, o que predomina entre as partes e o todo: dá-se mais importância ao coletivo ou ao individual; qual é a relação entre as estruturas e interações sociais; deve-se reivindicar um ponto de vista *objetivista*, *subjetivista* ou *intersubjetivista*? Essas teorias, por sua vez, contribuíram para o desenvolvimento da Psicologia Social na Europa, que levou mais adiante à intersubjetividade, concentrando-se na observação e na experimentação dos comportamentos individuais do sujeito.[24]

BOURDIEU ENTRE O "OBJETIVISMO" E O "SUBJETIVISMO"

Como Bourdieu questionou as ciências da linguagem sobre o *status* do sujeito, precisamos entender seu projeto de elaboração de uma Sociologia que ele mesmo chamou de "construtivista".[25] Dois conceitos estão no centro de sua teorização: *campo* e *habitus*. Para Bourdieu, a realidade social tem uma dupla dimensão, pois é simultaneamente um objeto autônomo estruturado por relações sociais e um objeto de percepção, o que significa que "a ciência social deve tomar como objeto tanto essa realidade quanto a percepção dessa realidade".[26]

Os dois conceitos-chave de Bourdieu

O *campo* é o que garante o aspecto objetivo dessa realidade como um local de restrições estruturais que foram estabelecidas, ao longo da história, por meio de trocas entre indivíduos e grupos, em torno de relações sociais hierarquizadas, relações de poder e lutas por influência para manter ou modificar essas relações. Essas restrições acabam se autonomeando e se configurando em instituições, as quais, ao mesmo tempo, resultam do equilíbrio de poder que os agentes sociais estabelecem e determinam as posições que os agentes devem ocupar dentro do campo. Isso explica por que cada campo é, de certa forma, um *mercado* que obedece a regras de oferta e de procura nas relações entre dominantes e dominados, cuja determinação não é apriorística, nem fixista, nem única (como em Marx), mas plural, pois é composto por vários tipos de *capital*: capital social, capital cultural, capital econômico.[27] Assim, os agentes que se encontram em um determinado campo são levados a ocupar as posições estabelecidas por essa estruturação, com graus variados de "capitalização", o que determinará "um campo de lutas pelo poder entre detentores de poderes diferentes".[28] O espaço social não é nem unitário nem homogêneo; ao contrário, ele é fragmentado, composto por vários campos autônomos (jornalístico, intelectual, esportivo, literário, político etc.), cada um se organizando segundo diferentes linhas de força, mas que também podem se conectar ou se interpenetrar.

O *habitus* é o que garante o aspecto subjetivo da realidade social, como um processo de internalização pelos indivíduos de quais são as restrições da realidade externa. Ele "é tanto um sistema de esquemas para produzir práticas quanto um sistema de esquemas de percepção e apreciação das práticas. E, em ambos os casos, suas operações expressam a posição social em que foi construído".[29] Esse processo de internalização ocorre, de várias maneiras, por meio da experiência social dos indivíduos e das representações que eles fazem das estruturas do mundo social, de acordo com suas *disposições* e *posições*, ou seja, sua capacidade e inclinação para perceber, sentir e pensar sobre os dados da realidade social, que dependem das condições de existência pessoal e coletiva de cada um. Ao final desse processo de internalização, o indivíduo reproduz as estruturas do campo, assumindo os ritos e as rotinas que o caracterizam, ou inova quando se encontra em uma situação inédita.

Bourdieu propõe, portanto, um modelo que tenta casar duas tradições do pensamento contemporâneo: o objetivismo, proveniente da Sociologia durkheimiana, e o subjetivismo, proveniente da Filosofia kantiana e desenvolvido pela Fenomenologia. O *objetivismo* procura explicar os fatos da vida social dentro de uma lógica própria e, de qualquer forma, independente da consciência dos sujeitos. Essa lógica é a das relações que se instauram entre os indivíduos apenas por suas práticas, independentemente da consciência que poderiam ter delas e das representações que poderiam se dar das mesmas. O resultado são "posições relativas e relações objetivas com essas posições",[30] o que significa que o real não é mais identificável com substâncias, mas com estruturas. O *subjetivismo*, por outro lado, tende a explicar o mundo social somente por meio das representações de seus agentes e "tende a reduzir as estruturas a interações".[31] Nessa perspectiva, o mundo social só faz sentido por meio de e para os seres humanos que vivem, agem e pensam nele: "Por meio de uma série de construções do senso comum, eles pré-selecionaram

50 O sujeito falante em ciências da linguagem

e pré-interpretaram esse mundo, que apreendem como a realidade de suas vidas cotidianas".[32] Como ele mesmo diz, Bourdieu procura ir além dessa oposição:

> [...] por um lado, as estruturas objetivas que o sociólogo constrói no momento objetivista, ao deixar de lado as representações subjetivas dos agentes, são o fundamento das representações subjetivas e elas constituem as restrições estruturais que pesam sobre as interações; mas, por outro lado, essas representações também devem ser mantidas se quisermos dar conta sobretudo das lutas cotidianas, individuais ou coletivas, que visam transformar ou preservar essas estruturas. Isso significa que os dois momentos, objetivista e subjetivista, estão em uma relação dialética [...].[33]

O que lhe permite vincular essas duas perspectivas é o conceito de *capital simbólico*, que ele extrai, ao que parece, da concepção de Weber da realidade social como um conjunto de relações de sentidos. Para que os vários capitais que estruturam o campo façam sentido, eles precisam ser percebidos, conhecidos e reconhecidos como legítimos por todos os indivíduos e pela instituição. Assim, estabelece-se uma ponte entre o *campo*, lugar das estruturas objetivas, e o *habitus*, lugar das representações subjetivas: "Do lado objetivo, podemos agir por meio de representações individuais ou coletivas, destinadas a fazer com que certas realidades sejam vistas e afirmadas [...]. Do lado subjetivo, podemos agir tentando mudar as categorias de percepção e apreciação do mundo social, as estruturas cognitivas e avaliativas [...]".[34] As estruturas simbólicas não são a totalidade das estruturas sociais, mas elas "têm um extraordinário poder de *constituição* (no sentido da Filosofia e da teoria política) que tem sido muito subestimado".[35] Assim, no final, Bourdieu assume uma posição a favor do objetivismo.

O sujeito de Bourdieu, envolvido no capital simbólico

Bourdieu não desenvolve, estritamente falando, uma teoria do sujeito;[36] ele está mais interessado na noção de "subjetivismo", mas, se é para deixar um lugar para o sujeito, não é "o sujeito universal, o ego transcendental da fenomenologia [...]"[37] que, em suas próprias palavras, é "repudiado"; não é um sujeito totalmente sobredeterminado pela ideologia impulsionada por causas inconscientes e, em última análise, ausente da realidade social (como na posição marxista); mas um sujeito cujas estruturas mentais, como resultado de suas experiências sociais e de seus hábitos, permitem que ele faça escolhas, de acordo com suas *disposições*, entre as *posições sociais* no campo. É claro que ele faz isso sob liberdade vigiada das estruturas externas do mundo social,[38] porque, no final, ele é apenas o produto de sua internalização: daí o *subjetivismo*. No fim das contas, são essas estruturas que o fazem existir como um agente social capaz de agir e pensar – talvez seja por isso que Bourdieu usa o termo "agente" e não "sujeito" –, são elas que o legitimam.

O modelo bourdieusiano seria interessante para uma teoria do sujeito se funcionasse de maneira efetivamente dialética entre seu componente subjetivo, carregado pelo *habitus*, e seu componente objetivo, carregado pelo campo. Voltaremos a esse assunto mais tarde, mas, por enquanto, vale a pena observar que nos estudos empíricos de Bourdieu predomina a legitimação institucional fornecida pelo campo, em detrimento da margem de manobra disponível para um sujeito que, por sua vez, tem o poder de modificar as estruturas do campo. É o campo que cria o *habitus*, e não o contrário, e, portanto, o sujeito parece um tanto quanto sobredeterminado aqui, mesmo que Bourdieu reconheça que podem ocorrer ajustes entre o *habitus* e o campo, especialmente em períodos de crise, quando as rotinas são subitamente quebradas e novas regulamentações interacionais podem surgir: "[...] as orientações sugeridas pelo *habitus* podem ser acompanhadas por cálculos estratégicos dos custos e benefícios que tendem a trazer para um nível consciente as operações que o *habitus* realiza de acordo com sua própria lógica".[39] No entanto, seus estudos são mais bem-sucedidos ao mostrar as categorias do campo (incluindo sua dimensão sócio-histórica) do que os processos pelos quais o sujeito age e se constrói socialmente: "A identidade dos indivíduos certamente não é, na Sociologia de P. Bourdieu, a identidade que eles declaram de si mesmos, mas a identidade que eles têm objetivamente, ou seja, a de sua 'posição social'",[40] aponta o sociólogo Hervé Glévarec.

Aqui, então, do ponto de vista da linguagem, surge um problema, que retomaremos na seção seguinte, referente ao sujeito do discurso: a relação que se estabelece entre o que sobredetermina o sujeito, em virtude do fato de que ele age, pensa e fala em um determinado campo (a política), de acordo com *habitus* mais ou menos assumidos ("papo de político"), em uma determinada situação de comunicação (uma entrevista), e a margem de manobra de que dispõe, permitindo-lhe implementar estratégias para construir uma identidade e influenciar o outro na comunicação. Em outras palavras, a relação entre o que corresponderia a uma identidade "atribuída" e a que corresponderia a uma identidade "reivindicada".[41] Tanto que Bourdieu parece manipular o paradoxo quando afirma que a análise sociológica "é um dos instrumentos mais poderosos

BALANÇO CRÍTICO

Se tentarmos fazer um balanço (provisório) da possível existência de um sujeito e de seus modos de existência, veremos que ele está preso entre várias oposições. Vamos nos concentrar nas duas que parecem ser as mais importantes.

A primeira oposição diz respeito à atitude a ser adotada em relação ao estudo dos fatos sociais: empírica ou teórica. A abordagem empírica é justificada pelo fato de que os fatos sociais são o resultado do comportamento de indivíduos que fazem parte de grupos e regulam suas trocas em situações padronizadas. É esse comportamento que precisa ser estudado prioritariamente se quisermos entender como os movimentos sociais funcionam. A abordagem teórica baseia-se no pressuposto de que o que move as sociedades não é o que pode ser visto, mas o que não pode ser visto. É preciso descobrir, para além do comportamento efetivo dos indivíduos e dos grupos, o sentido profundo das ações sociais. É somente estudando os processos pelos quais esses comportamentos são simbolizados que podemos ter um certo conhecimento da realidade social.

A segunda oposição, intrinsecamente ligada à primeira, diz respeito à definição do objeto de observação e estudo. Para alguns, é uma questão de estudar o que torna a vida social permanente, o que garante sua continuidade; devemos tentar descrever a estrutura e o funcionamento da realidade social construindo "tipos ideais" que testemunhem não uma sociedade efetiva, mas uma ideia de sociedade (por exemplo, o capitalismo, para Marx e Weber). Para outros, ao contrário, é uma questão de estudar o que faz a transformação da vida social, o que se manifesta sob descontinuidades, o que produz mudanças; em vez disso, devemos procurar descrever processos, para colocar em perspectiva qualquer construção de um estado social que seja pré-construído em um estado anterior, depois reproduzido em parte e em parte transformado (por exemplo, o capitalismo não seria uma ideia nem um modelo, mas a estrutura de um tipo de sociedade em funcionamento). Desse modo, o sujeito é uma entidade abstrata única, um tipo ideal, que se confunde com um tipo social ideal; seria, por assim dizer, o sujeito de uma Antropologia Social. Ou, ao contrário, é uma entidade fragmentada em várias figuras que resultam da interação de construções de identidade que ocorrem no curso de trocas sociais, de modificações sociais e de mudanças históricas; estaríamos então lidando com um sujeito da Sociologia Construtivista ou da Psicologia Social. Mas há também um ponto de vista que busca unir essas tendências. Cyril Lemieux, baseando-se no conceito de "tendências para agir" do sociólogo e filósofo George H. Mead, insiste no fato de que as "tendências são inicialmente comunicadas ao indivíduo de fora, depois reforçadas ou diminuídas pelas experiências pelas quais passa", e no fato de que "essas tendências para agir são necessariamente plurais e que podem, portanto, confirmar e reforçar umas às outras, mas também, às vezes, contradizer umas às outras, provocando assim tensões e preocupações específicas no indivíduo em questão".[43] Esses são elementos que apoiarão nossa definição do sujeito falante como um locutor empírico cujas características identitárias, plurais, vêm de fora.

Entretanto, a tendência da Sociologia é considerar que "nossa singularidade não emana apenas de nós. Ela é construída através das maneiras como um lugar nos é dado no seio da comunidade humana em que nascemos e, mais tarde, possivelmente, no seio dos grupos aos quais aspiramos pertencer [...])".[44] Em outras palavras, as características biológicas e psicológicas dos indivíduos desempenham um papel na construção identitária do sujeito – devem ser levadas em conta – na medida em que passam pelo filtro da socialização por meio de um processo de "autoprodução". É o "princípio da socialidade" que orienta a construção social da realidade.[45] Uma nova tendência anunciada por Alain Touraine[46] parece apontar em direção a um "retorno do sujeito", que deve ser entendido não como um retorno à psicologização do sujeito, mas como um operador no centro dos fenômenos sociais, construtor de normas sociais, usando estratégias e processos de regulação "como um ator que transmite significado".[47]

Sem discutir a validade da abordagem sociológica, alguns sociólogos[48] levantaram uma série de questões: O social é a única causa determinante? Por que os fatos sociais devem ser explicados por fatos sociais, evitando a invisibilidade e as propriedades hipotéticas da natureza humana? Por que, quando se trata de suicídio, uma causa social externa (assédio no trabalho, pobreza) deve ser mais decisiva do que uma causa psicológica (tendência depressiva, histórico pessoal)? Onde se encaixa o desejo? Essas perguntas abrem o caminho para o que é conhecido como Sociologia "Analítica", com um método de "explicação compreensiva"[49] que, se tudo o mais for igual, toca em certos aspectos da identidade do sujeito falante. Na próxima seção, sobre a ciência da linguagem, veremos como essas oposições são resolvidas dentro da estrutura conceitual de um sujeito falante com uma identidade plural que vai desde o *desconhecimento* até a *autoconsciência*, por meio do *dizer*.

Notas

[1] Não sabemos como definir esse campo. Perguntamo-nos se a Filosofia e a Psicanálise fazem parte dele e também sobre seus limites com as ciências da vida.

[2] Sobre esse assunto, consulte Douet Y. e Feron A., *Les sciences humaines*, Lambert-Lucas, 2022.

[3] Lemieux C., "Philosophie et sociologies: Le prix du passage", *Sociologie*, 2012/2, vol. 3, p. 200.

[4] Yannick Barthe *et alii*., "Sociologie pragmatique: Mode d'emploi", *Politix*, n. 103, 2013/3, De Boeck Supérieur, pp. 175-204.

[5] A palavra foi cunhada em 1835.

[6] Comte A., *Cours de philosophie positive. Lições I e II*, disponíveis em http://bibdig.biblioteca. unesp.br/handle/10/28016 (acesso em 21 abr. 2025).

[7] Lalande A., *Vocabulaire technique et critique de la philosophie*, Paris, PUF, [1926] 1992.

[8] Marx K., *Contribution à la critique de l'économie politique*, Paris, Ed. Sociales, [1859] 1969.

[9] Doutrina do "materialismo histórico", uma expressão nunca usada por Marx.

[10] Weber M., *Le Savant et le politique*, Paris, La Découverte, 1963.

[11] Sartre falará de "interiorização do exterior e exteriorização do interior", *Questions de méthode*, Paris, Gallimard, 1960/1986.

[12] Foucault M., *Écrits*, op. cit., p. 470.

[13] Durkheim E., *Règles de la méthode sociologique*, PUF, 1981, p. 14. Ênfase adicionada.

[14] Idem, p. 109.

[15] Veja Lemieux C., "Ambition de la sociologie", *Centre Sèvres*, 2013/4, Tome 76, pp. 591-608; disponível em: https://www.cairn.info/revue-archives-de-philosophie- 2013- 4-page-591.htm. Acesso em: 4 abr. 2025.

[16] Consulte Donati P., "La relation comme objet spécifique de la sociologie", *Revue du Mauss*, 2004/2, n. 24, pp. 233-54.

[17] Criticado em particular por Raymond Aron em *La sociologie allemande contemporaine*, Paris, PUF, 2007.

[18] Mead G. H., *L'esprit, le soi et la société*, Paris, PUF, 2006. Consulte também Christian Brassac. "La réception de George Herbert Mead en psychologie sociale francophone: réflexion sur un paradoxe", *Les Cahiers Internationaux de Psychologie sociale*, 2005/2, n. 66, pp. 3-14, Presses Universitaires de Liège.

[19] Ver Lemieux C., "Sociologie pragmatique: mode d'emplo", *Politix*, n. 103, 2013/3, pp. 175-204.

[20] Boudon R. e Bourricaud F. (eds.), *Dictionnaire critique de la sociologie*, Paris, PUF, 1982, p. 287. Sobre Boudon, consulte também: *Penser avec Raymond Boudon*, PUF, 2022.

[21] Koren R., *Rhétorique et éthique. Du jugement de valeur*, Paris, Classiques Garnier, 2019, p. 39.

[22] Veja o significado de "construtivista" em Corcuff P., *Les nouvelles sociologies*, Paris, Nathan, col. 128, *1997*, p. 17.

[23] Consulte Lemieux C., "Ambition de la sociologie", op. cit.

[24] Sobre esse assunto, consulte Moscovici S. (ed.), *Introduction à la psychologie sociale*, Paris, Larousse, 1972; e Guimelli C., *La pensée sociale*, Paris, PUF, col. "Que sais-je?", 1999.

[25] Bourdieu P., *Choses dites*, Éditions de Minuit, 1987, p. 147.

[26] Idem, p. 154.

[27] Veja *Actes de la Recherche*, n. 46.

[28] Bourdieu P. *La noblesse d'État*, Paris, Éd. de Minuit, 1989, p. 375.

[29] Bourdieu P. *Choses dites*, op. cit., p. 156.

[30] Bourdieu, em *Raisons pratiques. Sur la théorie de l'action*, (Paris, Seuil, 1994, p. 17), adverte seus leitores contra uma leitura "substancialista" das análises que ele propõe em *La Distinction*.

[31] Bourdieu P., *Choses dites*, op. cit., p. 153.

[32] Idem, p. 149.

[33] Idem, p. 150.

[34] Idem, p. 159.

[35] Idem, p. 29.

[36] Nos índices das obras de Pierre Bourdieu, há poucas referências ao termo " sujeito".

[37] Idem, p. 155.

[38] "O sociólogo descobre a necessidade, a restrição das condições e condicionamentos sociais, bem no coração do 'sujeito', na forma do que chamo de *habitus*." Idem, p. 25.

[39] Bourdieu P., *Réponses*, Paris, Seuil, 1992, p. 107.

[40] Glévarec H., "Le tournant subjectiviste de la sociologie française. L'objectivation sociologique face à l'identité revendiquée, notamment sexuell", em Maigret E. e Martin L. (eds.), *Les cultural studies: au-delà des politiques des identités*, Paris, Le Bord de l'Eau, 2020.

[41] Sobre identidade "atribuída" e "reivindicada", veja a crítica de Hervé Glévarec, em idem.

[42] Bourdieu P., *Raisons pratiques*, op. cit., p. 11.

[43] Lemieux C., "Philosophie et sociologies: Le prix du passage", *Sociologie*, 2012/2, vol. 3, p. 207.

[44] Lemieux C, "L'identité est-elle un objet pour les sciences sociales?", em *L'Identité. Dictionnaire encyclopédique*, Paris, Gallimard, Folio, 2020, p. 121.

[45] Idem, p. 124.

[46] Touraine A., "La voix du sujet", entrevista em *Nuit blanche*, magazine littéraire, n. 56, 1994. Consulte também: "Le retour du sujet? La sociologie d'Alain Touraine entre deux colloques de Cerisy", *Centre d'histoire de Sciences Po*, 2013/2, n. 20, pp. 48-58.

[47] Touraine A. (ed.), *Mouvements sociaux d'aujourd'hui. Acteurs et analystes*, Colloque de Cerisy-la-Salle, Paris, Éditions Ouvrières, 1982, p. 20.

[48] Ver Bronner G. e Géhin E., *Le danger sociologique*, Paris, PUF, 2017, pp. 47-69.

[49] Idem, p. 51.

Percurso linguístico

A Linguística deve ser entendida aqui como a ciência da linguagem, embora o termo seja às vezes usado no sentido restrito da análise dos sistemas linguísticos. Esse percurso não será cronológico nem linear, pois é muito difícil estabelecer uma ordem no surgimento das várias correntes que percorrem essa disciplina. Será, mais uma vez, um percurso subjetivo, do ponto de vista de nossas próprias andanças pelas várias teorias que surgiram nos anos 1960, 1970 e 1980, conforme eu as encontrei e as compreendi por meio dos mestres que eram seus defensores. Consideraremos aqui apenas o que diz respeito ao lugar ocupado pelo *sujeito falante* (termo genérico). Tentaremos mostrar como foi se constituindo progressivamente a noção de sujeito, *ser de linguagem*, que, por meio das trocas linguageiras em que está envolvido, constrói a língua e, ao produzir textos escritos ou orais, estabelece vínculos sociais e produz representações do mundo, ou seja, do "real significante".[1] O sujeito falante, ao mesmo tempo criador da linguagem e seu escravo,[2] fica assim preso entre uma materialidade linguística e uma atividade de semiotização do mundo em relação aos outros sujeitos da linguagem. Entretanto, essa concepção do sujeito não surgiu logo no início da Linguística. Foram necessárias longas discussões sobre o *status* da língua, da fala, do discurso antes de uma conceituação plural de sujeito.[3]

O "SUJEITO": UMA NOÇÃO AMBIVALENTE

Em sua origem, o termo *sujeito*, que é empregado na Filosofia e na Gramática – fizemos alusão a ele no percurso filosófico –, vem originalmente do baixo-latim *subjectum*, que significa "submisso", "assujeitado", e como um particípio passado passivo de *subjicere*, "colocar sob", em outras palavras, "que é colocado sob dependência" (*sub*), em oposição a *objectum*, "que tem uma existência em si mesmo". Esses traços definidores que formam o núcleo semântico do conceito são usados de várias maneiras ao longo de sua história.

Nos séculos XII e XIII, época do feudalismo, o traço de "submissão" era usado na expressão "súdito do rei" (vassalo e suserano), marcando a dependência do subalterno em relação a uma autoridade soberana. Na era clássica, o termo designa um ser, uma entidade humana tendo uma natureza própria, uma substância, que é um receptáculo, um suporte de qualidades. Daí, a primeira concepção passiva do sujeito como a *sede* "do que está submetido ao pensamento": a sede da reflexão do que é observado ("tema de estudo"); a sede de algo que o afeta ("sujeito a ataques de tosse"), a sede do que constitui o tema de uma obra ("o tema de um romance"), ou o propósito, o conteúdo, de um ato de linguagem qualquer ("tema de conversa, argumento, conferência"). Essa relação de dependência é encontrada nas palavras "sujeição" e "sujeito a". E encontramos essa mesma relação na Gramática, como vimos a respeito da *Gramática* de Port-Royal: o sujeito (*lógico* ou *gramatical*) é definido como *suporte* sobre o qual se declara algo (*afirmação*) que o faz existir de uma maneira específica. Uma relação de *predicação*, em resumo, que torna possível a construção de um enunciado completo. Mas, às vezes, esse sujeito *suporte* é confundido com o *motivo* de uma ação, na medida em que é colocado na origem dela, constituindo sua razão de ser ("o objeto de uma discussão"). Ele também pode ser um sujeito ativo, o *agente* de uma ação aplicada a um objeto ("O carro danificou uma porta"). Essa ambivalência é representada pelo caso *nominativo* latino, pois abrange ambos os *status* do sujeito: base de predicação como um simples suporte passivo do que lhe é atribuído ("Ele é gentil"), agente-origem de uma ação[4] ("Ele oferece flores"). Essa combinação de traços semânticos explica por que o sujeito é concebido de diferentes maneiras na Linguística, às vezes como ausente (*sujeito desconhecido*), às vezes como organizador do discurso (*sujeito do dizer*), às vezes como agente (*sujeito da ação*), às vezes como testemunha da própria identidade (*sujeito social*), às vezes na sua relação com o outro (o *sujeito da interação*).

O SUJEITO FALANTE "DESCONHECIDO"

O estruturalismo saussuriano faz parte de um movimento de pensamento que, como sabemos, se estendeu para além da estrutura linguística. Ele corresponde a um movimento de pensamento que, ao se opor a uma tradição filológica no estudo da linguagem, propõe um novo olhar sobre sua organização e, além disso, sobre a organização das sociedades. Uma corrente que se tornou um paradigma teórico. Em contraste com uma maneira de explicar os fenômenos humanos que consistia em garantir o bom uso da linguagem a partir de regras prescritivas baseadas na etimologia, em contraste com essa ciência da filiação de palavras, impõe-se uma outra maneira de explicar que consiste em considerar os fenômenos em seu funcionamento sincrônico, como sistema preexistente ao uso (mas procedente dele), como um todo, a fim de descrever (e não mais prescrever) os sistemas formais (e não as substâncias) de acordo com as relações diferenciadoras dos signos (sintagmas e paradigmas), as leis (e não mais as regras) de combinações das unidades mínimas, e os significados derivados dessas estruturas.

Nessa perspectiva, a língua se torna um campo fechado que não olha mais para os referentes do mundo exterior, porque o signo linguístico tem uma dupla face, cujo significado não é o mundo, mas, como diz Saussure, um "conceito" da realidade. O sujeito, portanto, não tem nenhum papel a desempenhar em tal concepção de linguagem, porque os sistemas preexistem a ele, sobredeterminando-o: o sujeito tem apenas a identidade de um ser falante em potencial, é o portador das possibilidades oferecidas pelo sistema da língua e, mesmo que possa intervir na instância do exercício da *fala* (o que explica a possibilidade de evolução da linguagem), sua identidade se funde na linguagem, uma entidade social. Ele é um sujeito falante que, na realidade, é falado pela língua. Quanto ao texto, ele se impõe em sua estrutura, fora de qualquer contexto e de qualquer historicidade, e poderíamos acrescentar, fora de qualquer sujeito.[5]

A Gramática Gerativa de Chomsky pretendia marcar uma ruptura com o estruturalismo saussureano, opondo-se ao pressuposto, considerado "fixista", que separa a língua, como um "fato social" estruturado, da fala, um "fato individual" submetido às leis da língua. No modelo gerativista, estamos lidando com um sujeito envolvido nas operações mecânicas de construção de frases ("desempenho") a partir de um certo número de enunciados básicos em estrutura profunda ("competência"), aplicando a eles um sistema de regras de transformação (fonológica, sintática, semântica). Dessa forma, seria possível construir uma "gramática gerativa" universal. Antigo sonho leibniziano, nos diz o filósofo François Flahault, de poder "acessar as ideias elementares das quais as ideias complexas são compostas e, assim, criar um alfabeto universal do pensamento humano da mesma forma que as fórmulas matemáticas são escritas [...]."[6] Foi então introduzida a ideia de que todo fato de linguagem é de responsabilidade de um sujeito, que memoriza o conhecimento e as regras, e calcula sua atualização (aspectos ausentes no modelo estruturalista).

60 O sujeito falante em ciências da linguagem

Mas esse sujeito falante-ouvinte "ideal", como diz Chomsky, não passa de um operador cognitivo em um único e mesmo processo de construção de frases, que confunde os atos de produção e compreensão do ato de linguagem. Ele não pode ser, como diz Sylvain Auroux, "um sujeito real".[7] O sujeito dito competente do modelo chomskyano é um ator abstrato em operações que não sabemos se são de natureza cognitiva ou mecânica.[8] Ele ignora as condições situacionais do ato de linguagem, e não tem nenhuma especificidade, nem comunicativa, nem psicológica, nem social. O sujeito também está ausente aqui (*desconhecido*), embora de uma forma epistemologicamente diferente do modelo estruturalista saussuriano,[9] o que, apesar de tudo isso, não o invalida.

O SUJEITO DO "DIZER"

Em 1972, em seu primeiro livro, *Princípios de semântica linguística*, Oswald Ducrot reuniu duas correntes de pensamento para problematizar uma concepção de linguagem distinta daquela da tradição saussuriana: a corrente proveniente do que mais tarde seria chamado de *teoria da enunciação*, cuja figura emblemática é E. Benveniste;[10] a corrente pragmática proveniente da Filosofia Analítica, cujas figuras principais são J. L. Austin[11] e H. P. Grice.[12] Essa problematização consiste em contestar a alegação de que as línguas "têm sua origem primária no esforço da humanidade para representar o 'pensamento' [...]"[13] – e, portanto, funcionam como um *código* –, e contrapor que a função fundamental da língua é a *comunicação*, como ato pelo qual o falante estabelece uma determinada relação com seu interlocutor. Nessa perspectiva, "a fala, por sua vocação natural, é fala para os outros, e [...] a língua se realiza apenas na medida em que proporciona um lugar de encontro para os indivíduos".[14] O. Ducrot segue os passos de Benveniste, que coloca "o homem no centro da linguagem" ao definir o sujeito em uma relação de "intersubjetividade" *eu-tu*, por meio de um ato de enunciação.

Se, como sugere O. Ducrot, a teoria da enunciação e a teoria da pragmática, desenvolvendo-se paralelamente e tendo origens de pensamento diferentes, compartilham o mesmo desejo de mostrar que o significado transmitido pelo que é dito não existe em si mesmo, mas depende da relação que é estabelecida entre os interlocutores, isso implica que devemos rastrear o não dito no que é dito, daí a diferença entre *o dizer* e *o dito*. Para fazer isso, pode-se recorrer às *leis do discurso* (Ducrot, 1972, 1983, 1984) ou às *máximas conversacionais* (Grice, 1975, 1979). Essas leis, regras ou máximas constituem uma espécie de "razão de ser" mínima para a emissão da fala, já que qualquer falha ou infração dessas regras interromperia a comunicação.

Atribui-se a Charles Bally a introdução da ideia de uma "teoria geral da enunciação".[15] Querendo acrescentar uma dimensão psicológica ao modelo saussuriano do ato de linguagem, por considerar que a língua falada portadora de afetividade é a linguagem da vida real, ele foi levado a distinguir entre "*sentido na língua*" e "*significação na fala*".[16] Entretanto, foi Benveniste quem abriu os estudos sobre a linguagem fora da camisa de força estruturalista da linguística da língua. Para Benveniste, é o ato de enunciação que marca a presença do "homem na linguagem":

> É na e pela linguagem que o homem se constitui como *sujeito*, porque somente a linguagem funda na realidade, em *sua* realidade, que é a do ser, o conceito de "ego". A "subjetividade" com a qual estamos lidando aqui é a capacidade do falante de se apresentar como um "sujeito". Ela é definida não pelo sentimento que cada pessoa tem de ser ela mesma (esse sentimento, na medida em que pode ser expresso, é apenas um reflexo), mas como a unidade psíquica que transcende a totalidade das experiências vividas que ela reúne e que garante a permanência da consciência.[17]

Muito tem sido escrito sobre a enunciação, dando origem a uma variedade de concepções, algumas *amplas*, outras *restritas*, como mostra o livro de Catherine Kerbrat-Orecchioni, *L'énonciation*.[18] E, de fato, o conceito de enunciação está no centro das ciências da linguagem, como mostra uma obra coletiva recente sobre o assunto: *L'énonciation aujourd'hui. Un concept clé des sciences du langage*,[19] mostrando que o sujeito do discurso está inserido em uma intersubjetividade entre *o eu* e *o tu*; um sujeito mais ou menos marcado no ato de linguagem, mais ou menos implícito, às vezes se fundindo com o *sujeito desconhecido*, mas com uma grande variedade de pontos de vista, como mostra Alain Rabatel em sua obra.[20] Além das características específicas de cada concepção, destacaremos o que nos interessa do ponto de vista do sujeito falante.

A abordagem de Benveniste revela que as formas "eu" e "tu" não são simplesmente pronomes pessoais usados no lugar de nomes, mas marcas referentes às instâncias de enunciação que são o enunciador que fala, o destinatário a quem se dirige, o qual, a seu turno, pode se tornar enunciador. Disso decorre que toda língua têm sistemas cuja função é revelar as diversas posições enunciativas do *eu* e do *tu*:

62 O sujeito falante em ciências da linguagem

dêiticos, tempos verbais, verbos modais, advérbios, tudo o que compõe o "aparelho formal da enunciação".[21] Esse aspecto deu origem a numerosos desenvolvimentos de linguistas semanticistas que descrevem os processos de *modalização* no ato de linguagem[22] e, além disso, as várias maneiras de *identificar* e *qualificar* os seres da linguagem, descrever suas *ações, situá-las* no espaço e no tempo e explicar as *causas* e os *fins*, sempre apontando o ponto de vista do sujeito operador.[23]

A essa visão do processo de enunciação, Oswald Ducrot acrescenta a noção de *polifonia*, que divide o sujeito da enunciação em uma multiplicidade de vozes: o *eu* não é portador de um único dizer, mas de vários, simultaneamente; no mesmo instante em que diz x diz também y e z. O fenômeno de polifonia, que ecoa o *dialogismo* de Bakhtin, mostrando como o mesmo texto dá origem a várias vozes,[24] só pode ser alcançado com a condição, para Ducrot, de distinguirmos entre o *produtor* do enunciado, o *locutor* e o *enunciador*. O primeiro, o produtor, é um sujeito empírico que, assim como a distinção de G. Genette entre *autor* e *narrador*, não precisa ser levado em conta pelo linguista, que deve descrever o que diz o enunciado.[25] O segundo, o *locutor*, em contrapartida, é parte interessada no ato da enunciação, responsável pela enunciação, aquele a quem podemos atribuir a escolha das marcas de enunciação que o designam. A rigor, é ele quem fala. O terceiro, o *enunciador*, é o portador dos diferentes "pontos de vista" que provavelmente aparecerão no enunciado, pontos de vista que ecoam o que Gilles Fauconnier chama de "espaços mentais";[26] Robert Martin, "universos de crença";[27] e Oswald Ducrot com Jean-Claude Ancombre, "*topoi*".[28] Nessa posição, o sujeito falante não é propriamente *dividido* (como na Psicanálise), mas *desdobrado* em ator do ato da linguagem e sujeito portador da voz, sendo este último o que deve ser objeto da atenção do linguista. Todos aqueles que seguem essa linha de pensamento estão preocupados em dar conta, acima de tudo, do que aparece no enunciado. Voltaremos a esse problema mais adiante.

Há ainda outra extensão da teoria da enunciação. Ela busca articular o *dialogismo* e a *polifonia* com a interpretação psicanalítica lacaniana, procurando outras palavras por baixo das palavras. Para Jacqueline Authier-Revuz, "por trás da linearidade consistente com a 'emissão por uma única voz', uma 'polifonia' pode ser ouvida, e 'todo discurso acaba sendo alinhado em várias pautas de uma partitura'"; assim, "o discurso é constitutivamente atravessado pelo discurso do Outro".[29] Posicionando- se em uma teoria da "heterogeneidade do discurso", ela propõe considerar que o sujeito é "dividido" (e não "desdobrado"),[30] porque "não há centro, do qual o significado do discurso em particular emanaria, fora da ilusão e da fantasia".[31] Isso a leva a declarar que não há "posição de exterioridade [do sujeito] em relação à linguagem",[32] incluindo o outro que não é um objeto externo, exceto como uma ilusão necessária. Fundamentalmente, o sujeito é "um efeito de linguagem".[33] Esse ponto de vista se opõe ao de Oswald Ducrot, sobre quem Jacqueline Authier diz que, para ele, o sujeito não é dividido, pois é capaz de se estabelecer em um "distanciamento de seu discurso",[34] enquanto o sujeito dividido funciona no modo da ilusão. Laurent Danon-Boileau também se baseia na vulgata lacaniana. Ele também se refere ao dialogismo bakhtiniano, mas, como discípulo de Antoine Culioli, procura na sintaxe os traços das operações que permitem "a alguém modular o que diz, mostrando quem é, para quem está falando e como concebe o que está falando",[35] porque, ele ressalta, "não há troca a menos que, em face do *eu*, *tu* se distinga de *ele*. E essa diferença fundamental entre *tu* e *ele* decorre do fato de que *tu* pode ser trocado com o *eu*, o que não é verdade para o *ele*".[36] O que temos aqui, então, é um sujeito que, longe de separar o consciente e o inconsciente, os coloca em diálogo em um processo de "construção simbólica". Resta saber se esses *eu* e *tu* têm uma identidade social.

O SUJEITO FALANTE EM "AÇÃO"

Para Austin e Searle, uma teoria da linguagem faz parte de uma teoria da ação. Nessa teoria, a relação entre linguagem e ação é uma fusão da ação na linguagem. Não há linguagem a serviço da ação, nem ação como produtora de linguagem, mas linguagem em ação ou linguagem-ação. O exemplo emblemático é, como se sabe, o ato *perlocucionário*, aquela "forma mais humilde, embora divina em sua maneira, de magia verbal",[37] diz Searle, onde dizer: "Eu os declaro unidos em matrimônio", ao descrever sua própria ação, torna-se ação. Nesse caso, a ação não é externa à linguagem: não há combinação entre ação e linguagem, mas integração. Para Ducrot, essa integração é total por meio do fenômeno de "*ascription*" na Semântica das palavras,[38] que ele chama de *pragmática integrada*. Para os pragmatistas anglo-saxões e anglo-americanos (Grice, 1975; Levinson, 1983), o estudo do sentido deve se concentrar nas "condições de verdade"[39] dos enunciados, que se sobrepõem ao seu valor lógico;[40] essa Pragmática é chamada de radical.[41] Assim, inicialmente, *os atos de fala* são definidos e descritos em termos dos marcadores linguísticos que os moldam (verbos enunciativos, conectores). Depois, com a constatação de que esses atos podem ser expressos *indiretamente*, o foco passou

64 O sujeito falante em ciências da linguagem

das palavras para as condições sob as quais os atos são realizados, condições que são às vezes *gerais*, às vezes *específicas*.[42]

O ponto de vista pragmático considera que a linguagem é um ato dotado de uma certa força (*ilocucionária* e *perlocucionária*) dirigida ao interlocutor, uma força que, por um lado, atesta a intenção linguística do sujeito falante e, por outro, obriga o interlocutor a se comportar na linguagem de acordo com as características dessa força. Nesse sentido, a linguagem é a própria ação. Precisamos distinguir, no entanto – porque eles são frequentemente confundidos –, o caso do *perlocucionário*, que é a ação em si (já que dizer "A sessão está aberta" efetivamente abre a sessão desde que a pessoa que proferiu essa declaração seja o presidente da sessão), do caso do ato *ilocucionário*, que não é uma ação em si, mas uma incitação a fazer, expressa direta ("Feche a janela") ou indiretamente ("Está frio" para "Feche a janela"). Os atos perlocucionários são atos de *fazer*, os atos ilocucionários são atos de *dizer para fazer*. Aqui, o sujeito falante é considerado responsável e encarregado de suas declarações, e é também reconhecido como tendo o poder de envolver o destinatário do ato de fala, explícita ou implicitamente.[43]

A teoria pragmática tirou os estudos da linguagem de uma imanência que os impedia de levar em conta a força dos atos de fala que provavelmente produziriam efeitos em seus destinatários. Ela desloca a problemática de um sujeito face ao mundo-objeto para um sujeito falante face a outro. Como diz Dominique Maingueneau, essas teorias representaram uma primeira virada na análise linguística, pois abriram a porta para perguntas sobre a importância e o papel do sujeito falante.[44] Mas será que esses sujeitos têm uma identidade psicológica e social? Se considerarmos um enunciado como "A sorte foi lançada", o ponto de vista pragmático será capaz de analisar sua força ilocucionária e possivelmente perlocucionária, mas o que ele pode dizer sobre as diferenças de significado associadas a esse ato de linguagem, dependendo se o falante é César dirigindo-se a seus tenentes, um professor de francês dirigindo-se a seus alunos, um ministro dirigindo-se aos membros de seu gabinete ou um chefe de Estado dirigindo-se a seu homólogo italiano? É certo que os atos perlocucionários exigem o conhecimento do *status* legal do falante (magistrado, padre, prefeito etc.), mas esses são casos especiais, o que Michel de Fornel chama de "atos de fala instituídos",[45] casos especiais que dizem respeito ao estatuto linguístico, não à identidade do sujeito. De fato, a Pragmática está mais preocupada em verificar se – e como – as condições gerais de *presunção linguística, pertinência, sinceridade* e *não contradição* são atendidas; ela está mais preocupada com os efeitos de verdade do que com a realidade comunicativa[46] dos atos de fala. O enunciado "Tem fogo?" (dizer para saber) como ato ilocucionário indireto de pedir fogo (dizer para fazer) não diz nada sobre a intenção do falante nem sobre os efeitos de sua pergunta, dependendo se ele está abordando alguém no terraço de um café (para acender um cigarro), no balcão de uma boate (para iniciar uma conversa, ou mesmo paquerar) ou durante uma reunião em um lugar clandestino (como um código secreto de reconhecimento).

O SUJEITO FALANTE COMO "ATOR SOCIAL"

Paralelamente ao desenvolvimento da Pragmática, *a Sociolinguística* surgiu na década de 1970,[47] denominação que abrange uma variedade de concepções da relação entre a linguagem e o social. Isso deu origem a práticas analíticas convergentes e divergentes, algumas mais intimamente ligadas à materialidade linguística, outras às formas de funcionamento das trocas linguísticas. Essas diferentes maneiras de analisar a relação entre a atividade linguística e o social revelam diferentes naturezas do sujeito falante. O que elas têm em comum, no entanto, é a reivindicação da "descrição social da linguagem" e, consequentemente, da existência de um sujeito que não seja um operador estritamente linguístico, envolvendo fatores externos ao ato da linguagem em si, seja por meio da dimensão psicológica do sujeito, seja por meio da influência do ambiente social. Em outras palavras, um sujeito com uma identidade.

É um território difícil de explorar porque é caracterizado por uma grande "diversidade de objetos e abordagens, proporcional à permeabilidade do campo disciplinar em questão aos campos disciplinares conexos, permeabilidade e, portanto, transdisciplinaridade que contribuiu muito para a proliferação da pesquisa e para o surgimento contínuo de novas problemáticas",[48] como ressalta Henri Boyer. Portanto, está fora de questão fazer uma apresentação completa, especialmente porque os pesquisadores desse campo consideram que, no que diz respeito à Sociolinguística, há um "núcleo central", e que "outros campos que, por várias razões, podem ser considerados como estando totalmente dentro do escopo da Sociolinguística, têm, no entanto, um posicionamento teórico e metodológico mais periférico...".[49] À luz do que lemos, e seguindo certos autores, vamos nos limitar ao que nos interessa em termos do lugar que o assunto ocupa nas várias correntes.

No trabalho de autores anglo-saxões, como Basil Bernstein e Michael Halliday,[50] encontramos esse desejo de vincular estreitamente o enunciado (sua produção e interpretação) ao contexto social e cultural, a ponto de considerar que é a estrutura social que condiciona os códigos linguísticos e seu sucesso. Halliday distingue na língua três *metafunções* ("ideacional", "interpessoal" e "textual") e considera, por meio da segunda metafunção, que a comunicação é alcançada pela interação com os outros, o que significa que a comunicação tem um caráter fundamentalmente *interpessoal*, tudo manifesto nas estruturas sintáticas e lexicais.

Bernstein vê que esse condicionamento depende de códigos linguísticos, alguns "restritos", outros "elaborados").[51] Fishman afirma que uma Sociologia da Linguagem é possível ao vincular uma macrossociolinguística (lugar dos sistemas de valores da comunidade linguística) e uma microssociolinguística (o local das categorias linguísticas), sendo a última determinada pela primeira.[52]

Mas é, sobretudo, a Sociolinguística de William Labov que ganhou terreno, especialmente na França. Embora Labov afirme não fazer "sociologismo", ele argumenta que a hierarquia social condiciona os usos sociais, que, por sua vez, constituem a personalidade do locutor, e propõe um método empírico para estabelecer *correlações* (em vez de vínculos causais) entre as variações sociais e as variações linguísticas. Com base em pesquisas de campo, ele procurou mostrar as correlações estabelecidas entre os usos linguísticos, as formas de falar e a posição social dos locutores. Essa posição social não deve ser interpretada do ponto de vista do *status* socioprofissional, embora isso possa influenciar, mas do ponto de vista das representações – conscientes ou inconscientes – que o sujeito falante tem de si mesmo e da situação em que ele fala. Isso dá origem a uma perspectiva analítica que se preocupa em estudar as "variações sociolinguísticas",[53] variações de natureza fonética, sintática e lexical, dependendo da origem geográfica (um retorno à Dialetologia antiga), da classe social, da idade, do sexo e das várias circunstâncias da comunicação. Dessa forma, uma comunidade linguística é formada, "[...] não tanto por um acordo explícito sobre o uso dos elementos da língua, mas pela participação conjunta em uma série de normas".[54]

Em todos esses casos, o ator social se encontra em relações hierárquicas em um "mercado linguístico" que, segundo Pierre Bourdieu, é controlado por aqueles com "capital" cultural e linguístico superior e que se sentem detentores de uma "competência legítima".[55] De acordo com Henri Boyer, essa orientação da Sociolinguística corresponde ao "polo *macrossociolinguístico*, em nível comunitário ou intercomunitário".[56] Sem discutir essas diferentes correntes teóricas, deve-se observar que aqui o sujeito tem uma competência múltipla para se adaptar ao seu ambiente social e que, ao mesmo tempo, ele é sobredeterminado pelo peso desse ambiente, o que significa que ele é mais a testemunha dessa sobredeterminação do que o ator.

O SUJEITO FALANTE EM "INTERAÇÃO"

Também precisamos levar em consideração outra vertente da Sociolinguística, conhecida como *Microsociolinguística*, pois ela se preocupa em analisar as produções linguísticas dos indivíduos no contexto de diferentes situações interacionais em que os interlocutores fazem trocas orais, em presença física (conversas) ou à distância (telefone), ou por escrito, com um *delay* mais ou menos longo (e-mail, chat, redes sociais). Como observa o linguista americano John Gumperz, esse campo de estudo reúne "[...] contribuições de um grande número de disciplinas, com as mais diversas perspectivas":[57] psicólogos, sociólogos, "pesquisadores em antropologia linguística [que] empregam métodos etnográficos para estudar o que eles chamam de regras da linguagem conforme elas se aplicam aos atos de fala",[58] concentrando sua atenção "nas estratégias verbais de coordenação falante/ ouvinte conforme elas aparecem nas trocas de turnos e em outros contextos de conversação",[59] e na menor marca linguística das trocas conversacionais suscetíveis de constituir índices interpretativos do que está sendo realizado na troca, "como pronúncia, prosódia e alternância códica, [que] podem ser consideradas não apenas como tendo importantes funções de sinalização e avaliação, mas também como podendo afetar a manutenção ou a perda de distinções gramaticais".[60]

Nesse mesmo desejo de vincular marcas verbais em situação de interação e interpretação discursiva, surgiram vários modelos de análise, semelhantes entre si, mas com objetivos e métodos diferentes: a *Etnografia da Comunicação* de Dell Hymes, modelo conhecido como *Speaking*,[61] que se concentra mais nas condições psicológicas, sociais e até mesmo materiais da comunicação; a abordagem *interpretativa* de J. Gumperz, como mencionado antes, que se concentra em uma microanálise das trocas linguísticas em diferentes campos de estudo; a *etnometodologia*, que se concentra na vida cotidiana dos falantes, porque se baseia em uma análise das condições sociais, psicológicas e até mesmo materiais da comunicação; a *Etnometodologia*, que observa o cotidiano dos sujeitos falantes, porque "'as pessoas', 'pessoas em particular' e 'indivíduos' são aspectos observáveis de atividades comuns";[62] a *Análise da Conversação*, preocupada com os mecanismos e as regras da interação verbal, dos quais os trabalhos norte-americanos foram retomados,[63] esclarecidos e desenvolvidos na França por Catherine Kerbrat-Orechionni e seus sucessivos escritos, todos extremamente bem documentados, especialmente para o estudo da negociação e da polidez, incluindo seus aspectos culturais.[64] Por fim, há a *Microssociologia da Linguagem*, com o trabalho de Erving Goffman,[65] que

68 O sujeito falante em ciências da linguagem

se concentra particularmente na ritualização das relações entre os interlocutores dentro de um determinado *quadro de experiência.*

Ao mesmo tempo, na década de 1980, na França, os psicossociólogos da linguagem[66] passaram a fazer parte dessa nova orientação interacionista e se esforçaram para integrar ao campo da Psicologia Social as noções de enunciação, de pragmática e de interação verbal, às vezes testadas experimentalmente. O resultado foram as influências recíprocas no tratamento da questão da identidade do sujeito falante em cada uma dessas disciplinas, mesmo quando os empréstimos não são explícitos, graças, em parte, à chamada Escola de Genebra dirigida por Eddy Roulet.[67]

Sem entrar nos detalhes da diferença entre esses modelos, o que nos interessa aqui é a existência de um sujeito em atividade, em um processo de comunicação envolvendo parceiros que, em uma relação interacional (no sentido mais amplo), entram em relações de influência recíproca, de modo que o sentido que se constrói é uma *coconstrução intersubjetiva,* testemunha um sujeito que é, por definição, um *eu-tu.* Além disso, esse sujeito duplo, ativo, é portador de características psicológicas e sociais que estavam ausentes das correntes enunciativas e pragmáticas. Portanto, estamos diante de um sujeito falante cujos traços de identidade devem ser levados em conta de acordo com a situação de comunicação.

O SUJEITO "SOCIOLÓGICO"

"Linguagem, discurso e fala [...] sempre estiveram no centro das preocupações de todas as disciplinas das ciências sociais e humanas", assim começa o livro de François Leimdorfer, um trabalho de síntese que faz um balanço da relação entre os sociólogos e a linguagem, e cujo desafio, de acordo com a resenha de Françoise Gadet, é duplo: "reorganizar as várias contribuições da sociolinguística, da filosofia, da história, da antropologia e da semiologia, com vistas a uma problematização genuinamente sociológica da linguagem"; e "identificar os lugares, os temas e os conceitos que ligam o espaço da linguagem e o da sociedade, e delinear os vários paradigmas subjacentes que organizam o pensamento sociolinguístico".[68] Pode-se apreciar aqui a diversidade de pontos de vista. Mas ainda há uma questão que a Sociologia da Linguagem nos coloca: de onde vem o poder do ato de linguagem? Qual é a natureza do sujeito que o produz? Esse sujeito não é um sujeito empírico – nesse caso, um sujeito sociológico – completamente externo ao sujeito falante? E qual é a base de sua *legitimidade*?

Pierre Bourdieu foi radical nessa questão em *O que falar quer dizer*.[69] Em primeiro lugar, ele contesta a "natureza social da linguagem" de Saussure, porque, segundo ele, é uma natureza social desprovida do que é essencial, ou seja, as "relações de poder simbólico nas quais as relações de força entre os falantes ou seus respectivos grupos são atualizadas".[70] As relações de poder são o motivo subjacente das trocas linguísticas que ocorrem em uma comunidade. Portanto, não é a língua como código, portadora de valor social, mas a língua colocada em uso, ou seja, na medida em que é discurso. Agora, quando se fala uso, quando se fala discurso, fala-se de contexto social no qual os indivíduos realizam as trocas, fala-se sobre as posições de uns e de outros, em relações mais ou menos hierárquicas e, finalmente, para Bourdieu, fala-se sobre jogos de dominação. Esses são os efeitos de um "mercado linguístico" composto de palavras cujo valor depende tanto das estruturas sociais que caracterizam e determinam as trocas quanto dos *habitus* linguísticos dos falantes. As primeiras "se impõem como um sistema de sanções e censuras específicas", enquanto as últimas "implicam uma certa propensão a falar e a dizer certas coisas (interesse expressivo) e uma certa capacidade de falar, definida inseparavelmente como capacidade linguística de gerar um número infinito de discursos gramaticalmente conformes e como capacidade social de usar essa competência adequadamente em uma determinada situação".[71] Esse mercado é ordenado de acordo com linhas de força, com tendências unificadoras ou hierárquicas em torno de posições de poder, cada ator tentando ocupar uma posição dominante de acordo com suas próprias habilidades linguísticas em relação a capitais sociais, econômicos e culturais de que dispõe. Pierre Bourdieu tira uma conclusão radical disso: o poder da linguagem não vem das palavras ("condenamo-nos a procurar o poder nas palavras, ou seja, onde ele não existe"),[72] mas de fora das palavras ("a autoridade vem de fora para a linguagem").[73] Daí a ideia de que qualquer sujeito falante é meramente o porta-voz do grupo ou instituição que o autoriza a falar: "O poder das palavras nada mais é do que o poder delegado do porta-voz, e suas palavras [...] são, no máximo, um testemunho e um testemunho entre outros da *garantia de delegação* com a qual ele está investido".[74] Isso o leva a criticar a teoria dos atos de fala de Austin, à qual ele relaciona uma certa "ingenuidade" que consiste em acreditar que a força ilocucionária se encontra nas palavras, quando, na verdade, o que dá aos atos performativos sua eficácia é a posição de autoridade investida na pessoa que profere essas declarações e, portanto, algo fora da linguagem.

P. Bourdieu tem sido criticado por esvaziar a linguagem de todo efeito e, portanto, por impor uma visão sociológica da linguagem, baseada em categorias

70 O sujeito falante em ciências da linguagem

construídas em outro campo disciplinar e das quais a linguagem é apenas um reflexo. Essa crítica pode ser exagerada, mas é verdade que P. Bourdieu tem uma posição ambivalente sobre o assunto. Às vezes ele afirma que o sujeito falante é meramente um delegado de seu grupo ou da instituição que lhe dá autoridade, que ele deriva seu poder do *skeptron*[75] que lhe é entregue; às vezes ele concede um poder de legitimação às formas de falar de acordo com os "estilos" de uso, os registros da língua; às vezes, mais razoavelmente do nosso ponto de vista, ele estabelece uma relação entre "as propriedades do discurso, as propriedades daquele que o pronuncia e as propriedades da instituição que o autoriza a pronunciá-las".[76] Como se observou anteriormente, Bourdieu tem uma tendência, de fato e não de princípio, de insistir na determinação de posições sociais definidas pelo campo, mesmo quando reconhece que

> a forma e o conteúdo do discurso dependem da relação entre um *habitus* (que é, ele próprio, o produto das sanções de um mercado de um determinado nível de tensão) e um mercado definido por um nível mais ou menos elevado de tensão, portanto, pelo grau de rigor das sanções que inflige àqueles que não cumprem a "correção" e a "formatação" que o uso oficial pressupõe.[77]

O ponto de vista radical de Bourdieu será contestado pelo fato de que basear o sujeito do discurso em uma *legitimidade* social, ou mesmo socioinstitucional, como porta-voz, é impedir que se percebam os aspectos psico-sócio-linguageiros que animam o sujeito falante e seus interlocutores, e que lhe permitem estabelecer relações de influência. Pois, embora a legitimidade seja uma das condições para que um orador seja autorizado a falar, ela não é suficiente para garantir que lhe seja dado crédito e, portanto, não garante seu poder de influência. Fazer com que o significado do discurso dependa apenas do *status* da pessoa que produz o ato de fala, de sua posição de legitimidade, significaria que o que ela diz não tem importância. Assim, em vez de dizer "eu te batizo", o padre poderia muito bem dizer "eu te condecoro". As palavras não teriam poder algum, e o sujeito que fala não passaria de um porta-voz, como ele mesmo diz: "O poder das palavras nada mais é do que o *poder delegado* do porta-voz". É verdade que o poder das palavras depende, em parte, das "condições sociais do uso das palavras".[78] Mas apenas em parte, porque, embora as formas de dizer as coisas devam estar de acordo com a posição do sujeito que fala, elas também acrescentam um significado que pode reforçar, desviar ou anular a posição do sujeito.

As relações de poder são estabelecidas por meio da atividade linguística como um todo. De fato, muitas trocas linguísticas ocorrem sem que os parceiros conheçam a identidade social um do outro (por exemplo, conversas entre duas pessoas, encontros na rua); da mesma forma, muitas trocas são baseadas em questões que neutralizam o *status* social do parceiro e envolvem características psicológicas (humor, caráter, *know-how* etc.), como é o caso dos líderes carismáticos não institucionais.[79] Os efeitos dos discursos são jogados entre um espaço externo (lugar de *legitimidade*) e um espaço interno (lugar de *influência*) em uma relação de reciprocidade. Isso não significa negar a influência de Bourdieu no campo da linguagem. É fácil mostrar que a eficácia da linguagem depende da posição social dos falantes, variando a posição social em torno do mesmo enunciado ou, ao contrário, variando os enunciados em torno da mesma posição social. Mas a eficácia da linguagem também depende das escolhas mais ou menos conscientes do sujeito falante em seu impulso de individuação. Veremos isso na segunda parte.

O SUJEITO DO "DISCURSO": UM LUGAR MULTIDISCIPLINAR

O que dizer, então, do que chamamos de "sujeito do discurso"? Na década de 1970, uma corrente na área dos escritos em Linguística apareceu na revista *Langages* com o nome de "Análise do Discurso",[80] seguida por outras edições da mesma revista, todas incluindo o termo "discurso", estabelecendo-se assim uma nova corrente na "Escola Francesa de Análise do Discurso". Na concepção dessa escola, originalmente inspirada na teoria althusseriana, o sujeito não pertence a si mesmo. O "discurso", aqui, não é o equivalente à "fala" saussuriana, nem o resultado da implementação de um ato de comunicação em sua natureza diretiva e intencional. O discurso é o que emerge de um *corpus* de textos que obedecem às mesmas *condições de produção*. E essas condições de produção (uma expressão relacionada às condições econômicas de produção do marxismo) correspondem à estrutura das formações sociais como elas são concebidas no materialismo histórico.[81] A fonte de produção do discurso é, portanto, um *corpus* de textos cuja homogeneidade é reconhecida, o que é chamado de "formação discursiva". Nessa perspectiva, como Maingueneau descreve, o sujeito "é dominado pela formação discursiva na qual seu discurso está inserido".[82] Se o sujeito existe de fato, só pode ser de forma ilusória, porque é sobredeterminado, conduzido, constituído e, para dizer sem rodeios, falado por formas discursivas, que dependem elas mesmas de

72 O sujeito falante em ciências da linguagem

uma determinada formação ideológica na qual há uma voz abstrata que investe o sujeito da comunicação. O sujeito que acredita ser senhor de seu discurso e a fonte do sentido encontra-se, sem saber, sob o domínio da ideologia veiculada pelo interdiscurso, ignorando que está assujeitado. É por isso que Michel Pêcheux se refere a isso como "a ilusão do efeito sujeito" e propõe que "esse efeito fantasma – por meio do qual o indivíduo é impelido – deveria ser chamado de 'efeito Münchhausen', em memória do barão imortal que *se elevou no ar puxando-se pelos cabelos*".[83] Essa escola foi muito bem-sucedida internacionalmente, especialmente na América Latina, porque faz parte da tradição marxista. Essa corrente de análise era tão dominante que ofuscou outras formas de entender o discurso, até que Dominique Maingueneau tomou a iniciativa de reunir trabalhos sobre outras questões em outra edição de referência da mesma revista, a de número 117.[84] Essa foi uma operação salutar, que mostrou que o discurso não podia ser abordado de uma única maneira: "Temos que reconhecer que não há um único acesso a esse discurso, mas sim uma multiplicidade de abordagens regidas por preocupações muito diferentes",[85] escreve ele em sua introdução. Isso se deve ao fato de que "cada uma delas é regida por um *interesse* específico e, longe de poder se desenvolver como uma ilha, recorre constantemente às outras, dependendo de seus próprios objetivos".[86]

E foi novamente a partir de uma perspectiva crítica, embora um pouco diferente, que um grupo de pesquisadores[87] fundou o movimento da *Análise Crítica do Discurso*[88] em 1991, por iniciativa de Teun Van Dijk, que define o ator social como dependente de um contexto "socialmente constitutivo", como mencionaremos em várias ocasiões. Como todo discurso é um instrumento de poder, precisamos analisar as práticas discursivas portadoras de ideologia como um local de luta social. Esse assunto será retomado quando falarmos sobre as representações sociais como um sistema de pensamento ideológico.[89]

Esse fato criou um vasto campo no qual várias disciplinas se cruzam (Sociologia, Psicologia, Etnologia, História). Como resultado, foram desenvolvidas várias metodologias, algumas mais linguísticas, com foco nos marcadores da língua – especialmente no Laboratório de Lexicometria e Textos Políticos,[*] dirigido por Maurice Tournier –[90], outras mais textuais, baseadas em arquivos de textos fundadores em domínios filosóficos ou religiosos (discursos constituintes),[91] outras mais empíricas, baseadas em *corpora* coletados por meio de trabalho de campo

---

[*] N.T.: No original, "Lexicométrie et textes politiques".

(Sociolinguística e Análise da Conversação) e até mesmo métodos experimentais (Psicolinguística). O resultado foi uma diversificação de objetos de análise: discursos políticos, discursos da mídia, discursos institucionais, discursos administrativos, discursos didáticos, discursos em situações de trabalho e de interação verbal etc.

Posteriormente, foram acrescentados os estudos de Retórica argumentativa, desenvolvidos por Christian Plantin, dando origem a uma reflexão sobre a ligação entre Argumentação e Análise do Discurso, como pode ser visto nos artigos publicados pela revista online *Argumentation et Analyse du Discours*, da Universidade de Tel-Aviv, sob a editoria de Ruth Amossy, mostrando a importância dessas análises para a descrição das estratégias discursivas de persuasão. Ao mesmo tempo, Jean-Michel Adam estava desenvolvendo a Linguística Textual; observando que todos os textos são heterogêneos, ele buscou, em um nível mais abstrato, descobrir sua estrutura, por meio de esquematizações que possibilitaram determinar categorias *prototípicas* homogêneas (*narrativa, descrição, explicação, argumentação* e *diálogo*), os "tipos de textos [...] definíveis por tendências ou graus de tipicidade, por grupos de regularidades e dominantes, em vez de critérios muito rígidos".[92] Essa é uma perspectiva que tenta aproximar a análise textual da análise do discurso em uma "análise textual do discurso",[93] em torno da noção de "gênero de discurso", enfatizando "o 'materialmente observável', ou seja, os pormenores semiolinguísticos das formas de sentido mediadoras do discurso".[94] Essa diversidade de abordagens complementares do discurso se deve, como aponta Maingueneau, à grande plasticidade da noção de discurso,[95] que é objeto de estudo de várias disciplinas das ciências humanas e sociais, o que o torna um campo multidisciplinar por excelência.

BALANÇO CRÍTICO

No decorrer de nosso estudo das ciências da linguagem, vimos como uma identidade plural do sujeito emerge progressivamente. Primeiro, um *sujeito gramatical* ambivalente, como suporte de predicação e agente do fazer; depois um *sujeito desconhecido*, tanto no estruturalismo saussuriano, em que ele é o portador da linguagem como entidade social, quanto no modelo gerativista chomskyano, em que ele é apenas um sujeito *locutor-ouvinte ideal*, um simples operador cognitivo, sem qualquer identidade. Em ambos os casos, ele não tem existência própria, nenhuma identidade, singular ou coletiva. Como *sujeito do dizer*, ele é dividido, gerenciador de um ato de enunciação, de uma encenação do ato de lin-

74 O sujeito falante em ciências da linguagem

guagem, em um jogo de duplicação entre o locutor empírico que produz o ato de linguagem e o locutor-enunciador que aparece – uma partição que retomaremos, especificando-a – levando em conta um interlocutor. Trata-se da emergência de um verdadeiro *sujeito falante*, regido pelas leis do discurso (da *exaustividade*, da *informatividade*, da *economia*, da *litote*, do *interesse*, do *encadeamento*),[96] como propõe O. Ducrot; máximas conversacionais (de *quantidade, qualidade, relação, modalidade*) ou *princípios de cooperação* (Grice, 1979), *princípio de relação* (Sperber e Wilson, 1989); *visadas de relevância* (Flahaut, 1979) ou condições de *adequação* (Verschueren, 1980). Esses são princípios internos do ato de linguagem que nem sempre levam em conta as qualidades psicológicas e sociais do falante empírico que permanece do lado de fora. Se alguém considera que a outra parte não respeitou a máxima da quantidade, por exemplo, isso não indica necessariamente o que essa infração significa; para perceber seu significado, o falante precisará recorrer ao conhecimento que pode ter dos traços de identidade do interlocutor, de seu estado psicológico no momento da troca e do equilíbrio de poder que existe entre eles. Levaremos em conta esses princípios porque eles são os fundamentos do ato de linguagem. Como *sujeito ator social*, ele é dotado de uma identidade social que reflete o comportamento do grupo de pertença. A rigor, ele não tem uma existência singular como indivíduo, porque sua existência é comunitária, mas essa identidade coletiva deve ser levada em conta na medida em que todo indivíduo participa dela, de uma forma ou de outra. É ainda mais importante integrar essa perspectiva à Análise do Discurso, pois essa identidade se baseia nas *representações* que os indivíduos e os grupos sociais constroem, por meio do uso de estereótipos e outras *doxas* que testemunham as *relações simbólicas* que são estabelecidas entre os membros de uma comunidade linguística e por meio da imagem que o falante constrói de si mesmo.[97]

Finalmente, como um sujeito em interação, além de suas determinações sociais, aparece um sujeito singular que, dentro de um determinado quadro de experiência, intervém no ato da comunicação. O sujeito aqui tem uma identidade psicológica e social, mas está em um contexto ideal de interação, o que significa que ele tende a desaparecer sob regras normativas, tanto de ordem moral quanto de ordem convencional, geral. A identidade do sujeito é semelhante à de um sujeito antropológico dentro de uma estrutura de interacionismo simbólico, que mistura o sujeito em rituais derivados da experiência do próprio mundo social.[98] O mesmo se aplica ao sujeito sociológico: conceitos como os de proteção da face de Goffman[99] ou o de simetria/complementaridade da Escola de Palo Alto (Watzlawick, 1967)[100] são de natureza geral (e, portanto, antropológica). O que temos aqui, então, é um sujeito plural, mais ou menos consciente das operações que está implementando, não só na escolha de palavras e estruturas frasais, mas também na organização textual do que diz, em função de um conjunto de restrições de enunciação.

*

Esse percurso é obviamente uma simplificação do que poderia ser dito por cada um dos representantes dessas várias correntes. É preciso presumir que cada uma delas tem sua própria razão de ser, mesmo que às vezes se contradigam. Por outro lado, quando se observam suas opções teóricas por meio das práticas de análise, percebemos que as posições não são tão claras, cada uma tomando emprestado das outras o quanto for necessário, o que ao mesmo tempo as faz evoluir. De fato, os estudos linguísticos estão presos em uma dupla tensão. Uma tensão entre o que está dentro da linguagem e o que está fora da linguagem: de um lado, os traços linguísticos e, de outro, os traços que caracterizam as situações e a identidade dos sujeitos falantes. Uma tensão que busca articular uma Macrossociologia a uma Microlinguística, às vezes de forma correlativa, às vezes em uma relação de dominação da primeira sobre a segunda. Mas há também outra tensão entre levar em conta um sujeito que é completamente sobredeterminado pelas condições estruturais das trocas sociais e um sujeito que está ciente da ritualização das trocas, inscrevendo-se nesta ritualização e podendo fazer parte dela. Isso ocorre porque os fatos da linguagem são portadores de várias questões que testemunham um sujeito complexo. O próprio Austin clamava por uma teorização global: "O que precisamos, parece-me, é de uma nova doutrina, completa e geral, do que fazemos quando dizemos algo, em todos os sentidos dessa frase ambígua, e do que chamo de ato de discurso, *não sob este ou aquele aspecto isoladamente, desconsiderando todo o resto, mas tomado em sua totalidade*".[101] Para abraçar essa totalidade, temos de tentar manter juntos o *macrossocial, o interacionismo psicossocial* e o *microlinguístico*, para fazer parte de uma problemática que constrói o social como *sociolinguístico* e o linguístico como *sociodiscursivo*, de modo que as categorias psicossociológicas penetrem na linguagem e sejam transformadas em categorias *psicossociolinguísticas*.

No que nos concerne, estamos alinhados com todas essas correntes de análise, mantendo suas características essenciais: foco nos processos de *enunciação*, teorização de *gêneros* discursivos, interpretação dentro de um quadro *intertextual* (ou *interdiscursivo*), descrição semântica de *marcadores linguísticos*, todas as questões que interagem em "o entrelaçamento de um modo de enunciação e um lugar social específico".[102] Segue-se que o sujeito do ato de linguagem está no centro de todos esses processos, embora de maneiras diferentes. A questão que permanece, então, é que tipo de articulação deve ser feita entre o interno do linguístico e o externo do psicossocial. Alguns aspectos dessa questão continuam sem resposta: qual é a natureza desse externo social e como ele pode ser descrito? É dominante (Sociologia da Linguagem) ou está integrado à Linguística (Linguística Sociológica)? Como podemos categorizar a situação de comunicação? E como esse sujeito *eu-tu* desempenha sua própria relação entre o *ser social* e *o ser individual* por meio de seu *ser de fala*? Nos próximos capítulos, tentaremos responder a essas perguntas e fazer algumas propostas.

CONCLUSÃO DOS PERCURSOS

Esses vários caminhos sinuosos pelos territórios da Filosofia, da Sociologia e da Linguística não têm outro objetivo senão preparar o terreno no qual o sujeito falante possa se fertilizar. A razão pela qual me propus a explorar essas diferentes áreas é, em primeiro lugar, entender e, depois, tentar unir diferentes concepções do assunto a partir de diferentes pontos de vista disciplinares. No final do percurso filosófico, vimos o surgimento de um sujeito que se define em uma relação *intersubjetiva* entre *mim* e o *outro*, o que nos levou a considerar que o sujeito precisa do outro para tomar consciência de si mesmo. No final do percurso sociológico, concluímos que um retorno do sujeito seria possível, nas palavras de Alain Touraine, um sujeito "como ator portador de sentido", construtor de normas sociais, usando processos de regulação. E no balanço crítico do percurso linguístico, enfatizamos que é impossível abranger a totalidade dos atos de comunicação a menos que o *macrossocial*, o *interacionismo psicossocial* e o *microlinguístico* sejam mantidos juntos; em outras palavras, uma concepção do sujeito que se constrói como um ser social e psicológico em uma relação *eu-tu*.

É nessa problemática de um sujeito *autoconsciente* que nos encontramos. A autoconsciência está em uma luta constante entre a "consciência coletiva" e a "consciência individual". Durkheim distingue: "os estados de consciência coletiva são de natureza diferente dos estados de consciência individual",[103] mas, ao mesmo tempo, ele os vincula intimamente, sendo a consciência coletiva um "agregado [...] que pensa, sente, quer, embora só possa querer, sentir ou agir por meio de consciências particulares". E assim, por meio dessa dupla consciência, temos um sujeito falante que é dividido, fragmentado, poli-identitário e, ao mesmo tempo, em busca de unicidade. Um sujeito que não exclui suas partes de *desconhecido,* mas que, ao mesmo tempo, luta para existir em uma *reflexividade individualizante,* manipulando a linguagem no jogo permanente da relação *eu-tu.* Nós nos situamos nesse jogo tentando articular uma "interiorização do exterior e exteriorização do interior",[104] para observar como o sujeito falante vai construindo o sentido por meio de seu ato de enunciação,[105] entre restrições sociocomunicacionais e tentativas de individualização,[106] em função dos imaginários sociodiscursivos que carrega e dos processos de interpretação dos quais depende.[107]

Notas

[1] Essa expressão será explicada mais adiante.

[2] Barthes disse certa vez que a linguagem era fascista, uma expressão exagerada que, no entanto, expressa a relação de dependência em que o sujeito falante se encontra. Barthes R., *Leçon*, Paris, Seuil, 1978, p. 15. Veja também como interpreto essa expressão no Prefácio de *La langue n'est pas sexiste*, Paris, Le Bord de L'Eau, 2021.

[3] Consulte esse verbete no *Dictionnaire historique de la langue française*, Paris, Éditions Le Robert, 1992.

[4] É por isso que linguistas como Bernard Pottier e Charles J. Fillmore propuseram a distinção entre o *nominativo*, que é a base da predicação, e o *agentivo*, que é a origem da ação.

[5] Durante algum tempo, falou-se da "morte do autor", uma expressão introduzida por Roland Barthes em *Le plaisir du texte*, retomada por Foucault em várias palestras nos volumes I e II de *Dits et écrits, op. cit.*, e discutida por Deleuze em *Dialogues*, com Claire Parnet, Paris, Flammarion, 1996, e mais tarde por Antoine Compagnon em "Un monde sans auteurs?", em Mollier J.-Y., *Où va le livre*, Paris, La Dispute, 2000.

[6] Flahault F., *L'homme, une espèce déboussolée. Anthropologie générale à l'âge de l'écologie*, Paris, Fayard, 2018, p. 356.

[7] Veja o que Sylvain Auroux chama de "o paradoxo de Chomsky", em *La raison, le langage et les normes*, Paris, PUF, 1998, p. 270.

[8] Alusão ao modelo de Chomsky, apresentado como uma máquina maravilhosa para produzir linguagem.

[9] Essa conclusão pode ser contestada, pois, como diz Catherine Clément (*Claude Lévi-Strauss,* col. "Que sais-je?", n. 3651), os pensadores das décadas de 1960 e 1970 não devem ser todos agrupados. Mas, à luz do que veremos a seguir, essa explicação é discutível.

[10] Benveniste E., *Problèmes de linguistique générale*, Paris, Gallimard, 1966.

[11] Austin J. L., *Quand dire, c'est faire*, Paris, Seuil, 1970.

[12] Grice P., "Logique et conversation", *Communications*, n. 30, Paris, Seuil, 1979, pp. 57-72.

[13] Referimo-nos à 3ª edição de *Dire et ne pas dire. Principes de linguistique sémantique*, Paris, Hermann, 1991, p. 1.

78 O sujeito falante em ciências da linguagem

[14] Idem.

[15] Bally, C., *Linguistique générale et linguistique française*, Paris, E. Leroux, 1932, 2. ed. 1944.

[16] Veja Bally C., *Traité de stylistique française*, Paris, Klincksieck, 1951.

[17] Benveniste E., *Problèmes de linguistique générale*, Paris, Gallimard, 1966, pp. 259-60.

[18] Kerbrat-Orecchioni C., *L'énonciation*, Paris, Armand Colin, 1980-1997. Consulte também Charaudeau P. e Maingueneau D., *Dictionnaire d'Analyse du Discours*, Paris, Le Seuil, 2002 (verbete "*Énonciation*"); Normand C. (dir.)., *Le sujet entre langue et parole(s)*, *Langages*, n. 77, Larousse, Paris, mar. 1985.

[19] Colas-Blaise M., Perrin L. e Tore G.-M (eds.), *L'énonciation aujourd'hui. Un concept clé des sciences du langage*, Limoges, Lambert-Lucas, 2016.

[20] Vej Rabatel A., *Pour une lecture linguistique et critique des médias. Empathie, éthique, point(s) de vue*, Limoges, Lambert-Lucas, 2017.

[21] Benveniste E., "L'appareil formel de l'énonciation", *Langages*, n. 17, Larousse, Paris, mar. 1970, pp. 12-8.

[22] Veja sobre este tema Pottier B., "La formulation des modalités en linguistique", *Langages*, n. 43, Paris, Larousse, 1976, pp. 39-46; Dubois J., " Énoncé et énonciation", *Langages*, n. 13, Paris, Larousse, 1969, pp. 100-10; Todorov T. (dir.), *L'énonciation*, n. 17, Paris, Larousse, mar. 1970; Kerbrat-Orecchioni C., *L'énonciation*, op. cit.

[23] Essas operações deram origem à estruturação de nossa *Grammaire du sens et de l'expression*, (reedição) Lambert-Lucas, 2019.

[24] Todorov, T., *Mikhail Bakhtin. Le principe dialogique, suivi des Écrits du Cercle de Bakhtine*, Paris, Minuit, 1981.

[25] Esse ponto de vista é o oposto do de Pierre Bourdieu, para quem é o *status* do sujeito empírico que determina o significado da declaração. Veja *Ce que parler veut dire*, Paris, Fayard, 1982.

[26] Consulte Fauconnier G., *Espaces mentaux: Aspects de la construction du sens dans les langues naturelles*, Paris, Éditions de Minuit, 1984.

[27] Veja Martin R., *Langage et croyance. Les univers de croyance dans la théorie sémantique*, Bruxelles, Mardaga, 1987.

[28] Consulte Anscombre J.-C. e Ducrot O., *L'argumentation dans la langue*, Bruxelles, Mardaga, 1983, e Anscombre J.-C., *Théorie des topoï*, Paris, Kimé, 1995.

[29] Authier-Revuz J., "Hétérérogénéité montrée et hétérogénéité constitutive: éléments pour une approche de l'Autre dans le discours", *DRLAV*, n. 26, Paris, 1982, p. 141.

[30] Voltaremos a essa distinção mais adiante.

[31] Revista *DRLAV*, n. 26, op. cit.

[32] Idem.

[33] Idem.

[34] Idem.

[35] Danon-Boileau L., *Le sujet de l'énonciation. Psychoanalyse et linguistique*, Paris, Ophrys, 1987, p. 17.

[36] Idem, p. 21.

[37] Searle J. R., *L'intentionalité. Essai de philosophie des* états *mentaux*, Paris, Éd. de Minuit, 1983; *Du cerveau au savoir*, Paris, Hermann, 1985.

[38] Isso é desenvolvido em Anscombre J. C. e Ducrot O., *L'Argumentation dans la langue*, e posteriormente ampliado na teoria dos *topoï*, op. cit.

[39] Também conhecido como "significado não vericondicional".

40   Dito "significado vericondicional", tratado pela Semântica de predicados.

41   Para esses conceitos, consulte Moeschler J. e Reboul A., *Dictionnaire encyclopédique de pragmatique*, Paris, Le Seuil, 1994.

42   Veja os trabalhos de Stampe, Warnock, Bach e Harnisch e Récanati, seguindo os ensaios de Searle, *Expression and meaning*, Cambridge University Press, 1979.

43   Para uma discussão sobre atos de fala, consulte *Communications*, n. 32, *Les actes de discours*, 1980.

44   Veja a história que ele apresenta no verbete "Analyse du discours" no *Dictionnaire d'analyse du discours*, Paris, Le Seuil, 2002.

45   Fornel M. de, "Légitimité et actes de langage", *Actes de la recherche en sciences sociales*, n. 46, mar. 1983, p. 35.

46   Consulte Laugier S., "Acte de langage ou pragmatique?", *Revue de métaphysique et de morale*, 2004/2, n. 42, pp. 279-303.

47   As décadas de 1960, 1970 e 1980 viram o desenvolvimento de teorias da enunciação, da Pragmática, da Sociolinguística, do Interacionismo e da Sociologia da Linguagem. Foi um período muito rico, no qual vários autores coexistiram e dialogaram entre si.

48   Boyer H., *Introduction à la sociolinguistique*, Paris, Dunod, 2001, p. 16.

49   Idem, p. 20.

50   Halliday M. A. K., "Language structure and language function", em Lyons J. (ed.), *New Horizons in Linguistics*, Harmondsworth, Penguin Books, 1970.

51   Bernstein B., *Langages et classes sociales*, Paris, Minuit, 1975 (1ª ed. *Class, Codes and Control*, Londres: Routledge & Kegan Paul, 1971).

52   Fishman J. A., *Sociolinguistique*, Bruxelles-Paris, Labor-Nathan, 1971.

53   Labov W., *Sociolinguistique*, Paris, Éd. de Minuit, 1976.

54   Idem, p. 187.

55   Bourdieu P., *Ce que parler veut dire*, op. cit., pp. 59-95.

56   Boyer H., *Introduction à la sociolinguistique*, op. cit., p. 16.

57   Gumperz J. J., *Sociolinguistique interactionnelle. Une approche interprétative*, Paris, L'Harmattan, 1989, p. 2.

58   Idem, p. 3.

59   Idem, ibidem.

60   Idem, p. 55.

61   Hymes D. H., "The ethnography of speaking", em Gladwin T. e Sturtevant W. C. (eds.), *Anthropology and human behavior*, Washington, Anthropology Society of Washington, 1962, pp. 35-71.

62   Jules-Rosette B., "Entretien avec Harold Garfinkel", *Sociétés*, n. 5, set. 1985, pp. 35-9.

63   Ver Sacks H., Schegloff E. e Jefferson G., "A simplest systematics for the organization of turn-taking in conversation", em Schenkein J. (ed.), *Studies in the Organization of Conversational Interaction*, Nova York, Academic Press, 1978, pp. 7-56.

64   Ver Kerbrat-Orecchioni C., *Le discours en interaction*, Paris, Armand Colin, 2005. Aqui veremos as distinções que ela propõe entre as diferentes correntes que coexistem nessa mesma orientação, o que lhe permite insistir na perspectiva *interativa*. Na mesma linha, veja o trabalho de Véronique Traverso, particularmente *La conversation familière*, Lyon, PUL, 1996.

65   Goffman E., *La Mise en scène de la vie quotidienne*, tomo 1: *La présentation de soi*; tomo 2: *Les relations en public*, Paris, Minuit, 1973; *Les rites d'interaction*, Paris, Minuit, 1974.

80 O sujeito falante em ciências da linguagem

[66] Claude Chabrol, Alain Trognon, Rodolphe Ghiglione, Jean-Léon Beauvois, Marcel Bromberg. Ver: Bromberg M. e Trognon A. (eds.), *Psychologie sociale et communication*, Paris, Dunod, 2004; e Véronique D. e Vion R., *Modèles de l'interaction verbale*, Presse Universitaire de Provence, 1995.

[67] Ver Roulet E., Filliettaz L., Grobet A. e Burger M., *Un modèle et un instrument d'analyse de l'organisation du discours*, Berna, Lang, Collection Sciences pour la communication, 2001; e *Cahiers de Linguistique Française*, n. 13 (1992) e 16 (1995), Unité de linguistique française, Faculté des Lettres, Université de Genève.

[68] Gadet F., resenha em *Langage et Société*, n. 139, 2012/1, pp. 157-61.

[69] Bourdieu P., *Ce que parler veut dire*, op. cit.

[70] Idem, p. 14.

[71] Idem, ibidem.

[72] Idem, p. 103.

[73] Idem, p. 105.

[74] Idem, pp. 103-5.

[75] Idem, p. 105

[76] Idem, p. 111.

[77] Idem, p. 79.

[78] Idem, p. 103.

[79] Sobre o líder carismático não institucional, consulte nossa obra: *La conquête du pourvoir*, Paris, L'Harmattan, 2013, cap. II.

[80] *L'Analyse du discours, Langages*, n° 13, 1969.

[81] Consulte o verbete "Conditions de production" no *Dictionnaire d'analyse du discours*, Paris, Seuil, 2002, p. 119.

[82] Maingueneau D., *Initiation aux méthodes d'analyse du discours*, Paris, Hachette, 1976, p. 86.

[83] Ver "Les Vérités de la Palice" em *L'inquiétude du discours. Textes de Michel Pêcheux présentés par D. Maldidier*, Paris, Éditions des Cendres, 1990, p. 223.

[84] *Les analyses du discours en France, Langages*, n. 117, mar. 1995.

[85] Idem, p. 5.

[86] Idem, ibidem.

[87] Norman Fairclough, Gunther Kress, Theo Van Leeuwen, Ruth Wodak, P. A. Chilton.

[88] Veja Petitclerc A. e Schepens P., *Critical Discourse Analysis, Semen* 27, abr. 2009.

[89] Consulte: Parte Quatro, capítulo "O sujeito falante em liberdade vigiada".

[90] Veja Bonnafous S., Tournier M., "Analyse du discours, lexicométrie, communication et politique", *Langages* 117, mar. 1995.

[91] Veja Maingueneau D. e Cossutta F., "L'analyse des discours constituants", *Langages* n°117, mar. 1995.

[92] Adam J.-M., *La linguistique textuelle: introduction à l'analyse textuelle des discours*, Paris, A. Colin, 1999.

[93] Adam J.-M., "L'analyse textuelle des discours. Entre grammaires de texte et analyse du discours", em Soulages J.-C. (dir.), *L'analyse de discours. Sa place dans les sciences du langage et de la communication. Hommage à Patrick Charaudeau*, Rennes, Presses universitaires de Rennes, 2015, pp. 19-26.

[94] Idem, p. 25.

[95] Ver a definição dada por Maingueneau, no verbete "Discours", no *Dictionaire d'analyse de discours*, op. cit.

[96] O. Ducrot. *Dire et ne pas dire*, op. cit.

[97] Ver: Quarta Parte, capítulo "O sujeito falante em liberdade vigiada".

[98] Consulte A. Ogien, "La décomposition du sujet", pp.108-9, em *Le parler frais d'Erving Goffman*, Paris, Ed. de Minuit, 1969.

[99] Goffman E., *La protection de soi*, op. cit.

[100] Watzlawick P., Helmick Beavin, Jackson Don D., *Une Logique de la communication*, Paris, Seuil, 1972 (1ª ed. 1967).

[101] Citado no prefácio do número 32 da revista *Communications*, Seuil, 1980. Ênfase adicionada.

[102] Maingueneau D., *Langages*, n. 117, op. cit., p. 7.

[103] Durkheim E., *Les règles de la méthodologie sociologique*, Paris, Alcan, 1927, p. 8.

[104] Sartre J. P. *Questions de méthode*, Paris, Tel/Gallimard, 1986, pp. 90-2.

[105] Segunda parte.

[106] Terceira parte.

[107] Quarta parte.

SEGUNDA PARTE

A DIMENSÃO ENUNCIATIVA

"Não somos nada, nada se não houver uma relação [...]. Ao nos perguntarmos sobre nós mesmos retornamos sempre à pergunta sobre os outros."

(Octavio Paz, *Posdata*)

O sujeito falante e a criação do sentido

Princípios e competências

Voltemos ao balanço dos três percursos sobre as diferentes figuras do sujeito falante, correndo o risco de repetição: um sujeito desconhecido submetido à estrutura da língua e que se funde com todos os sistemas que a compõem; um sujeito desconhecido portador de um inconsciente individual que emerge em um processo de negatividade sem poder de controle; um sujeito desconhecido coletivo sobredeterminado por sistemas de pensamento dos quais é mais ou menos conscientemente portador. Mas também é um sujeito consciente de si que, a partir de sua singularidade em relação aos outros, coloca em jogo seu ser social e individual, em uma tensão permanente entre o *eu* e o *outro*. Eu disse, de passagem, que reivindico todas essas filiações, enquanto escolho me situar dentro do quadro de um "sujeito consciente-de-si" se quisermos usar as palavras de Sartre. Parece-me importante descartar desde o início o sujeito do inconsciente cuja fala, aparentemente, escapa à racionalidade da consciência. Ele pode ser não-consciente, mas uma não-consciência que pode se tornar consciente por meio de uma atividade de "reflexividade" do próprio sujeito. Como resultado, nessa concepção, o sujeito é, como já disse, "tanto construído quanto está construindo a si mesmo, tanto *sujeito constituído* quanto *sujeito que está se constituindo a si mesmo* em sua relação com o outro". Portanto, precisamos começar estabelecendo o quadro de postulações nas quais o sujeito falante está inserido e os *princípios* nos quais ele se baseia para, em seguida, observar como ele *constrói o sentido* e, *por fim*, determinar suas *competências*.

DO POSTULADO DA INTENCIONALIDADE AOS PRINCÍPIOS FUNDADORES

Em seu *Intencionalidade*, John R. Searle teorizou o que ele chamou de "Intencionalidade"[1] – deliberadamente com letra maiúscula – como um modelo do ato de linguagem: "Intencionalidade é a propriedade em virtude da qual todos os tipos de estados e eventos mentais se referem a, dizem respeito a ou se relacionam com objetos e estados de coisas do mundo".[2] Searle pergunta "[quais] são as características das intenções do falante que as tornam intenções que conferem sentidos."[3] Mas seu objetivo, baseado na "hipótese fundamental de que a filosofia da linguagem é um ramo da filosofia da mente",[4] é mostrar que "os atos de linguagem são uma variedade da ação humana"[5] que dependem de "estados mentais" prévios. Em outras palavras, seu pensamento é mais cognitivo do que linguístico, uma vez que a intencionalidade representa "a capacidade biológica fundamental do espírito (*mente*) de pôr o organismo em relação com o mundo."[6]

Anteriormente, em 1957, no âmbito de uma filosofia da ação, a filósofa britânica Elizabeth Anscombe, considerando "a concepção natural, mas incoerente, que os filósofos tiveram, muitas vezes, da intenção", propôs, como Vincent Descombes explica no prefácio do livro, "[restabelecer] o vínculo interno entre intenção e ação".[7] Ela se interroga sobre a noção do *ato de intenção* e desafia a ideia de que isso corresponde à vontade do sujeito de agir de acordo com um ato interno: considerar a resposta a uma pergunta como "Por quê?" ("Por que você derrubou a xícara da mesa?") não é suficiente "porque não é necessariamente uma prova do que levou à ação".[8] A resposta pode ser: "porque eu queria", "para me vingar", "porque eu estava tremendo", "porque me escapou" etc. Ela se pergunta sobre a diferença entre *causa*, *motivo* e *razão de agir*. Embora o ponto de vista aqui esteja filiado à tradição de Wittgenstein, ele ainda é mais filosófico do que linguístico. Não discutiremos essa questão filosoficamente, mas manteremos a preocupação de definir a intenção como uma "razão para agir",[9] apreendida por meio do que a linguagem expressa, uma razão para agir que podemos pensar como estando sempre em relação ao outro, já que tudo depende da resposta a um "Por quê?".

Do ponto de vista de uma análise da linguagem, diríamos que a intenção é um *agir pela palavra*. O agir está, antes de tudo, no tomar a palavra, concomitantemente, na forma como tal ato é encenado (que é uma questão de escolha), dependendo de quem é o outro, em uma determinada situação de troca. Como interlocutor, simples observador ou analista, não podemos rastrear a intenção na mente do falante. Só podemos fazer hipóteses interpretativas, realizando inferências a partir das pistas que ele nos dá em sua enunciação em relação ao nosso conhecimento a seu respeito. Portanto, longe de nos situarmos numa problemática do "por quê?", nós nos inscreveremos, antes, numa problemática do "como?", procurando os princípios que sustentam o ato de linguagem. Não estamos em busca tanto dos *motivos* (embora, às vezes, sejam usados para fins de interpretação), mas, sobretudo, dos *princípios* que orientam, ou até mesmo que se impõem, (a)os sujeitos falantes.

É nessa perspectiva que se situa, por exemplo, o *princípio da cooperação*, introduzido pelo filósofo da linguagem Paul Grice, no quadro da Análise da Conversação: "Faça sua contribuição conversacional tal como é requerida, no momento em que ocorre, pelo propósito ou direção do intercâmbio conversacional em que você está engajado".[10] Esse princípio, posteriormente dividido em uma série de "máximas", às quais retornaremos mais à frente, é, de certa forma, o fundamento do ato de linguagem, pelo menos no caso das interações verbais. Ele foi criticado por fazer desse princípio uma lei normativa idealista (porque a comunicação, com efeito, não pode ser reduzida, unicamente, à intenção do falante), mas, de acordo com Jacques Moeschler e Anne Reboul, não é assim que o princípio deve ser entendido: ele deve ser compreendido dentro do quadro de uma teoria da interpretação.[11]

Embora de forma mais externa, a noção de *enquadramento* introduzida por Goffman participa dessa mesma perspectiva: "[...] qualquer definição de uma situação é construída de acordo com princípios organizacionais que estruturam os eventos – pelo menos os de natureza social – e nosso próprio compromisso subjetivo. O termo 'quadro' refere-se a esses elementos de base".[12] É nesse quadro que encontramos, como diz John Gumperz, "as pistas de contextualização"[13] nas quais baseamos nossa interpretação. De acordo com a Microssociologia da Linguagem e com o interacionismo simbólico, para interpretar um ato de fala, somos levados a observar todos os elementos externos que enquadram as trocas comunicativas. O termo quadro tem vários significados, dependendo daquilo a que se aplica (foto, pintura, grafismos, desenho), mas, para Goffman, é o que estrutura qualquer ação de troca em uma determinada situação e que determina as relações entre os indivíduos, tomada na forma mais restrita de um "quadro participativo"[14] que inclui "quadros primários" e "quadros de modalização".[15] Podemos ver, a partir disso, que os interactantes em um ato de comunicação são conduzidos a se comportar – e falar – de uma determinada maneira, de acordo com dados socialmente

88 O sujeito falante em ciências da linguagem

preestabelecidos. Quer nos refiramos ao *princípio de cooperação* de Grice, ao *quadro participativo* de Goffman, ao *princípio de relevância* de Sperber e Wilson, à *visada de pertinência* de Flahaut ou às *condições de adequação* de Verschueren, já citados, podemos ver essa preocupação comum de inscrever o ato de linguagem em um postulado de intencionalidade linguageira.

Um postulado de intencionalidade

Partamos da ideia de que fazer uso da palavra não é uma tarefa fácil. Não é qualquer um que pode falar, em qualquer circunstância, de qualquer maneira ou com qualquer propósito. Para quem quer ser ouvido, tomar a palavra depende de quem fala, a quem se fala, sobre o que se fala, com que finalidade se fala e em que meio de comunicação se inscreve. Assumamos, então, o postulado de que, para que exista um ato de comunicação, qualquer que seja sua configuração, é necessário que as instâncias de produção e interpretação da palavra se reconheçam uma à outra dentro de um mesmo quadro de intencionalidade. Em outras palavras, e de modo mais geral, essas instâncias devem se reconhecer mutuamente, cada uma em seu próprio papel, na qualidade de *sujeito falante*. Isso significa, por um lado, que o sujeito falante é constitutivamente um *eu-tu* e, por outro lado, que ele fala com intenção de ou ainda em razão de.

A primeira condição implica que cada parceiro de um ato de comunicação deve ser reconhecido pelo outro como digno de ser ouvido, em outros termos, como *tendo direito* à palavra. É a relação com o outro que fundamenta esse direito.[16] Vamos repetir: não há *eu* sem *tu*, não há *tu* sem *eu*. A expressão "Eu não falo para as paredes" refere-se à necessidade de reafirmar essa existência de um sujeito falante. A segunda condição implica que o sujeito falante é um ser de razão e que, se ele fala, é porque tem um *projeto de fala* de acordo com uma pertinência intencional. Sob essa condição, pode-se presumir que ele não é alienado. As histórias sobre a loucura existem precisamente para testemunhar, *pelo contrário*, a ausência de pertinência intencional: a pessoa louca não poderia ter um projeto de fala fundado na razão. Essa é uma representação social, mas sabemos que as coisas são mais complexas. Além do mais, se quisermos salvar o sujeito louco, nos esforçaremos para interpretar a sua história como uma forma de questionar algum critério de normalidade social, um questionamento que nos permitiria vislumbrar a perspectiva de um outro lugar de pertinência e, portanto, de outra significação do mundo.

Como sabemos, um postulado é uma proposição que somos solicitados a aceitar sem que ela necessite ser demonstrada. É, no entanto, somente depois de observar as características recorrentes de um fenômeno em sua generalidade, ou mesmo em sua universalidade, que podemos declarar que esses são os requisitos internos inegáveis do fenômeno, sendo isso que o fundamenta.[17] No caso do ato de linguagem, o postulado da intencionalidade pode ser definido segundo um conjunto de condições às quais ele deve satisfazer, a saber: (i) as instâncias de fala devem estar em uma relação de expectativas cruzadas entre *eu* e *tu*, que devem reconhecer mutuamente seu *direito* à palavra;[18] (ii) as instâncias são dotadas de um saber (e não de uma verdade), do qual uma parte deve ser compartilhada, o que garante que elas estejam dentro do mesmo quadro de *pertinência intencional*;[19] (iii) as instâncias estão sempre em uma relação de troca *dentro do quadro de uma situação de comunicação* predefinida e estruturante, na medida em que não se pode atribuir sentido a um ato de linguagem fora de uma situação comunicativa.[20] É esse conjunto que confere *legitimidade* a um "projeto de fala", que se encontra entre três tipos de interação: interação entre duas instâncias de comunicação, de *produção* e de *interpretação*; interação entre saberes para a construção de um saber comum; interação entre um espaço *externo* de ordem psicossocial e um espaço *interno* de ordem linguística no âmbito de uma determinada situação de comunicação.

Os princípios fundadores

Esse postulado obriga todo sujeito falante[21] a se fazer implicitamente várias perguntas: o que me dá o direito à palavra (problemática da *legitimidade*)? Como devo considerar o outro, o que ele representa para mim (problemática da *identidade*)? Como fazer para que ele compartilhe os mesmos saberes que eu (problemática da *pertinência intencional*)? Como faço para que ele entre em meu universo de discurso (problemática da *influência*)? Isso leva a um certo número de princípios que sustentam o projeto de discurso e os quais chamaremos de: *princípio da alteridade, princípio da regulação, princípio da influência* e *princípio da pertinência*.

Mas, primeiramente, apreciemos algumas palavras relativas à própria noção de *princípio,* considerando-se dois outros conceitos concorrentes: *regras* e *máximas*. A palavra "regra" tem uma longa história, que remonta à sua origem latina (*regula*), significando "um instrumento usado para fazer linhas retas".[22] Seus vários significados podem ser agrupados em sete acepções: "objeto graduado de medição" (a régua escolar); "sistema de cálculo" (a regra de três); "conjunto de instruções obri-

90 O sujeito falante em ciências da linguagem

gatórias para o funcionamento de um idioma" (regras gramaticais); "convenções a serem seguidas em um jogo" (regras do jogo); "o que ocorre com regularidade em determinadas áreas" (regras da natureza); "prescrição de ordem moral" ou "convenções sociais normativas" (regras de conduta). "Máxima" é uma palavra que, sob a influência da escolástica, passou a ser usada comumente no sentido de sentença: "preceito, regra geral de conduta ou de julgamento",[23] frequentemente expressa em "uma forma lapidar" (as máximas de La Rochefoucauld). Depois, sob influência kantiana: "regra de conduta considerada pela pessoa que a adota como válida para sua própria vontade, sem referência à dos outros".[24] "Princípio" vem de *princeps*: "quem ocupa o primeiro lugar". É derivado da ideia de origem, causa primeira, fonte e, consequentemente, designa o elemento *fundador* de um fenômeno em virtude de suas propriedades: "os princípios matemáticos". De forma mais abstrata, refere-se aos *conhecimentos elementares* que estão na base de uma disciplina, como "princípio do prazer" e "princípio da realidade" em Psicanálise. Finalmente, de forma ainda mais abstrata, designa o que constitui *a regra moral* à qual os indivíduos estão ligados, como quando se age "por princípio".

É possível ver que essas acepções se sobrepõem, essencialmente em torno dos sentidos de "preceitos normativos" e de "elementos fundadores". Não usaremos o termo "regra", que está muito ligado a um sistema de cálculo ou a uma prescrição normativa, nem "máxima", que está muito ligado à ideia de uma sentença moral. D. Sperber e D. Wilson já haviam apontado que as regras são sempre mais ou menos respeitadas, já que tudo se baseia em uma *máxima de relação*;[25] F. Flahaut compartilha mais ou menos o mesmo ponto de vista, afirmando que qualquer ato de linguagem sempre se baseia em uma *visada de pertinência*;[26] e, mais tarde, J. Verschueren propõe uma noção capaz de unificar regras, máximas, condições e implicações conversacionais, chamando-a de *condições de apropriação*.[27] É essa última formulação que nos parece corresponder mais de perto à ideia de princípio.

O princípio de alteridade

Todos nós conhecemos a frase do final da peça *Entre quatro parades*: "O inferno são os outros". Muita tinta foi derramada sobre essa fórmula, atribuindo-lhe uma interpretação generalizante negativa que pode ser encontrada nesta outra formulação de Thomas Hobbes: "O homem é o lobo do homem".[28] Sartre teve de oferecer uma explicação do texto para retificar as interpretações equivocadas:

"O inferno são os outros" sempre foi mal compreendido. Pensou-se que eu queria dizer que nossas relações com os outros sempre estavam envenenadas, que eram sempre infernais. No entanto, eu quis dizer algo bem diferente. Quero dizer que, se as relações com os outros são distorcidas, viciadas, então o outro só pode ser o inferno. E por que isso acontece? Porque os outros são, basicamente, o que há de mais importante em nós mesmos, até mesmo para nosso próprio autoconhecimento. Julgamo-nos com os meios que os outros nos deram para nos julgarmos. O que quer que eu diga sobre mim mesmo, o que quer que eu sinta sobre mim mesmo, o julgamento dos outros sempre entra nisso. O que significa que, se minhas relações são ruins, coloco-me em total dependência dos outros e, então, estou, de fato, no inferno. Há muitas pessoas que estão no inferno porque dependem do julgamento dos outros.[29]

Em outras palavras, o outro está lá como um olhar que se concentra sobre mim e que revela o que eu sou para mim mesmo. Emmanuel Levinas, por sua vez, baseia a existência de cada um de nós na existência do outro: "Estamos cercados por seres e coisas com os quais nos relacionamos".[30] E, portanto, nunca existimos no singular. Nós nos definimos em termos de "existir com", sabendo que podemos compartilhar o que temos, mas não o que somos, daí essa angústia e luta na relação com a alteridade. Para Levinas, a alteridade significa reconhecer a irredutibilidade do outro ao Eu em uma relação "não de síntese, mas de face a face".[31] O outro é outro, permanece outro nas relações, e não podemos possuir o outro que "escapa para sempre".[32] A verdadeira alteridade é o outro em si mesmo, é o adversário em sua mente, fazer-se hospedeiro do pensamento do outro que permanece externo a mim.

Converteremos essa concepção em uma problemática linguageira, assumindo que a linguagem chega aos seres por meio de seu desejo de entrar em relação com o outro. O princípio da alteridade, que deriva do postulado da intencionalidade em termos do reconhecimento do direito à palavra atribuído ao *eu* e ao *tu*, define o ato de comunicação como um fenômeno de troca entre dois parceiros (estejam eles em presença ou não), que devem se reconhecer como semelhantes e diferentes. Semelhantes porque estão envolvidos no mesmo processo de construção de sentido e compartilhando algumas das mesmas motivações, finalidades e intenções. Mas diferentes por terem, em sua singularidade, intencionalidades diferentes e por desempenharem papéis distintos, em uma relação não simétrica entre aquele que produz um ato de linguagem e o outro que recebe, interpreta esse ato e pode, por sua vez, tornar-se um sujeito locutor. De fato, não basta que este último desempenhe o papel de um mero receptáculo mecanicista, como nas teorias behavioristas da comunicação; para além do simples ato de recepção, ele se envolve em um processo de interpretação, configurando-se como parceiro-interlocutor-leitor e, ao mesmo tempo, fazendo com que o emissor exista como parceiro-locutor. Instaura-se, então, entre esses dois parceiros uma espécie de "olhar avaliador" de reciprocidade que legitima o outro em seu papel de sujeito falante. A saudação "Bom dia" não serve apenas como uma prova de educação. É muito mais do que um ato de cortesia. Ao dizer "Olá" para alguém que passa na rua, isso faz com que essa pessoa exista como interlocutor, um parceiro do ato de linguagem e, ao mesmo tempo, faz com que quem tenha dito "Olá" também exista, pelo menos se o outro responder à saudação; caso contrário, sendo negligenciado pelo interlocutor, o locutor passa a não existir. Portanto, segundo o princípio de alteridade, cada um dos parceiros em um ato de comunicação está engajado num processo recíproco de reconhecimento do outro, legitimando-o em seu papel: não pode haver *eu* sem *tu*, nem pode haver *tu* sem *eu*.

O princípio de influência

Se E. Goffman propõe o conceito de enquadramento, é porque considera que, na base das trocas linguageiras, há um *território* a partir do qual os sujeitos definem sua identidade. Cada um de nós, porque temos uma representação de nós mesmos, constitui, em termos de imagem, um "território" que seria perfeitamente preservado se não fosse a existência de outras pessoas que representam seu próprio território e tentam preservá-lo. O resultado é uma reação por parte de cada sujeito que tende, em um duplo movimento, seja a defender seu próprio território seja a atacar o do outro. Essa concepção, que pode ser encontrada em certas teorias usadas na etologia animal, tem o mérito de ser suficientemente geral para ter a pretensão de desempenhar um papel fundador, especialmente porque está preocupada com o comportamento, e não com o conteúdo. O outro, além de sua própria diferença e das experiências de vida relacional às quais se aludiu anteriormente, apresenta-se a cada um de nós como um problema: Ele pode me entender? Ele quer me entender? Ele compartilha o mesmo universo de saberes que eu? Seu projeto de fala é melhor, mais legítimo, mais credível do que o meu? Daí esse movimento do sujeito em direção ao outro na tentativa de trazê-lo para si, de trazer o outro para seu próprio universo de pensamento, de fazer com que o outro compartilhe seu próprio projeto de fala ou até mesmo mude o seu.

Esta é uma questão que será retomada no exame da construção da identidade do sujeito falante, mas, por enquanto, é o que define o *princípio de influência*, que postula que o que motiva a intencionalidade do sujeito falante inscreve-se em uma finalidade acional face a um outro, semelhante e diferente, por meio de duas perguntas: "Como entrar em relação com o outro?"; "Como falar para que eu possa agir sobre o outro?". Responder a essas duas perguntas obriga o sujeito falante a recorrer a *estratégias discursivas* de persuasão, sedução e, até mesmo, de coerção, cujos processos serão vistos em outra parte do livro. Portanto, não basta levar em conta a alteridade; é preciso haver um projeto de fala que dê existência e uma razão de ser à relação que foi estabelecida, uma necessidade de existir como sujeito falante por meio da existência do outro, que envolve os dois parceiros da troca linguageira em uma relação de influência recíproca.

O princípio de regulação

No entanto, a troca raramente flui como um longo rio tranquilo. Quer queiram admitir ou não, os sujeitos se deparam constantemente com o fenômeno do mal-entendido – que deveria ser escrito como "mal-entendido" –: incompreensões, interpretações consideradas erradas, réplicas irrelevantes, tentativas malsucedidas de explicação, diálogos de surdos, os sujeitos falantes experimentam a assimetria das intenções de sentido, conforme evidenciado por hesitações, repetições, diferenças de ritmo, retomadas, antecipações, autocorreções e outros "balbucios" – como diz Claire Blanche-Benveniste[33] –, nos quais eles se envolvem na esperança de serem compreendidos. Na cena comunicativa, o sentido circula com dificuldade, os indivíduos se entendem mal, se compreendem muito lentamente e, às vezes, respondem de forma imprecisa a uma réplica que vem do outro. No decorrer de suas trocas, eles descobrem que o outro nunca é o seu duplo, raramente aquele que eles imaginam, porque o outro tem sua própria liberdade na construção do sentido: *o outro é um problema*.

Observamos, entretanto, que, apesar de tudo, as pessoas continuam a trocar palavras, a fazê-las circular, a transmitir informações, mesmo que seja por meio de insultos, contradizendo-se alternadamente, e, às vezes, conseguindo compartilhar certas verdades e concordar, mesmo que isso seja apenas uma aparência. Isso significa que elas ouvem algo do que é dito, quer sejam palavras críticas, agressivas, compassivas ou lisonjeiras. Isso também significa que, às vezes, elas ouvem o ponto de vista oposto, os argumentos que são desenvolvidos em vários quadros de raciocínio e aos quais elas tentam responder. Em suma, isso significa que, partindo de uma situação em que há diferenças de pontos de vista, dissensos e interpretações equivocadas, as trocas continuam com o desejo de esclarecer mal-entendidos, retificar explicações, ajustar-se ao ponto de vista do outro ou até mesmo negociar um entendimento recíproco. Portanto, há um desejo de compartilhar sob o risco de mal-entendidos; há um desejo de compreensão mútua sob risco da incompreensão ou do conflito.

A experiência desse choque entre os projetos de fala, entre as intenções de sentido de cada um, da assimetria entre a intenção comunicativa e a intenção interpretativa, leva os sujeitos a quererem encontrar maneiras de regular suas trocas, para garantir que cada um, ao tentar influenciar o outro, mantenha sua legitimidade de fala. Portanto, pode-se dizer que as trocas comunicativas e, de modo mais geral, as relações sociais são regidas por um *princípio de regulação* que permite que as diferenças ou antagonismos entre os indivíduos sejam resolvidos de uma forma ou de outra. As trocas, por meio de estratégias de negociação, com ganhos e perdas, que levam a acordos, ajustes e retificações, fazem parte desse jogo de regulação social, permitindo que eles continuem e terminem sem muito drama.

O princípio de influência marca as trocas com base em relações de força diversas, de hierarquia, de superioridade, de submissão, de sedução, mas também de igualdade, de acordo e de conivência, dependendo das circunstâncias e da identidade de cada um, e, complementarmente, o princípio de regulação permite que as trocas continuem por meio de processos de aceitação do outro, de reconhecimento do outro, de seu direito à palavra e de sua legitimidade. Isso dá origem a procedimentos linguageiros que permitem que cada locutor se proteja, protegendo o outro, como Goffman teorizou, e encontre um terreno comum, usando modalizadores, fórmulas mais ou menos convencionais de desculpa, de lisonja, de escuta, de questionamento, de apelo à intimidade, de apelo à razão.

O princípio de pertinência

Esses desafios de reconhecimento do outro, de influência, de defesa de territórios, de preservação da face, de tentativas de encontrar um terreno comum passam pelos saberes. Saberes como o conjunto de representações que os indivíduos que vivem em sociedade constroem sobre o mundo, saberes de crença ou saberes de conhecimento, os quais serão abordados adiante,[34] que permitem aos parceiros da comunicação se movimentarem, segundo o que Sperber e Wilson chamam de *representações supostamente compartilhadas*.[35] Representações relativas à percepção do tangível (saberes compartilhados sobre o mundo físico), à experiência de vida (saberes compartilhados sobre o mundo da ação e dos afetos), ao verificável pelo raciocínio (saberes compartilhados sobre a razão).

Graças à recorrência de comportamentos e do acúmulo do que já foi dito, os saberes são construídos, por efeito de uma sedimentação gradual, em um imenso *corpus* do qual cada sujeito se apropria à sua maneira, de acordo com sua história social e pessoal. Assim, toda vez que um sujeito fala, ele mobiliza parte desses saberes por meio de um processo mais ou menos consciente de *interdiscursividade*. Embora cada sujeito faça esse mesmo trabalho, surge a questão, quando uma relação é estabelecida entre dois ou mais interactantes, se essas referências podem ser compartilhadas. Com efeito, o que está em jogo aqui é a legitimidade e a credibilidade dos sujeitos, de modo que eles não possam ser acusados de "falar e não dizer nada", preocupados que estão em mostrar que falam como "seres da razão". Para que uma troca linguageira continue, cada um de seus participantes deve ser capaz de atribuir ao outro uma pertinência do saber. O *princípio de pertinência* exige, portanto, que os interactantes possam supor que, em uma relação de expectativas cruzadas, o outro tem uma intenção, que seu projeto de fala baseia-se em um terreno de saberes dos quais eles têm, pelo menos, uma parte em comum e sem os quais seria instaurado um "diálogo de surdos". De acordo com esse princípio, os parceiros estabelecem uma espécie de aliança objetiva para *coconstruir* o sentido e, da mesma forma, para *se autolegitimar* e, portanto, se *interlegitimar*.

*

O postulado da intencionalidade e os princípios constituem aquilo que fundamenta os atos de linguagem, na medida em que são atos comunicativos que permitem aos indivíduos se relacionarem uns com os outros, influenciarem e regularem uns aos outros, e compartilharem saberes por meio da coconstrução de sentidos. Esses princípios colocam o sujeito falante no centro de toda atividade linguageira, um sujeito que é ao mesmo tempo singular e coletivo, único e plural, testemunha do pensamento social e de sua própria história, um sujeito que existe apenas em sua relação com o outro e que, portanto, está envolvido em uma luta de força linguageira como resultado da diferença que é consubstancial ao *eu* e ao *tu*. Mas, ao contrário de uma certa *doxa* que domina as ciências sociais, nem todas as relações sociais e relações linguageiras são relações de dominação. A relação de força é um *processo* pelo qual o sujeito tenta atrair os outros para si, usando uma

96 O sujeito falante em ciências da linguagem

variedade de procedimentos discursivos mais ou menos coercitivos. A dominação é um *resultado* possível da relação de força, um resultado, e não um processo original, possível e não inevitável, porque outras situações podem resultar da relação de força. Foucault fez a mesma observação sobre o poder, especificando que a relação de força não é sinônimo de dominação.[36]

DAS CONDIÇÕES DE CONSTRUÇÃO DO SENTIDO

Sabe-se que, na linha dos trabalhos de Saussure e Benveniste,[37] o signo, com sua dupla face significante (forma material)/significado (conceito), caracteriza-se por uma tripla dimensão: *referencial* (remete a qualquer coisa do mundo), *conceitual* (constrói o sentido a partir desse mundo), *contextual* (adquire sentido dentro de uma ampla combinação textual). Ele resulta da definição de que o significado não é a própria realidade, mas uma construção significante do mundo. Se a palavra "*árvore*", dentro da língua francesa, refere-se a uma realidade empírica do mundo, o que ela significa depende de cada contexto cultural. O significado de "árvore", como diria Saussure, é um conceito que constrói o real (e não a realidade): "Uma árvore é uma árvore. Sim, sem dúvida. Mas uma árvore dita por Minou Drouet já não é exatamente uma árvore, é uma árvore decorada, adaptada a um certo consumo, investida de complacências literárias, de revoltas, de imagens, em suma, de um uso social que se acrescenta à pura matéria",[38] diz Roland Barthes. E o mesmo sobre a árvore de Brassens, com a qual ele viveu feliz.[39]

Falar é construir sentido. Mas essa construção não é apenas um resultado, é também um processo. É um resultado porque os indivíduos que vivem em uma comunidade precisam concordar com a maneira de simbolizar o referente, compartilhando uma visão de mundo ao nomeá-lo de uma determinada maneira, caso contrário, não poderão trocar: por meio do uso recorrente de signos na interseção de operações de diferenciações paradigmáticas (oposições) e sintagmáticas (contrastes), o sentido se estabiliza em uma forma específica e se inscreve em uma estrutura. Mas essa construção também é um processo, pois os signos sempre aparecem em contextos: contextos linguísticos, é claro, mas também contextos mais amplos em copresença (textuais), em ausência (intratextuais) e em situação que envolva vários dados extralinguageiros que influenciam o sentido das palavras. Uma parte do sentido está sempre em aberto, dependente de diversas variáveis e nem sempre previsível. Acabamos de ver que o sujeito falante, guiado por uma série de princípios, é o organizador dos atos de linguagem em uma pluralidade de atividades. Agora precisamos examinar como ele "mexe" com a *materialidade da linguagem* para construir o sentido, porque este nunca é dado de antemão.

O processo de construção do sentido

Comecemos com algumas observações. Considere as afirmações: "Já basta de guerras. As guerras – essas que temos – já são o bastante". Fora do contexto e da situação, essa afirmação significa: "Já basta de guerras. As guerras – essas que temos – já são o bastante". Em outras palavras, o sujeito falante, tanto o locutor que produz o enunciado quanto o interlocutor que o interpreta, realiza um certo número de operações, recorrendo ao seu conhecimento (intuitivo) dos sistemas da língua, ao longo do eixo paradigmático, contrastando as palavras no enunciado com outras que poderiam estar em seu lugar ("as" não é "das", "guerra" não é "paz", "Essas que temos são o bastante" não é "Essas que temos são corretas" etc.), e no eixo sintagmático, combinando palavras entre si (o artigo "as" determina o substantivo "guerras", "essas" se refere a "guerras", essencializando-as, "o bastante" é predicativo de "guerras" marcando o termo etc.). No ponto em que essas operações se encontram, o sujeito interpretante é capaz de calcular os sentidos desse enunciado: "houve (há) guerras"; "as guerras são recorrentes"; "agora é preciso acabar com as guerras"; "o enunciador está farto". E ele pode supor que o sentido que ele constrói corresponde ao que o sujeito enunciador quis projetar. Para isso basta que os dois parceiros da troca tenham a mesma competência linguística no âmbito do sistema da língua empregada.

Observemos agora essa mesma declaração em diversas situações de comunicação. Por exemplo, a de uma mãe que, assumindo sua autoridade parental, alerta aos filhos que eles estão discutindo violentamente. Pode-se inferir que se trata de uma ordem para parar a discussão, que a palavra "guerra" é usada de modo exagerado aqui, mas que tem valor metafórico e que revela o estado de irritação da enunciadora, a menos que tenha a intenção de impressionar aqueles a quem se dirige; e, do ponto de vista dos filhos, pode ser efetivamente interpretada como uma ordem da mãe expressando seu descontentamento, cujo efeito dependerá da relação de autoridade/submissão que eles têm com ela. Agora imaginemos que dois adultos estão discutindo e um deles interrompe o outro com essa declaração. Observado de fora, podemos estabelecer várias hipóteses quanto ao sentido: o enunciador propõe pôr fim à discussão, encerrando-a e retirando-se dela (ele se rende); ou propõe que a troca seja mais pacífica (tentativa de conciliação); ou mostra sua impotência de se fazer compreender (reconhecimento do fracasso), ou talvez todos esses sentidos ao mesmo tempo. Quanto ao ponto de vista do interlocutor, ele pode compreender as diferentes hipóteses apresentadas anteriormente, podendo, entretanto, admitir apenas uma ou outra. Outra possibilidade é que a declaração seja um *slogan* impresso em um cartaz de campanha eleitoral, como aconteceu durante o referendo sobre o Tratado de Maastricht em 1992. Nesse caso, as hipóteses interpretativas serão bem diferentes: trata-se de um convite para votar "Sim" no referendo visando a pôr fim às guerras que sangraram o continente europeu. Essa hipótese apela para um imaginário social compartilhado (pelo menos entre uma certa geração) sobre a história da Europa. Outra suposição implícita é que o governo que está por trás do referendo deve ser fortalecido se quiser permanecer no poder. Por fim, ela pode ser vista como um ataque aos partidários do "Não" que não apreciam a importância do que está em jogo, e a declaração teria então um ar autoritário e de comando.

Vemos que, para que haja intercompreensão nas trocas linguageiras, é necessário que os locutores e interlocutores compartilhem certos dados: *quem fala com quem* (questão de identidade), *sobre o que* (questão de saber), em que *circunstância de troca* (questão de dispositivo). Nenhuma gramática ou dicionário poderia dizer *a priori* o que essa afirmação significa. O que está em jogo na troca não é tanto o que é dito explicitamente, mas os possíveis interpretativos que podem surgir. Isso nos leva a distinguir entre dois aspectos do sentido: o sentido de língua e o sentido de discurso.

A diferença entre sentido e significação

Que diferença existe entre o sentido calculado a partir de um enunciado considerado fora de uma situação de comunicação e os sentidos desse mesmo enunciado que foram interpretados em várias situações? Na literatura linguística dos anos 1960 a 1980, a noção de sentido especificou-se progressivamente. Primeiramente, trata-se do sentido obtido ao término de uma série de operações cognitivas, aquelas de que acabamos de falar, no cruzamento entre oposições paradigmáticas e coocorrências sintagmáticas. O sentido inscreve-se numa semântica lógica que se aplica ao que é tradicionalmente chamado de frase. Depois, seguindo a observação de que o sentido varia de acordo com os contextos em que é usado, os linguistas que se concentram na análise semântica propõem considerar a existência de um sentido *interno* ao enunciado e um sentido *contextual* que leva em conta a vizinhança textual e se sobrepõe ao sentido anterior. Essa distinção é denominada de várias maneiras: "sentido do enunciado" e "sentido da enunciação" (Benveniste); "sentido fundamental" em oposição ao "sentido realçado" (Empton);[40] "signo-tipo" em oposição a um "signo-ocorrência" (Peirce);[41] "sentido" estável e "efeito de sentido" variável (Guillaume, Pottier)[42] e, para a Semiótica, distinção entre um "sentido núcleo", um momento anterior à produção semiótica, e a "significação" como "sentido articulado" (Greimas).[43]

Paralelamente, com o surgimento das teorias da Pragmática, afirma-se que a compreensão das frases não é do mesmo teor que a compreensão dos atos de linguagem no âmbito de seu contexto, e que não é a verdade das frases que se deve procurar descrever, mas suas *condições de verdade*. O fato de que um enunciado como "Está chovendo" pode significar "Pegue um guarda-chuva" ou "Vamos ficar em casa" indica que há, como aponta Gardiner, dois níveis de sentido: um sentido *linguístico-semântico* e um sentido pragmático.[44] Strawson, por sua vez, propõe três níveis de sentido: um sentido A independente do contexto (dito "sentido proposicional"); um sentido B resultante da relação entre o enunciado e a referência que pode, neste nível, ser julgado como verdadeiro ou falso; um sentido C resultante da interpretação do enunciado inserido em seu contexto.[45] Isso é o que tornaria possível eliminar a ambiguidade de um enunciado como "Vamos fazer uma mesa redonda" (fabricação ou reunião para discussão). Para Ducrot, a frase não tem existência observável; ela é o resultado de uma construção para fins de descrição gramatical; o enunciado, por outro lado, é o resultado de um ato de enunciação *hic et nunc* e, portanto, é observável. Assim, para esse autor – invertendo os termos sentido e significação –, há o que o sujeito falante comunica por meio de seu enunciado, por meio de seu ato de enunciação e que qualquer ouvinte pode atribuir a ele, e o que é meramente "o valor semântico da frase [que], portanto, pertence à língua".[46]

Moeschler e Reboul, retomando o conjunto da teoria pragmática, assinalam que o "componente linguístico" corresponde a uma primeira etapa em que não se requer nenhum conhecimento extralinguístico, e o "componente retórico" corresponde a uma segunda etapa que leva em conta todos os elementos do processo de enunciação e os diferentes procedimentos discursivos que intervêm de acordo com as leis de discurso.[47] Para Recanati, de acordo com a Filosofia da linguagem e da mente, a compreensão dos enunciados requer dois tipos de interpretação: uma "interpretação semântica", necessária, mas não suficiente, que deve ser completada por uma "interpretação pragmática" para determinar "a intenção comunicativa do locutor e, através desta, o ato de fala realizado".[48] Pode-se concluir, portanto, para além dessas diferentes denominações, que qualquer ato de linguagem, oral ou

100 O sujeito falante em ciências da linguagem

escrito, requer pelo menos dois níveis de compreensão: um nível de compreensão chamado de literal, explícito, compartilhado por qualquer sujeito com conhecimento da língua, correspondente ao *sentido de língua*; um nível de compreensão chamado de indireto, específico, dependente da variabilidade dos contextos, correspondente ao sentido contextual, denominado *sentido de discurso* ou ainda *significação*.

Contextos intra e extralinguísticos

Isso nos leva a nos indagar sobre a noção de contexto. Por muito tempo, o contexto foi tratado como uma noção abrangente à qual se fazia referência toda vez que era necessário determinar uma variação de sentido: "É tudo uma questão de contexto", costumava-se dizer. Depois, de tanto se observar seus diferentes aspectos, cada vez que um enunciado tinha de ser interpretado, vários tipos de contexto passaram a ser definidos: o contexto *linguístico* constituído por elementos que se encontram em copresença no ambiente verbal imediato; o contexto *paratextual*, que, segundo Gérard Genette, é constituído de textos ou fragmentos de textos que se encontram em copresença no mesmo espaço material de escrita (os títulos, subtítulos, lides e legendas de uma página de jornal); o contexto *textual*, cujos elementos não estão em copresença verbal, mas em copresença memorial, como os textos produzidos por uma mesma fonte ou por um mesmo autor; o contexto *metatextual*, formado por textos que se comentam uns aos outros, como nos blogs da internet; o contexto *hipertextual*, formado por textos que se citam, remetem, retomam e transformam uns aos outros, como os pastiches e as paródias.[49] Nesse alargamento progressivo da noção de contexto,[50] insurge-se uma tomada de consciência acerca da variabilidade de sentido que depende da relação entre o texto e as diferentes configurações de seu ambiente, tanto para o locutor, que procede à *mise en scène* de sua enunciação, quanto para o receptor, que procede à interpretação das mensagens que lhe são dirigidas, e para o analista, que se empenha em revelar as possíveis significações de um texto.

No entanto, há uma categoria que ainda não foi mencionada. Trata-se daquela que se refere aos elementos não necessariamente verbais que presidem o ato de linguagem e que servem como pistas para interpretá-los; uma condição essencial para Searle: "Sempre entendemos os enunciados como dependentes, para serem inteligíveis de maneira normal, da existência de uma realidade externa".[51] Falamos então de um *contexto situacional* (alguns o chamam de *cotexto*) porque ele corresponde ao quadro das condições de realização da troca comunicativa, a saber: as características *psicossociais* nas quais a troca linguageira ocorre (a *identidade dos interactantes, sua relação*) e as *circunstâncias materiais* da troca (seu *dispositivo*). Isso nos leva de volta à questão, amplamente debatida nas décadas de 1980 e 1990, da articulação entre o *externo* e o *interno* do ato de linguagem, num jogo constante de interação de um com o outro. O psicólogo Jean-Paul Bronckart, ecoando o trabalho do psicólogo Vygotsky,[52] propõe articular "as ações humanas em geral e as ações semiotizadas" de modo a "considerar as ações humanas em suas dimensões sociais e discursivas constitutivas"[53] e construir "um interacionismo sociodiscursivo".[54] O filósofo da linguagem Francis Jacques, que se interessa pelas condições da comunicação na interação, redefine o contexto sob duas acepções: "Em sentido estrito, o contexto abrange efetivamente as circunstâncias de uso de tais expressões; em um sentido mais amplo, [...] o contexto se estende a tudo o que é presumido pelos interlocutores".[55] Nesse sentido mais amplo, e com base em Bakhtin,[56] o contexto engloba "o conhecimento que cada pessoa tem do contexto verbal e não verbal da comunicação. Conhecimento que normalmente inclui o conhecimento da própria identidade, da identidade do parceiro, das enunciações já feitas e de todo um histórico de informações que se presume serem comuns".[57] E, depois, o contexto é, igualmente, considerado sob o ângulo das determinações sociais, como faz a Análise Crítica do Discurso. Van Dijk, em particular, procura estabelecer uma ligação direta entre "as propriedades dos contextos sociais e as estruturas textuais ou verbais", de modo que as influências sociais desempenham um papel "por meio das *definições subjetivas e da situação social dos próprios participantes*".[58]

O linguista Robert Vion busca combinar o externo e o interno articulando a macro e a microanálise: "toda interação combina o externo e o interno na medida em que o papel 'social' só existe por meio de atualizações linguageiras".[59] Para o psicossociólogo Claude Chabrol, é necessário ser capaz de "dar conta, tanto na produção quanto na recepção – interpretação, do trabalho psíquico envolvido em perceber, memorizar, ativar, selecionar, orientar, inferir, avaliar e esquematizar tanto os elementos relevantes fornecidos diretamente pela materialidade linguageira (índices, marcas, traços) e aqueles que provêm da situação global ("o enquadramento") e imediata (informações, representações supostamente compartilhadas, convenções e condições de uso, cenários, roteiros e procedimentos ligados à realização de determinadas ações e tarefas)".[60] Catherine Kerbrat-Orecchioni, por sua vez, filiou-se à análise conversacional norte-americana e à da competência comunicativa de Dell Hymes e de Erving Goffman, desenvolvendo-as e acrescentando detalhes notáveis; ela vincula a microanálise das interações a "situações culturais específicas" e

102 O sujeito falante em ciências da linguagem

segue Blom e Gumperz, para quem as "restrições sociais" e as "regras linguísticas" são os componentes de um "sistema comunicativo único".[61] Naquela época, nós mesmos, em *L'esprit de société*,[62] depois de um percurso crítico entre várias noções e correntes interessadas no discurso, e constatando que as características psicossociais dos sujeitos falantes e a situação de comunicação não eram levadas em consideração,[63] sentimos (e ainda hoje) que era necessário dispor de "uma teoria do *situacional* na relação com o *linguístico*, e de uma teoria do *linguístico* na relação com o *situacional*, e desenvolver um modelo de linguagem que construísse o social como *sociolinguageiro* e o linguístico como *sociodiscursivo*".[64]

Portanto, voltando à distinção sentido/significação, vemos que ela depende das condições de troca. Vejamos outro exemplo: Pablo, um amigo de Bastien, dirige-se a ele perguntando: "Por que você está se aposentando da competição?", e Bastien responde: "Tenho 30 anos". Uma análise semântica, fora do contexto, mostraria que se trata de uma afirmação na qual atribui-se ("tenho") a um determinado actante ("eu") uma certa propriedade ("anos"), que é quantificada ("trinta"), tudo em um ato de enunciação que diz que essa afirmação deve se referir ao próprio sujeito falante (*eu*) em uma modalidade afirmativa. Esse é o sentido de língua. Mas como a palavra "competição" implica que Bastien é um esportista de alto nível, Pablo inferirá que a resposta de seu amigo significa: "Eu sou muito velho". Agora vamos imaginar que Pablo acabou de saber que seu amigo Bastien foi demitido da empresa em que trabalhava e está surpreso: "Como isso é possível?", com base na inferência "Você ainda é jovem". Sentido e significação se combinam, portanto, em uma relação de complementaridade, sendo que o primeiro se apresenta como a possibilidade do segundo que está inscrito nele, mas o segundo vai além dele ao se articular com os vários elementos da situação real de comunicação. A significação discursiva é uma resultante. A resultante de dois componentes, um dos quais é *linguageiro*, pois coloca em jogo um material linguístico estruturado de acordo com uma organização própria, e o outro, *situacional*, pois coloca em jogo um material físico e psicossocial, testemunha dos comportamentos humanos, que ajuda a definir os seres tanto como atores sociais quanto como sujeitos comunicantes.

Balanço: uma relação dialética entre transformação e transação

Dizer que o sentido é plural é, em suma, uma banalidade. Mas o importante é constatar que, em referência à construção do sentido, há, além dessas diferenças de ponto de vista, alguns fatos inescapáveis, oposições que, longe de se excluí-rem, mantêm-se numa reciprocidade dialética: as oposições *proposicional versus relacional, explícita versus implícita* e *interna versus externa.*

A primeira oposição produziu uma mudança definitiva na forma como a linguagem é concebida. Ela não tem mais a função quase exclusiva de descrever o mundo referencial a fim de recortá-lo, estruturá-lo e fornecer um relato factual dele. Já não tem mais a única função de reapresentar simbolicamente o mundo, uma função *proposicional.* Nela se reconhece uma outra função, igualmente fundamental, que consiste em significar a relação que se estabelece entre os parceiros no ato da linguagem, uma função *relacional*, que, por retroalimentação, predomina sobre a outra e se torna dependente dela: o proposicional é construído por meio do relacional. A segunda oposição, em consonância com a anterior, levou os linguistas a considerar que o sentido não corresponde apenas ao que está explicitamente significado por uma combinação da semântica das palavras, mas também ao que não é explicitamente dito, ao que está implícito. O sentido não corresponde mais apenas ao sentido de língua, corresponde também ao *sentido de discurso*, à resultante de uma inter-relação entre sentido *explícito*/sentido *implícito* que o torna *significação.*

A terceira oposição, correlata às duas anteriores, permanece controversa. Se se aceita que existe um "fora da linguagem" (realidade extralinguística), os métodos de análise e sua teorização nem sempre lhe conferem o mesmo *status*. Para alguns, trata-se apenas de dados empíricos que *não* podem ser integrados ao estudo da linguagem; para outros, podem ser estudados, mas permanecem fora da linguagem; e, finalmente, outros tentam torná-los uma condição da produção e da interpretação da significação dos atos de linguagem.

No que nos concerne, situamo-nos nessa última filiação, uma problemática comunicacional que integra o exterior da linguagem ao ato de linguagem no que diz respeito à sua significação. Roland Barthes nos lembra, na sua obra de autorreflexão,[65] que "significar é tanto significar alguma coisa quanto significar alguma coisa para alguém".[66] E Denis Vernant sugere reescrever o "eu penso, eu sou", que nega a existência de outros, como "eu falo, eu sou aquele que fala", porque "O 'eu falo' é sempre um 'eu falo com você', mais precisamente ainda um 'eu falo com, para e por meio de você'."[67] Isso significa que não há ato de linguagem sem um outro sujeito a quem o sujeito locutor se dirige, seja direta ou indiretamente, em sua presença ou ausência, seja no singular ou no plural. O outro não é simplesmente um receptáculo para o registro de um sentido transparente determinado de antemão, mas um ator que constrói ele mesmo uma significação que se confronta com aquela prevista pelo locutor. Todo ato de linguagem é o resultado de uma troca, mesmo quando o parceiro não está presente, por, como já dito, um olhar avaliativo cruzado entre *eu* e *tu*, e sua significação é o resultado de um encontro, de uma *coconstrução*.

A conclusão é que a significação é construída ao término de um processo duplo de *transformação* e *transação*.[68] Diante de um mundo empírico em seu estado bruto, desprovido de significação, o sujeito falante se vê confrontado com um mundo "a significar" e o transforma em um "mundo significado", usando as categorias de linguagem à sua disposição. Categorias de sentido expressas por formas que lhe permitem identificar os seres no mundo ao *nomeá-los*, atribuir propriedades a esses seres ao *qualificá-los*, apontar as ações nas quais esses seres estão envolvidos ao *descrevê-las*, fornecer as razões para essas ações ao *argumentar* e especificar seu ponto de vista ao *modalizar*.[69] Mas essas operações de transformação de um mundo a significar num mundo significado dependem das condições de relação que ligam as instâncias da troca, de acordo com sua *identidade*, a relação entre elas e os *efeitos que* podem se seguir, em outras palavras, de acordo com um processo de transação. Esses processos de transformação e transação ocorrem ao mesmo tempo, mas deve ficar claro que é o segundo que controla o primeiro, e não o contrário. A linguagem nasce, vive e morre na intersubjetividade. É falando com o outro – em outras palavras, falando o outro e falando com nós mesmos – que o mundo, nessa ocasião, é comentado, ou seja, descrito e estruturado. Isso é representado pelo diagrama a seguir.

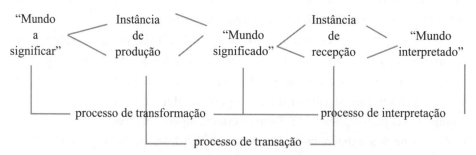

Vê-se que, partindo do postulado da intencionalidade e de seus princípios, todo ato de linguagem testemunha tanto o sentido que constrói sobre o mundo quanto as condições transacionais que orientam essa construção-transformação. Mais precisamente, ele testemunha o sentido que constrói *por meio da* relação que o liga a outros. A linguagem significa ao mesmo tempo em que transpõe: é no próprio ato de transmissão que ela significa, com *o efeito* que produz sobre o outro e a *interpretação desse* outro, cujo resultado é uma *coconstrução*. A significação, na medida em que deseja se expressar como verdade, é instituída, diz Michel Foucault, de acordo com os "tipos de relações que ligam as manifestações da verdade com seus procedimentos e os sujeitos que são seus operadores e testemunhas ou possivelmente seus objetos."[70]

DAS COMPETÊNCIAS DO SUJEITO FALANTE

Obviamente, é o sujeito falante que está no controle desse processo de construção do sentido, o que torna possível determinar quais devem ser suas competências. Mas, primeiramente, vejamos em que consiste a noção de *competência*. De acordo com o sociólogo Albert Ogien, ela "[...] refere-se exclusivamente às maneiras pelas quais uma capacidade é colocada em prática. Portanto, aplica-se a uma ação que requer um certo grau de atenção especificamente focada na execução de uma tarefa especializada, cuja realização é avaliada em uma escala de sucesso".[71] Isso deve ser diferenciado, diz ele, das noções de *faculdade*, como "um atributo da espécie humana, referente a uma função do organismo: andar, respirar, ver, ouvir, falar, inferir etc.", e de *aptidões*, que "se expressam quando a faculdade da qual derivam se desenvolveu sem maiores entraves neurofisiológicos". Quando se diz que alguém é competente, isso é sempre dito de uma pessoa (não se diz que uma máquina é competente) em relação a uma atividade humana sobre uma determinada matéria ("ele é competente em computação, construção, mecânica"), e sem necessariamente atribuir um título à pessoa (ser um cientista da computação por título não significa necessariamente ser competente). Isso significa que a competência representa algo mais do que uma simples "capacidade de fazer". Note-se também que não se diz que um artista (músico, pintor) ou um escritor é competente. Os adjetivos usados para descrevê-los são mais do tipo "talentoso" ou "genial". Em outras palavras, atividades criativas não se inscrevem no quadro da competência, porque a competência é, entre outras coisas, saber fazer exatamente o que é necessário para alcançar o melhor resultado, e nada mais. A criação, por seu turno, significa ir além da mera "capacidade de fazer as coisas direito". De modo geral, a competência é caracterizada por um saber e um saber-fazer: um saber reconhecer as características da matéria com a qual se está lidando e um saber aplicá-las. Dito de outra forma, no que diz respeito à linguagem, ter um *conhecimento* (ainda que intuitivo) do sistema da língua que se fala e uma aptidão[72] para colocá-lo em prática, um saber-fazer prático.

106 O sujeito falante em ciências da linguagem

Sabe-se que, no campo da Linguística, foi Chomsky quem, no âmbito da Gramática Gerativa, introduziu essa noção – que não fora evocada na Linguística estrutural de Saussure – como a capacidade do sujeito falante de produzir um número ilimitado de frases, inclusive frases inéditas, a partir de um certo número de enunciados de base (estrutura profunda), que sofrerão transformações pela aplicação de um sistema complexo de regras (fonológicas, sintáticas, semânticas). Como vimos, ao falarmos sobre o sujeito desconhecido, esse é um sujeito "locutor-ouvinte ideal" e, por conseguinte, portador de uma *competência cognitiva*. Depois, sob a influência da Pragmática, que muda o foco do mundo a ser descrito (teoria da representação) para o outro da linguagem (teoria da ação), falou-se em *competência pragmática*. Ao mesmo tempo, sob a influência da já mencionada Sociologia da Linguagem e da consideração dada aos fatos da comunicação, foi introduzida a noção de *competência sociolinguística* e até mesmo *sociocomunicativa*. Portanto, deve-se admitir que a competência do sujeito falante é compósita, que ela se baseia em um múltiplo saber-fazer e que é preciso determinar seus componentes.

As operações linguageiras

Se a competência é um saber-fazer, ela consiste, quanto ao ato de linguagem, em saber fazer um determinado número de operações para satisfazer, simultaneamente, os processos de transformação e de transação. Esses são cálculos que o sujeito falante faz, quer ele produza o ato de linguagem ou o interprete. Quais são esses cálculos?

Partamos de uma análise. O semanticista Robert Martin,[73] a fim de explicar o que ele chama de "fenômeno de seletividade"[74] – os quais ocorrem em uma "definição natural", que ele contrasta com uma "definição convencional"[75] e que lhe permite definir a noção de "campo estereotipado"[76] emprestada de H. Putnam –, propõe distinguir entre: "Adelaide é um passarinho", designado como enunciado *metafórico*; "Um passarinho é um passarinho", como enunciado *tautológico*; e "É um passarinho que não voa", como um caso de *neutralização*. Isso serve para ilustrar uma teoria de prototipicidade e tipicidade. Entretanto, o que não é especificado nessa análise – como em muitos trabalhos sobre a semântica da língua – é o contexto e a situação em que esses enunciados são usados, sendo eles que permitem julgar o caráter metafórico, tautológico ou neutralizante. Para entender esses enunciados, é preciso atender a um certo número de condições. Em primeiro lugar, é preciso ser capaz de reconhecer o sentido estável das palavras independentemente de um contexto particular: por exemplo, aqui, reconhecer que um "pássaro" é um "animal" com um certo número de propriedades (penas, bico, voo etc.); esse é o *sentido de língua*. Em seguida – mas simultaneamente –, ser capaz de relacionar esses enunciados com outros disponíveis na memória discursiva, de modo a se poder deduzir determinadas significações; por exemplo, mobilizar a expressão "come como um passarinho", que explicita a significação de "frugalidade", ou a expressão "um gato é um gato", que indica que estamos lidando com uma "verdade factual". Por fim, e sempre simultaneamente, poder inscrever esses enunciados em uma situação de uso que permitiria a identificação de outros implícitos. Por exemplo, uma conversa entre dois amigos no supermercado: A: "O que devo comprar para a Adelaide? / B: "Ah, você sabe, a Adelaide é um passarinho", o que significaria que "ela não come muito" (*constatação*) e, possivelmente, "não dificulte a sua vida" (*conselho*). Ou ainda uma conversa entre um pai e seu filho: A criança: "Pai, o que é um pássaro?" / O pai: "Bem... um pássaro é um pássaro" (definição pela definição), que pode significar "cansado de ter que explicar", "mau humor" ou "admissão de desconhecimento". Como se viu anteriormente, é isso que constrói os sentidos de discurso ou *significações.*

Pode-se ver que falar de competência para o sujeito falante pressupõe passar pelas operações que ele é levado a realizar – incluindo as operações de inferência, que serão retomadas mais adiante –,[77] as quais atestarão sua aptidão de lidar com o material linguístico para produzir ou interpretar um ato de linguagem. Esse exemplo mostra que há pelo menos quatro tipos de cálculo que determinam quatro níveis de competência.

Do cálculo interno à competência linguística

Como vimos, o sentido é obtido por meio de cálculos que ocorrem tanto no eixo das oposições paradigmáticas por diferença negativa (*in absentia*) quanto no eixo sintagmático das combinações entre coocorrentes (*in praesentia*). Trata-se da construção do sentido *de língua* que resulta de inferências feitas no interior do enunciado em relação a outras palavras possíveis e aquelas que se encontram em coocorrência. Nesse caso, a competência consiste, para o sujeito falante, em demonstrar a sua aptidão para reconhecer, usar e manejar os dados e as regras de combinação desses vários sistemas. Encontramo-nos aqui no domínio da *língua-sistema*: "um sistema de signos onde, de essencial, só existe a união do sentido e da

108　O sujeito falante em ciências da linguagem

imagem acústica [...]"[78] ou ainda: "a língua comum que definimos como o conjunto de hábitos convencionais de linguagem que prevalecem em uma coletividade [...], que assegura entre os homens – seres pensantes – o contato psíquico indispensável à vida social".[79] O sujeito recorre a esses sistemas para construir ou interpretar enunciados de acordo com as regras que regem cada um deles, levando em conta os sentidos dos quais as palavras (que estão listadas em gramáticas e dicionários) são portadoras. Essa é a *competência linguística* do sujeito falante, a competência gramatical, a competência lexical em nível frasal, através de suas dimensões fonética, gráfica, morfológica, sintática e semântica.

Mas essa competência linguística aplica-se igualmente a um saber reconhecer as normas que refletem os hábitos linguísticos dos usuários da língua, que, à força da recorrência, se estabelecem como normas de dizer próprias dos diversos grupos sociais de uma comunidade linguística. Essa noção de norma será revisitada relativamente ao contrato de comunicação e nos limitaremos aqui a definir a norma linguística não como regras – que dizem respeito à lingua-sistema (*o que deve ser dito*) –, mas como o que se diz espontaneamente através das trocas sociais, o que testemunha as maneiras de falar dos indivíduos de acordo com o grupo social a que pertencem. Essa competência linguística inclui, portanto, o aspecto sistêmico da língua e seu aspecto normativo, o primeiro representando um lugar das *potencialidades* de dizer à disposição de cada sujeito falante, o segundo, as regularidades do uso empírico, uma complementaridade que Sylvain Auroux estabelece entre o que ele chama de "língua gramatical" e "língua empírica".

Do cálculo contextual à competência enunciativa e textual

É ainda necessário que o sujeito encene esses elementos do sistema da língua em função do contexto e da situação de enunciação em que se encontra. Lembre-se de que, para Benveniste, a enunciação é o momento em que ocorre o fenômeno de apropriação da língua pelo sujeito, marcando a presença do "homem na língua", sempre em uma relação *eu-tu*, na medida em que, para um locutor *eu*, falar é sempre dirigir-se a um interlocutor *tu*. A partir desse princípio de funcionamento da linguagem, Benveniste descreve o que chama de *aparelho formal* da enunciação, o conjunto de marcas linguísticas que exprimem, de uma forma ou de outra, a presença e os diferentes posicionamentos do sujeito falante e as que ele atribui ao seu interlocutor (os pronomes pessoais, os tempos verbais, os advérbios de tempo, os dêiticos, os verbos e advérbios modais, os adjetivos afetivos etc.).

O sujeito falante e a criação do sentido 109

Mas considerando a enunciação de forma mais ampla, ou seja, abrangendo o conjunto de operações que o sujeito falante é levado a implementar para produzir o discurso,[80] é necessário incluir as operações do que nós mesmos chamamos de "modos de organização do discurso", bem como as operações de "textualização". Descrevemos essas operações em nossa *Grammaire du sens et de l'expression*, e vamos relembrar os pontos principais aqui. As primeiras operações dizem respeito ao saber-fazer necessário para proceder à ordenação dos modos discursivos de descrever (o *descritivo*), narrar (o *narrativo*), explicar e raciocinar (o *argumentativo*) e modalizar (o *enunciativo*). O segundo grupo de operações diz respeito ao saber- fazer relativo à composição textual, tanto em termos da organização racional mais ou menos codificada ou ritualizada do texto (por exemplo, as partes de uma tese, de um inquérito, de um relatório científico, de um artigo de jornal) quanto em termos da disposição dos diferentes elementos de um texto em um espaço determinado (por exemplo, a composição das páginas de um jornal e sua organização em seções, títulos e subtítulos).[81] Estamos lidando aqui com uma competência que é tanto *enunciativa* quanto *textual*, exigindo que o sujeito seja capaz de reconhecer e manejar os dados do processo de enunciação e as possibilidades de moldar o texto; em suma, uma competência de *encenação da linguagem*.

Do cálculo interdiscursivo à competência topicalizante

Saber reconhecer e manejar as formas dos vários sistemas da língua e os procedimentos da encenação de sua enunciação não é o todo da fabricação do discurso. O sujeito também deve saber como mobilizar e manejar os saberes que estão depositados nas palavras. Pois as palavras que compõem os enunciados são investidas do sentido que lhes é atribuído pelos sujeitos falantes no decorrer de suas trocas, sentido que testemunha os vários saberes, saberes de conhecimento e saberes de crença que circulam na sociedade com a passagem do tempo e na diversidade dos espaços: "Cada palavra", diz Bakhtin, "evoca a profissão, o gênero, a tendência, o partido, a obra particular, a pessoa particular, a geração, a idade, o dia e a hora. Cada uma evoca o contexto e os contextos nos quais ela viveu sua vida socialmente intensa; todas as palavras e todas as formas são habitadas por intenções".[82] Esses saberes representam a maneira pela qual os indivíduos que vivem em sociedade percebem o mundo e julgam os comportamentos humanos, organizando-os, seja na forma de opiniões mais ou menos estereotipadas, seja na forma de doutrinas ou ideologias, ou, às vezes, de explicações científicas.[83] Esses

110 O sujeito falante em ciências da linguagem

saberes são carreados pelos discursos, e é referindo-se, explícita ou implicitamente, consciente ou inconscientemente, a esses discursos que cada sujeito fala, escreve, compreende ou interpreta, construindo a significação. Essa é a problemática da *interdiscursividade*, seja ela chamada de "dialogismo" (Bakhtin), "intertextualidade" (Genette) ou "pertinência" (Sperber e Wilson).

Esse cálculo sociossemântico, como uma aptidão para saber reconhecer e usar as palavras de acordo com seus diversos valores sociais e suas diversas forças de verdade, constitui o que chamaremos de *competência topicalizante*. Topicalizante porque se trata do sentido comum: "das verdades primárias", diz Aristóteles, "aceitas por todos, confirmadas pela consciência e pelo senso comum";[84] um "senso comum" que estendemos a tudo que, de uma forma ou de outra, é compartilhado por um grupo de pensamento. É essa competência – necessariamente plurissemântica – que nos permite significar e interpretar: "Adelaide é um passarinho" como "Adelaide come muito pouco", ou "Negros não trabalham muito" como tendo um sentido racista.[85]

Do cálculo situacional à competência comunicacional

No entanto, essas competências ainda dizem tudo sobre o ato de linguagem. O sujeito precisa ser capaz de reconhecer e manejar os dados da situação de comunicação. Quando toma a palavra, ele se insere em um jogo que o obriga a levar em conta os vários fatores que já mencionamos: a identidade dos parceiros do ato de linguagem, os desafios e a finalidade discursiva da troca; e o ambiente e o dispositivo da situação de troca, que atuam como restrições, com base no princípio de regulação. No exemplo anterior, é a partir da situação de diálogo em um supermercado, entre dois amigos que estão preparando uma refeição para uma festa, que o enunciado "Adelaide é um passarinho" nos permite entender que se trata de um "conselho" resultante da convivência que pode existir entre essas duas pessoas. Quando analisamos as afirmações "Já basta de guerras. As guerras – essas que temos – já são o bastante", vimos as diferentes significações que elas poderiam assumir, dependendo da situação de troca em que se encontrassem. O mesmo se aplica se estivermos escrevendo ou lendo uma carta pessoal ou administrativa, um relatório de especialista, um jornal, um ensaio, um romance, um programa de governo, uma propaganda ou um trabalho científico. Cada uma dessas diferentes situações contém suas próprias restrições específicas e instruções discursivas, que concorrem para a produção da significação.

O sujeito falante e a criação do sentido **111**

*

O que se pode chamar de *competência discursiva* é um conjunto de competências, um saber manipular os diferentes componentes do que constitui a produção de um "ato de linguagem", componentes que correspondem às diferentes dimensões desse ato: a *dimensão linguística*, o lugar dos diferentes sistemas da língua (fonológico, morfológico, sintático, lexical, semântico); a *dimensão enunciativa*, o lugar da encenação do ato de linguagem e da construção do sentido; a *dimensão comunicacional*, o lugar das condições de produção em função dos dados da situação de troca; a *dimensão topicalizante*, o lugar da construção e da circulação dos saberes. O sujeito falante tem de lidar com quatro tipos de práticas linguageiras, que pressupõem quatro tipos de memória: linguística, enunciativa, comunicacional e topicalizante, regidas pelos princípios da alteridade, da influência, da regulação e da pertinência do postulado da intencionalidade.

Notas

[1] Searle J. R., *L'intentionalité. Essai de philosophie des états mentaux*, Paris, Éditions de Minuit, 1983.

[2] Idem, p. 15.

[3] Idem, p. 196.

[4] Idem, p. 9.

[5] Idem, ibidem.

[6] Idem, p. 330.

[7] Anscombe G. E. M., *L'intention*, Paris, Gallimard, 2002, p. 14.

[8] Idem, p. 53.

[9] Idem, p. 153

[10] Grice P., "Logique et conversation", *Communications*, n. 30, 1979.

[11] Ver a este respeito Moeschler J. e Reboul A., *Dictionnaire encyclopédique de pragmatique*, Paris, Seuil, 1994, pp. 204-5.

[12] Goffman E., *Les cadres de l'expérience*, Paris, Minuit, 1991, p. 19.

[13] Gumperz J. J., *Sociolinguistique interactionnelle*, op. cit., p. 212.

[14] Idem, p. 30 e seguintes.

[15] Idem, p. 49 e seguintes.

[16] Mas pode ser também o direito que fundamenta a relação.

[17] Que se entenda que, em nossa mente, o postulado não tem valor ontológico. Ele é o resultado de uma decisão do sujeito que analisa e que assume essa posição para fins operacionais, o que diferencia o postulado da hipótese.

[18] Retomamos uma parte do *princípio da cooperação* de Grice.

112 O sujeito falante em ciências da linguagem

[19] Retomamos uma parte das noções de "intencionalidade" de Searle, e de "pertinência" de Sperber e Wilson.

[20] Retomamos o *quadro participativo* de Goffman.

[21] Recordemos que o termo "sujeito falante" corresponde a uma noção que recobre tanto o sujeito que produz o ato de linguagem (locutor) quanto o sujeito que o interpreta (interlocutor), a se exprimir de forma oral ou escrita, e que veremos mais tarde como eles se desdobram. É verdade que, às vezes, por falta de dispor de outras denominações, ele corresponde ao locutor.

[22] Ver *Dictionnaire historique de la langue française*, Le Robert.

[23] Idem.

[24] Idem.

[25] Sperber D. e Wilson D., "L'interprétation des énoncés", *Communications*, n. 30, Paris, Le Seuil, 1979, p. 84.

[26] Flahaut F., "Le fonctionnement de la parole", *Communications*, n. 30, 1979, pp. 73-9.

[27] Verschueren J., "A la recherche d'une pragmatique unifiée", *Communications*, n. 32, 1980, pp. 274-84.

[28] Hobbes T. *Léviathan*. Paris: Gallimard, Folio, 2000. Embora as duas fórmulas não tenham o mesmo significado se nos referirmos à filosofia de cada um.

[29] Em uma edição da *Télé dernière* de 1965, disponível online.

[30] Levinas E., Éthique *et infini*, Paris, Fayard-Poche, 1982, p. 50.

[31] Idem, p. 72.

[32] Idem, p. 58.

[33] Blanche-Benveniste C., "Syntaxe, choix de lexique, et lieux de bafouillage", *DRLAV*, n. 36-7, 1987, pp. 123-57.

[34] Ver: Quarta parte, capítulo "Os 'imaginários sociodiscursivos'".

[35] Ver Sperber D. e Wilson D., *La pertinence*, Paris, Éd. de Minuit, 1989.

[36] "O poder não é sinônimo de dominação. Está entrelaçado com a liberdade: só pode haver relação de poder porque os sujeitos são livres." Michel Foucault, *Naissance de la biopolitique*, curso no Collège de France, 1978-1979, EHESS-Gallimard-Le Seuil, 2004.

[37] Ver a discussão que Benveniste retoma sobre a arbitrariedade do signo em *Problèmes de linguistique générale*, Gallimard, Paris 1967, cap. IV.

[38] Barthes R. *Mythologies*, Paris, Seuil, 1957, p. 194.

[39] Georges Brassens, "Auprès de mon arbre" | Archive INA, disponível em: https://www.youtube.com/watch?v=Q3-_8SblRIQ (acesso em 22 abr. 2025).

[40] Ver: Ducrot O. e Todorov T., *Dictionnaire encyclopédique des sciences du langage*, Paris, Seuil, 1972, p. 330.

[41] Idem, p. 138.

[42] Idem, p. 160.

[43] Greimas A. J. e Courtès J., *Sémiotique. Dictionnaire raisonné de la théorie du langage*, Paris, Hachette, 1979, p. 352.

[44] Gardiner A. H., *Langage & Acte de langage. Aux sources de la pragmatique*, Presses Universitaires de Lille, 1989, pp. 105-6, 175-6.

[45] Strawson P. F., "Phrase et acte de parole", *Langages*, n. 17, mar. 1970, Paris, Didier-Larousse, pp. 19-33.

46 Ducrot O., *Dire et ne pas dire*, Paris, Hermann, 1991, p. 308.

47 Moeschler J. e Reboul A., *Dictionnaire encyclopédique de pragmatique*, Paris, Seuil, 1994, p. 38.

48 Recanati F., *Philosophie du langage (et de l'esprit)*, Paris, Gallimard-Folio, 2008, p. 260.

49 Genette G., *Palimpseste: la littérature au second degré*, Paris, Seuil, 1982.

50 Ver o verbete "Contexte" no *Dictionnaire d'analyse de discours*, op. cit.

51 Searle J., *La construction de la réalité sociale*, Paris, Gallimard, 1998, p. 238.

52 Vygotsky, L., *Pensée et langage*, Paris, Éditions Sociales, 1985.

53 Bronckart J.-P., *Activité langagière, textes et discours. Pour un interactionnisme sociodiscursif*, Lausanne, Delachaux et Niestlé, 1996, pp. 29-30.

54 Neste ano, Bronckart, Clémence, Schneuwly e Schurmans fizeram um *Manifesto* (1996).

55 Jacques, F., *L'espace logique de l'interlocution*, Paris, PUF, 1985, p. 232.

56 Bakhtine M., *Le marxisme et la philosophie*, op. cit.

57 Jacques F., *L'espace logique de l'interlocution*, op. cit., p. 233.

58 Van Dijk T., "Texte, contexte et connaissance", em Petitclerc A. e Schepens P., *Critical Discourse Analysis*, Semen 27, abr. 2009, pp. 127-57. Também se lê toda a edição dedicada a esta questão.

59 Vion R., "Hétérogénéité énonciative et espace interactif", p. 72, em Decrosse A., *L'esprit de société*, Liège: Mardaga, 1993, pp. 67-80. Ver também: *La communication verbale. Analyse des interactions*, Paris, Hachette, 1992.

60 Chabrol C., "Psycho-sociologie du langage: vers un calcul effectif du sens", p. 93, em Decrosse A. *L'esprit de société*, op. cit., pp. 81-102.

61 Kerbrat-Orecchioni, *Les Interactions verbales I*, Paris, Armand Colin, 1990, p. 31. Ver também Gumperz J., *Engager la conversation. Introduction à la sociolinguistique interactionnelle*, Paris, Minuit, 1989.

62 Charaudeau P., "Des conditions de la 'mise en scène' du langage", em *L'esprit de société*, op. cit., pp. 32-9.

63 Idem, p. 39.

64 Idem, p. 41.

65 Barthes R., *Roland Barthes par Roland Barthes*, Paris, Seuil, 1975.

66 Idem, p. 169.

67 Vernant D., *Du discours à l'action*, Paris, Presses Universitaires de France, 1997, p. 7.

68 Repetimos aqui parte de nosso artigo um pouco modificado: "Une analyse sémiolinguistique du discour" em *Les analyses du discours en France*, Langages, n. 117, Paris, Larousse, 1995, pp. 96-111.

69 Nossa *Grammaire du sens et de l'expression*, op. cit., foi construída em torno dessas categorias.

70 Foucault M., *Du gouvernement des vivants*, curso para o Collège de France 1979-1980, Paris, EHESS-Gallimard-Seuil, p. 14 e ss.

71 Ogien A., *Les formes sociales de la pensée. La sociologie après Wittgenstein*, Paris, A. Colin, 2007, p. 114.

72 Apesar de Ogien, eu prefiro esse termo, que é muito próximo de "*capacidade*", usado em Psicologia para designar as qualidades necessárias para realizar uma atividade física ou intelectual.

73 Martin R., "Typicité et sens des mots", em Dubois D., *Sémantique et cognition*, Paris, Éd. du CNRS, 1991, pp. 151-9.

74 Idem, p. 155.

114 O sujeito falante em ciências da linguagem

[75] Idem, p. 154.

[76] Idem, p. 157.

[77] Ver Quarta Parte, capítulo "O sujeito interpretante".

[78] Ver *Cours de linguistique générale*, cuja edição de 1931 está disponível para consulta online, na página Gallica da BNF, p. 31. Disponível em: https://gallica.bnf.fr/ark:/12148/bpt6k314842j/f358.item (acesso em 22 abr. 2025).

[79] Sechehaye A., "La pensée et la langue ou comment concevoir le rapport organique de l'individuel et du social dans le langage", em *Essais sur la langage*, Paris, Minuit, 1969, p. 77.

[80] Auroux S., *La raison, le langage et les normes*, Paris, PUF, 1998, p. 103.

[81] Ver a esse respeito o verbete "Énonciation", no *Dictionnaire d'analyse du discours*, op. cit.

[82] O que Genette chama de "paratextual", ver *Palimpsestes*, Paris, Le Seuil, 1982.

[83] Ver Bakhtine M., *Esthétique de la création verbale*, Paris, Gallimard, 1984.

[84] Esses saberes serão retomados na quarta parte, capítulo "Os imáginarios sociodiscursivos".

[85] Aristote, *Topiques*, I, 1, 100b21, Paris, Les Belles Lettres, 1967, e *Rhétorique*, Paris, Gallimard, 1991. Ver a esse propósito a anedota contada na quarta parte, capítulo "O sujeito interpretante", seção "Interpretações relativas".

A encenação do ato de linguagem

O sujeito falante em confronto com sua identidade

> *"A consciência de si mesmo só é possível se experimentada por contraste."*
>
> (Émile Benveniste, *Problèmes de linguistique générale*)
>
> *"O indivíduo está em perpétuo diálogo com seu duplo: 'Seu duplo? Qual é o original e qual é o fantasma?'"*
>
> (Octavio Paz, *Posdata*)

A noção de identidade é difícil de definir. O *Dicionário enciclopédico* dedicado à questão da identidade nos adverte:

> A questão da identidade não pode ser reduzida apenas a problemas de identidades nacionais, de classe, de gênero, de raça. Em uma época em que as reivindicações identitárias são inúmeras, é preciso voltar às raízes de uma tendência recorrente que perde um conceito inicialmente filosófico para mobilizá-lo apenas nos campos ideológico e político. Quem sou eu? Nenhuma disciplina científica ousaria pensar, confrontar e circunscrever essa velha questão metafísica... e infantil.[1]

Como se viu no percurso filosófico, a Filosofia contemporânea – principalmente a Fenomenologia – tratou amplamente dessa questão como o fundamento do ser: a identidade é o que permite ao sujeito constituir sua existência por meio da consciência de seu *corpo* (um ser no espaço e no tempo), de seu *saber* (conhecimento sobre o mundo), de seus *julgamentos* (crenças), de suas *ações* (poder de fazer). A identidade, portanto, anda de mãos dadas com a tomada de consciência de si. E Nietzsche, por sua vez, diz: "Há tantas consciências no homem quanto há forças plurais que constituem e animam o corpo e a mente".

116 O sujeito falante em ciências da linguagem

Ela é, portanto, objeto de estudo de várias disciplinas das ciências humanas e sociais: a Psicologia, que busca penetrar na subjetividade do indivíduo; a Sociologia, que analisa os grupos sociais aos quais os indivíduos pertencem; a Antropologia, que procura determinar o que é comum às diferentes culturas; a História, especialmente desde a "virada crítica", e a Micro-história, que leva em conta as identidades sociais mostrando como elas foram concebidas e exigidas ao longo do tempo, levando à conclusão de que "a identidade não pode ser pensada por meio de um único prisma, de uma única maneira de pensar, de um único ponto de vista disciplinar".[2]

Não trataremos dessa noção de um ponto de vista filosófico e não tentaremos fazer uma síntese de todos os pontos de vista que a apreendem. Para obter uma visão geral das várias problemáticas em que ela é tratada, pode-se consultar o *Dicionário enciclopédico* de Gayon, citado anteriormente. Iremos nos concentrar, entretanto, dentre as questões ali discutidas, em duas delas, integrando-as em uma problemática linguageira: a da identidade como semelhança entre dois elementos, denominada como "mesmidade"; a da identidade no que concerne à relação consigo mesmo em sujeitos dotados de consciência, denominada como "ipseidade". O que é "ser você mesmo"? É o mesmo que "ser eu"? Lembremos que Ricœur propõe a distinção entre uma identidade *ipse* e uma identidade *idem*.[3] A primeira (*ipse*) resulta do movimento de si para si: é ser você mesmo e não outro. Isso é o que se quer dizer com "Eu sou eu". O olhar reflexivo de si sobre si que diz: "Eu sou aquele que você está vendo aqui",[4] que marca a *especificidade* irredutível do ser. O segundo (*idem*) resulta de um movimento de comparação com o outro que leva o sujeito a perceber que as qualidades pelas quais ele é afetado podem ser encontradas no outro e a concluir que há uma fusão de identidades no final de um processo de *assimilação*, que é o que se compreende com: "Eu sou você, você sou eu". O eu pode, portanto, ser um *eu que não é tu*, assim como pode ser um *eu-tu*.

Retomaremos essas noções aqui porque elas fazem parte dos princípios de alteridade e de regulação. De fato, para que o sujeito falante tenha consciência de seu *eu* quando diz "eu", ou simplesmente quando fala, é necessária uma dupla condição apontada por Benveniste: que ele se confronte com um *tu*, sem o qual não há ato de linguagem, e que, ao se comparar com ele, experimente tanto sua semelhança (*tu* também é um sujeito falante suscetível de poder ser *eu*), problemática da *mesmidade*, quanto sua diferença (o sujeito *tu* não se parece com ele em todos os sentidos), com a consciência de *não ser o que o outro é*, problemática da *ipseidade*. Combinam-se, então, duas operações mentais: uma relacionada à identidade lógica em termos da determinação do que é o mesmo e do que é diferente entre dois objetos; a outra relacionada à identidade psicológica e social em termos da qualidade dos indivíduos que interagem linguageiramente. Além disso, como esses seres da linguagem variam de acordo com as condições de comunicação, isso significa que cada um tem várias identidades.

Várias ideias comumente aceitas precisam ser questionadas. Essa que quer que a identidade seja uma conquista definitiva do indivíduo, que corresponde ao que o sujeito diz de si mesmo e, portanto, que lhe é algo próprio como cantava Juliette Gréco, nos anos 1960, sobre um poema de Jacques Prévert:

> Fui feita para agradar / E não posso fazer nada para mudar /
> Sou do jeito que sou / Agrado a quem agrado /
> Eu sou feita assim / E não há nada que eu possa fazer para mudar

Esta outra ideia que quer que a identidade seja singular, sempre diferente da dos outros: "Ele é ele, e eu sou eu" ["Lui, c'est lui, et moi, c'est moi"] respondeu o primeiro-ministro Laurent Fabius a uma pergunta feita pelo jornalista Alain Duhamel no programa *L'heure de vérité*, em 1984.[5] Será, também, necessário questionar o ponto de vista de uma Sociologia radicalmente construtivista que nega a possibilidade de o indivíduo se emancipar das determinações sociais, considerando que é uma ilusão querer fixá-las.[6] Alguns estudos estão mais centrados no indivíduo, outros mais no social, e a noção de identidade navega entre esses polos. Preferimos considerar que essa noção é construída em uma interação permanente entre esses polos. Porque, mesmo que não queiramos nos ver como um indivíduo dependente do grupo, é pelo olhar dos outros que somos marcados, rotulados, categorizados: nossas roupas, nossa maquiagem, nosso penteado, nossa linguagem, nosso modo de andar e até mesmo o que nos é mais inerente, como nosso sexo e idade, tudo isso testemunha nosso pertencimento a uma categoria de indivíduos (identidade autoatribuída) e permite aos outros nos classificar nesta ou naquela categoria (identidade heteroatribuída). Mas, ao mesmo tempo, nós nos defendemos contra isso, querendo afirmar nossa individualidade.

A identidade, portanto, não diz respeito apenas a nós mesmos, mas também aos outros ou, mais precisamente, a nós mesmos por meio do olhar dos outros. Dependemos do olhar do outro e, portanto, participamos de uma encenação social na qual agimos e pensamos perguntando a nós mesmos como queremos ser vistos, como queremos ser percebidos pelos outros, em que categoria queremos que eles nos vejam e nos julguem ou, ao contrário, mas que daria no mesmo, em que categoria nos recusamos a ser vistos por eles e, ao mesmo tempo, como podemos nos mostrar diferentes. Portanto, trata-se de uma questão de consciência ou sentimento identitário, presumindo que nossa identidade emerge quando algo a questiona ou a desafia, seja em nível individual (quem sou eu no meio dos outros?), seja no nível coletivo (quem somos nós em relação aos outros?). Trata-se, no entanto, de uma consciência paradoxal, porque é acompanhada por um medo de desidentificação, imaginária (como proclamam os defensores dos movimentos identitários) ou real (como descrita por Primo Levi nos campos de concentração).[7]

O SUJEITO NO CENTRO DA CONSTRUÇÃO IDENTITÁRIA

Para que essa tomada de consciência ocorra, é necessário que haja diferença, a diferença em relação a um outro. É somente percebendo o outro como diferente que pode nascer sua consciência identitária: "Ele é diferente de mim, logo sou diferente dele, e, logo, existo". A partir daí, a consciência de si mesmo existe na proporção da consciência que se tem da diferença do outro. Quanto mais forte é essa consciência da diferença do outro, mais forte é a consciência identitária de si. Esse é o princípio da alteridade. A relação com o outro se institui em um jogo de semelhanças e diferenças. Semelhanças no compartilhamento, ao menos em parte, das mesmas motivações, das mesmas finalidades, das mesmas intenções, dos mesmos valores. Diferenças em que cada um desempenha papéis que lhe são próprios, cada um tendo objetivos, intenções e valores que são distintos dos do outro. Os parceiros em uma troca legitimam-se uns aos outros e julgam-se, sendo as identidades determinadas por um cruzamento de olhares. Cada um pode dizer a si mesmo: "Existe o outro e existe o eu, e é do outro que recebo o eu."

À medida que a diferença é percebida, e o sujeito se descobre como "sendo aquele que o outro não é", surgem muitas perguntas: "Esse outro pensa como eu ou de forma diferente? E se ele pensar de forma diferente, conseguirei fazer com que ele compartilhe meus pensamentos?". Pode-se pensar que isso desencadeie no sujeito um duplo movimento de *atração* e *rejeição* em relação ao outro. De atração, porque descobrir que existe alguém diferente de si mesmo significa descobrir-se incompleto, imperfeito, inacabado, significa questionar "quem sou eu". Daí essa força subterrânea que se move em direção ao outro para atraí-lo para si e tentar inseri-lo em seu próprio universo de pensamento. Uma espécie de desejo de apreensão do outro, de tomada do outro, de domínio do outro. Não podemos escapar desse fascínio pelo outro, lembra-nos Barthes, desse desejo inconsciente de um outro eu-mesmo. É como um enigma a ser desvendado, que poderíamos chamar de "enigma do persa", pensando em Montesquieu: o do viajante persa que descobre a Europa e a França e se surpreende a cada esquina com o comportamento de seus habitantes, perguntando a si mesmo: "como é possível alguém ser diferente de mim?".

Mas essa diferença também pode provocar um movimento de rejeição. Essa diferença pode chegar ao ponto de se apresentar como uma rivalidade, ou até mesmo uma *ameaça*: seria o outro mais legítimo do que eu? Gostaria ele de tomar o meu lugar, de impor a mim suas ideias e, por sua vez, de me integrar ao seu universo de pensamento? Então, a percepção da diferença pode ser acompanhada de um julgamento negativo em relação ao outro. É como se fosse insuportável aceitar que outros valores, outras normas, outros hábitos diferentes dos nossos sejam melhores, ou, simplesmente, existam. Quando esse julgamento se fortalece e se generaliza, transforma-se num *estereótipo*, num clichê, num preconceito. O estereótipo – que será retomado mais adiante – em relação à identidade dos outros é como uma arma de defesa contra a ameaça que representa o outro em sua diferença e serve para proteger a identidade do próprio eu. Esse movimento de rejeição expressa-se por julgamentos negativos, caricaturando e essencializando a identidade do outro e, por outro lado, a própria identidade. É assim que, em contato com um estrangeiro, julgamos que ele é extremamente racional, frio ou agressivo, persuadidos de que somos nós mesmos sensíveis, calorosos, acolhedores e respeitosos com os outros. Ou, ao contrário, julgaremos o outro como anárquico, extrovertido e pouco confiável, convencidos de que nós mesmos somos racionais, contidos, diretos, francos e confiáveis. Somos levados a julgar a outra pessoa de forma ainda mais negativa porque estamos convencidos de que nossos próprios padrões de comportamento e valores são os únicos possíveis.

Podemos ver o paradoxo no qual a identidade é construída. Precisamos do outro, do outro em sua diferença, para tomarmos consciência de nossa existência, mas ao mesmo tempo desconfiamos dele. Sentimos a necessidade de rejeitá-lo ou de torná-lo semelhante a nós para eliminar essa diferença. Entretanto, se o tornarmos semelhante a nós, perderemos parte de nossa consciência identitária, já que esta só pode ser concebida na diferenciação, e, se o rejeitarmos, não teremos mais ninguém em quem basear nossa diferença. Esse é o paradoxo constitutivo da construção identitária. A identidade é construída com base em um princípio de alteridade, uma alteridade que precisa do outro, mas, ao mesmo tempo, uma alteridade que desconfia do outro, o que instaura uma relação de força para a existência do sujeito. Estamos, portanto, envolvidos em uma relação que nos leva a influenciar o outro enquanto mantemos ambas as diferenças. É essa contradição que fundamenta a alteridade, em jogos sutis de atração e rejeição, do mesmo e do outro, que dialeticamente se autoidentificam e se autolegitimam.

Do outro para o eu

Em matéria de construção identitária, tudo é questão de olhar: o olhar do sujeito sobre o outro, o olhar do outro sobre o sujeito, o olhar do sujeito sobre si mesmo. E todo olhar depende do ponto de vista do qual ele se origina e que o orienta, seja para o outro-interlocutor (atribui-se a ele uma identidade), seja para o outro-terceiro ausente (atribui-se a ele uma identidade), seja para si próprio (o sujeito se autoqualifica). Então, quem é esse outro? Esse não é o grande Outro da Psicanálise. Tampouco é o outro em geral, é o outro da interação linguageira, que se realizaria à distância, por escrito ou por alguma outra forma de mediação. É no confronto entre o *eu-mim* e o *tu-ti* que se produz o duplo movimento de atração-rejeição descrito anteriormente. Como o organizador do ato de linguagem é um *eu-mim*, no instante em que ele fala, ele institui um *tu-ti*, convocando um *ele-si*. Uma relação triangular na qual o sujeito é pego em um jogo de espelhos de identidade.

A todo momento, o *eu-mim* é obrigado a se comparar, a detectar semelhanças e diferenças em relação ao *tu-ti*. Às vezes, ele atribui a este último ser algo, às vezes é este último que lhe atribui ser algo. "Eu é um outro", escreve Rimbaud em uma carta a Paul Demeny em 15 de maio de 1871, mas talvez devesse ser mais preciso: "Eu é um outro eu, *semelhante* e *diferente*", porque o outro é tanto o *outro-tu* quanto o *outro-eu*. É por meio desse movimento de atribuição ao ser ("Você, você é...") que se interroga sobre a identidade. O olhar do outro, que me rotula, me categoriza e me essencializa, levanta questões sobre quem eu sou. E é provável que não corresponda ao que estimo ser, levando-me a rejeitá-lo, fonte possível de conflito. Quer queiramos ou não, a percepção do outro é constitutiva de nós mesmos.

Essa atribuição também pode vir de um terceiro, de fora, como no caso das instituições que definem nosso estado civil, nossas qualificações e nossos papéis sociais:

As instituições são o "fora", diz Buber, onde se está por qualquer tipo de razão, onde se trabalha, se faz negócios, se exerce influência, se fazem empreendimentos, concorrências, onde se organiza, administra, exerce uma função, se prega; é a estrutura mais ou menos ordenada e aproximadamente correta na qual se desenvolve, com o concurso múltiplo de cabeças e membros humanos, o curso dos acontecimentos.[8]

Esse é o momento em que esse "exterior" penetra no "interior", quando nossa identidade se sente de alguma forma "em prisão domiciliar", a ponto de definir nossa consciência de ser. Portanto, não é fácil ser você mesmo, porque ser você mesmo requer a existência e a conquista do outro. Qualquer encontro com o outro-tu leva o sujeito a se questionar não sobre "quem sou eu?", mas sobre "o que sou eu?". Por meio de um movimento reflexivo de olhar para si mesmo, o sujeito tenta "se sentir" com uma identidade construída a partir da situação de comunicação em que se encontra. Esse é um momento de "autopercepção", de que fala a socióloga Nathalie Heinich, mas que parece ilusório, pois não há maneira de olhar para si mesmo que não seja permeada pelo pertencimento do sujeito a uma categoria externa a ele: dizer que se sente "francês" ou "independente" é lembrar a si mesmo que pertence à categoria de indivíduos ditos "franceses" ou de pessoas ditas "independentes". Esse momento "só se manifesta, e provavelmente só se experimenta, quando se é colocado à prova no confronto com os outros. O que seria 'pura subjetividade' só é acessível na e pela presença do sujeito em um mundo habitado por outros seres".[9] E, ainda assim, se "o outro assombra o *um*",[10] esse momento é um momento necessário para a busca de uma apreensão de si, mesmo que seja fantasiosa, uma apreensão de si apresentada ao outro, porque é, ao mesmo tempo, uma maneira de se distinguir do outro (*tu* ou *ele*).

A percepção de si mesmo através do outro (heteropercepção de si mesmo), a atribuição de ser si mesmo (autopercepção de si mesmo) e a atribuição de ser um eu de pertencimento (meta-percepção de si mesmo) são três movimentos que concorrem para a construção da identidade do sujeito em um jogo de expectativas cruzadas do *eu-tu-ele*, em um entrelaçamento que explica que a identidade não pode ser nem fixa nem única, mas instável e múltipla, porque, de uma forma ou de outra, "o acesso a si mesmo sempre passa pelo outro".[11]

É banal dizer que nunca existimos no singular. Estamos rodeados de seres e coisas com os quais mantemos relações, diz Emmanuel Levinas [...].

122 O sujeito falante em ciências da linguagem

Todas essas relações são transitivas. Eu toco um objeto, vejo o outro; mas eu não sou o outro.[12]

Do singular ao coletivo: a questão do "eu-nós"

Retomando: a identidade social do sujeito, que se constrói em uma interação permanente entre movimentos de atração e rejeição, depende tanto do olhar que o sujeito tem sobre si mesmo quanto do olhar que os outros têm sobre ele. E, nesse cruzamento de olhares, o eu e o outro podem ser percebidos em sua singularidade ou de acordo com o seu pertencimento a diversos grupos. O que faz com que a identidade seja ora considerada como individual, pessoal, psicológica, ora, como social, étnica, familiar, geracional, nacional, de acordo com o grupo ao qual se pertence ou que se acredita pertencer. Levanta-se, então, a questão da identidade coletiva, do que torna possível dizer ou pensar *nós*, mesmo que isso não seja expresso pelo pronome gramatical "nós". Em sua introdução à obra coletiva consagrada às construções discursivas da identidade coletiva no debate público, Paula Paissa e Roselyne Koren listam as várias expressões que se referem a essa entidade coletiva:[13] "pessoa indeterminada", "quase sujeito", "amostra da espécie humana", "eu, cada um de nós em relação à sociedade", "eu singular, parte (heterogênea) de um todo", "eu público" referindo-se ao indivíduo coletivo; "identidade nacional", "o universal em si mesmo", "o indivíduo coletivo", "o locutor coletivo", [...] "a espécie humana", "o Estado: ser coletivo", "a coletividade", "a voz do grupo". Então, o que é esse *nós* como uma identidade coletiva?

Do ponto de vista gramatical, "nós" é um plural, um plural morfológico, mas, do ponto de vista semântico, não é uma pluralidade de enunciadores porque esse "nós" é enunciado por um único locutor que fala em nome de um grupo de pessoas. Benveniste propõe chamá-lo de "pessoa amplificada"[14] e os semanticistas especificaram que esse "nós" poderia representar ora o *eu*, ele mesmo, como no caso do "nós" majestático ("Começaremos este discurso evocando os desaparecidos"), ora o *eu + você* ou *vocês*, dito *inclusivo* ("Esta noite, você e eu iremos ao cinema"), ora *eu + ele/eles*, dito *exclusivo* ("Com os alunos, *nós* iremos ao cinema"), ora *eu + você + eles*, que engloba uma *totalidade* ("*Nós* não poderemos aceitar tal injustiça"). Seria, portanto, uma questão de ampliação ou extensão do sujeito enunciador. É uma boa imagem, mas pode ser mal interpretada. De fato, não é que o *eu* seja ampliado pelos outros, é que *os outros* são anexados ao *eu* para formar uma globalidade e, no total, essa globalidade não é indistinta, pois cada um dos elementos que a compõem mantém sua individualidade. Em francês (e em outras línguas que utilizam outros meios), é o *"on"* que designa uma pluralidade anônima na qual se fundem e desaparecem as individualidades ("Diz-*se* que..." ["*On dit que...*"]). Mesmo quando *"on"* se refere apenas ao locutor ("Como vai?", pergunta Christiane. "Cansado" ["*On* est fatigué"], responde Sébastien), este desaparece em uma entidade abstrata.

Consequentemente, essa pluralidade do *nós* não é anônima, porque o enunciador, ao se incluir, identifica os membros desse coletivo. E mesmo quando, como às vezes acontece em textos escritos, o "nós" parece representar o sujeito que escreve, ele acaba por incluir o sujeito que lê, ou qualquer indivíduo que pense como ele mesmo ("Vocês veem que, de acordo com esse raciocínio, *nós* somos levados a aceitar sua conclusão"). Esse "nós" é uma pluralidade englobante de sujeitos, sob a égide de um *eu* que fala incluindo todos os outros, uma espécie de universal, como ouvimos em "Somos todos judeus alemães" de maio de 1968. Um *hiperenunciador*, de acordo com Dominique Maingueneau,[15] como em "Eu sou Charlie," que se torna "Nós somos todos Charlie". Um *eu* que representa uma coletividade mais ou menos abstrata: o *eu* de um grupo religioso, como nas orações ("Creio"); o *eu* de uma comunidade de pensamento, como o da palavra científica exemplificadora ("Quando falo, sou um ser pensante"); o *eu* performativo, aquele que inicia uma ação em nome do *status* que lhe foi atribuído, somando qualquer outra pessoa em seu lugar ("Declaro aberta a sessão"); o *eu* que representa um partido, como aparece nas promessas de campanha dos candidatos à presidência ("Agirei para acabar com o desemprego");[16] o *eu* do líder populista que se assimila ao povo ("Eu não sou eu, eu sou o povo") ou a um símbolo ("Eu sou a República").

Se o acesso ao *eu* sempre passa pelo outro, o acesso ao *nós* sempre passa pelo *eu*. Podemos, portanto, dizer que o *nós* é um ser de ficção cuja característica é o *compartilhamento* de fala-pensamento-emoção com todos os *eus* que supostamente falam, pensam e comovem-se da mesma maneira. Assim, o *eu* enunciador, sendo ao mesmo tempo portador de uma identidade social e testemunha de uma identidade singular, pode, por meio de suas escolhas discursivas, instituir-se como um ser coletivo, um *nós*, seja expressando-se por meio de um "nós" gramatical, um "eu" quando representa uma coletividade ("Eu falo em nome do meu sindicato"), um "vocês" quando tem um valor generalizante, como nas receitas culinárias, ou como na pregação do padre Paneloux em *A peste*, de Albert Camus, que responsabiliza os pecadores (entre os quais se encontra) pela doença: "Meus irmãos, vocês estão em desgraça. Meus irmãos, vocês mereceram. [...] É preciso arrepender-se

124 O sujeito falante em ciências da linguagem

e cair de joelhos", em que "cair de joelhos" significa "orar". Pode-se consultar a obra mencionada anteriormente[17] para ver as várias formas de expressão de uma identidade coletiva.

Identidade coletiva, um ato de compartilhamento

Ao procurar definir um *"ethos* coletivo", Ruth Amossy se pergunta "como as palavras individuais podem, em sua particularidade, projetar uma imagem do grupo".[18] Ela responde a essa pergunta, por sua vez, analisando, entre outras coisas, o *"ethos* do combatente",[19] e outros estudos abordam essa questão com base em vários *corpora*.[20] Podemos dizer que o *nós* é o resultado de uma parceria que se estabelece segundo duas modalidades:

(i) Compartilhamento *in praesentia,* por circulação e contato entre os membros de um grupo, por ocasião da reunião de seus membros formando uma comunidade, ou durante um evento, como o *nós* de uma comunidade religiosa, mencionado anteriormente, no qual todos os *eus* comungam em uma oração em nome de uma palavra transcendente. Isso é o que Domique Maingueneau chama de *"eu* participativo": "O *eu* proferido em comunidade designa indivíduos distintos ao mesmo tempo em que os unifica por pertencerem a uma mesma categoria, a dos pecadores que se reconhecem precisamente como tais ao se apropriarem do *eu*".[21] É também o *nós* dos encontros, seja compartilhando sentimentos, como no caso de torcedores de um time esportivo, seja compartilhando ideias partidárias, frequentemente acompanhadas de emoção, como é o caso dos comícios políticos e dos *slogans* das manifestações de rua ("Vamos enriquecer os trabalhadores, não os acionistas"); é, então, um *nós* que forma uma comunidade efêmera, que pode ser reconstruída de tempos em tempos. De acordo com Yana Grinshpun, trata-se de uma questão de "identidade coletiva transitória", de identidades "construídas pela articulação de práticas sociais e de discursos transitórios limitados pela duração da situação de comunicação".[22] Mas esses momentos podem ser de uma periodicidade perene, quando são apoiados por uma organização social, como no caso de atos comemorativos institucionais que reúnem populações a fim de dar vida a um evento do passado, a suas vítimas ou seus heróis, em uma partilha de memórias.

(ii) Compartilhamento *in absentia,* entre indivíduos que constituem uma comunidade virtual, imaginada, entre indivíduos que se encontram em lugares diferentes, separados uns dos outros, mas focados no mesmo evento, e que supostamente compartilham as mesmas emoções e julgamentos: telespectadores em diferentes países assistindo ao colapso das torres gêmeas do World Trade Center; a emoção coletiva provocada pela foto do pequeno Aylan morto em uma praia turca. Constitui-se o que o sociólogo Daniel Dayan chama de "diáspora de telespectadores", que compartilham os mesmos sentimentos. O compartilhamento *in absentia* pode igualmente ocorrer entre comunidades separadas que compartilham os mesmos valores de sua classe social, etnia ou religião, como foi o caso das reações violentas das comunidades muçulmanas, em diferentes países, frente à publicação das caricaturas de Maomé. Tudo isso sob a égide das emoções coletivas, que Marcel Mauss e Émile Durkheim dizem ser o que constitui a garantia da coesão social e do sentimento de pertença ao grupo. Outra forma de compartilhamento *in absentia* é aquela suscitada pelo que Dominique Maingueneau chama de *"eu iniciador"*: situações "em que um indivíduo [...] se esforça para fazer acontecer uma coletividade expressando-se como *eu*, com todas as incertezas associadas a tal empreendimento".[23] Ele toma como exemplo o ato fundador da Escola Francesa de Psicanálise de Jacques Lacan. Roselyne Koren segue o exemplo, usando uma análise retórica de técnicas verbais para mostrar como Emmanuel Macron, que não é filiado a nenhum partido, está criando um novo movimento, *"En Marche"*, e conclui: "O objetivo é mobilizar e reunir, na direção oposta a uma concepção partidária agonística da política, uma coletividade fictícia, ainda inexistente, de indivíduos prontos para coconstruir uma nova concepção de política".[24] De nossa parte, lembramos o apelo do general De Gaulle de 18 de junho de 1940:

> Eu, General de Gaulle, atualmente em Londres, convido todos os oficiais e soldados franceses que estão em território britânico no momento, ou que possam estar no futuro imediato, com ou sem suas armas, convoco todos os engenheiros e os operários especializados das indústrias de armamentos que estão em território britânico ou que possam estar no futuro imediato, a entrarem em contato comigo. Aconteça o que acontecer, a chama da resistência francesa não se deve extinguir e não se extinguirá.

Essa palavra deu origem a uma comunidade diaspórica de resistentes em toda a França, um *nós* formado por grupos de indivíduos separados, mas que compartilham o mesmo ideal.

Vemos que não é suficiente ser vários para constituir uma entidade coletiva. "Para que um e outro se encontrem (se comuniquem, dizemos), é necessário um terceiro",[25] diz Mouillaud. É preciso que esse *eu-nós* se agregue em nome de um *ele-terceiro*, portador de um pensamento ou de uma emoção comum. A construção do *nós* é feita em referência à palavra de um *terceiro-ideal*, um "super-eu abstrato", um "metaenunciador" que é estabelecido como uma referência abstrata e absoluta para si mesmo e para o grupo. Quando *eu* digo: "Não podemos aceitar a violência contra crianças", ou, de forma aparentemente impessoal: "O pesquisador deve se comprometer com a busca da verdade", ou ainda: "A França pede perdão" (declarações de arrependimento), o *eu* é o portador dessa idealidade, desse *terceiro* simbólico com o qual todos podem se identificar sem se sentirem culpados, formando um *nós* "ideal". Esse é o *nós* das petições, na medida em que uma petição é apresentada como o resultado de um acordo baseado em ideias, um acordo que se concretiza com a assinatura de cada um dos peticionários, formando uma comunidade de opiniões compartilhadas. Alain Rabatel mostra, analisando a relação que Laurent Binet fez da campanha eleitoral de François Hollande, como se produz a incorporação de um *ele* (François Mitterrand), nesse caso um *ele-terceiro*, e de um *você* (os participantes de uma reunião) ao *eu*: "Daí a força dos ideais compartilhados e o poder das reuniões que intensificam a adesão às várias reconfigurações dos pares *nós/eles*, *amigos/adversários*, em uma lógica polêmica e agonística que está no centro das batalhas eleitorais".[26]

Identidade coletiva posta à prova pela alteridade

Encontramos no nível da identidade coletiva os três movimentos pelos quais se constrói a identidade individual: percepção de si mesmo por meio do outro (heteropercepção de si mesmo), atribuição de ser si mesmo (autopercepção de si mesmo), atribuição de ser um si mesmo que pertence (metapercepção de si mesmo). Esses três movimentos se combinam na identidade coletiva, porque "um *nós* pressupõe um *eles* oposto. Para persistir no ser, um coletivo deve se identificar. Identificar-se é destacar-se. Destacar-se é confrontar-se".[27] O *eu-nós*, portanto, tem a tarefa de defender a existência de sua coletividade diante do outro que, mais uma vez, pode ser visto como uma ameaça. Isso é ilustrado pelo *estereótipo* que veremos mais adiante.

O estereótipo é malvisto. Por um lado, ele é rejeitado porque distorceria a realidade e estigmatizaria falsamente o grupo a que se aplica. Por outro lado, defende-se a ideia de que ele tem uma função necessária porque é a garantia do vínculo social do grupo e que, se ele distorce a realidade, é apenas parcialmente porque qualquer julgamento sobre o outro contém um elemento de verdade, de acordo com o adágio "Não há fumaça sem fogo". Um jornalista comentando sobre uma partida de futebol que havia sido marcada por momentos violentos disse: "Mas é verdade que uma partida de futebol não é uma conversa agradável entre intelectuais sentados em um sofá com um copo na mão".[28] Sugerir que os intelectuais não gostam de contato físico talvez seja um estereótipo específico do mundo do esporte. O mesmo se aplica aos julgamentos dos homens sobre as mulheres e das mulheres sobre os homens, aos julgamentos dos cidadãos sobre os políticos e vice-versa. Em outras palavras, é preciso permitir que o estereótipo diga algo que seja ao mesmo tempo falso e verdadeiro. Da mesma forma que qualquer julgamento feito sobre o outro é, ao mesmo tempo, revelador de si mesmo, o estereótipo diz algo sobre o outro e, ao mesmo tempo, algo sobre a pessoa que faz o julgamento. Dizer que os franceses são cartesianos não é, evidentemente, verdade em termos absolutos; contudo, por um lado, pode ter alguma verdade para a pessoa que diz isso, em uma determinada circunstância, e, por outro lado, revela que ela não é cartesiana ou que ela mesma assume essa qualificação.

O estereótipo tem, de fato, uma função identitária, uma função tripla de defesa do grupo, de estigmatização de outro grupo e de revelação de como o sujeito vê seu próprio grupo. Galia Yonoshevsky, em um estudo de guias turísticos para Israel,[29] examina "as maneiras pelas quais o autor do guia, representando a cultura do visitante, rege a apresentação da imagem das pessoas visitadas".[30] Ao analisar os guias de dois pontos de vista: "do interno, com base em sua própria cultura e nos estereótipos de seu próprio imaginário transferidos para o turista", e "da perspectiva externa de um visitante estrangeiro que o vê [...]",[31] ela mostra as diferenças na percepção do outro que dependem do ponto de vista que os autores do guia têm de seu próprio pertencimento coletivo – mesmo que não estejam cientes disso –, como o encontro de duas memórias coletivas; ela conclui que: "o recurso à estereotipagem é um procedimento típico para a criação da identidade coletiva do outro visitado".[32] Isso faz eco aos trabalhos de Claude Lévi-Strauss, mostrando que todos os seres humanos têm preconceitos que os levam a desvalorizar aqueles que lhes são estranhos. Mais uma vez, vemos que a identidade do *eu*, seja individual ou coletiva, passa pelo confronto com o outro.

Às vezes, confundem-se através do olhar que o outro tem sobre si mesmo, a atribuição de ser si mesmo, seja singular ou coletivo; uma atribuição que pode nos desorientar ou até mesmo nos indignar porque não nos reconhecemos no eu que ela quer nos impor: será que nós, como franceses, somos cartesianos, gauleses, arrogantes, como os outros costumam nos rotular? Lembro-me de um seminário

128 O sujeito falante em ciências da linguagem

organizado por uma importante instituição internacional que reunia acadêmicos de países europeus, no qual tive que falar sobre identidades culturais no espaço europeu. Surpreso com o fato de os participantes serem exclusivamente alemães, ingleses e franceses, alegando representar a Europa, perguntei por que não havia países do sul da Europa. Disseram-me: "Vocês, franceses, são o resumo da latinidade". Fiquei ofendido com essa resposta, argumentando que se disséssemos isso aos espanhóis, italianos e portugueses, eles ririam alto, pois consideram os franceses frios, cartesianos e racionais. Naquele dia, tomei consciência de que, se para os europeus do sul, éramos percebidos segundo este ponto de vista, sob o olhar dos países do norte, éramos vistos como latinos. Portanto, somos um e outro, uma *soma de diferenças*.

Os efeitos da alteridade

Esse processo de construção de uma identidade coletiva, atribuída, em uma relação de alteridade, produz várias reações do sujeito coletivo, ou seja, dos grupos sociais que se veem assim identificados pelo olhar dos outros:

- *Inclinação do grupo sobre si mesmo*. O grupo que se sente ameaçado na sua identidade pela presença de um outro grupo que tende a dominá-lo poderá reagir reivindicando valores que lhe são próprios e voltando-se para si mesmo, em um movimento de força centrípeta. Assim se constroem os regionalismos, os comunitarismos, os partidos e outras comunidades sectárias. Esse movimento corresponde ao que os dialetólogos chamam de "força local", quando se trata de explicar o fenômeno da constituição das línguas em termos de sua resistência às influências de outras línguas. Isso pode levar a regionalismos linguísticos que lutam contra a língua nacional considerada dominante, como pode ser visto em certas regiões da Espanha: catalão, galego e basco contra o castelhano.
- *Dominação de um grupo por outro*. O grupo que se sente superior (por meio de conquista, invasão, imigração em massa) pode tentar impor sua língua, seus costumes, seus pensamentos, sua ideologia: ou *ditando* institucionalmente as formas de falar e de nomear o mundo, conforme descrito por Orwell em *1984*; ou *assimilando* sub-repticiamente o outro grupo por meio de vários meios de dominação, inclusive sob o pretexto dos benefícios da emancipação social, como é o caso do que se produz

por ocasião da colonização, ou de movimentos de imigração vistos sob o olhar do país de entrada; ou *eliminando* o outro grupo, de forma mais ou menos radical, sobretudo se ele já estiver no território conquistado, como foi o caso durante algumas grandes conquistas nas Américas.

- *Abertura do grupo para os outros.* O grupo se abre às influências externas em um movimento centrífugo, movendo-se em direção aos outros ou deixando que eles venham até ele ao aceitar um tipo de coabitação. Esse movimento corresponde ao que os dialetólogos denominam "força de intercurso" para explicar o fenômeno da contaminação entre as línguas, que pode levar a várias situações de diglossia. Como resultado do contato entre os grupos, do estreitamento de suas relações e de sua coexistência, as características culturais e linguísticas de cada grupo acabam se misturando (crioulização e multilinguismo), e o grupo se torna *misto* por meio de múltiplos cruzamentos (casamentos, associações, terceira geração de migrantes). Mas, para que o grupo não se desagregue, é necessário que, para além dessa hibridização, ele possa se referir a um valor comum que lhe sirva como um elo identitário. Esse é o caso do "sucesso social" (*El Dorado*) para o *melting-pot* americano, da "República" para os imigrantes na França, da "crença religiosa" e do "retorno à terra dos ancestrais" para a diáspora judaica.

Assim se diferenciam as identidades coletivas, em grande escala, segundo elas correspondam a um ou outro desses modelos, como se vê ao longo da história e ainda hoje em diferentes partes do mundo. Essas três tendências podem se realizar alternada ou complementarmente, dependendo do ponto de vista de quem busca assimilar o outro ou se diferenciar dele. Mas vale a pena observar os efeitos deletérios da radicalização de alguns desses movimentos, especialmente do movimento de dominação e de inclinação sobre si mesmo. O primeiro conduz à xenofobia ou à exclusão do outro, enquanto o segundo conduz ao comunitarismo em diferentes territórios, etnias, religiões, sexos e categorias sociais diversas. Um comunitarismo que prende os indivíduos em categorias essencializadas, que exclui os outros de si mesmo, mas também a si mesmo dos outros.

Balanço

A identidade não é fácil de entender. Ela resulta de um entrelaçamento entre um *eu* individual e um *nós* coletivo, o olhar que o *eu* tem sobre si mesmo e o olhar que o *tu* tem sobre o *eu*, um entrelaçamento no qual intervém um *ele*, o imaginário social, servindo de referência. Todo *eu* é, ao mesmo tempo, um *eu-nós-ele*. Podemos querer ser singulares, diferentes dos outros, mas nossas identidades são feitas por nossas multifiliações, que são estáveis e mutáveis ao sabor de nossas relações e situações. O olhar dos outros nos força a questionar quem somos, porque às vezes esse olhar nos confirma naquilo que queremos ser, às vezes nos estigmatiza naquilo que não queremos ser. É assim que tomamos consciência de nossa identidade coletiva: só somos franceses face aos ingleses, alemães, espanhóis, italianos etc.; só estamos na representação do nosso sexo em função do sexo do outro; só estamos em nossa "branquitude" face à "negritude" ou às outras cores. É então que surgem as reações de retraimento ou de abertura, de assimilação ou de rejeição do outro, e as consequências contraditórias, deletérias, que as acompanham. De acordo com o sociólogo Cyril Lemieux, "Quer se trate das relações entre os grupos que compõem uma sociedade, ou das relações entre as próprias sociedades, a maneira pela qual seus membros se identificam coletivamente é afirmada, em primeiro lugar, por meio de uma forma de diferenciação coletiva, o que implica uma tripla caracterização: caracterização dos grupos que não somos ("eles"), caracterização do grupo que somos ("nós") e caracterização da relação mantida ou a ser mantida entre esses grupos que não somos e o grupo que somos (isto é, entre "eles e nós")".[33]

A identidade de um grupo resulta do que seus membros compartilham: as opiniões, os conhecimentos, os valores, os gostos, todas as coisas que constituem o elo social, o espelho no qual os indivíduos se reconhecem como pertencentes ao mesmo todo e que orienta sua conduta na vida em sociedade. O que fundamenta a identidade do sujeito é a atividade de *se relacionar com o outro*, que determina um espaço no qual o *eu* luta com o outro em uma relação de alteridade intersubjetiva. Alteridade significa reconhecer a irredutibilidade do outro ao *eu*. Ele é outro, permanece outro na relação, o que constitui seu mistério, mesmo em um relacionamento amoroso. Portanto, não podemos possuir o outro, que "escapa para sempre".[34] Nossa identidade é o resultado do nosso olhar sobre o outro e do olhar do outro sobre nós mesmos; um cruzamento de olhares, cada um de nós sendo movido pelo desejo de "ser o que o outro não é" e, ao mesmo tempo, pelo desejo de "sentir-se em conivência com o outro". É por meio do teste da diferença que descobrimos o que somos. Mas o que somos, longe de ser uma entidade absoluta, uma essência, pode ser resumido como um conjunto de traços identitários, tanto estáveis quanto variáveis, às vezes individuais, como uma pessoa que se inscreve em uma filiação genética e familiar, com sua própria psicologia, às vezes coletivos, como uma pessoa ligada a um grupo social, étnico, geracional, linguístico, nacional. A identidade não é uma essência, mas um processo de autodescoberta que depende da relação com o outro, em um determinado contexto sócio-histórico que está sendo constantemente renovado. Isso nos leva de volta à noção filosófica de "identidade-relação" que Edouard Glissant, o grande escritor, poeta e filósofo caribenho cunhou e opõe à noção de "identidade-raiz" em sua tentativa de definir uma crioulização do mundo na qual os encontros entre seres e lugares nunca são de transparência ou de fixidez.[35] Se há raízes, elas são de "cultura", e não de "natureza". As raízes de natureza essencializam a identidade com base na *raça*, na *etnia* ou na *genética*; as raízes de cultura engendram uma identidade por meio da *filiação*, filiações múltiplas que atravessam nossas vidas à medida que interagimos com todos os seres vivos.

Consequentemente, a ideia de que o indivíduo ou um grupo humano baseia sua existência sobre uma perenidade, sobre um substrato cultural estável que seria o mesmo desde o início dos tempos, sobre uma "essência", não se sustenta. A história é feita de deslocamentos de grupos humanos, de encontros de indivíduos, grupos, populações, acompanhados de conflitos, de confrontos e, por vezes, de solidariedade, cujo resultado, como já dissemos, é, às vezes, a eliminação de uma das partes, às vezes a integração de uma das partes à outra, às vezes a assimilação de uma pela outra. E se uma das partes consegue impor sua visão de mundo à outra, o resultado ainda é o entrelaçamento de grupos étnicos, religiões, modos de pensar e costumes, tornando cada grupo cultural mais ou menos composto. Se existe uma identidade coletiva, ela só pode ser a da partilha, mas uma partilha que é fluida, com fronteiras pouco claras, uma partilha na qual intervêm múltiplas influências. É uma ilusão acreditar que nossa identidade se baseia em uma entidade única e homogênea, uma essência que constituiria nosso substrato do ser. É uma ilusão em nome da qual, infelizmente, muitos abusos e exclusões são cometidos. A identidade é, portanto, uma questão complexa. Entre tendência a assimilar e tendência a diferenciar, trata-se da questão de si mesmo através do olhar dos outros e dos discursos que circulam entre eles, e não sabemos exatamente qual é a parte de nossa singularidade, de nosso pertencimento ao grupo e do efeito do olhar dos outros sobre nós. Isso é o que nos faz dizer que "a identidade é uma soma de diferenças".

O SUJEITO NO ATO DE ENUNCIAÇÃO: "PESSOA" E "PERSONAGEM"

Vamos retomar as coisas do ponto de vista do sujeito falante. Trata-se de um *eu-locutor* cuja identidade depende do olhar do outro. Esse outro é, antes de mais nada, um *tu*. Como em Benveniste, o outro é, primeiramente, um *tu*, aquele que a criança descobre assim que vem ao mundo, encontrando-se em pé de igualdade com um outro oposto: "Eu não emprego *eu* a não ser dirigindo-me a alguém, que será, na minha alocução, um *tu*. Essa condição de diálogo é que é constitutiva da *pessoa*, pois implica em reciprocidade – eu me torno *tu* na alocução daquele que, por sua vez, se designa por *eu*". E conclui: "É em uma realidade dialética que engloba os dois termos e os define através de uma relação mútua que se descobre o fundamento linguístico da subjetividade".[36] Mas esse diálogo depende igualmente de um outro, um *ele-terceiro*, na medida em que ele é portador dos discursos que circulam na sociedade (a *doxa*). Portanto, podemos dizer que a identidade do *eu-falante* se constitui em relação a um *tu-falante*, em referência a um *eu-terceiro* portador de um discurso de referência, o que significa que o sujeito falante é, por definição, um *eu-tu-nós-ele*.

Vimos também que o sujeito, organizador de um ato de comunicação, é condicionado por convenções, representações sociais e situações em que se comunica, mas que, ao mesmo tempo, ele é o organizador da encenação linguageira, no decorrer da qual ele marca sua individualidade que o constitui em *eu*. Daí uma tensão constante entre o seu condicionamento social e o seu desejo de individuação, entre um *eu* que não pertence a si mesmo e um *eu* que se individua.

Vimos também, nos capítulos anteriores dedicados ao processo de construção do sentido, que, por meio do jogo de inferências, o sujeito constrói a significação referindo-se a dados externos do ato de enunciação, não sendo o contexto extralinguístico um simples quadro para ornamentar o ato de linguagem, mas uma necessidade para a produção e a compreensão dos atos de enunciação. Isso permite inferir que estamos tratando de dois *eus*: um *eu externo* ao ato de enunciação, dotado de identidade social e iniciador da tomada da palavra, e um *eu interno* responsável pela encenação do ato de linguagem; e, consequentemente, como não há *eu* sem *tu*, esse mesmo *eu externo* constrói um *tu interno* ao ato de enunciação que não é o *tu externo* que interpreta. É para definir a identidade de cada um desses *eus* e *tus* que nos voltaremos agora.

Um desdobramento identitário

Falar de desdobramento não se refere aqui à partição da psique em torno da noção de consciência, definida de forma variada de acordo com as correntes da Psicanálise, entre um nível *consciente* e um nível *inconsciente*, depois um *inconsciente individual* e um *inconsciente coletivo* (Jung); tripartição entre um *id*, um *ego* e um *superego* (Freud). Também não se trata de uma dissociação da personalidade como um distúrbio de identidade (esquizofrenia) ou de uma clivagem, conforme definido por Jacqueline Authier-Revuz. Como vimos no percurso linguístico, ela considera que o sujeito é dividido (e não desdobrado) na medida em que é "constitutivamente atravessado pelo discurso do Outro",[37] o que a leva a dizer que não há "posição de exterioridade [do sujeito] em relação à linguagem". Nosso ponto de vista é que ocorre uma dissociação no sujeito falante no instante mesmo em que ele toma a palavra, o que nos aproxima da posição de Ducrot, para quem, como também já observamos, é preciso fazer uma distinção entre o *produtor* do enunciado, o *locutor* e o *enunciador*, mas acrescentamos um componente psico-sócio-linguageiro.

Vamos começar observando um caso de troca linguageira:

> Em 1988, por ocasião da campanha eleitoral à presidência da República, durante debate televisivo entre dois candidatos – François Mitterrand, presidente da República em exercício, e Jacques Chirac, seu primeiro-ministro à época –, o primeiro, frequentemente, dirigia-se ao segundo como "senhor primeiro-ministro". Este último, um tanto irritado, retrucou: "Pare de me chamar de primeiro-ministro, senhor Mitterrand. Aqui, eu não sou o seu primeiro-ministro, e o senhor não é o presidente da República. Somos apenas dois candidatos que se apresentam aos eleitores". Ao que François Mitterrand respondeu, com um leve sorriso: "Claro, o senhor tem toda a razão, senhor primeiro-ministro".

Aqui se desenrola um jogo sutil em que um tenta tomar o poder sobre o outro. Do ponto de vista de seu *status* social, Jacques Chirac está em uma posição inferior à de seu oponente, já que é o primeiro-ministro deste último. Portanto, ele procura mudar seu *status* alegando ser candidato em uma eleição presidencial e, ao mesmo tempo, atribuindo o mesmo *status* ao seu oponente, o que o coloca em pé de igualdade com ele. Um golpe de força usando um ato de enunciação para substituir uma identidade por outra. Não deu certo, uma vez que seu adversário

134 O sujeito falante em ciências da linguagem

usou um ato perverso de ironia ("tem toda a razão") para inverter as posições ("senhor primeiro-ministro") e reconduzir seu oponente ao *status* de subordinado. Ao mesmo tempo, François Mitterrand constrói uma imagem de uma pessoa dominadora e segura de si, mas também brincalhona, permitindo-se zombar de seu oponente, como se estivesse piscando para os telespectadores que assistiam ao debate. Um jogo sutil entre as identidades *atribuídas* de fato e as identidades *construídas* pelo ato de enunciação.

Esse exemplo ilustra vários aspectos do ato de comunicação. Em primeiro lugar, há uma dissociação entre o *status* das pessoas que falam e as imagens que elas constroem de si mesmas (e de seus interlocutores) por meio de seus atos de enunciação. Em segundo lugar, isso confirma o que observamos ao analisar a construção do sentido, a saber: que a intenção daquele que fala não coincide necessariamente com a interpretação do interlocutor. Por fim, e como consequência, o sentido do que se diz é plural, pois basta mudar os parceiros envolvidos no ato de linguagem para que, com um mesmo enunciado, a significação varie.

Quando somos dois, somos quatro

A seguinte lição pode ser extraída desse fato.[38] Do ponto de vista da instância de produção da fala, o sujeito falante se desdobra: de um lado, um sujeito agente que toma a palavra e se institui como iniciador e responsável pelo ato de comunicação, chamado de "sujeito comunicante" (*Sc*); do outro lado, um sujeito que se inscreve em um ato de enunciação, chamado de "sujeito enunciador" (*Se*). No primeiro caso, trata-se de um *eu-pessoa*, de carne e osso (ou seja, com capacidade física e cognitiva de se comunicar de forma escrita ou oral), dotado de uma identidade complexa que mistura diversos *status*, segundo as suas determinações sociais, sua história pessoal e sua psicologia. Esse sujeito comunicante (*Sc*) é o organizador de seu ato de linguagem, que ele constrói em função da hipótese sobre a natureza e a identidade de seu interlocutor (ou público) e das circunstâncias da situação de troca em que se encontra. Supõe-se que seu ato de linguagem represente sua intenção de sentido e sua imagem como sujeito falante, o que foi chamado de "*ethos* pré-discursivo".[39] No segundo caso, trata-se de um *eu-personagem*, aquele que é encenado no ato de enunciação, um "ser de fala", como diz Roland Barthes. Esse sujeito enunciador (*Se*), inscrito explícita ou implicitamente no ato de linguagem, constrói sua identidade discursiva, que pode ou não coincidir com a do sujeito comunicante (*Sc*). Dissociação, portanto, entre um espaço externo onde se encontra o sujeito comunicante (*Sc*) e um espaço interno onde se encontra o enunciador (*Se*), como já assinalado por Foucault quando se interrogou, em seus vários escritos, sobre "o autor": "Esse sujeito exterior à frase não seria, simplesmente, o indivíduo real que a articulou ou escreveu?"; e ele especifica:

> Não é necessário, na verdade, reduzir o sujeito do enunciado aos elementos gramaticais de primeira pessoa que estão presentes no interior da frase. Inicialmente, porque o sujeito do enunciado não está dentro do sintagma linguístico; em seguida, porque um enunciado que não comporta primeira pessoa tem, ainda assim, um sujeito; enfim e sobretudo, todos os enunciados que têm uma forma gramatical fixa (quer seja em primeira ou em segunda pessoa) não têm um único e mesmo tipo de relação com o sujeito do enunciado [...] em um enunciado como "Por muito tempo fui dormir cedo", a relação com o sujeito que enuncia não é a mesma se o ouvimos articulado no decorrer de uma conversa e se o lemos na primeira linha de um livro que se chama *A la recherche du temps perdu*.[40]

Esse processo de desdobramento do sujeito falante em sujeito comunicante e sujeito enunciador corresponde, aliás, de acordo com os psicólogos, o longo processo pelo qual a criança toma consciência de que é um *eu*, porque "o emprego do 'eu' exige que a criança resolva quatro problemas: se designar, se identificar de outra forma que não seja pelo primeiro nome; mostrar que ela é tanto o sujeito do enunciado quanto o enunciador e combinar os dois em uma única forma; mostrar que ela é também objeto do discurso; mostrá-la em uma forma de sujeito [...] *eu* e não *mim* em francês [...]".[41] Não podemos, portanto, supor que há sempre uma relação transparente entre *Sc* e *Se*.

No que diz respeito ao *tu*, produz-se, igualmente, um desdobramento. Porque, por um lado, o sujeito comunicante constrói, por meio do seu ato de enunciação, uma certa imagem do sujeito parceiro da troca, atribuindo-lhe uma certa identidade – como vemos nos exemplos precedentes, do pai em relação ao filho e dos dois oponentes no debate presidencial. Esse sujeito não é o receptor; ele é o interlocutor (ou público) fabricado pelo sujeito comunicante, que existe apenas no ato da enunciação. Ele também é um ser de fala, um *tu-personagem*, como um "sujeito destinatário" (*Sd*)[42] ideal, sobre o qual o sujeito comunicante tem total controle. Por outro lado, há o receptor, um sujeito agente, de carne e osso, um *tu-pessoa* também dotado de uma identidade psicológica e social complexa

136 O sujeito falante em ciências da linguagem

que mescla vários status segundo suas diversas determinações. Nesse lugar, fora do ato de enunciação, ele é responsável pelo processo de interpretação do ato de linguagem – seja ele o destinatário ou não –, um processo que o instancia como um "sujeito interpretante" (*Si*) fora do controle do sujeito comunicante. Ele pode então demonstrar, por meio de sua interpretação, que se identifica com o sujeito destinatário construído pelo sujeito comunicante ou, ao contrário, que não se identifica (mal-entendido, má-fé, rejeição). Nesse caso, também, não há relação de transparência entre o sujeito destinatário (*Sd*) e o sujeito interpretante (*Si*).

Trata-se, portanto, de um modelo de comunicação com quatro protagonistas em expectativa cruzada entre *eu-pessoa* e *eu-personagem* no lado do ato de produção, *tu-personagem* e *tu-pessoa* no lado da instância de recepção, alguns dotados de uma identidade psicológica e social, outros de uma identidade discursiva. Na Antropologia, acredita-se que "ser uma pessoa é menos ter um eu do que ter um nome".[43] Isso é verdadeiro para a constituição da identidade do sujeito. Mas a identidade da pessoa deve ser entendida aqui enquanto sujeito falante engajado em um processo de comunicação. Por exemplo, podemos perguntar a hora a alguém que encontramos na rua sem saber seu nome. Da mesma forma, só podemos entender a existência de um sujeito falante coletivo, como vimos anteriormente, à custa de uma dissociação entre o *eu-pessoa* que toma a palavra como um ser singular, do *nós*-personagem instituído pelo ato de enunciação como um ser coletivo. É por meio do ato de linguagem que o indivíduo se torna uma pessoa comunicante responsável por seu ato de linguagem, instituindo-se, como na tradição literária, como personagem, ser de ficção. Nesse jogo de comunicação envolvendo quatro protagonistas, é fácil entender que a intenção do sujeito comunicante e a interpretação do sujeito interpretante não coincidem necessariamente, em outras palavras, que os *efeitos pretendidos* pelo primeiro não correspondem aos *efeitos produzidos* no segundo. Isso dá origem a um jogo de substituição de identidades que analisamos, entre outras coisas, em relação à impostura[44] e cujas várias realizações serão vistas nas seções consagradas ao contrato de comunicação e às estratégias discursivas.

AS CATEGORIZAÇÕES DE UM SUJEITO EM QUATRO INSTÂNCIAS

As noções de identidade, papel e *status* são discutidas na Sociologia, e as distinções nem sempre são claras. Os sociólogos, por exemplo, propõem definir identidade como aquilo que implica "uma adesão decidida de *dentro* para *fora*, do *interior* (um sentimento de identidade ou uma consciência de identidade)", e *status* como "o conjunto de limitações (as restrições biológicas, sociais, econômicas, jurídicas, políticas ou culturais) que definem a pessoa de *fora* para *dentro, do exterior*, independentemente de suas escolhas e gostos".[45] Já vemos aqui o problema que essa classificação pode representar, ao colocar na mesma categoria de *status* o que resulta de restrições biológicas (da ordem do determinado), restrições culturais (da ordem do sentimento) e restrições sociais (da ordem do atribuído). Para Max Weber, o *status* distingue-se da classe social porque é "condicionado por um certo tipo de conduta de vida ou pelo pertencimento a uma profissão".[46] O antropólogo Ralph Linton, por sua vez, separa *status* e papel: "Enquanto o primeiro corresponde às obrigações e aos direitos ligados a uma condição social, o papel é a maneira pela qual essas obrigações e direitos são cumpridos em situações específicas".[47] Outros se perguntam se o *status* é herdado ou conquistado.

No que diz respeito ao sujeito falante, daremos à noção de identidade um sentido genérico, dentro do qual pode haver vários *status*, desde que sejam reconhecidos (ou mesmo atribuídos) do exterior em relação a uma posição em uma determinada situação mais ou menos institucionalizada. O papel, por sua vez, é relativo ao comportamento discursivo, à maneira como o sujeito atribui a si mesmo um lugar no ato de comunicação, o que significa que ele pode estar defasado em relação ao *status*. Assim, a identidade, embora genérica, diz respeito a todos os traços suscetíveis de caracterizar o sujeito falante, sendo o *status* uma forma externa e provisoriamente essencializada de especificar a identidade (*status* profissional, *status* de sujeito comunicante ou interpretante). Mas, em termos linguageiros, o papel depende dos vários traços identitários que o sujeito enunciador endossa, o que pode confundir a relação entre *status* e identidade discursiva. É por isso que trataremos antes dessa questão em termos de *traços de identificação*, que remetem tanto a uma categorização da identidade psicológica e social da pessoa (o sujeito comunicante) quanto a uma categorização discursiva, cuja pertinência deve ser julgada em relação à situação de comunicação. Porque ter, na esfera profissional, o *status* de diretor de empresa não significa que, como sujeito falante, ele se expresse em todas as circunstâncias (domésticas, familiares, de amizades) de acordo com esse *status*.

A identidade de um locutor X, escreve Kerbrat-Orecchioni, pode ser definida como sendo o conjunto de atributos que o caracterizam; atributos estáveis ou transitórios, que são em número infinito e de natureza extremamente diversa (estado civil, características físicas, psicológicas e socioculturais, gostos e crenças, *status*

138 O sujeito falante em ciências da linguagem

e papel na interação etc.). Mas o que se encontra investido em uma dada interação não é, evidentemente, a identidade global de X, mas somente certos componentes dessa identidade, que são pertinentes apenas no contexto interlocutivo.[48]

A caracterização identitária desses sujeitos pode vir da situação social, no que concerne aos sujeitos externos ao ato de linguagem (*Sc* e *Si*), ou do próprio ato de linguagem, que, por meio do jogo de denominações, atribui uma identidade discursiva.

As categorizações da identidade psicológica e social

Aqui voltamos à discussão entre a identidade psicológica singular do sujeito e a identidade social coletiva, que acabam por se fundir. A posição social é relativa ao grupo real ao qual o sujeito tem consciência de estar ligado e no qual a coletividade o reconhece. Mas ele também pode desejar pertencer a um grupo diferente. Na verdade, como na Sociologia dos comportamentos, um indivíduo, independentemente do seu *grupo de pertencimento*, o grupo ao qual pertence objetivamente (família, profissão, idade, sexo etc.), pode declarar fazer parte de um outro grupo cujos valores ele compartilha e que se torna seu *grupo de referência*. Dessa forma, o sujeito falante pode jogar com os traços identitários de pertencimento e referência, tanto mais que, por meio do jogo de interações, instauram-se jogos de atribuição de identidade, pelo próprio *eu* locutor (autoatribuição), pelo *tu* interlocutor (heteroatribuição), de identidades que são às vezes individuais, às vezes coletivas, de acordo com diversas categorias.

Para fins de análise, faremos uma distinção entre várias categorias de traços de identidade social:

- das categorias ditas *biológicas*, segundo a idade, o sexo, a etnia, a cor da pele, às vezes listadas em registros de estado civil, cujas características inscrevem os indivíduos nessas diversas filiações.
- das categorias de pertencimento a uma *classe social* determinada por uma profissão que define a posição da pessoa em relação ao ofício que ela exerce: artesão (encanador, eletricista), comerciante (açougueiro, padeiro) ou outras profissões (paramédico, professor, escritor, engenheiro, dentista, cozinheiro, banqueiro).[49] A essa categoria objetiva de pertencimento pode se juntar uma identidade não institucionalizada, baseada em um julgamento do *tipo de atividade*, um julgamento – positivo ou negativo – qualificando a atividade por meio da pessoa que a exerce (ele é um

intelectual, um braçal, um esportista) ou qualificando o estilo de vida (ele é um burguês, um aristocrata, um proletário, um chefe, um operário).

- das categorias de pertencimento *institucional* que dependem do tipo de organização social e das crenças, mas que, ao mesmo tempo, têm uma dimensão imaginária ligada aos ideais da cultura e da história: a nação (ser francês, argentino, alemão, polonês etc.), a religião (ser católico, protestante, muçulmano, judeu), o estado civil em sua dimensão normativa (ser casado, solteiro, divorciado, separado), a cidadania (ser líder, sindicalista, militante).

- das categorias *personológicas* que atribuem traços de identidade psicológica e moral, destinados a definir as qualidades e os comportamentos das pessoas (ser mentiroso, maníaco, suscetível, histérico, obsessivo ou humano, generoso, atencioso, sábio).[50]

Essas categorias, cuja importância na descrição dos contratos de comunicação e das estratégias discursivas veremos mais adiante, geralmente estão entrelaçadas, em um jogo em que a maneira como nos vemos, a maneira como vemos o outro e a maneira como o outro nos vê fazem com que o valor dos traços de identidade submeta-se às circunstâncias dos encontros e das trocas. Ora eles assumirão um valor neutro (a palavra "negro" para descrever um grupo étnico, a palavra "histérica" para descrever uma patologia), ora um valor estigmatizante ("negro" como um insulto racista, "histérica" como um insulto sexista). Tudo depende do contexto linguístico, da entonação e até mesmo das expressões faciais que acompanham o uso dessas palavras. Basta ouvir "Ah, esse é bem um francês!" dito por um quebequense ao comentar a declaração de um político, para entender que não se trata de um elogio. Da mesma forma, é suficiente fazer preceder essas palavras com a locução "típico de..." que essencializa o atributo identitário para que este assuma um valor pejorativo, ou mesmo insultuoso, quando é diretamente dirigido a um interlocutor. O uso do sufixo "-ista" (sexista, feminista, racista) pode, igualmente, ser mal utilizado, na medida em que essencializa um comportamento ou um sistema de pensamento. É evidente que o valor dessas atribuições depende do imaginário social que prevalece em cada comunidade, pois a identidade atribuída sempre se baseia em representações sociais tanto para a idade, o sexo, a etnia, a profissão, a instituição e a classe social. O fato, porém, é que chamar alguém de racista ou sexista é da responsabilidade da pessoa que enuncia esses comentários, e seu valor de verdade depende das provas fornecidas.

140 O sujeito falante em ciências da linguagem

Além disso, é importante esclarecer que a pertinência da identidade social atribuída ao sujeito comunicante está ligada às condições da situação de comunicação, que será tratada no capítulo seguinte sob a noção de "contrato". Imaginemos a seguinte situação: batem à sua porta, você abre e reconhece seu vizinho; você sabe que seu vizinho é médico, franco-tunisiano, casado com uma argentina, pai de três filhos e presidente do Conselho do condomínio. Ele veio pedir que você assinasse uma petição a favor da instalação de um sistema de interfone no prédio. Nesse caso, pouco importa a maior parte desses traços identitários. Só será mobilizado o de presidente do Conselho do condomínio que corresponde ao ato de comunicação: "Você gostaria de assinar esta petição?". A categorização social não deve ser considerada como uma atribuição essencializada de pertencimento que serve para classificar os indivíduos, como é feito em pesquisas sociológicas. Em termos de comunicação, a atribuição identitária está sempre ligada à particularidade da troca linguageira, e é isso que, entre outras coisas, justifica a tomada da palavra.

As categorizações da identidade discursiva

A identidade discursiva é construída no momento da enunciação do ato de linguagem: o sujeito comunicante (*Sc*) se encena como sujeito enunciador (*Se*), atribuindo ao sujeito interpretante (*Si*) uma identidade de destinatário (*Sd*). Para realizar essa encenação e construir essas identidades, o sujeito comunicante recorre a diversos procedimentos extraídos do sistema linguístico, sendo os mais explícitos as formas linguísticas que marcam o posicionamento dos sujeitos e as palavras do léxico que nomeiam e qualificam os protagonistas do ato de linguagem. As primeiras fazem parte do que Benveniste chama de "aparato formal" da enunciação:[51] pronomes pessoais de 1ª e 2ª pessoa (identificação das pessoas), verbos e advérbios modais (posicionamento dos locutores), adjetivos afetivos (posicionamento em relação à subjetividade do locutor),[52] discurso relatado (posicionamento em relação ao enunciado), tempos verbais e advérbios de tempo (posicionamento no tempo), dêiticos (posicionamento no espaço). As palavras do léxico, que servem para nomear os protagonistas da comunicação e para qualificá-los, atribuem identidades, quando necessário, na forma: "Eu sou um...", "Você é um...", "Ele é um...".

Esses processos articulam-se em função da situação e dos desafios em jogo na comunicação.[53]

Descreveremos, no capítulo sobre estratégias discursivas, os processos a que o sujeito falante recorre, mas já podemos ver que é com a ajuda dessas categorias linguísticas que ele reutilizará as identidades sociais descritas anteriormente, mas, dessa vez, construídas por ele como sujeito-pessoa em outros tantos sujeitos-personagens. Há, então, um jogo de vai-e-vem entre *identidade social* e *identidade discursiva*, de modo que, às vezes, a identidade discursiva adere à identidade social, formando uma identidade essencializada única ("Eu sou o que eu digo"; "Você é o que eu digo"), às vezes, ela se diferencia, ocultando-a (segredo, mentira, denegação) ou criando outra que lhe possa ser mais favorável (impostura, fingimento).[54] Trata-se de diversos *ethé*.

ILUSTRAÇÃO DO MODELO: DE UMA SITUAÇÃO PARA OUTRA

Para ilustrar esse modelo, usaremos três exemplos: um referente à narrativa, outro referente à comunicação pública (publicidade) e um terceiro referente a uma categoria específica, a ironia, no quadro da interação verbal.

Cenografia da narrativa

Retomaremos um exemplo já analisado:[55] o início de *O pequeno príncipe*, romance de Saint-Exupéry.

> Vivi, portanto, só, sem amigo com quem pudesse realmente conversar, até o dia, cerca de seis anos atrás, em que tive uma pane no deserto do Saara. Alguma coisa se quebrara no motor. E como não tinha comigo nem mecânico ou passageiro, preparei-me para empreender sozinho o difícil conserto. [...]
>
> Na primeira noite, adormeci, pois, sobre a areia, a milhas e milhas de qualquer terra habitada. Estava mais isolado que o náufrago sobre uma tábua, perdido no meio do mar. Imaginem, então, a minha surpresa, quando, ao despertar do dia, uma vozinha estranha me acordou. Ela dizia:
>
> — Por favor... desenhe um carneiro para mim!
>
> — Hein!
>
> — Desenhe um carneiro para mim...
>
> Pus-me de pé, como atingido por um raio. Esfreguei os olhos. Olhei bem. E vi um pedacinho de gente inteiramente extraordinário, que me considerava com gravidade.

142 O sujeito falante em ciências da linguagem

— Mas... o que você está fazendo aqui?

E ele repetiu para mim, então, brandamente, como uma coisa muito séria:

— Por favor... desenhe um carneiro para mim...

— Quando o mistério é muito impressionante, a gente não ousa desobedecer.

Esta narrativa é escrita na primeira pessoa "Eu". Esse "Eu" é uma marca gramatical que pode remeter a diferentes instâncias da narrativa: a um Saint-Exupéry-autor, um sujeito comunicante (*Sc*) que é tanto um ser humano em sua vida quanto um escritor com um projeto de escritura; a um Saint-Exupéry-narrador, um sujeito enunciador (*Se*) que conta uma história. Como leitor, poderíamos então presumir que se trata de uma narrativa autobiográfica. Com efeito, vários outros indícios permitem confirmar esta hipótese: a "pane de seu avião no deserto" nos remete a Saint-Exupéry como piloto de avião e à sua própria experiência como aviador (*Sc*); o emprego dos pretéritos perfeito e imperfeito ("preparei-me", "ele repetiu para mim", "ela dizia", "eu não tinha"), criando uma distância no tempo, é o sinal de um contador de histórias (*Se*) que está relatando eventos; o uso paralelo do pretérito perfeito composto, que, como sabemos, em contraste com o pretérito perfeito simples, descreve eventos próximos ao presente, e o uso do presente, alguns com valor proverbial ("Quando o mistério é muito impressionante, a gente não ousa desobedecer"), dentre outros no contexto de uma interpelação ("Imaginem então minha surpresa"), criam uma relação próxima entre o contador de histórias (*Se*) e o leitor destinatário (*Sd*), interno à narrativa, atribuindo ao leitor externo (*Si*) o compartilhamento da mesma emoção.

Aqui vemos o estabelecimento dessas diferentes identidades de sujeito que foram para nós, na época, o ponto de partida para nossa concepção de um modelo de comunicação de quatro sujeitos, dividido entre um espaço externo psicossocial (*Sc* e *Si*) e um espaço interno de enunciação (*Se* e *Sd*), e que depois generalizamos para qualquer situação de troca linguageira.

Jogos na publicidade

Em 1973, o banco BNP fez uma campanha publicitária com o *slogan*: "Para falar francamente, estou interessado em seu dinheiro", que apareceu em um cartaz de rua, ao lado de um homem representando o executivo (terno e gravata, cabelo engomado para trás), em posição frontal, em uma espécie de claro-escuro austero, olhando o transeunte diretamente nos olhos.

Trata-se da construção de uma identidade discursiva que, segundo os próprios publicitários, visava a produzir um efeito de sinceridade: reutilizar uma representação estereotipada da identidade social do banqueiro ("um personagem frio que se aproveita do nosso dinheiro"), opondo-lhe um contraestereótipo ("Sim, os banqueiros estão interessados no seu dinheiro, mas eu, pelo menos, estou lhe dizendo a verdade e, portanto, você pode confiar em mim"). Estamos lidando, portanto, com a construção da identidade do sujeito enunciador (*Se*), o *banqueiro-personagem*, que supostamente representa o que o *banqueiro-pessoa* é, o sujeito comunicante (*Sc*), digno de confiança. Na realidade, porém, essa construção é inserida em um cartaz publicitário como narrativa em abismo, onde o verdadeiro sujeito comunicante é uma agência de publicidade a serviço de uma empresa comercial. Isso faz com que o sujeito interpretante, o leitor do cartaz (*Si*), seja colocado – imaginariamente – na posição do sujeito destinatário (*Sd*), como se o enunciador-banqueiro (*Se*) dialogasse com ele. Jogos de mascaramento para fins de sedução, como veremos mais adiante na descrição do contrato propagandístico.[56]

Jogos em interação: o caso da ironia

Discutimos longamente a questão da ironia trazendo contribuições em vários simpósios sobre o humor, e muitas das definições eram discrepantes entre si.[57] Entretanto, notamos algumas convergências: produz-se um enunciado que, em uma determinada forma de enunciação, faz coexistir um sentido explícito e um sentido implícito em uma relação de contradição; essa coexistência é o resultado de uma dissociação entre um locutor que pensa e um enunciador que diz, sendo que este último finge assumir um papel que implica um julgamento; o julgamento diz respeito ao que é tomado como alvo, dirigido a um público (ou interlocutor), indicando-lhe que a ironia é encenada em uma relação triangular: *eu > ele > tu*.[58]

Usando essa concepção de comunicação com quatro protagonistas, podemos, facilmente, dar conta da diferença entre a *mentira* e a *ironia*. Na mentira, o sujeito comunicante (*Sc*) pensa ou sabe P; como sujeito enunciador (*Se*), ele diz não-P; e ele tem de construir uma imagem de si mesmo como uma pessoa sincera para que o outro, como sujeito destinatário (*Sd*), esteja em posição de ter de acreditar; quanto ao sujeito interpretante (*Si*), ele acreditará ou não, dependendo da ideia que tem do locutor (*Sc*). A ironia compartilha com a mentira a discrepância que surge entre

144 O sujeito falante em ciências da linguagem

o que o sujeito comunicante (*Sc*) pensa e o que ele diz como sujeito enunciador (*Se*); mas, diferentemente da mentira, o *Sc*, com a ajuda de certos sinais (piscar de olhos, entonação, gestos), constrói um *Sd* que deve ser capaz de compreender que o que está sendo dito é o oposto do que está sendo pensado e, portanto, o chama para ser conivente com ele; este último (*Si*), dependendo se ele capta ou não os sinais que lhe são dirigidos, será efetivamente conivente ou cairá na armadilha da interpretação literal.[59] Quando lemos na capa de uma revista: "Sr. presidente, o senhor é formidável!", só podemos julgar sua valência referindo-nos à posição da revista (*Sc*): se ela for favorável à política do presidente, será interpretada como um elogio; se for contrária a ele – como foi o caso[60] –, será interpretada como uma crítica em forma de ironia.

*

A questão da identidade é uma questão complexa. Por um lado, porque, como vimos, ela resulta de um cruzamento de olhares, o do sujeito comunicante que, por intermédio do sujeito enunciador, busca impor a sua própria identidade e a de seu parceiro, e o do sujeito interpretante que, por sua vez, não pode deixar de atribuir uma identidade ao outro de acordo com seus próprios *a priori*. Por outro lado, por mais que tentemos evitar a armadilha da essencialização, todo sujeito tem o desejo de ver a si mesmo (ou ao outro) constituído em uma identidade única, o desejo de saber ou acreditar que é "algo ou alguém", correndo o risco de se ver abusivamente essencializado. Isso levou alguns filósofos a dizer que a identidade não passa de uma "ilusão".[61] Essa é uma das dificuldades que se apresentam às investigações sociológicas sobre a identidade: saber se as identidades autopercebidas (o próprio sobre si mesmo), as atribuídas (o outro sobre si mesmo) e as determinadas segundo certos critérios de sexo, idade, cor da pele, país de origem etc. devem ser colocadas em uma mesma categoria. Sem mencionar o fenômeno identificado em certas pesquisas, o da recusa de certos sujeitos em pertencer a uma categoria, uma recusa que devemos nos perguntar se é uma questão de denegação ou neutralização consciente.[62]

Qualquer ato de comunicação, sob qualquer forma que se apresente, seja qual for a circunstância, é sempre um jogo de aparências com quatro protagonistas que faz com que nunca se tenha a certeza da intencionalidade do sujeito falante nem das interpretações do receptor. Como uma máscara dada para ser vista pelo outro (e por si mesmo), mas uma máscara que, se removida, revela outra máscara, um jogo de máscaras, às vezes estável, às vezes flutuante.[63] Talvez não sejamos nada mais do que uma sucessão de máscaras, pois, como sugere Buber, "As aspirações do *eu* mudam, elas passam de imagem sonhada à imagem realizada."[64] Seja como for, podemos dizer que a distinção entre identidade social e identidade discursiva é operacional: sem identidade social, não há possibilidade de recuperação do sentido e do poder da identidade discursiva; sem identidade discursiva, que é reveladora do posicionamento do sujeito, não há possibilidade de jogar com a identidade social do *eu* e do *tu*, e não há possibilidade de o sujeito se individuar. A identidade social precisa ser reforçada, fortalecida, recriada ou, ao contrário, ocultada pelo comportamento linguageiro do sujeito falante, e a identidade discursiva, para ser construída, precisa de uma base de identidade social. Voltaremos a essas distinções e à sua aplicação no estudo do contrato de comunicação e das estratégias discursivas. Mas, por enquanto, isso permite confirmar que o sujeito falante está de fato no centro da atividade linguageira: seja "dividido" em uma partição consciente-inconsciente ou "involuntário", ele se desdobra no próprio processo do ato de comunicação.

Notas

[1] Gayon J. (dir.), *L'identité. Dictionnaire encyclopédique*, Paris, Gallimard-Folio, 2020, p. 9.

[2] Idem, p. 13. Consulte também Baudry R. e Juchs J.-P., "Genèse et développement du concept dans le champ des sciences sociales", *Hypothèses*, 2007/1, pp. 155-167.

[3] Ricœur P., *Soi-même comme un autre*, 1990.

[4] Esse "você" se refere tanto ao outro quanto ao sujeito no reflexo do espelho.

[5] O jornalista perguntou a Laurent Fabius se era possível ser um chefe de governo independente quando se é colaborador do homem com quem sempre se colaborou. Para Laurent Fabius, era uma questão de expressar seu desacordo com o presidente François Mitterrand sobre o convite feito por ele ao general Jaruzelski, então chefe do governo polonês, de virtude democrática duvidosa...

[6] Isso é discutido na Sociologia. Durkheim diz que "é do conflito de forças sociais que nascem as liberdades individuais", e que essa é "uma das condições indispensáveis da emancipação individual" (*Leçons de sociologie*, Paris, PUF, 2015, pp. 98-99); Lemieux, por sua vez, acredita que "a emancipação individual não pode ser vista como emancipação de todo grupo" (*L'identité. Dictionnaire encyclopédique*, op. cit., p. 195).

[7] Primo Levi, *Si c'est un homme*, Paris, Julliard, Pocket, 1987.

[8] Buber M., *Je et tu*, Paris, Aubier, 2012, pp.77-78.

[9] Heinich N., *Ce que n'est pas l'identité*, Paris, Gallimard, Le Débat, 2018, p. 74.

[10] Idem, p. 262.

[11] Debray R., *D'un siècle l'autre*, Paris, Gallimard, 2020, p. 47.

146 O sujeito falante em ciências da linguagem

[12] Levinas E., *Ethique et infini*, Paris, Fayard Poche, 1982, p. 50.

[13] Paissa P. e Koren R. (orgs.), *Du singulier au collectif: construction(s) discursive(s) de l'identité collective dans les débats publics*, Lambert-Lucas, 2020.

[14] Benveniste E., *Problèmes de linguistique générale*, 1966, p. 235.

[15] Veja Maingueneau D. "Je et identité collective", em *Du singulier au collectif*, 2020, op. cit., pp. 26-27.

[16] Promessa de campanha do candidato Fabien Roussel para a eleição presidencial de 2022.

[17] Paissa P. e Koren R. (orgs.), *Du singulier au collectif*, op. cit.

[18] Amossy R., *La présentation de soi. Ethos et identité verbale*, Paris, PUF, 2010, p. 158.

[19] Idem, p. 173.

[20] Consulte Paula Paissa e Roselyne Koren (orgs.), *Du singulier au collectif*, op. cit.

[21] Maingueneau D., 2020, op. cit, p. 27.

[22] Grinshpun Y., " 'Nous' et 'vous': la dynamique des identités universitaires antagonistes lors des blocages du printemps 2018", em *Du singulier au collectif*, op. cit., p. 110.

[23] Maingueneau, 2020, op. cit., p. 31.

[24] Koren R., "Rhétorique du lancement du mouvement politique 'En Marche!' (06.04 – 16.11.2016): une construction singulière du collectif", em *Du singulier au collectif*, op. cit., p. 54.

[25] Mouillaud M., *Le discours et ses doubles*, op. cit., p. 265.

[26] Rabatel A., "La construction des identités personnelles et collectives autour de François Hollande dans le discours du Bourget de 2012 raconté par Laurent Binet", em *Du singulier au collectif*, op. cit., p. 69.

[27] Debray R., *D'un siècle l'autre*, op. cit., p. 48.

[28] Ouvi no rádio um comentarista falando sobre um jogo de futebol, em resposta a outro comentarista que estava indignado com a violência cometida.

[29] Yanoshevsky G., "L'identité de l'Un dans le regard de l'Autre: Israël dans des guides touristiques et la question du locuteur collectif", em *Du singulier au collectif*, op. cit, pp. 129-147.

[30] Idem, p. 130.

[31] Idem, p. 132.

[32] Idem, p. 135.

[33] Lemieux C., em Jean Gayon *et alii.*, *L'identité. Dictionnaire encyclopédique*, Paris, Gallimard, col. "Folio", 2020, p. 129.

[34] Buber J., *Je et tu*, op. cit., p. 58.

[35] Veja: *Le discours Antillais*, Paris, Seuil, 1981, e *Traité du tout-monde*, Paris, Gallimard, 1997.

[36] Benveniste, E., *Problèmes de linguistique générale*, op. cit., p. 260.

[37] Authier-Revuz J., "Hétérogénéité montrée et hétérogénéité constitutive", p. 141.

[38] Reproduzo aqui parte de meu livro *Langage et discours*, publicado em 1983 pela Hachette e que deixou de ser editado, e passagens de *La manipulation de la vérité*, op. cit.

[39] Para uma discussão sobre essa noção, consulte o verbete "ethos" no *Dictionnaire d'analyse du discours*, op. cit. Em termos gerais, sobre *ethos*, consulte: Amossy R. (ed.), *Image de soi dans le discours. La construction de l'ethos*, Lausanne-Paris, Delachaux et Niestlé, 1999; Maingueneau D., *Analyser les textes de communication*, Paris, Dunod, 1998; e nosso capítulo "Images des acteurs politiques" em *Le discours politique. Les masques du pouvoir*, Lambert-Lucas (reed.), 2014.

40 Foucault M., *Archéologie du savoir*, Paris, Tel/Gallimard, 1969, p. 127.

41 Morgenstern A., *Un JE en construction Genèse de l'auto-désignation chez le jeune enfant*, Paris, Ophrys, 2006, p. 12.

42 Às vezes chamado de "alocutário". Consulte o verbete "Allocutaire" no *Dictionnaire d'analyse du discours*, op. cit.

43 Consulte o verbete "Identité", em *Dictionnaire encyclopédique*, op. cit., p. 648.

44 Veja *La manipulation de la vérité*, op. cit. p.70 e ss.

45 Consulte o verbete "Identité", *Dictionnaire encyclopédique*, op. cit., p. 739.

46 Idem, p. 740.

47 Idem, p. 741.

48 Kerbrat-Orecchioni C., *Le discours en interaction*, Paris, A. Colin, 2005, p. 157.

49 Essa série de palavras é deliberadamente usada de acordo com o processo de neutralização específico do francês. Para obter mais detalhes, consulte nosso *La langue n'est pas sexiste*, Paris, Le Bord de l'Eau, 2022.

50 Consulte a este respeito Beauvois J.-L., *La psychologie quotidienne*, Paris, PUF, 1984.

51 Benveniste E., "L'appareil formel de l'énonciation", *Langages*, n. 17, Didier-Larousse, Paris, mar. 1970.

52 Uma descrição detalhada dessas marcas pode ser encontrada em *L'énonciation*, Paris, A. Colin, 1997, por Catherine Kerbrat-Orecchioni.

53 O trabalho coletivo, *L'Enonciation aujourd'hui*, já mencionado, descreve essa articulação perfeitamente em suas várias contribuições.

54 Veja essas categorias em nosso *Manipulation de la vérité*, op. cit., no capítulo "La négation de la vérité".

55 Em *Langage et discours*, Paris, Hachette, 1983, esgotado. [*Linguagem e discurso: modos de organização*, São Paulo, Contexto, 2019, 2ª ed., 4ª reimpressão, pp. 54-5.]

56 Veja também Soulages J.-C., *50 ans de publicité à la télévision. Les consommateurs, ses avatars, ses imaginaires*, Presse Universitaires de Rennes, 2022.

57 "Des catégories pour l'humour. Précisions, rectifications, compléments", em Vivero Ma.D. (ed.), *Humour et crises sociales. Regards croisés France-Espagne*, Paris, L'Harmattan, 2011, e "De l'ironie à l'absurde et des catégories aux effets", em Vivero García D. (dir.), *Frontières de l'humour*, Paris, L'Harmattan, 2013.

58 Às vezes *Ele* e *Tu* coincidem.

59 Podemos ampliar essa ilustração consultando nosso *La manipulation de la vérité*, op. cit., nos capítulos sobre "má-fé" e "negação".

60 Publicado na revista libertária *Marianne*, de 4 a 10 de setembro de 2010.

61 Bayart J. F., *L'illusion identitaire*, Paris, Fayard, 1996.

62 Sobre esse assunto, consulte Stéphane Beaud e Gérard Noiriel, *Race et sciences sociales. Essai sur les usages publics d'une catégorie*, Paris, Agone, 2021, p. 228.

63 Essa é a razão do título de meu livro *Le discours politique. Les masques du pouvoir* (reed.), Lambert-Lucas, 2014.

64 Buber M., *Je et tu*, op. cit., p. 44.

TERCEIRA PARTE

A DIMENSÃO COMUNICACIONAL

"As crianças compreendem primeiro as situações e as intenções humanas, e apenas depois o que se diz. Isto significa que a linguagem não é independente do resto da situação."

(Gerald Elderman, *Biologie de la conscience.*
Odile Jacob, 2000, p. 377)

O sujeito falante e o espaço de restrição

Do "contrato de comunicação" ao "contrato de fala"

AS AMBIGUIDADES DA NOÇÃO DE COMUNICAÇÃO

Que se entende por comunicação? Em seu uso corrente, o sentido dessa palavra difere de acordo com o domínio da prática social em que ela é empregada: dentro do domínio das transações comerciais, o sentido corresponde ao saber fazer publicitário que diz respeito a bens de consumo; no domínio político, o sentido da palavra comunicação refere-se ao saber fazer de uma fala de persuasão e sedução concernente às ideias ou à ação política a que o sentido se aplica; quanto às mídias que divulgam suas informações, elas se defendem das críticas que lhes são dirigidas, especificando que elas são fonte de informação, e não de comunicação. Como conceito, a comunicação é diversamente definida pelas Ciências Sociais e pela Filosofia, que ora consideram um simples veículo de mensagens, ora um conceito ilusório. Revisando diversos escritos que definem essa noção, dos mais técnicos aos mais filosóficos, vemos aparecer cinco maneiras de conceber a comunicação.

A comunicação como suporte de informação

Essa concepção sobre a comunicação repousa na ideia de que esse fenômeno se reduz à transmissão de uma mensagem de um ponto de origem A a um ponto de recepção B, em que não são levadas em conta nem a natureza dos polos entre os quais circula a mensagem (máquinas ou seres humanos), nem suas condições de produção ou de recepção, nem as possibilidades de reação de B que, por retroação, poderia perturbar o processo de transmissão, nem, evidentemente, o conteúdo das mensagens. Isso deu origem à definição de vários esquemas de comunicação,

152 O sujeito falante em ciências da linguagem

criados por Shannon e Weaver, Lasswell, e Riley e Riley, cujos componentes são os seguintes: um emissor que envia uma informação; uma mensagem que é codificada de uma certa forma; um referente que constitui o assunto da mensagem; um receptor que recebe a mensagem, com a responsabilidade de decodificá-la, tudo sendo conduzido por um determinado canal escrito, oral, icônico, segundo um certo meio (imprensa, cartaz, megafone, rádio, televisão etc.). A relação entre a fonte e a recepção é quase transparente, quando o código é comum, embora se reconheça que podem ocorrer, durante a transmissão, ruídos capazes de interferir na comunicação.

Esse esquema teve suas horas de glória, mas as ciências da linguagem, da informação e da comunicação se livraram, há muito tempo, dessa concepção simplista e ingênua de comunicação, embora ela pareça estar voltando sob a pressão do desenvolvimento tecnológico que se interessa principalmente pelos suportes de transmissão. Esse desenvolvimento tecnológico é acompanhado de um discurso que celebra a excelência de tal passo: a transmissão estando ligada ao tempo, e a comunicação, ao espaço, vale dizer, ganhando de um, ganhamos do outro; ganhando em rapidez, abolimos, ao mesmo tempo, as distâncias. Ademais, não somente é reduzida a relação espaço-tempo, mas também são multiplicadas as fontes de comunicação, desenvolvendo circuitos em redes, as quais permitem abraçar simultaneamente várias mensagens provindas de lugares diferentes. É uma conquista sobre o tempo e o espaço que cria um sujeito virtual, uma espécie de demiurgo, senhor dos tempos e que tem o poder da ubiquidade, um Hermes dos tempos modernos. A comunicação vista sob essa perspectiva, isto é, como o que alguns têm chamado ironicamente um "conjunto de canos", parece não encontrar nenhum obstáculo, sendo esse movimento do desenvolvimento tecnológico irreversível. Tudo seria permitido e possível, portanto, "tudo seria comunicável".

A informação oposta à comunicação

Trata-se essencialmente dos jornalistas que, querendo definir e justificar sua atividade, declaram fazer *informação* e não *comunicação*, sendo esta acompanhada de uma intenção de manipulação, enquanto aquela visaria a transmitir saber puro, isento de qualquer intenção manipulatória. Reagindo às críticas que lhes são endereçadas, críticas de atuar, às vezes, como cúmplices da comunicação política, eles declaram em alto e bom som que seu papel não é o de *fazer crer*, mas o de *fazer saber*.[1] Para eles, a comunicação consistiria em conceder, a si mesmos, os meios de persuadir um público ou auditório, recorrendo mais ou menos a estratégias de manipulação para obter a adesão a um projeto político e, portanto, a quem é seu portador. A informação mesma consistiria em transmitir o conhecimento de eventos que se produzem na sociedade e em tentar explicá-los. Ela, portanto, não pode ser acusada de parcial – porque os fatos se impõem por eles mesmos, dizem nesse meio – e as explicações não podem ser suspeitas de serem tendenciosas, na medida em que o papel dos jornalistas é fazer com que o leitor pense estar elaborando suas próprias ideias.

Essa oposição não é sustentável; de um lado porque a informação é uma atividade que faz parte da comunicação como ato que estabelece uma relação de intercompreensão entre, pelos menos, duas pessoas; de outro lado porque, por intermédio desse mesmo ato, o simples fato de querer ser compreendido não escapa de um jogo de influência de quem quer informar de imediato um leitor ou auditório cuja atenção procura atrair, realizando uma certa encenação, mais ou menos dramatizante, de seu discurso. Enfim, porque o jornalista não é isento, ele mesmo, da influência que tal comunicação possa ter sobre ele, ele mesmo pode ser um "manipulador manipulado".[2] Todo ato de comunicação decorre de uma intenção, consciente ou inconsciente, voluntária ou involuntária, e responde a uma visada de influência para fazer com que o outro, indivíduo ou público, compartilhe um mesmo universo de discurso. A comunicação é um fenômeno geral da sociedade humana, que reúne diversos tipos e gêneros de discurso, sempre dentro de uma intenção de troca e de influência.

A comunicação como instrumento de manipulação

Mas, então, toda a comunicação seria manipulação?[3] Essa concepção é tida por todos aqueles que, direta ou indiretamente, têm ligação com o que se chamará um discurso propagandístico: a publicidade, o marketing comercial ou político, as campanhas humanitárias (campanhas sanitárias, campanhas de prevenção, campanhas de civilidade urbana etc.). Assim, as instâncias políticas recorrem aos assessores de comunicação a fim de serem compreendidas, da melhor forma possível, pelos cidadãos e a fim de persuadi-los de que suas ideias têm fundamento, bem como suas decisões ou suas ações. Nesse meio, entende-se por que, frequentemente, as pessoas dizem, para justificar uma situação de falha, a frase: "Nós não soubemos nos comunicar". Assim, entende-se que a decisão ou ação política era boa, e que somente a comunicação foi ruim. A intenção é separada da palavra, tendo esta a

154 O sujeito falante em ciências da linguagem

função de expressar aquela, como se o pensamento fosse anterior à fala, a qual é somente seu ornamento. Desde então, a comunicação se reduz a um "saber dizer" cuja finalidade é a persuasão enganosa, independentemente das intenções. A partir desse ponto, considerar que toda comunicação é manipulação de opiniões e de mentes é um passo superado com muita facilidade, pois todo processo de influência, incluída aí a persuasão, não tem necessariamente o objetivo de enganar o outro.[4]

A comunicação como ilusão

A ideia de que a comunicação é apenas ilusão é sustentada por certos filósofos. Eles falam tanto de incomunicabilidade ou de incompreensão entre os homens quanto de "jogo de espelhos", de "construção em abismo". Jean Baudrillard, por exemplo, desenvolveu a ideia de que a comunicação é um fenômeno de espelho que se refere somente ao que pretende comunicar.[5] O que corresponderia a um ponto de vista antropológico que leva a concluir que a "incomunicação" seria o destino das relações humanas, em qualquer sociedade, e que toda a tentativa de troca de palavras seria fadada ao fracasso em termos de intercompreensão. Observamos de fato que não há comunicação sem mal-entendidos, que, com frequência, ocorrem interpretações erradas cujos efeitos perversos do desvio interpretativo ocorrem tanto no nível individual quanto no nível coletivo. Mas isso é uma ilusão? E o que seria uma comunicação que não fosse ilusão? Ainda assim, ilusão ou não, vemos que os indivíduos continuam a operar a máquina da comunicação como uma busca sem fim para tentar se entender com esses outros de que tanto precisamos para nos fazer existir como sujeitos.

Cada um desses pontos de vista destaca alguma coisa que podemos observar. Podemos observar que, se as condições materiais de transmissão, os suportes, não são o todo da comunicação, eles influenciam a realização e a interpretação.[6] Podemos observar que a comunicação é acompanhada, às vezes, de manipulação, mas ela não é qualquer manipulação. Enfim, se a comunicação é uma ilusão, pelo menos observamos que ela é o cerne das relações sociais. E não nos oporemos nem ao ato de comunicação nem ao ato de criação que caracterizam a escrita novelística ou poética, porque, mesmo que não consideremos como o faz Barthes, cuja escrita literária é intransitiva, isso ainda faz parte de um ato de comunicação, pois há sempre, em qualquer configuração, um outro (leitor, ouvinte, público) ao qual é comunicada (*compartilhada com*) a escrita. Esses diferentes pontos de vista não devem ser descartados, mas, substituídos dentro de um conjunto teórico e metodológico em torno do sujeito falante. Trata-se, portanto, de ver como o sujeito falante se situa e age no meio dessa multiplicidade de sentidos, de situações que o constrangem e de estratégias de que ele dispõe.

A comunicação como ato de linguagem

Consideraremos aqui que o ato de comunicação é um fenômeno psicológico e social por meio do qual os indivíduos se relacionam uns com os outros, influenciam-se reciprocamente, transmitindo sentidos, segundo certas regras que instituem a troca de palavras, e isso na esperança de compartilhar visões comuns de mundo. E como tudo isso se faz com a ajuda da linguagem, por meio da linguagem, "a qual é uma função característica da espécie humana que reside em sua capacidade inata de se comunicar",[7] podemos considerar que o ato de comunicação se confunde com o ato de linguagem.

Aqui, entretanto, uma precisão se impõe, pois os sintagmas "ato de linguagem", "ato de fala", "ato de enunciação", "ato de discurso" e "ato de comunicação" são frequentemente empregados uns pelos outros. Isso se deve, em parte, à tradução de *speech act* nos textos de pragmática, o termo *speech* podendo ser traduzido tanto por *fala* como por *linguagem*. No que nos diz respeito, nós empregamos "ato de fala" com referência à teoria de Austin, "ato de enunciação" com referência à teoria de Benveniste e "ato de discurso" no âmbito da Análise do Discurso. De um modo geral, nós usamos alternativamente "ato de linguagem" e "ato de comunicação" como termos genéricos designando qualquer fala sob qualquer forma, e qualquer que seja sua extensão (resposta curta, produção de um texto), sob a responsabilidade de um sujeito falante. O ato de comunicação, no entanto, corresponde à totalidade de um ato de linguagem produzido em situação real de troca com todas as suas determinações, qualquer que seja a forma, no quadro do modelo de quatro instâncias que definimos. Mas é verdade que, às vezes, para não aumentar a complexidade terminológica, somos levados a empregar uma expressão pela outra.

DA SITUAÇÃO DE COMUNICAÇÃO

Vamos resumir. Segundo o princípio da alteridade, não existe *eu* sem *tu*, nem *tu* sem *eu*. Isso indica que toda produção linguageira faz parte de uma troca entre duas instâncias, cada uma ativa a seu modo, uma para produzir o ato de linguagem,

156 O sujeito falante em ciências da linguagem

a outra para interpretar, as duas estando ligadas por aquilo que chamamos "um olhar avaliativo". Isso significa que, como vimos durante a descrição do processo de construção dos sentidos, a significação que resulta dessa troca é o resultado de uma *coconstrução*. De cordo com o princípio da regulação, do fato de *eu* e *tu* desempenharem papéis diferentes e terem identidades diferentes, surgem a dificuldade de entrar em relação com o outro e o risco de ocorrerem mal-entendidos, tornando a comunicação impossível. Instauram-se, então, entre os dois, rituais de abordagem e de legitimação, condições para que cada um aceite o outro, reconheça-lhe o direito à palavra e procedimentos de interação para resolver acordos e desacordos e implementar diversas estratégias de persuasão e/ou sedução. Esse princípio encoraja os indivíduos a estabelecer convenções sociolinguageiras. Enfim, segundo o princípio da pertinência, complementar aos princípios precedentes, é necessário, para que ocorra intercompreensão, que *eu* e *tu* compartilhem universos de sentidos comuns: compartilhem rituais sociais próprios de uma mesma comunidade, compartilhem saberes de conhecimento e de crença. Esses princípios garantem que o ato de comunicação – e não mais somente o ato de linguagem, ou o ato de linguagem como ato de comunicação – seja um ato de reconhecimento recíproco entre parceiros do intercâmbio linguageiro: reconhecimento do outro no que se refere à sua legitimidade de falar, reconhecimento das convenções linguageiras em um quadro cultural dado, reconhecimento da situação de troca na qual eles se encontram, reconhecimento da finalidade da troca.

Além disso, vimos que, para alcançar o *sentido* ao final de um trabalho cognitivo de inferência, é necessário levar em conta não somente o contexto *intralinguageiro*, composto do ambiente textual e intertextual, mas igualmente do contexto *extralinguageiro*, ou contexto situacional, o qual se compõe da natureza identitária dos parceiros da troca, da relação que se instaura entre eles e das circunstâncias materiais em que eles se encontram, pois: "Os efeitos de sentido resultam das relações entre os elementos de um enunciado e, igualmente, das relações entre o enunciado e o contexto não verbal da enunciação".[8] Finalmente, acabamos de ver na parte precedente, que o sujeito falante evoluía entre três laços de pertinência: o das condições de produção externa, "sujeito comunicante" (*Sc*); o de encenação da enunciação, "sujeito enunciador" (*Se*) e um "sujeito destinatário" (*Sd*), ambos dependentes do sujeito comunicante; e o das condições de recepção do "sujeito interpretante" (*Si*), tudo em um jogo de duplicação de sujeitos. Assim se constrói a significação, ao final de um duplo processo de *transformação* (a realidade a-significante torna-se significante) e de *transação* (inscrição em um jogo interacional).

Esse conjunto de condições de produção e de interpretação do ato linguageiro faz parte, portanto, de uma *situação de comunicação*. É necessário, por conseguinte, precisar sua natureza.

A noção de situação em concorrência com outras noções

Postularemos que todo ato de linguagem, qualquer que seja a sua dimensão, nasce, vive e adquire significação em uma situação de comunicação. Não há ato de linguagem em si mesmo, fora da situação em termos de significado e, portanto, não podemos interpretar sem levar em conta a situação na qual ele se insere. O semanticista François Rastier declarava desde os anos 1990: "Se concordamos que as línguas não são simplesmente um espelho do mundo ou da mente [...], as situações de comunicação têm um papel determinante sobre as mensagens linguísticas".[9] Essa noção, entretanto, é frequentemente usada sem grande precisão, e se encontra em concorrência com outras, tais como "contexto", "condição de produção" e "domínio de prática linguageira".

A situação corresponde ao que chamamos anteriormente de "contexto extralinguístico". A noção de "condição de produção" é marcada pela tradição althusseriana retomada por Michel Pêcheux; ela se refere mais particularmente ao conjunto de discursos existentes que sobredeterminam[10] locutor e interlocutor atribuindo-lhes lugares que pertencem a classes sociais.[11] Essa noção de condição de produção não concerne, portanto, aos papéis que desempenham os parceiros do ato de linguagem, nem à natureza da relação que os vincula, nem ao dispositivo da troca, como veremos. Quando nós chegamos a empregá-la, é com um sentido genérico para designar tudo o que intervém, na sua significação, como restrições de produção e de interpretação do ato de linguagem. Quanto à noção de "práticas linguageiras", introduzida por Josiane Boutet,[12] ela se estende ao conjunto de práticas sociais que testemunham as relações de força que se instauram; ela é, portanto, mais extensa do que a noção de "situação de comunicação", que vamos definir. A situação de comunicação é a situação em que se encontram os atores que se comunicam, quer dizer, quem troca palavras com a esperança de alcançar o entendimento mútuo, e cujos sentidos dependem, de um lado, das condições relacionais em que realizam essa troca. Essa noção de situação é, portanto, mais restritiva do que aquela de domínio da prática social, estruturando-a, e mais englobante do que aquela de contexto que se refere geralmente ao contexto linguístico (o antes e o depois do que foi dito), enriquecendo-o.

158 O sujeito falante em ciências da linguagem

A situação de comunicação constitui o quadro de referência ao qual se conectam os indivíduos quando se comunicam, seja qual for a maneira. Como eles poderiam trocar palavras, influenciar-se, agredir-se, seduzir-se, se não existisse esse quadro de referência? Como eles produziriam a significação, como eles dariam um valor às propostas que eles enunciam, como eles se entenderiam, se não existisse um lugar a se referir, um lugar cujos dados permitissem avaliar o conteúdo dessas propostas? A situação de comunicação é como uma cena de teatro, com suas restrições de espaço, de tempo, de relações, de palavras, sobre a qual se encena a peça das trocas linguageiras. Consequentemente, os indivíduos que querem se comunicar uns com os outros devem levar em conta esses dados. Todo locutor deve não apenas se submeter às restrições – a menos que ele queira transgredi-las, o que é o mesmo que reconhecer sua existência –, mas também partir do princípio de que seu interlocutor, em alguma medida, as reconhece. Este, por seu turno, reconhecendo as restrições, será capaz de interpretá-las corretamente. Assim se estabelece o que certos filósofos, como Francis Jacques, chamam de "cointencionalidade" e se pode dizer que as restrições da situação de comunicação constituem o seu fiador.

Vejamos um exemplo, partindo do enunciado "É necessário controlar a imigração nas fronteiras". Se esse enunciado é pronunciado por uma personalidade política que se encontra no governo, ele poderá ser interpretado como uma *justificativa* de uma ação em curso para responder a uma preocupação e tranquilizar a população. Se ele é pronunciado por uma personalidade que está numa posição contrária ao governo, ele poderá ser interpretado como uma *contestação* e *crítica* a respeito do assunto. Se esse enunciado faz parte de uma declaração pronunciada numa campanha eleitoral, ele poderá ser compreendido como uma *promessa* de engajamento à realização de tal ação. Por outro lado, se é um ministro que se dirige ao serviço de alfândega, de polícia de fronteira, por meio de uma circular, o enunciado poderá ser interpretado como uma *ordem* disfarçada de conselho. Em cada caso, a interpretação depende das condições específicas da situação de troca. Imaginemos outro enunciado: "É necessário saber reconhecer seus erros". Seja ele pronunciado por uma mãe dirigindo-se à sua filha, por um patrão dirigindo-se a seu empregado (ou o inverso), por um amigo dirigindo-se a um outro, por um paciente dirigindo-se a seu médico (ou o inverso), em cada uma dessas situações de comunicação, o significado será específico. E se, por acaso, esse enunciado fosse pronunciado por uma personalidade política durante uma declaração pública (na televisão, ou diante de uma assembleia legislativa), o significado corresponderia a um pedido de perdão (ato de arrependimento) ou a um simples pedido de desculpas (pecado venial), para fazer com que fosse reconhecida a grandeza de sua alma, a coragem, a humildade ou a habilidade daquele que parecia reconhecer seus erros. Vemos, com isso, que um enunciado aparentemente inocente pode ter um significado político desde que a situação o justifique, e, ao mesmo tempo, um significado moral que pode neutralizar o significado político (efeito sobre o *ethos* da pessoa). Não é, portanto, o conteúdo do enunciado que tem valor político ou moral, mas a situação de comunicação que o torna político ou moral.

Psicólogos e biólogos demonstraram que as crianças aprendem a falar desde seu nascimento numa situação e na interação com os que estão no seu entorno, inclusive antes de poder pronunciar palavras:

> À medida que uma criança se socializa, ela assimila esquemas de interação, práticas relacionais correspondentes às diferentes situações que ela experencia. Constrói-se, assim, em nós, um repertório de práticas relacionais: nós distinguimos cada situação, nós nos familiarizamos com instruções de uso, o que esperar, como se comportar, o que convém dizer e o que não convém dizer.[13]

Os componentes da situação de comunicação

Uma situação de comunicação se compõe de respostas que são dadas às quatro perguntas seguintes: "Quem se comunica com quem?", cuja resposta determina a *identidade* dos parceiros da troca; "Para quê?", cuja resposta define a *finalidade* ou *visada* do ato de comunicação; "Por que dizer?", cuja resposta define o *propósito*, o tema, que é objeto da troca entre os parceiros; enfim, "Em que circunstâncias?", cuja resposta depende das condições materiais e físicas, do *dispositivo* no qual ocorre a comunicação.

A identidade

Vimos, nos capítulos anteriores, como se constrói a *identidade*. No que se refere à identidade do sujeito falante, esta se caracteriza por diversos traços biológicos, sociais e pessoais. E nós especificamos que se trata de considerar seus traços à medida que eles intervêm no ato de comunicação. Eles devem estar numa relação de relevância ao mesmo: o *status* social de um professor é irrelevante quando se trata de perguntar as horas na rua; o mesmo acontece com o *status* de um jornalista, se ele é pertinente na situação de "entrevista de rádio", não o será na situação de "pedido de informação" num guichê do correio. Assim, esses traços só são relevantes se entrarem em jogo na troca de palavras.

A finalidade-visada

Se, de acordo com uma filiação kantiana, o sentido da ação humana se determina por seu fechamento,[14] diremos que todo ato de linguagem é ordenado segundo uma meta, um objetivo: é o componente *finalidade* da situação. Essa noção de finalidade está presente nos diversos modelos de análise, sob os termos de "fins" na Etnografia de Hymes (1962), de "propósito" em Brown e Fraser (1979), de "objetivos globais e objetivos locais" em Pagé (1986) e Charolles (1983), mostrando, assim, que podem existir diferentes níveis de finalidade. Essa noção, porém, não é fácil de determinar, especialmente porque não podemos saber o que está na cabeça do sujeito falante, nem qual é a intenção provável para definir seu projeto de fala. Não se trata da finalidade própria do sujeito falante, trata-se da finalidade determinada pela situação mesma que diz o que está em jogo na troca permitindo ao sujeito falante responder à pergunta: "Eu estou aqui para qual problema de fala? (Para quê?)". Neste caso, não se trata do conteúdo do ato de linguagem, mas do que chamaremos de *visada discursiva* que determina o lugar em que se encontram os parceiros da troca, sua relação de fala, o que obriga o sujeito falante a se engajar nessa situação.

Essa visada corresponde à tensão para a resolução de um problema, este provocado pela existência do outro, por sua diferença, por seu próprio universo de discurso, o qual deve ser incluído no universo do sujeito falante. Essa tensão corresponde ao princípio de influência, que definimos anteriormente, segundo o qual todo ato de linguagem tenta trazer o outro para dentro de sua própria intencionalidade. Do ponto de vista estritamente linguageiro, só se pode definir a visada em termos de relação discursiva, de onde a denominação de "visada discursiva". Por exemplo, na situação de ensino, diremos que o professor, buscando transmitir o saber, encontra-se numa visada de *fazer saber*; na situação de pedido de informação, o sujeito falante está numa visada de *querer saber*. Assim, é possível definir certas visadas discursivas segundo os seguintes critérios: qual modalidade enunciativa; qual posição de legitimidade do sujeito comunicante; qual lugar é atribuído ao sujeito destinatário.

O sujeito falante e o espaço de restrição **161**

- A visada de "prescrição": a modalidade enunciativa é a de *fazer fazer* (ou *não fazer*); a posição do sujeito comunicante é de *autoridade*, pois, para prescrever, é necessário estar numa determinada posição, seja natural (o líder), seja institucional (o policial), seja jurídica (os pais); o sujeito destinatário se encontra no lugar de ter de *dever fazer*. Assim, são os atos de linguagem que se inscrevem num quadro legislativo ou regulamentar: "É proibido fumar nos toaletes". Evidentemente a visada não prejulga o seu resultado, podendo, o sujeito receptor, ignorá-la.

- A visada de "incitação": a modalidade enunciativa é de *fazer fazer* (ou *não fazer*), como para a prescrição, mas aqui a posição do sujeito comunicante é de *não-autoridade*, o que faz com que ele deva passar por um *fazer crer*, de modo a levar o sujeito interlocutor a *fazer* sem obrigação; assim, o interlocutor se encontra no lugar de ter de *dever crer*. Essa visada corresponde a todas as situações em que se trata de um fazer agir ou pensar pela persuasão ou sedução, como é, por exemplo, o caso da comunicação publicitária, política ou de toda conversa em que o sujeito falante quer obter alguma coisa (em pensamento, em ato) do interlocutor.

- A visada de "solicitação": a modalidade enunciativa é a de *querer saber*, de obter uma informação; a posição do sujeito comunicante não é de autoridade, já que ele não sabe, mas é necessário que sua demanda seja considerada legítima; com efeito, apresentar-se ao guichê da SNCF[**] para pedir um medicamento não parece tão legítimo quanto pedir um bilhete de trem. O sujeito receptor se encontra num lugar de *dever responder*; dessa forma não aceitaríamos que o agente do guichê da SNCF se recusasse a nos dar o bilhete do trem. É o caso de todas as situações de pedido de informação dirigido a uma pessoa ou instância qualquer dedicada a essa atividade.

- A visada de "informação": a modalidade enunciativa, simétrica à da solicitação, corresponde a uma visada de *fazer saber*, em resposta a um pedido de informação, e podemos supor que o sujeito comunicante, de alguma forma, está em posição de *autoridade de saber*; quanto ao sujeito receptor, presumimos que ele esteja em uma posição de solicitação. É o caso de órgãos de informação (imprensa, rádio, televisão), e de toda si-

---

[*] N.T.: A Société Nationale des Chemins de Fer Français (SCNF) é a empresa estatal que controla o sistema ferroviário da França.

tuação pessoal ou institucional cujos sujeitos se encontram nessa relação simétrica de *querer saber-fazer saber.*

- A visada de "instrução": é distinta da visada de informação, porque sua modalidade é de *fazer saber-fazer*; a posição do sujeito comunicante é de *autoridade* com relação a esse saber-fazer (ele mesmo sabe fazer); o sujeito receptor está em lugar de ter de *adquirir o saber-fazer*. É o caso de situações em que se estabelecem relações de aprendizagem: essa pode ser a relação entre o mestre e o aprendiz, do que dizem as regras de comportamento em certas circunstâncias (regras de saber viver), que são, então, regras morais, das notícias explicativas para o uso de medicamentos ou de montagem de móveis em kit, que são regras técnicas.

Poderíamos imaginar outras visadas discursivas como a de "demonstração" (em uma atividade de pesquisa), de "narração" (em uma atividade de laudo pericial ou redação de romance), mas é em função do quadro de experiência situacional que poderá ser determinada a visada discursiva. De qualquer forma, se a visada estiver vinculada a uma situação de comunicação, ela não lhe é exclusiva. Uma mesma visada pode ser encontrada em diferentes situações, como a visada de *prescrição* nas situações de conduzir automóvel (código de estrada), de comportamento cívico (código civil), ou de gestão da vida empresarial (regras da empresa). Inversamente, uma mesma situação pode convocar muitas visadas, como a situação de ensino envolvendo alternadamente uma visada de "informação", de "prescrição", de "incitação" e de "solicitação". E quando muitas visadas são envolvidas, uma delas (ou muitas) pode ser predominante. Assim, a situação de comunicação midiática pode convocar muitas visadas: de *instrução* (em suas seções de conselhos), de *incitação* (em seus títulos dramatizantes), de *demonstração* (quando ela dá a palavra a especialistas). Ela o faz, entretanto, sob o comando da visada predominante de *informação* que determina o jogo do contrato de comunicação. Mais exatamente, ela o faz como lhe mostram as análises, sob uma dupla visada predominante: de *informação*, para responder à exigência democrática que quer que a opinião pública seja informada sobre os eventos que são produzidos no espaço público; de *incitação*, para responder à exigência de concorrência comercial que quer, por razões financeiras, que o discurso se dirija e procure captar o maior número possível de pessoas.[15]

Para evitar qualquer mal-entendido, convém esclarecer o que não são visadas. Visadas não constituem "esquematizações" abstratas de um texto, pois estão bem distantes dele na conceitualização de uma intenção discursiva que não prejulga o que deve ser a organização textual; elas não podem, portanto, constituir um princípio de tipologia de textos, já que precedem a configuração textual. Elas não correspondem a "atos de fala" no sentido da Pragmática, mesmo compartilhando com eles o fato de se tratar de uma coenunciação intencional. Os atos de fala são unidades que se situam em um nível mais engajado na realização discursiva: um ato de fala como "promessa" poderá se inscrever, segundo o contexto, numa visada de prescrição, de incitação ou de informação. Por outro lado, as visadas são mais determinantes do que as simples forças ilocucionárias ou perlocucionárias. Podemos dizer que essas visadas fazem eco com certas "funções da linguagem", de Jakobson, como uma especificação delas. As visadas de prescrição, solicitação ou incitação, por exemplo, fazem parte da função conativa.

A proposta

É o componente do ato de comunicação que diz respeito ao conteúdo de fala no entorno de um domínio de saber. O domínio de saber é uma noção bastante vasta e vaga sobre a qual voltaremos a falar no capítulo consagrado aos imaginários sociais, mas podemos apreender parte dele por meio do processo de "tematização"[16] que responde à pergunta: "O que está em questão?" nessa troca. Claro, pode haver muitas questões, questões essas tratadas sucessivamente como nas situações de conversação, mas que, a cada vez, devem ser passíveis de retomada, caso contrário podem não ser entendidas. Além disso, são propostas tematizadas que definem certas situações, sob a forma de "macrotema" (o que não impede que outros temas ou subtemas sejam posteriormente adicionados), e com que os parceiros da comunicação devem concordar antecipadamente sob pena de se sentir "fora da proposta", fonte de mal-entendidos. Por exemplo, podemos considerar que, na situação de entrevista médica, o tema dominante diz respeito à saúde e, portanto, qualquer pergunta feita pelo médico ao paciente visa a estabelecer um diagnóstico e propor uma terapia. Isso faz que uma pergunta como "Com que frequência você evacua?" não possa ser considerada inconveniente nem impudica quando, numa outra situação, seria encarada como uma intromissão inaceitável na vida privada de uma pessoa. A proposta tematizada é o que permite, como veremos mais adiante, distinguir os gêneros, ou contrato de comunicação. Por exemplo, combinamos, às vezes, o discurso publicitário e o discurso político sob o pretexto de que ambos participam de um procedimento retórico de persuasão.[17] Entretanto, a proposta

164 O sujeito falante em ciências da linguagem

temática de cada um deles é diferente: o primeiro diz respeito à valorização de um bem de consumo, enquanto o segundo se refere à valorização de um projeto político. Portanto, um enunciado como "Sua opinião é importante para nós" não pode ser interpretado da mesma maneira num *slogan* publicitário de canal de televisão[18] e num apelo de um partido político para a participação na discussão.

O dispositivo

O dispositivo representa as restrições do ato de comunicação, as quais obrigam o sujeito falante a levar em conta as circunstâncias materiais em que a troca acontece.[19] Ele responde a um conjunto de perguntas: "Em que meio (espaço aberto ou fechado)[20] ocorre o ato de comunicação?"; "Que lugares físicos (proximidade ou distanciamento) ocupam os parceiros da troca?";[21] "Que canal de transmissão (oral ou escrito) é utilizado?". O dispositivo constitui o quadro topológico da troca. Esse quadro é mais ou menos manifesto, mais ou menos organizado. Às vezes, ele constitui o assunto de uma montagem cênica pensada de modo estratégico como nas mídias televisivas (jornal televisivo, transmissões de debate, de variedades, de jogo etc.), ou na publicidade; às vezes ele intervém minimamente como nas conversas espontâneas ou íntimas que podem ocorrer tanto num ambiente de cafeteria quanto numa sala fechada, mas sempre com a presença de características de intimidade. Entre essas situações opostas, há situações em que o dispositivo intervém de diferentes maneiras. A situação de ensino, por exemplo, pode realizar-se numa sala de aula, num local de trabalho profissional, ao ar livre etc. Não é, a rigor, o ambiente físico que conta aqui, mas o que caracteriza a possível transmissão do saber.

Esse termo, "dispositivo", exige algumas explicações. O dicionário *Robert* apresenta as duas acepções mais comuns: "Maneira como são dispostas as partes, os órgãos de um aparelho; o mecanismo mesmo"; "(Milit.) Conjunto de meios dispostos conforme um plano. *Dispositivo de ataque, de defesa*".[22] Em outras palavras, uma definição de ordem material que designa os componentes de um mecanismo, seu modo de disposição ou seus movimentos, e uma definição de ordem conceitual que se refere a um certo planejamento de operações acompanhadas de meios de executar (pensar a maneira como as ações vão suceder-se umas às outras). Essas duas acepções são usadas de diversas maneiras, segundo as áreas de pesquisa. Nos escritos de analistas que são interessados pelo cinema e pela televisão, o dispositivo diz respeito à utilização particular de instrumentos de filmagem (câmera), de gravação de som (microfones), de transmissão (tela) cuja disposição contribui para estabelecer um certo tipo de relação simbólica entre o (tele)espectador e as imagens, criando um todo, uma série de efeitos de ficção e de realidade.[23] A observação desses dispositivos, além disso, permite a alguns desses autores – particularmente Guy Lochard[24]– marcar a diferença entre os dispositivos do cinema e os da televisão. Michel Foucault, por sua vez, atribui um sentido mais extensivo e abstrato a essa noção. Seu objetivo sendo, como ele o diz, de determinar a significação de organizações sociais segundo as épocas e os lugares, ele define o dispositivo como "um conjunto heterogêneo que comporta discursos, instituições, imagens arquitetônicas, decisões regulatórias, leis, medidas administrativas, enunciados científicos, proposições morais, filantrópicas, em suma, do dito, assim como do não dito, aqui estão os elementos do dispositivo. O dispositivo, ele mesmo, é a rede que podemos estabelecer entre esses elementos", dos quais tenta identificar "[...] a natureza da ligação que pode existir entre esses elementos heterogêneos", cujo conjunto constitui "[...] uma *formação* que, num dado momento histórico, teve por função principal responder a uma urgência".[25]

Essas definições se unem, no sentido de que o dispositivo é uma questão de posicionamento dos elementos de um conjunto (de ordem material ou social), num certo espaço, cujas relações são sistematizadas por regras ou normas que assumem um valor simbólico, mas em domínios diferentes. Do ponto de vista da comunicação, podemos determinar três dispositivos de base: (i) o dispositivo de "conversa" entre dois, três ou vários parceiros que estão fisicamente presentes uns diante dos outros, cada um tendo o direito de tomar livremente a palavra e cuja conduta se caracteriza por uma alternância de tomada de fala; (ii) o dispositivo de "mediação", dispositivo com três parceiros copresentes fisicamente, um dos quais ocupa a posição de mediador que pode desempenhar, de acordo com o caso, um papel de animador da troca, de distribuidor de fala, de intercessor, de *árbitro*; (iii) o dispositivo de "cena", em que um ou mais atores tomam alternadamente a palavra, diante de um público fisicamente presente (sala de conferência ou de espetáculo) ou presente-ausente (televisão, rádio), que não toma a palavra (a menos que seja diretamente interpelado), mas pode reagir de modo diferente (risos, assobios ou aplausos na sala de espetáculo, chamadas telefônicas organizadas etc.).

Da situação ao contrato de comunicação

São esses diferentes componentes da situação de comunicação que constituem um quadro de restrições psicossociais, levando em conta os parceiros de troca, caso contrário não haveria intercompreensão possível. Esses parceiros são levados a identificar essas constantes como se eles estivessem ligados por um tipo de acordo prévio sobre o que são os dados desse quadro de referência. Eles, de alguma forma, encontram-se na situação de ter de aderir, antes de qualquer intenção e estratégia particular, a um contrato de reconhecimento das condições de realização do tipo de troca linguageira em que estão envolvidos. É o que chamamos um *contrato de comunicação*.

O contrato de comunicação é o que estrutura uma situação de troca verbal em condições de realização e de interpretação dos atos de linguagem. Encontramos aqui a problemática do *reconhecimento*: a necessidade, para os parceiros, de ter em comum um certo saber, não somente em relação às ideias, mas também em relação às restrições relacionais que acabamos de descrever. O reconhecimento do contrato é o que dá capacidade de conectar texto e contexto, dizer e situação de dizer, de forma que essa obrigação de reconhecimento não se restrinja apenas à implementação do "saber" e do "saber dizer", mas também do "querer dizer" e do "poder dizer". Uma sociedade precisa, para se constituir, estabelecer vínculos por meio de "mediações compartilhadas", como diz Habermas, mediações organizadas por regras comuns de trocas que enquadram e orientam o sentido das produções discursivas e permitem a compreensão mútua entre os membros de uma comunidade.

O contrato é aquilo que fala antes que alguém tenha falado, o que é compreendido antes mesmo de termos lido ou ouvido. Queremos dizer com isso que esse sistema de reconhecimento recíproco entre produtor e receptor do ato de linguagem que o contrato gera faz que este último signifique em primeiro lugar por suas condições de comunicação: "Antes mesmo de decidir fazer parte de uma interação, diz Gumperz, devemos ser capazes de inferir, mesmo que apenas em termos mais gerais, o que é interação e o que se espera de nós".[26] Quando vemos um cartaz publicitário na rua, já percebemos o contrato que nos diz que o discurso está elogiando um bem de consumo, sem mesmo ter decifrado as características do pôster. Quando vemos a declaração de um político na televisão, já compreendemos que se trata do contrato do discurso político, antes mesmo de ter ouvido o conteúdo de sua declaração. Quando um professor dá aula em sua sala, os alunos já têm em mente os dados relacionados ao contrato de ensino. Quando recebemos uma carta, é em função das pistas presentes no envelope (ou no cabeçalho) que percebemos tratar-se do contrato de uma carta administrativa, fiscal, profissional ou íntima. Uma parte do sentido é percebida antes que entremos na especificidade de um texto.

O sujeito falante e o espaço de restrição **167**

Ao contrário, não poderemos compreender enunciados como "Não tem condições de circular na Place de l'Opéra", "Está uma festa na Pont-Neuf", "Vemos que ainda há gasolina no Boulevard Sébastopol", "Relaxe em frente à Gare de Lyon", se não sabemos que eles são proferidos por um locutor de rádio que interrompe, periodicamente, o programa de música contínua transmitida pela estação FIP (France Inter Paris) para informar os motoristas sobre as condições de circulação no trânsito. Tomados isoladamente, cada um desses enunciados pode dar origem a diversas interpretações. Da mesma forma, podemos perguntar o que faz com que um enunciado como "Você tem descafeinado?", que se apresenta como uma pergunta pedindo uma resposta, pode levar o interlocutor a servir um café descafeinado, sem ter mesmo respondido à pergunta. Isso ocorre porque, em um bistrô, um indivíduo identificado como cliente se dirige a um outro identificado como garçom para pedir algo, ambos seguindo um certo contrato que permite a cada um fazer inferências apropriadas de pedido a ser atendido e de servir. Isso ocorre porque o contrato de comunicação que caracteriza uma situação em um bistrô constitui-se de um indivíduo identificado como cliente se dirigir a outro identificado como garçom para pedir algo. Ambos seguem esse contrato estabelecido, que permite a cada um fazer inferências apropriadas de pedido a ser atendido e de servir.

Há alguns anos, um jornalista-humorista fez a experiência de entrevistar um ministro, na sua descida do avião, tornando inaudível uma parte de suas perguntas: "Senhor Ministro, como... (seguido de ruídos incompreensíveis, mas que davam a impressão de que a pergunta continuava) ...com seus colaboradores?". E o ministro respondeu sem hesitação nem espanto: "Bem, eu diria que fui recebido calorosamente e que tive contatos muito interessantes com personalidades do novo governo". Esse joguinho continuou com quatro ou cinco perguntas sem que o ministro tivesse de pedir ao jornalista que repetisse. O ministro, *envolvido na armadilha* do contrato de "entrevista jornalística" (um jornalista só pode pedir informações sobre a viagem política que ele acaba de realizar), respondia sem se preocupar com o conteúdo da pergunta.[27]

Descreveremos, ao final deste capítulo, casos de contratos, mas podemos dizer desde já que o campo de ação do contrato cobre todos os atos de linguagem, quaisquer que sejam as situações em que eles são produzidos. Ele é essencial tanto em situações de comunicação oral (conversa, discussão, entrevista, conferência, reunião política, espetáculo humorístico, ensino) quanto em situações de comunicação escrita (podemos falar, então, de "contrato de leitura"),[28] sejam estas literárias (romance, poesia, teatro), sejam não literárias (dicionário, publicidade,

168 O sujeito falante em ciências da linguagem

textos políticos, administrativos, científicos etc.). Enfim, para homenagear Raymond Devos, o príncipe dos jogos de palavras, perguntamos por que um falante de francês que se senta num café, na França, e pede *uma cerveja* se vê servir uma bebida, e não um caixão?[**] Trata-se da existência de um código implícito que se encontra no contrato de "serviço em um bar", que põe as duas partes (cliente e garçom) sobre um mesmo terreno de conivência discursiva, permitindo-lhes compreender *cerveja* como uma "bebida".

Do contrato de comunicação ao contrato de fala

Em minha primeira obra, *Langage et discours*, de 1983, introduzi a noção de "contrato" assim definida:

> A noção de "contrato" pressupõe que indivíduos pertencentes a um mesmo corpo de práticas sociais sejam suscetíveis a estar de acordo sobre as representações linguageiras dessas práticas sociais. Segue-se que o sujeito comunicante poderá sempre, razoavelmente, supor que o outro tenha uma competência linguageira de reconhecimento análoga à sua. O ato de linguagem torna-se, então, uma proposição que o *EU* faz ao *TU* e para a qual ele espera uma contraparte de conivência.[29]

Eu chamei esse contrato, então, de "contrato de fala", especificando "que ele é constituído por um conjunto de restrições que codificam as práticas sociolinguageiras e que resultam de condições de produção e de interpretação do ato de linguagem". Em seguida, eu usei o termo "contrato de comunicação",[30] talvez influenciado pelos psicossociólogos da linguagem que utilizavam essa noção. Rodolphe Ghiglione, por exemplo, propunha distinguir a "situação potencialmente comunicativa", que determina a problemática que liga as duas entidades-sujeitos, do "contrato de comunicação", que transforma a situação potencialmente comunicativa em implementação de um certo número de regras.[31] Claude Chabrol, por seu turno, propõe distinguir o "domínio da prática social" (o político, o religioso, o jurídico etc.), correspondendo a vastos campos de prática, da "situação contratual", que gera problemas.[32] Fui, então, levado a distinguir três níveis. Um nível denominado "contrato global de comunicação" no qual se encontram as condições gerais de troca: finalidade, identidades e proposta;

---

[*] N.T.: Aqui trata-se de um jogo linguístico em francês derivado de dois sentidos da palavra "bière": "bebida" e "caixão".

esse nível corresponderia, em parte, à situação potencialmente comunicativa de Ghiglione e ao domínio da prática social (mas já estruturado) de Chabrol; é nesse nível que distinguimos os contratos político, científico, jurídico. Um nível denominado "contrato específico de comunicação", que explicita as condições gerais de troca; nesse nível encontramos os subcontratos dependentes do contrato global, como o contrato "campanha eleitoral" como subconjunto do contrato político. Por fim, um terceiro nível denominado "contrato de troca", que corresponde às particularidades do dispositivo, instituindo *variantes* no interior dos contratos precedentes; assim, as variantes "reunião política", "folhetos", "programas de governo" ou "debate televisivo", no interior do contrato campanha eleitoral.

Essas distinções permitem explicar o fenômeno da incorporação e entrecruzamento dos níveis de contrato. Por exemplo, dentro do contrato global de informação, encontram-se os contratos específicos de informação da imprensa escrita, do rádio e da televisão, cada um deles se particularizando em diversos formatos (reportagem, entrevista, debate). Mas, em última análise, inspirado na distinção proposta por Ghiglione entre "contrato global" e "contrato específico", voltei a simplificar essa hierarquia, distinguindo "contrato de comunicação" e "contrato de fala". Fiz isso porque a situação de comunicação, paralelamente às restrições psicossociais que ela prevê como condição de realização do ato de comunicação, dá "instruções" sobre o modo de encenar o ato de linguagem. As instruções correspondem às condições de *finalidade* (por exemplo, "perguntar" no contrato de entrevista), de *identidade* (por exemplo, o estatuto dos parceiros da troca), a *proposta* (por exemplo, o modo de tematizar e problematizar uma questão durante uma apresentação), e o *dispositivo* (por exemplo, criar diferentemente um anúncio, segundo a forma como ele será veiculado: escrito, oral ou visual). Imaginemos que uma pessoa entre em um táxi e comece a contar, ao motorista, seus problemas familiares; há boa chance de ele ficar surpreso e interromper seu passageiro para lhe perguntar aonde ele quer ir. Quando uma pessoa entra em um táxi, instala-se o contrato global de comunicação ("cliente de um serviço de transporte individual") cujo contrato de fala se caracteriza por uma das instruções discursivas: "informar ao motorista o lugar de destino".

O contrato de comunicação diz "Estas são as condições de nossa situação de troca verbal", em função das restrições psicossociais da troca; o contrato de fala diz "É assim que eu devo falar, é assim que você deve compreender", em função das instruções discursivas que são determinadas pelo contrato de comunicação. É pela articulação desses dois aspectos contratuais que se constrói a significação. Resta ao sujeito falante a possibilidade de escolher entre agir conforme essas instruções, ou decidir por ocultá-las, subvertê-las ou transgredi-las. Não sendo, porém, a favor de tornar mais complexa a metalinguagem de uma disciplina que se caracteriza por uma infinidade terminológica, eu navego em minhas análises entre contrato de comunicação e contrato de fala, o que me conduz a empregar um pelo outro. O mais importante é distinguir os componentes do contrato que permitem analisar os discursos.

JUSTIFICATIVA PARA O CONCEITO DE "CONTRATO" EM UMA CIÊNCIA DA LINGUAGEM

A noção de contrato não tem boa divulgação, sobretudo entre os intelectuais. Para alguns, essa noção estaria mais relacionada a uma transação comercial; para outros, ela só seria aplicável ao domínio jurídico. Rousseau, no entanto, ao tomar por empréstimo o domínio jurídico, fez da noção de contrato um conceito fundador da democracia: o "contrato social". Três perguntas são postas sobre essa noção: de quais filiações conceituais ela faz parte; qual é seu campo de ação em relação a outras noções como "norma, regra, convenção"; qual é a relevância da escolha dessa palavra em comparação a outras possíveis? Isso me leva a retomar algumas das teorias apresentadas nos percursos.

Filiações implícitas e explícitas

Parece-me que muitos autores abordaram a questão do contrato sem nunca usar esse termo. Vejamos, por exemplo, Benveniste, ao introduzir a noção de "intersubjetividade"[33] entre as pessoas *eu* e *tu*, condição para que o sujeito construa uma "consciência de si" numa relação dialética com o outro, o único que torna possível a comunicação entre seres falantes. Bakhtin, para quem só falamos o que já foi dito – utilizando outros textos ditos por outras pessoas, fazendo que o outro esteja presente em todo ato de linguagem mesmo quando ele está ausente (o "dialogismo")[34] –, de certa forma remete à noção de contrato. O mesmo ocorre com os pragmaticistas, filósofos da linguagem para quem os sentidos dependem de condições de "intenção coletiva" (Searle)[35] de "intencionalidade conjunta" (Jacques),[36] de "comunidades em palavras" (Parret),[37] de "relevância" (Grice, Flahaut, Sperber e Wilson);[38] com os etnometodólogos e analistas da conversação (Schülz, Garfinkel etc.) que baseiam os atos de linguagem em uma "reciprocidade", uma "troca" de pontos de vista ou expectativas recíprocas entre os parceiros,[39] e analisam as interações verbais como jogos de reciprocidade das trocas linguageiras; com Goffman que, como foi indicado, traz na perspectiva de uma Sociologia da Linguagem as noções de "quadro de experiência" e "quadro participativo"[40] "dentro dos quais o locutor dirige sua produção",[41] com a ideia de que estes podem se reconfigurar num jogo de "enquadramento e reenquadramento".

Essas hipóteses ou postulados convergem, sem o dizer explicitamente, para uma definição contratual do ato de linguagem. As "intenções coletivas ou conjuntas", "cenário comum", "negociação" e "máximas" que elas contêm supõem que os atores linguageiros concordam não somente para estabelecê-los e utilizá-los, mas também para definir o seu quadro de aplicação. O próprio Grice,[42] há algum tempo, flertou com essa noção: "Durante um tempo fui atraído pela ideia de que a observância do princípio de cooperação e de regras em uma troca falada poderia ser considerada como quase contratual [...]. Embora em certos casos possamos falar de contrato, existem, no entanto, muitos tipos de trocas como a disputa ou a troca de cartas às quais esse termo não se aplica bem".[43] Mas, ao argumentar que há muitos tipos de trocas aos quais esse termo não se aplica muito bem, Grice confunde o que diz respeito ao contrato e o que diz respeito à estratégia discursiva, pois, como veremos nos capítulos seguintes, há contrato e estratégias na conversa, e contrato e estratégias na disputa. Além disso, como diz Auroux, "O ponto de vista de Grice faz passar regras morais – viáveis num certo contexto social – como condições técnicas de expressão linguística".[44] Flahault, por sua vez, acredita que Grice dá "ao engajamento dos interlocutores uma cor moral, de forma que, às vezes, nós nos perguntamos se ele descreve o que é específico para qualquer conversa ou se ele não formula uma concepção normativa da conversa, das regras de uma 'boa' participação na conversa".[45] Mas esse autor acredita, além disso, que uma "conversa não tem muito a ver com um contrato. O contrato cria obrigações (de natureza jurídica) para cada uma das partes, ele as vincula ao poder público, o que não é, evidentemente, o caso da conversa".[46] Responderemos que o termo "contrato" é empregado aqui de maneira metafórica, e que, portanto, é uma noção que, por analogia com o contrato jurídico, diz respeito a um mecanismo discursivo. Responderemos que o contrato não está relacionado a uma normatividade moral, como são as máximas, mas diz respeito a uma conivência cognitiva, um reconhecimento das condições de intercompreensão em relação a uma situação de comunicação determinada. Por último, que não se trata de um simples acordo de palavras nem de um compartilhamento de saberes (ainda que o seja em parte), mas de um reconhecimento dos determinantes dessa situação de comunicação.

172 O sujeito falante em ciências da linguagem

De todo modo, essas diferentes hipóteses implicam a existência de dois sujeitos em *relação de intersubjetividade*, a existência de *convenções*, de *normas* e *acordos* que regulam as trocas linguageiras, a existência de *saberes comuns* que permitem que se estabeleça uma intercompreensão, tudo em uma determinada situação de comunicação. É verdade, no entanto, que nenhum desses autores procura articular verdadeiramente um espaço externo e um espaço interno de comunicação, como mostramos anteriormente. Um espaço externo, um lugar de construção de identidades psicossociais dos sujeitos, sua visada de influência e circunstâncias materiais da comunicação; um espaço interno, lugar da construção de identidades discursivas dos sujeitos e da visada enunciativa por meio da encenação linguageira que resulta, em parte, de instruções dadas pela situação de comunicação, e em parte por projetos de fala específicos dos sujeitos que interagem.

As filiações explícitas

Outros autores se referiram explicitamente ao contrato. Em Semiótica, A. J. Greimas e J. Courtés propõem uma definição: "Sem que possamos dar uma definição rigorosa dessa noção intuitiva, trata-se de usar o termo 'contrato' a fim de determinar progressivamente as condições mínimas em que se realiza o contato de dois sujeitos, condições que poderão ser consideradas como pressupostos do estabelecimento da estrutura da comunicação semiótica".[47] Em Psicologia Social, R. Ghiglione e C. Chabrol, já citados, valeram-se dessa noção. O primeiro, como vimos, relaciona a noção de "contrato de comunicação" às questões da "situação potencialmente comunicativa";[48] "para que o contrato de comunicação seja eficaz, diz ele, e dê origem a um diálogo regular, é necessário que a enunciação do interlocutor A seja validada pelo interlocutor B".[49] Vemos que essa concepção, portanto, está ligada à situação de conversação. A segunda concepção considera que a noção de contrato de comunicação só pode ser entendida como "metafórica e analógica":[50] "é claro que nenhuma convenção jurídica ou legal provou ser a base da maioria das trocas nos encontros comuns. [...] A utilização e o respeito a um dado modelo de comunicação numa situação de ação específica serão concebidos como um jogo de direitos e deveres, em grande parte implícito, assumido como sendo mutuamente compartilhado";[51] ele conecta as noções de "expectativas cruzadas", de Max Weber, e de "esperas cruzadas" dos psicossociólogos.[52] Para além das diferenças que há entre a teoria em que cada um se enquadra, esses pontos de vista compartilham igualmente as noções de "interrelação recíproca" e de "reconhecimento" entre os sujeitos do ato de comunicação, o processo de "coconstrução" dos sentidos que definimos, e a existência de "saberes comuns" para que se estabeleça uma intercompreensão.

Contrato ou gênero?

É conveniente perguntar se a noção de contrato é equivalente à de gênero discursivo ou se é diferente. Não retomarei em detalhes a tradição dos gêneros literários de que nós somos herdeiros, que eu descrevi em outros artigos.[53] Recordar-me-ei apenas de que, desde a Antiguidade, coexistiram duas problemáticas: uma decorrente da posição do poeta da Grécia pré-arcaica, que, inspirado pelos deuses, tinha o hábito de celebrar os heróis (o epidítico) e resolver os enigmas (os mitos), o que resultou na codificação da poesia em um certo número de gêneros (épico, lírico, dramático); a outra, decorrente da necessidade de gerenciar a vida da cidade e seus conflitos comerciais e políticos que se originaram na Grécia clássica e sua ascensão na Roma ciceroniana, fazendo da palavra pública um instrumento de deliberação e persuasão política. Isso resultou na determinação dos gêneros: tanto a partir de critérios de *formas* que permitem distinguir o romance, a poesia, o teatro – e, no interior deste, diferenciar as formas ditas "naturais" (a lírica, a épica, a dramática, a tragédia, a comédia) e as formas ditas "convencionais" (o soneto, a ode ou a balada) –; tanto a partir de *discursos fundadores* de escolas que se definem por oposição ao período que as precedeu, como será o caso dos gêneros romântico, realista, naturalista, surrealista; quanto a partir de critérios relativos à *estrutura do texto* e a seu dispositivo enunciativo como são os gêneros fantástico, autobiográfico, romance histórico etc. Na verdade, muitos desses critérios se somam, muitas dessas categorias se remodelam, como a tragédia que, na França, corresponde a um período histórico determinado (o século XVII) e que se apoia num discurso teórico que define uma estrutura particular da forma teatral.[54] A relevância desses critérios tem sido frequentemente discutida pelos teóricos da literatura, até mesmo revisitado, o que resultou em duas posições. Para alguns, a diferenciação dos gêneros permanece válida até o início do século XIX, porque esses gêneros foram identificados e teorizados, referindo-se a formas altamente codificadas. Para outros, os gêneros constituem uma referência necessária para reconhecer a obra e distingui-la dentre um conjunto de produções literárias, marca que serve de grade de leitura para o leitor e de modelo de escrita para o escritor, independentemente de ele se inscrever a favor ou contra o modelo.[55]

Além de seu uso na tradição literária, essa noção de gênero, tanto em seu uso comum quanto nos escritos de certas disciplinas, é empregada em diversos domí-

174 O sujeito falante em ciências da linguagem

nios de atividade, com sentidos diferentes: uma forma de comportamento ("Ele é
do gênero que fica bravo"); o pertencimento a uma categoria de modo aproxima-
do ("É um gênero – um tipo – de ensopado"). Em Gramática, gênero se refere à
distinção masculino/feminino que às vezes corresponde a uma distinção de sexo.
Ele é igualmente empregado para distinguir tipos de atividades artísticas: diremos
que a música e a pintura são "gêneros universais", que a dança é um "gênero de
atividade" que exige uma grande disciplina, que o humor é um "gênero" que não
agrada a todos. No interior dessas mesmas categorias se fazem outras distinções:
diremos, por exemplo, que dentro do gênero musical a canção é um gênero particular, e no seu interior distinguiremos a canção folclórica, a canção popular ou
a canção yé-yé, como gêneros que não devem ser confundidos. No domínio da
pintura, da mesma forma, distinguiremos os gêneros figurativo, não figurativo,
abstrato, e, no domínio da dança, os gêneros clássico, moderno, contemporâneo.
Trata-se de gêneros concebidos segundo a materialidade semiológica que é a
música, a pintura, a dança, e cujas variantes seriam, antes, uma questão de estilo.

Em ciências da linguagem, há diversas tentativas de definição. Ao determinar "lugares de fala" que resultam do modo como uma sociedade estrutura
institucionalmente a prática social em grandes setores de atividade, temos o gênero político, o gênero religioso, o gênero jurídico, o gênero científico, o gênero
educativo, tomando como critério as "funções" de base da atividade linguageira,
conforme foi descrito por Jakobson (emotiva, conativa, fática, poética, referencial
e metalinguística)[56] ou Halliday (instrumental, interacional, pessoal, heurística,
imaginativa, ideacional, interpessoal etc.);[57] distinguindo as formas "orais ou escritas", "dialógicas ou monológicas" da troca verbal, segundo elas fossem, como
propõe Bakhtin, "naturais" e espontâneas (gêneros primários) ou "construídas" e
institucionalizadas (gêneros secundários);[58] baseando-se nas formas prototípicas de
"organização do discurso" (narrativo, argumentativo, explicativo etc.), como sugere
Jean-Michel Adam;[59] descrevendo as características formais dos textos e reunindo
as marcas mais recorrentes para chegar à determinação de um gênero textual,
segundo a orientação de Sophie Moirand;[60] finalmente buscando determinar um
domínio de produção de discurso baseado em textos fundadores, o que Dominique
Maingueneau e Fréderic Cossuta chamam de "discursos constituintes", a saber: o
discurso filosófico, o discurso científico, o discurso religioso, o discurso literário.[61]

Essas formas de definir os gêneros não literários têm, cada uma, a sua relevância, mas criam o problema do entrecruzamento: as mesmas funções da linguagem,
por exemplo, podem ser encontradas em textos tão diferentes quanto os textos

políticos, publicitários, legislativos, administrativos, didáticos e mesmo científicos; os mesmos critérios de formas prototípicas de organização do discurso podem ser encontrados em diversos tipos de troca (conferência, entrevista, debate etc.). Sonia Branca-Rossof, ao analisar cartas de reclamação, destaca que um certo número de locuções particularmente recorrentes (as locuções "em consequência de", "levando em conta" etc.) são encontradas em outros textos diferentes das cartas administrativas. Ela propõe explicar esse fenômeno pelo fato de que o uso transporta essas locuções, quer dizer, essas mesmas formas, de um domínio de prática para outro, e que, ao mesmo tempo, são criadas espécies de "segundas línguas".[62]

Há um ponto comum entre essas diferentes definições: o sujeito falante precisa de referências para poder se inscrever, como diz Bakhtin,[63] no mundo dos signos, significar suas intenções de comunicação e interpretar. É desse modo que se realiza o processo de socialização dos indivíduos, seres individuais e coletivos, por meio da linguagem. Isso permite levantar hipóteses de que existem diversas memórias que testemunham a forma como se constitui uma comunidade linguística: *memória de formas de signos*, de sua organização em sistema e de seu valor como uso; *memória de discursos*, como organização de maneiras de dizer e como portadoras de saberes de conhecimento e de crença sobre o mundo; e *memória das situações de comunicação*, lugar dos dispositivos comunicacionais que orientam a enunciação dos atos de linguagem. Assim, o gênero não depende somente da implementação da forma, da organização do discurso; ele depende também – e pode ser em primeira instância – das condições externas do ato de enunciação.

Como sabemos que estamos diante de um gênero de discurso publicitário, político, jornalístico? Adquirimos a noção, como eu disse anteriormente, antes mesmo de nos interessarmos pelo conteúdo dos textos. Isso significa que nós nos encontramos numa situação em que percebemos as características globais de um ato de linguagem ou de um texto a partir da consciência que temos da situação de comunicação em que nos encontramos. Se nos apoiássemos nas marcas formais para decidir, não poderíamos distinguir esses gêneros, pois, como vimos anteriormente, as mesmas marcas podem ser encontradas em gêneros diferentes. Nós acessamos, portanto, o texto pela porta de suas condições de encenação, segundo os componentes de identidade, de visada e de dispositivo do contrato de comunicação que, por meio de instruções discursivas, ditam aos sujeitos (comunicante e interpretante) as maneiras de falar, de escrever e de interpretar. É, portanto, nos componentes externos da situação de comunicação que decidimos o modo como deve ser organizado um pôster publicitário, uma declaração política para a televisão, um debate entre candidatos a uma eleição presidencial, uma carta administrativa dirigida à seguridade social. É o contrato que define o gênero, ao qual se juntam por meio das instruções discursivas certas características de forma.

A partir daí, podemos observar que as correlações entre a situação, as várias instruções e as formas textuais são mais ou menos fortes. Por exemplo, a correlação é forte nos casos do contrato-gênero "epistolar", que varia segundo seja uma carta com visada administrativa, diplomática, familiar, amigável, íntima, cujo ponto comum é de natureza formal: endereço, data, assinatura. No caso do contrato-gênero "publicitário", que descreveremos mais adiante, as instruções discursivas exigem que o bem de consumo seja apresentado com qualidades excepcionais, num relato de sedução, tudo resumido num *slogan*. No contrato-gênero "notícia", que depende do contrato global "informação midiática", as instruções discursivas visam a informar o leitor sobre os dramas e tragédias do dia a dia, segundo uma mesma composição textual: uma introdução que apresenta o resultado dramático do fato, uma incerteza sobre as causas, deixando o leitor em suspense; um encerramento que questiona as desgraças do mundo e a miséria humana.[64] No mesmo contrato global midiático, o subcontrato-gênero "crônica cinematográfica" se apresenta sempre com a mesma organização textual: identificação do filme (título, autor, atores, gênero etc.); breve resumo da história; avaliação positiva ou negativa.[65] Da mesma forma, o contrato-gênero "editorial" que encontramos nos jornais diários e em algumas revistas de informação geral obedece a certas características: um olhar do sujeito da escrita que se distancia com relação à atualidade, pressupondo que o acontecimento é conhecido; uma tomada de controle desse acontecimento a propósito do qual o editorialista diz "o que é preciso pensar", fazendo um comentário sobre ele.[66] Por outro lado, temos os casos em que a correlação entre situação e instruções discursivas é fraca. Trata-se do contrato-gênero "prefácio" de uma obra: os dados situacionais desse contrato dizem que o autor do prefácio tem uma certa notoriedade e que deve se referir ao livro, a seu conteúdo, inscrevendo-o numa problemática mais ampla para mostrar o seu alcance. Quanto ao resto, porém, ele está livre para acrescentar o que quiser, de modo que um outro prefaciador escreveria – se colocasse de lado essas restrições – um outro texto. Podemos dizer que reconhecemos um prefácio menos por suas recorrências discursivas do que por sua posição no início do livro com seu título ("Prefácio") e uma assinatura que deve ser a de uma pessoa conhecida.

Vemos que o gênero é definido no ponto de convergência entre as condições situacionais do texto e suas características formais. Maingueneau, por sua vez, propõe vários critérios de definição do gênero: o estatuto respectivo dos locutores

O sujeito falante e o espaço de restrição **177**

e receptores, as circunstâncias temporais e locais da enunciação, o suporte e os modos de divulgação, os temas que são introduzidos, a duração e o modo de organização.[67] Esses critérios correspondem, ponto por ponto, aos componentes do contrato de comunicação. E se mantemos esse nome é porque ele está em contato com o funcionamento do ato de comunicação, relembrando a ancoragem situacional num quadro de prática social situado, o que não evoca a noção de gênero. Isso não exclui, no entanto, essa noção que, antes, evoca as características formais, o que faz com que, associando esses dois conceitos, possamos falar de "contrato-gênero", que reúne a materialidade semiológica e o dispositivo comunicacional.

Contrato ou cenografia?

Eu gostaria de discutir mais profundamente (mais a fundo) duas noções propostas por Dominique Maingueneau, pois elas são próximas da noção de contrato, mas apresentam diferenças. São as noções de "cenografia" e de "discurso constitutivo" (constituinte), estando Frederic Cossuta associado a esta última. Num longo artigo em contribuição à homenagem que lhe foi prestada, eu analisei demoradamente as diferenças e os pontos comuns, e vou apenas abordar aqui os que me parecem mais importantes.[68] Maingueneau define a cena de enunciação como "uma noção que, em análise do discurso, é frequentemente usada de modo simultâneo com a noção de "situação de comunicação". Falando, no entanto, de "cena da enunciação", nós destacamos o fato de a enunciação ocorrer em um espaço estabelecido, definido pelo gênero de discurso, mas também na dimensão construtiva do discurso, que se "coloca em cena", instaura seu próprio espaço de enunciação".[69] Eu disse anteriormente que distinguia a "situação de comunicação" da "situação de enunciação", sendo a primeira de ordem estabelecida, e a segunda de ordem construída. Assim, com terminologias diferentes, nós estamos de acordo com a necessidade de ver duas dimensões, uma estabelecida, a outra construída, as quais se combinam num ato de encenação. Em seguida, Dominique Maingueneau decompõe (divide) a cena de enunciação em três cenas distintas: "cena englobante", "cena genérica" e "cenografia", sendo, esta última, o lugar do gênero de discurso.

É nessa distinção que divergimos. Menos na definição desses níveis diferentes do que em sua natureza. O nível da cenografia corresponde, para mim, ao que chamei anteriormente de a situação de enunciação, lugar de intervenção do sujeito que, restringido (limitado) pelas instruções discursivas do contrato, coloca em cena seu ato de linguagem: a situação de comunicação é da ordem da restrição, daquilo que é

178 O sujeito falante em ciências da linguagem

socialmente imposto; a situação de enunciação é da ordem de uma implementação, por sua vez restringida (limitada) e livre sob a responsabilidade do sujeito falante. Vemos, porém, que, com termos diferentes, estamos de acordo; onde Maingueneau escreve: "certas publicidades (anúncios) utilizam cenografias de conversa, outros se valem de discursos científico etc."; eu escreveria: "certas publicidades exploram estrategicamente outros contratos-gêneros, integrando-os no contrato global publicitário". Então qual é a diferença? A noção de cenografia sugere claramente o trabalho do sujeito falante em sua implementação, mas não sugere o aspecto restritivo do contrato nem a ideia de reciprocidade interativa que é a condição da coconstrução dos sentidos. Resta-me, portanto, decididamente, ser favorável a uma análise de discurso "sociodiscursiva", que considera o componente social como integrado no ato de linguagem pelo viés do contrato. E é nesse ponto que nós nos distinguimos, pois ele acredita que: "Para uma análise do discurso, a noção de "cena" permite evitar categorias como "contexto" ou "situação de comunicação" que facilmente deslizam para uma concepção sociológica da enunciação".[70] Pelo que me diz respeito (na minha opinião), ele não trata de um deslizamento, mas de uma integração.

A noção de "discursos constituintes", como é definida por Maingueneau e Cossuta, que poderia nos fazer pensar que não tem relação com a noção de "contrato", exige reflexão de minha parte. Em sua contribuição à homenagem de Dominique Maingueneau, que nós citamos, Cossuta retorna a essa categoria para reexaminá-la vinte anos depois.[71] Ele lembra que "a categoria do discurso constituinte não designa um gênero ou um tipo de discurso, mas uma propriedade que define grandes restrições".[72] Inicialmente, Maingueneau e Cossuta consideraram que "são constituintes essencialmente os discursos religioso, científico, filosófico, literário, jurídico". Mas eles se perguntaram, ao mesmo tempo, se uma tal categoria não poderia levar em conta outros discursos: "Todo discurso, pelo viés das funções metalinguísticas, não é, ao menos virtualmente ou legalmente, apto (capaz) a refletir sobre si mesmo?"[73] E assim: "Os discursos comerciais, midiáticos, administrativos não são cuidadosamente considerados por um ciclo reflexivo por seus agentes e, consequentemente, por aqueles que os formaram nas escolas de jornalismo, de comunicação, ou nos departamentos universitários?"[74] A questão de fundo que se propõe é saber se a noção de "constituição" depende exclusivamente das instituições ou se ela não é produzida, de modo reflexivo pela própria encenação, entre "autoconstituição" e "hétero-constituição". O seu ponto de vista, isto é, a forma de abordar o fato discursivo não é exatamente o mesmo que o meu? Eles inserem o fato discursivo num quadro enunciativo interno à atividade discursiva, enquanto eu o insiro num quadro que inclui os dados externos do ato de comunicação. Parece-me, no entanto, que, pelo viés do fenômeno denominado por eles de "constituição", há, em última análise, convergência.

A noção de contrato, como vimos, depende do posicionamento das instâncias do ato de comunicação, segundo sua identidade social, sua relação e as visadas que determinam os jogos da troca. A instituição, em seu sentido amplo, portanto, tem algo a ver com isso, e nós vemos isso funcionando no discurso filosófico, religioso, jurídico, científico, político, midiático, administrativo etc. Mas se estabelece igualmente nas situações de troca, em que a instituição é falível como nas trocas conversacionais ou epistolares. Na verdade, ela serve como suporte a um trabalho reflexivo por parte dos sujeitos que acabam não integrando as instruções de maneira discursiva. De fato, em todos esses casos, podem aparecer sanções mais ou menos simbólicas quando os termos do contrato (ou do "constituinte") não são respeitados, como vamos ver mais adiante com o caso da Benetton.[75] As "instruções discursivas", que o contrato fornece aos sujeitos comunicante e interpretante, testemunham o fenômeno da autoreflexividade. Quanto ao que podem ser as diferentes doutrinas no interior do discurso filosófico, nas diferentes modalidades do discurso religioso, nos diversos estilos do discurso jurídico, nos diferentes gêneros do discurso literário, isso, para nós, é um subcontrato (as entrevistas, reportagens, crônicas dentro do contrato midiático) ou estratégias (as diferentes modalidades do discurso jurídico, humorístico, científico etc.). Na citada contribuição, Cossutta questiona se é necessário renunciar à categoria de "discursos constituintes". Eu não penso assim, na medida em que, diz ele, "a constituição atravessa todos os discursos, sem recusar o fato de que alguns, modalidades e graus variados, são desenvolvidos moldando-se nesta propriedade".[76] Isso está relacionado, do meu ponto de vista, à noção de contrato, que assinala com vantagem o fato comunicativo. Mas pode ser que o paralelismo seja forçado.

Outras noções possíveis

Outro termo, possivelmente em concorrência, é o de "pacto"; empregado por figuras literárias ("pacto autobiográfico")[77] e por filósofos (o "pacto da verdade")[78], aproxima-se do sentido de contrato (implica reconhecimento recíproco predeterminado); é, admitamos, mais elegante. Apresenta, no entanto, aos nossos olhos, o inconveniente de seu semantismo numa linguagem que pressupõe um estado de conflito e postula um acordo para estabelecer um estado de paz (fazer um pacto). O contrato de comunicação, ele mesmo, não pressupõe necessariamente um estado de

180 O sujeito falante em ciências da linguagem

conflito. Ele se impõe, em primeiro lugar, como um lugar de reconhecimento e de restrições recíprocas. "Promessa"[79] é outro termo, proposto por François Jost, o qual liga os dois parceiros por horizontes de expectativas", como é o caso do contrato, mas a promessa não os insere numa relação de reciprocidade. A promessa é um ato de fala performativo cuja origem enunciativa é um sujeito que se compromete a fazer algo dentro das condições de sua possível realização (não podemos prometer a Lua), e que depende unicamente dele – o sujeito que promete ("eu te prometo que ..."). O outro não tem nada a fazer senão receber. Esse termo não indica as condições de reconhecimento da realização da troca que obrigam seus parceiros a partilhar as restrições comunicativas. A promessa é o fato de o sujeito ter uma vontade exclusiva de se comunicar, o contrato, o desejo de coparticipação dos atores da comunicação.

Quanto à noção de "contrato de leitura" introduzida por Eliseo Verón[80] – que é reutilizada nos estudos relativos à mídia e à publicidade, do ponto de vista do leitor –, ela está próxima do nosso contrato de comunicação, mas deixa o interlocutor ou o público numa situação passiva, não evoca sua possível reação, ou seja, não evoca a interatividade da troca, condição para a coconstrução do sentido. O contrato de leitura constrói claramente uma figura do emissor (sem saber se ele é o nosso sujeito comunicante ou enunciador), do receptor (sem que saibamos se ele é o sujeito destinatário ou interpretante), um universo de referência comum (nossa proposta), e estabelece uma relação de reconhecimento recíproco. A palavra "leitura", porém, aplica-se habitualmente aos casos de decifração da escrita ou da imagem, apenas do lado do sujeito receptor, restringindo um pouco o alcance de uma noção cujo campo de aplicação diz respeito a todos os atos de comunicação, qualquer que seja a forma semiológica.

O CONTRATO COMO CONDIÇÃO DE ENUNCIAÇÃO E DE INTERPRETAÇÃO

A partir da pergunta "Eu estou aqui para dizer o quê?", que baseia a intenção de todo ato de comunicação e legitima uma colocação da palavra, surge imediatamente a pergunta: "Como dizer?", que abre a consciência do sujeito falante sobre as condições situacionais do ato de comunicação. O mesmo ocorre com o sujeito receptor que se pergunta "como interpretar o dito?" em função das mesmas condições situacionais. Essas condições situacionais não são aleatórias. Elas resultam, segundo o princípio da regulação, da recorrência das maneiras de falar que estabilizam as trocas linguageiras e permitem, aos participantes, situar-se no mesmo quadro comunicacional, dentro de um mesmo contrato. É a razão para a qual nós postulamos que, para compreender (e analisar) um ato de comunicação sob qualquer forma textual em que apareça, é necessário "entrar" no contrato. Não somente porque o sujeito falante fala ou escreve levando isso em conta, mas porque o receptor, em qualquer posição que esteja, se não o fizer (o levar), não poderá compreender. É o contrato que, em primeira instância, evita os mal-entendidos, as interpretações erradas. Não podemos interpretar (e, portanto, julgar) um enunciado sem saber a que contrato comunicacional ele se conecta. Um enunciado como "Juntos mudaremos o futuro" não pode ser entendido da mesma forma segundo faça parte de um contrato de discurso publicitário para elogiar um carro totalmente elétrico, um contrato de anúncio para uma escola de gestão ou um contrato de discurso político.[81]

Os três lugares de construção do ato de linguagem

Agora podemos dar uma ideia de como funciona o ato de comunicação em torno de três lugares de relevância representados pela tabela a seguir:

Os três lugares de relevância

1) Lugar das condições de produção	2) Lugar do ato de enunciação	3) Lugar das condições recepção
Identidade social (*Pessoa*)	Identidade discursiva (*Personagem*)	Identidade social (*Pessoa*)
do Sujeito comunicante (*Sc*)	do Enunciador Destinatário (*Se*) (*Sd*)	do Receptor-interpretante (*Si*)
no "Contrato" (*Status*, Papéis)	na "Organização discursiva" (Dispositivo)	no "Contrato" (*Status*, Papéis)
Efeitos visados	Efeitos possíveis	Efeitos produzidos

Coconstrução da significação

Especificaremos:

1) O lugar das *condições de produção* do ato de comunicação, no qual encontramos o *sujeito comunicante-pessoa* (*Sc*), com sua identidade psicológica e social, conectado ao *contrato* de uma certa prática social que determina *status* e papéis.

2) O lugar do *ato de enunciação*, no qual o sujeito comunicante coloca em cena sua intenção de sentidos, estabelecendo uma imagem de si mesmo como *sujeito enunciador-personagem* (*Se*) e uma imagem do receptor como um *sujeito destinatário* (*Sd*), por meio de uma certa *organização discursiva* em um determinado *dispositivo*.

3) O lugar das *condições de recepção*, no qual encontramos o receptor como *sujeito interpretante-pessoa* (*Si*), com sua própria identidade psicológica e social, conectado, em princípio, ao mesmo *contrato* de prática social, determinando *status* e papéis.

182 O sujeito falante em ciências da linguagem

Esse conjunto representa os três componentes do processo de comunicação e de "coconstrução da significação", cuja assimetria vemos na instância de produção, o sujeito comunicante constrói sua encenação enunciativa com a intenção de produzir certos efeitos, que são somente "efeitos visados", pois nada garante que correspondam aos "efeitos produzidos" no receptor, o que sua interpretação testemunhará. E, como esses efeitos podem variar segundo o sujeito interpretante, diremos que o resultado da encenação do ato de linguagem é repleto de "efeitos possíveis".

Conclusão: o sujeito restrito

Voltemos ao sujeito do discurso. Este, como já foi dito muitas vezes, encontra-se entre um espaço de restrição e um espaço de liberdade. O espaço de restrição constitui as condições das quais não se pode desviar sob pena de não poder comunicar. Trata-se de um espaço de restrições que não está, como o supõe Bourdieu – cuja crítica fizemos no percurso linguístico –, sob a autoridade exclusiva do *skeptron* que reduz o ato de comunicação a uma relação de dominação. O contrato de comunicação desse espaço resulta de uma coconstrução; ele é um "terreno de entendimento" (Flahault),[82] ele atesta "um saber social compartilhado" (Gumperz),[83] ele é o quadro de reconhecimento da troca linguageira que se instaura entre dois parceiros, quadro de reconhecimento que determina uma *aposta*. Talvez seja essa noção de aposta (desafio, problemática) que faz mais falta às definições que são geralmente dadas à situação de comunicação e ao quadro de experiência. É numa perspectiva psico-sócio-linguageira que nascem as apostas de uma troca. Uma aposta é sempre dependente das condições nas quais ela pode ser realizada. É insuficiente dizer que numa partida de pôquer o jogo de cada um dos jogadores consiste em blefar o outro para ganhar a aposta. É necessário acrescentar que cada um faz isso em função das regras e condições do jogo de pôquer que devem ser conhecidas, reconhecidas e aceitas antecipadamente por todos. É em função dessa aposta que várias relações de força são estabelecidas, por meio da implementação de *estratégias discursivas*.

É verdade que a palavra "contrato" está contaminada pelo economicismo; está impregnada pela noção de mercado, do "contrato comercial" que liga os parceiros em uma transação mercantil pelo compromisso de compra/venda ou de trabalho/ remuneração. Ela refere-se também, como já dissemos, ao mundo jurídico – muitas vezes aliada ao economicismo –, sendo o contrato estabelecido entre parceiros que se encontram ligados por regras, leis, direitos e deveres, sugere demasiada autoridade e coerção. Por isso, a palavra "contrato" é aceita como metáfora no mundo da pesquisa. Roland Barthes faz um elogio ambíguo:

> A primeira imagem que ele tem de *contrato* (do pacto) é, em suma, objetiva: o signo, a língua, o relato, a sociedade funcionam por contrato, mas, como esse contrato é na maioria das vezes disfarçado, a operação crítica consiste em decifrar o emaranhado das razões, dos álibis, das aparências, enfim todo o *natural* social, para tornar manifesta a troca regulada sobre a qual repousa a caminhada semântica e a vida coletiva. Contudo, em um outro nível, o contrato é um objeto ruim: é um valor burguês que só faz legalizar um tipo de retaliação econômica: *dar e receber* [...].[84]

Essas duas atitudes são tão contraditórias entre elas? Porque, como diz Barthes mais à frente: "Ao mesmo tempo e em última instância, o contrato é constantemente desejado, como a justiça de um mundo finalmente 'regular': gosto por contrato nas relações humanas, muita segurança assim que um contrato pode ser feito, repugnância a receber sem dar etc."[85] O contrato pleiteia "uma naturalização social", como ele diz. Ele é, portanto, um bom representante de imaginários coletivos que administram as trocas sociais de produção/reconhecimento. Em se tratando do ato de comunicação, o "contrato" corresponde bem a essa troca de *dar e receber*. Podemos querer contorná-lo ou denunciá-lo, mas é necessário para que se estabeleça a troca linguageira. O contrato não pode ser entendido, como a maioria dos conceitos em Ciências Sociais, apenas de modo "metafórico e analógico". O contrato de comunicação, por meio de seu contrato de fala, atua como um compromisso recíproco de reconhecimento, de cointencionalidade, dependendo de seus parceiros e para efeitos de compreensão mútua, mesmo que esta seja ilusória. É o fundamento mesmo do ato de linguagem: um quadro de reconhecimento ao qual se subscrevem seus parceiros para entrar em relação uns com os outros, um quadro psicológico e social que preside a troca como condição de produção da significação e possibilidade de intercompreensão. Para Rousseau, o "contrato social" une os membros de uma sociedade por laços ético-educativos, e é para cada cidadão a condição de existência de seus direitos naturais. Da mesma forma, o contrato de comunicação é, para os seres falantes, a condição de existência de seu direito de entrar em relação uns com os outros. Não faz parte da ordem da lei, nem da ordem comercial. É da ordem dos "direitos naturais" para a compreensão das relações de fala entre os indivíduos.

184   O sujeito falante em ciências da linguagem

O contrato também faz parte de uma problemática psicossocial, enfatizam os psicossociólogos que trabalham com a linguagem:

> O contrato de comunicação é um conceito fundador do ato de linguagem. Ele define o ato de linguagem como dependente de um conjunto de condições de realização que sobredeterminam a situação em que ele aparece. Essas condições o tornam um quadro obrigatório de coconstrução de sentidos para os dois sujeitos aos quais uma competência psico-sócio-linguageira de direito à fala e de direito à influência é exigida.[86]

O contrato de comunicação, sem revolucionar as teorias do discurso, tem, ao mesmo tempo, um valor operacional. No ponto de convergência dos quatro princípios do postulado da intencionalidade (alteridade, influência, regulação, relevância), ele define o conjunto de condições de realização que permitem resolver os três problemas que se apresentam ao sujeito falante: "Como tomar a palavra?" (condição de legitimidade); "Como se posicionar em relação ao outro?" (condição de finalidade); "Como organizar e problematizar o conteúdo do dizer?" (condição de enunciação). A convergência desses problemas determina o *desafio* da coconstrução dos sentidos, legitimando os sujeitos no seu direito de tomar a palavra e interpretá-la. Desses sujeitos, é exigida não somente uma competência *linguístico-discursiva* permitindo que o ato de linguagem seja enunciado, mas também, e de antemão, uma *competência de comunicação* como condição do exercício da enunciação.

ALGUNS "CONTRATOS-GÊNEROS"

Recordemos que o contrato-gênero, em termos de suas características externas, depende dos componentes da situação de comunicação: as identidades e os papéis das *instâncias* de troca em presença, que determinam sua legitimidade; a *finalidade* da troca em termos de visada discursiva, que define a expectativa da troca; a *afirmação* dominante como macrotema, que determina a natureza do objeto da troca; o *dispositivo* que enquadra a troca, contendo suas próprias restrições da oralidade e/ou da escrita. O conjunto desses componentes constitui as condições de produção e de interpretação contratuais do ato de comunicação que oferecem aos sujeitos falantes (comunicante e interpretante) as instruções para a encenação e a interpretação dos discursos. É a partir desses componentes que podemos descrever as características dos vários contratos de comunicação e suas instruções discursivas. Cada um desses contratos é considerado como um "tipo ideal", uma categoria conceitual que, nesse nível, não comporta as características próprias dos discursos efetivamente produzidos numa situação particular. Eles não constituem menos as condições de realização desses atos de comunicação ao fornecer indicações mínimas sobre as condições de realização de troca. Nós relatamos aqui, a título de ilustração, apenas dois casos de contrato, e poderemos nos referir aos diferentes discursos que temos analisado para consultar a definição dos contratos em que eles se inserem e os do *discurso político*,[87] do *discurso publicitário*,[88] do *discurso promocional*,[89] do *discurso midiático*,[90] do *discurso de ensino*.[91]

O contrato-gênero da situação de comunicação científica

A *identidade* da instância de produção científica se caracteriza por um *status* e uma competência. O *status* é de ordem profissional, na medida em que o sujeito é identificado como pesquisador pertencente a uma instituição pública ou privada. Ele adquire, assim, um direito e uma obrigação de comportamento que está vinculado a esse direito. Ao mesmo tempo, porém, ele é reconhecido como tendo competência num certo "domínio de saber", uma especialização que é enquadrada por uma disciplina, isto é, um conjunto de pressupostos teóricos e de procedimentos de análise. Isso é o que faz com que não confundamos um físico com um matemático, um psicólogo com um historicista. A instância de recepção a que se dirige a instância de produção deve ter as mesmas referências de *status* e de saber especializado, o que instaura uma relação de "pares". Se este não é o caso, nós nos encontramos numa situação de vulgarização que abordaremos mais adiante. Essa posição de compartilhamento permite que as duas instâncias façam economia de certas explicações e usem um vocabulário comum (terminologia) que não precisa ser explicitado. Dito isso, os sujeitos dessas instâncias podem ser portadores de vários posicionamentos teóricos ou de métodos de análise diferentes, o que pode conduzi-los a estabelecer entre eles relações de oposição, dando origem a controvérsias científicas.[92] Enfim, os sujeitos devem compartilhar uma posição de neutralidade ideológica em nome da busca por uma "verdade" científica[93] e da credibilidade que é necessária. Essa condição ética faz parte do contrato do discurso científico, constituindo a *legitimidade* de seus atores.

A *finalidade* do discurso científico corresponde a uma visada de *fazer saber* que se compõe de uma dupla atividade discursiva: "explicativa" e "de-

186 O sujeito falante em ciências da linguagem

monstrativa". A atividade explicativa consiste em estabelecer o quadro teórico e metodológico em que se realiza a análise, a expor a abordagem e a propor hipóteses. A atividade demonstrativa visa a estabelecer uma "verdade" para a qual é necessário fornecer provas pela observação, pela experimentação, pela confrontação de *corpus* e por um certo procedimento de raciocínio a fim de verificar as hipóteses propostas.

A *proposta* do discurso científico é sempre direcionada. Ela se configura em um *macrotema* que é determinado simultaneamente pelo objeto de estudo escolhido, pela abordagem disciplinar e pela corrente teórica por meio da qual ela é analisada, e que pode se decompor em vários subtemas. Assim, no ponto de convergência do objeto, da disciplina e da corrente teórica é elaborada uma organização discursiva em três etapas: a implementação de uma *problematização* para enquadrar as questões a serem discutidas; a declaração do *posicionamento* teórico e metodológico; a implementação dos *procedimentos demonstrativos*. Por exemplo, o tema "procriação medicamente assistida", que faz parte do macrotema "bioética", pode suscitar uma problematização em torno da questão de saber se "as células-tronco são equivalentes do embrião"; os posicionamentos podem divergir entre aqueles para quem células-tronco e embrião são uma mesma e única entidade, e aqueles para quem elas são separadas. Consequentemente, os procedimentos de persuasão demonstrativa serão diferentes.

O *dispositivo* fornecerá, segundo as situações de comunicação, suas próprias restrições: monologal e oral, durante a exposição da pesquisa (conferência); monologal e escrita, quando da publicação de artigos em revistas especializadas; dialogal e oral durante trocas em colóquios, seminários, reuniões de pesquisadores, ou dialogal e escrita quando das discussões por troca epistolar. É o dispositivo que, por exemplo, estabelece as regras de escritura e de elaboração de uma tese de acordo com a disciplina, bem como dita as regras da fala em uma defesa de tese.[94] É o dispositivo que enquadra a redação dos artigos científicos e sua avaliação para publicação.[95] É também o dispositivo que restringe a fala dos palestrantes num colóquio de acordo com o tempo que lhes é dado e a forma de falar (mesa redonda, comunicação, conferência).

O *desafio* desse contrato é, portanto, reportar, para um público de especialistas, a elaboração de uma "verdade", verdade hipotética que sabemos ser apenas provisória, até prova em contrário, e de acordo com os dados de uma disciplina, e de se ver reconhecido por seus pares. Trata-se de um desafio de um *fazer saber* submetido à discussão e que coloca em jogo a competência do sujeito, um sujeito que, para seu *ethos* de credibilidade, deve dar garantias de não envolvimento emocional e partidário. Mais uma vez, o contrato não diz tudo aquilo que deveria ser o discurso científico, mas é uma condição que, inicialmente, circunscreve o objeto de estudo, determina o lugar dos sujeitos que serão parte desse discurso e permite evitar confundir, por exemplo, discurso científico e discurso de especialista,[96] mesmo que eles tenham em comum um saber especializado. O contrato do discurso científico é um "contrato de pesquisa da verdade e de demonstração"; o contrato do discurso do especialista depende da solicitação feita (responder a uma pergunta particular) e do lugar institucional (especialidade relacionada aos tribunais, a uma comissão de inquérito, a uma seguradora etc.)

O discurso científico se desenvolve igualmente nas situações de troca interacional tais como os colóquios, os seminários, as defesas de tese. Poderemos reportar-nos ao nosso estudo sobre o debate público em que definimos o contrato "controvérsia" e suas diferentes variantes.[97]

O contrato-gênero da situação de popularização científica[98]

A *identidade* da instância de produção denominada popularizadora tem os mesmos traços de *status* e de competência que aquela da instância científica, mas a instância receptora não detém o mesmo saber. Ela é constituída de um público multifacetado, mais ou menos culto, mais ou menos especialista,[99] que podemos dizer curioso em saber um pouco mais sobre um domínio do conhecimento pelo qual se interessa, e a propósito do qual já tem alguma luz. A abordagem da instância de produção é voluntária e se modela segundo a natureza da instância de produção. É, entre outras coisas, o que distingue este contrato do contrato de ensino, que veremos mais tarde. Há algo de gratuito na relação que os sujeitos da instância de recepção mantêm ao olhar o saber, o que não é o caso do contrato de ensino escolar. Assim, ao contrário do contrato científico, os sujeitos dessas duas instâncias não constituem pares. O sujeito interpretante não tem o mesmo saber que o sujeito científico, o que obriga este último a adaptar seu discurso a esta situação. Além disso, o discurso da instância de produção não chega diretamente à instância de recepção (como num seminário); chega até ela por meio de mediação, geralmente por uma mídia de informação. Agora, como veremos, o discurso de midiatização tem características próprias que interferem nessa relação, o que faz com que a situação do discurso de popularização relacione três instâncias: o sujeito

188 O sujeito falante em ciências da linguagem

científico que deve adaptar seu discurso ao tipo de público; o sujeito midiático desempenhando o papel de veículo competente e impondo sua própria encenação do discurso; o sujeito público não especialista.

A *finalidade* do contrato de popularização científica faz parte de uma visada de *fazer saber* duplo que deve, por sua vez, informar e explicar sem procurar verificar, como no contrato científico, nem avaliar um resultado, como no contrato de ensino. O contrato não impede que o sujeito que populariza, ansioso por se fazer compreender, fique preso numa tensão entre explicação rigorosa e explicação exemplificadora. Assim, quando se trata de questões de sociedade que impliquem ter posições de ordem moral, o discurso de popularização científica pode desempenhar o papel de pacificador de polêmicas, introduzindo um saber e uma razão nos debates, criando uma controvérsia saudável.

O *tema* sofre a influência dessa finalidade híbrida entre três instâncias. O tema deve satisfazer tanto a seriedade do discurso científico e do didático quanto a atratividade do discurso midiático. Ele é portador de um objeto de saber como no discurso científico, mas está dissociado da disciplina a que está relacionado, pois o público não tem seu corpo de referências nem sua terminologia. O tema deve obedecer a restrições de *legibilidade* que requer simplicidade e figuralidade. Deve ter simplicidade na construção das frases, na escolha DE palavras do léxico que devem substituir as palavras técnicas (exceto se quiser produzir um efeito de cientificidade), deve ter simplicidade no desenvolvimento argumentativo, uma simplicidade que varia segundo o grau de especialização do órgão de informação (generalista ou especializado). Deve ter restrição de figuralidade,[100] utilizando procedimentos escrito-visuais de composição de títulos, subtítulos, imagens, grafismo e texto, de modo a facilitar a leitura e o interesse do leitor. O tema não pode conter as mesmas exigências de rigor que no contrato científico, tanto mais que, de passagem pelas mídias, sua encenação é modificada ao se usarem estratégias discursivas de dramatização. O tema, em sua apresentação, deve escapar do esoterismo reservado aos iniciados, dando garantias de seriedade. Quanto ao *dispositivo*, ele depende da mídia que o transporta (suporte papel, áudio ou audiovisual), com suas próprias exigências de legibilidade e de visibilidade.

A questão do contrato de popularização científica não é como dizemos, às vezes, de tradução de um texto de origem científica escrito por autores especializados em texto mediado para ser acessível a todos, tese que prevalecia na Sociologia da Comunicação ao longo dos anos de 1960. Como escreve Daniel

Jacobi, "o discurso de popularização científica não substitui o discurso-fonte esotérico nem o traduz de fato. Ele o apresenta como espetáculo, mostra-o, exibe-o sem nunca apagá-lo".[101] Certamente ele consiste em um trabalho sobre a linguagem que deve passar de linguagem acadêmica à linguagem simplificada, mas levando em conta todo o dispositivo. Passando pelas mídias de informação, o discurso de popularização é um discurso que se constrói no cruzamento das exigências do saber científico e das tendências da organização midiática. Sua aposta não se confunde, no entanto, com o discurso de ensino, ainda que tome emprestado certos aspectos discursivos: identidades diferentes (o popularizador não é um professor, o público não é um aluno); finalidades distintas (o público pesquisa para se informar, o aluno deve se apropriar de um saber para reproduzi-lo). O discurso de popularização científica não se encontra na continuidade direta do discurso científico acadêmico. A questão reside na interrogação sobre o modo de transformar um discurso acadêmico em discurso não acadêmico, de passar de uma verdade reservada para uma verdade para todos, preservando o rigor científico.

*

Vemos a relevância da noção de contrato de comunicação, ou contrato de fala, ou contrato-gênero, que, mais uma vez, impõe-se como condição de inteligibilidade das trocas sociais em toda situação de troca linguageira, oral ou escrita, monolocutiva ou interlocutiva. Nisto ele tem valor fundador, e o sujeito se encontra no seu centro. Ele está preso, apesar de si mesmo, no conjunto de relações sociais nas quais ele só pode tomar consciência de sua existência no reconhecimento de suas relações contratuais. De qualquer forma, do ponto de vista da Análise de Discurso, a determinação do contrato de comunicação constitui a condição primeira de análise, seja para identificar o que Foucault chama de "formações discursivas", sejam os imaginários sociais, as estratégias argumentativas, os jogos de interação etc. O contrato, no entanto, não é o todo do ato de linguagem. Restam as "maneiras de dizer", isto é, o modo pelo qual o sujeito falante intervém na tomada de fala em função do contrato em que ele se encontra. E é só nesta relação dialética entre as condições do contrato e as maneiras de dizer que o ato de linguagem assume plenamente sua significação. Nós precisamos, então, nos interrogar sobre a margem de manobra de que dispõe o sujeito para se *individuar*.

NOTAS

[1] Veja Ramonet I., *La tyrannie de la communication*, Galilée, 1999.

[2] Veja, a esse respeito, nosso *Les médias et l'information. L'impossible transparence du discours*, Bruxelles, De Boeck, 2005, cap. 16.

[3] Para a questão da manipulação, veja nosso *La manipulation de la vérité. Du triomphe de la négation aux brouillages de la post-vérité*. Lambert-Lucas, 2020.

[4] Consulte *La manipulation de la vérité*, op. cit., "Introduction".

[5] Baudrillard J., *De la séduction*, Paris, Gallimard, *Folio Essais*, 1993.

[6] Podemos agradecer à *Mediologia* por ter problematizado este aspecto da comunicação.

[7] Neveu F., *Dictionnaire des sciences du langage*, Paris, A. Colin, 2004, verbete "Communication".

[8] Flahaut F., *L'homme une espèce déboussolée*, op. cit., p. 363.

[9] Rastier F., *Sémantique et recherches cognitives*, Paris, PUF, 2010, p. 194.

[10] Veja "L'Effet Munchausen" em *Parcours linguistique*, cap. 3.

[11] Veja *Dictionnaire d'analyse du discours*, op. cit., p. 118.

[12] Idem, p. 458.

[13] Flahault F., *L'homme une espèce déboussolée*, op. cit., p. 366.

[14] Kant E., *Oeuvres philosophiques*, trad. Masson J. e Masson O., Paris, Gallimard, 1986.

[15] Veja nosso *Discours de l'information médiatique*, op. cit., cap. 4.

[16] Hipótese aristotélica muito antiga de *topos*. Mais especificamente, o que Aristóteles chama de "*topoï* específicos". *Rhétorique*, edição Les Belles Lettres, Paris, 1867-73.

[17] "Lançamos um político como lançamos um sabonete", ouvimos muito os publicitários dizerem.

[18] *Slogan* do canal de televisão CNews.

[19] Hipótese da materialidade significativa: "Form is meaning". Veja o que Régis Debray diz sobre isso em *Manifestes médiologiques*, Gallimard, Paris, 1994.

[20] O espaço "aberto/fechado" tem incidências sobre os espaços conceituais "público/privado".

[21] Sobre esse assunto, consulte Lécuyer R., "Psychosociologie de l'espace. Disposition spatiale et communication en groupe", *L'Année Psychologique*, vol. 75, n. 2, pp. 549-73.

[22] *Le Robert*, 2009.

[23] Consulte a revista *Hermès* n. 25, 1998, dedicada ao *dispositivo*.

[24] Consulte o artigo de Guy Lochard, " La notion de *dispositif* dans les études télévisuelles: trajectoires et logiques d'emploi", *Hermès* n. 25, pp. 143-51; e Lochard G. e Soulages J-C., *La communication télévisuelle*, Paris, Armand Colin, 1998.

[25] Publicado inicialmente na revista *Ornicar* n. 10 e retomado em *Dits et écrits*, II, Paris, Gallimard, 2001, p. 299. Evidência acrescentada.

[26] Gumperz J. J., *Sociolinguistique interactionnelle*, op. cit., p. 3.

[27] Esta é uma das fontes da expressão "*langue de bois*" ("papo de político").

[28] O conceito de "contrato de leitura" surgiu em 1985 em oposição a uma problemática específica da publicidade da imprensa. Consulte a esse respeito Veron Eliseo, "L'analyse du contrat de lecture", *Les médias: expériences et recherches actuelles*, IREP, 1985; e Jean-Maxence Granier, *Communication et langages*, 2011/3, n. 169, pp. 51-62.

[29] *Langage et discours*, p. 50.

[30] Idem, p. 54.

[31] Consulte Ghiglione R., "Situations potentiellement communicatives et contrats de communication effectifs", *Verbum*, VII, 2-3, 1984; Ghiglione, R. e Chabrol, C. "Contrats de communication: stratégies et enjeux", *Revue Internationale de Psychologie Sociale*, numéro spécial, n. 4, 2000, pp. 7-15.

[32] Chabrol C., "Régulations du discours et construction du sujet", *L'Évolution Psychiatrique*, n. 54-3, 1989; e "Pychosociologie du langage: vers un calcul effectif du sens", em A. Decrosse (éd.), *L'esprit de société*, Bruxelles, Mardaga, 1993.

[33] Benveniste E., *Problèmes de linguistique*, op. cit., p. 266.

[34] Bakhtine, *Le marxisme et la philosophie du langage. Essai d'application de la méthode sociologique en linguistique*, Paris, Minuit, 1977.

[35] Searle, J. R. "L'intentionalité collective", em Parret H, *La communauté en paroles*, Bruxelles, Mardaga, 1991.

[36] Jacques F. "Consensus et conflit: une réévaluation", em *La communauté en paroles*, op. cit.

[37] Parret H, *La communauté en paroles*, op. cit.

[38] Grice P., "Logique et conversation", *Communications*, n. 30, 1979; Flahaut F., "Le fonctionnement de la parole", *Communications*, n. 30, 1979; Sperber D. e Wilson D. "L'interprétation des énoncés", *Communications*, n. 30, 1979.

[39] Kerbrat-Orecchioni, "Les négociations conversationnelles", *Verbum*, tomo VIII, Nancy, 1984, p. 225.

[40] Goffman E., *Les cadres de l'expérience*, op. cit.

[41] Goffman E., *Façons de parler*, Paris, Minuit, 1987, pp. 146-47.

[42] Grice P. "Logique et conversation", *Communications*, n. 30, 1979.

[43] Em "Logic and conversation", op. cit., retomado por Ghiglione R. e Trognon A, em *Où va la pragmatique?*, Presses Universitaires de Grenoble, 1993.

[44] Auroux S., *La raison, le langage et les normes*, Paris, PUF, 1998, p. 285.

[45] Flahault F., *L'homme, une espèce déboussolée*, op. cit., p. 370.

[46] Idem, ibidem.

[47] Greimas A. J. e Courtès J., *Sémiotique. Dictionnaire raisonné de la théorie du langage*, Paris, Hachette, 1979, p. 69.

[48] Ghiglione R., "Situations potentiellement communicatives et contrats de communication effectifs", *Verbum*, VII, 2-3, Nancy, 1984, p. 186.

[49] Idem, p. 187.

[50] Chabrol C., *Discours du travail social et pragmatique*, Paris, PUF, 1994, p. 32; veja também: Chabrol C. e Ghiglione R., "Contrat de communication: stratégies et enjeux", *Revue Internationale de Psychologie Sociale*, 2000, 4, pp. 7-15.

[51] Idem, p. 33.

[52] Idem, ibidem.

[53] "Les conditions d'une typologie des genres télévisuels d'information", *Réseaux*; n. 81, jan.-fev. 1997, Paris, Cent; "Visées discursives, genres situationnels et construction textuelle", em Ballabriga M., *Analyse des discours. Types et genres: Communication et Interprétation*, Éd. Universitaires du Sud, Toulouse, 2001, pp. 45-73.

[54] Veja Ducrot O. e Todorov T., *Dictionnaire encyclopédique des sciences du langage*, Paris, Le Seuil, 1972; Todorov T., *Les genres du discours*, Paris, Le Seuil, 1978.

192 O sujeito falante em ciências da linguagem

[55] Posição defendida, por exemplo, embora de modo diferente, por Todorov T., *Les genres du discours*, op. cit., e Lejeune P., *Le pacte autobiographique*, Paris, Le Seuil, 1975.

[56] Jakobson R., *Essais de linguistique générale*, Paris, Minuit, 1963.

[57] Halliday M. A. K., "The functional basis of language", em Bernstein D. (ed) *Class, codes and control*, vol. 2, Routledge and Kegan Paul, London, 1973; "Dialogue with H. Parret", em Parret H. (ed.), *Discussing language*, Mouton, La Haye, 1974.

[58] Bakhtine M., *Esthétique de la création verbale*, Paris, Gallimard, 1984.

[59] Adam J. M., *Les textes: types et prototypes. Récit, description, argumentation, explication et dialogue*, Paris, Nathan Université, 1992.

[60] Veja Moirand S., "Un lieu d'inscription de la didacticité", em *Les Carnets du Cediscor* n. 1, Presses de la Sorbonne Nouvelle, 1992.

[61] Maingueneau D. e Cossuta F., "Les discours constituants", *Langages*, n. 117, Paris, Larousse, 1995.

[62] Veja Branca-Rossof, "Des innovations et des fonctionnements de langue rapportés à des genres", *Langage et Société*, n. 87, assim como " Les lettres de réclamation adressées au service de la redevance", *Langage et Société*, n. 81, 1997.

[63] Bakhtine M., *Esthétique de la création verbale*, op. cit., p. 285.

[64] Veja nossa análise em *Langage et discours*, op. cit.; veja também Barthes R., "Structure du fait divers", em *Essais critiques*, Paris, Seuil, 1964.

[65] Veja nosso texto "La chronique cinématographique. Faire voir et faire parler", em *La Presse. Produit. Production. Réception*, Paris, Didier Erudition, 1988, pp. 47-70.

[66] Sobre o gênero "editorial", podemos consultar a tese de doutorado de Valentin Pradelou, *La protéiformité de l'éditorial dans l'espace francophone. Étude croisée entre presse roumaine et presse québécoise*, defendida na Universidade de Bordeaux Montaigne, em 15 dez. 2022.

[67] Maingueneau D., *Les termes clés de l'analyse du discours*, Paris, Seuil, 1996.

[68] Veja nosso "De la 'scène d'énonciation' au 'contrat', aller-retour", em *Analyse du discours et dispositifs d'énonciation. Autour des travaux de Dominique Maingueneau*, Lambert-Lucas, 2015, pp. 109-15.

[69] Consulte em *Dictionnaire d'analyse du discours*, op. cit., o verbete "Scène d'énonciation".

[70] Idem, ibidem.

[71] Cossutta F., "Les discours constituants vingt ans après", em Angermuller J. e Philippe G., *Analyse du discours et dispositifs d'énonciation*, Lambert-Lucas, 2015, pp. 61-70.

[72] Idem, p. 63.

[73] Idem, p. 64.

[74] Idem, ibidem.

[75] Veja, na quarta parte, o capítulo "O sujeito interpretante", seção: "Interpretações com base no conhecimento do contrato de fala".

[76] Cossutta F., "Les discours constituants vingt ans après", op. cit., p. 69.

[77] Lejeune P., *Le pacte autobiographique*, Paris, Le Seuil, 1975.

[78] Ricœur P., *Soi-même comme un autre*, Paris, Seuil, 1990.

[79] Jost F., "La promesse des genres", *Réseaux*, n. 81, CNET, Paris, jan.-fev., 1997.

[80] Veron E., "L'analyse du contrat de lecture", *Les médias: expériences et recherches actuelles*, IREP, 1985.

[81] É o caso do cartaz eleitoral de Anne Hidalgo, para a campanha presidencial de 2022.

82 Flahault F., *L'homme, une espèce déboussolée*, op. cit., p. 371.

83 Gumperz J. J. *Sociolinguistique interactionnelle*, op. cit., p. 34.

84 Barthes R., "Ecrivains de toujours", em *Roland Barthes par Roland Barthes*, Paris, Seuil, 1979, p. 63.

85 Idem, ibidem.

86 Bromberg M., "Contrat de communication et coconstruction du sens", em Bromberg M. e Trognon A., *Psychologie sociale et communication*, Paris, Dunod, 2004, p. 108.

87 Veja *Le discours politique. Les masques du pouvoir*, op. cit.; e *Le discours populiste, un brouillage des enjeux politiques*, Lambert-Lucas, 2022. Para o contrato "meeting politique", consulte: Claire Sécail, *Les meetings électoraux. Scènes et coulisses de la campagne présidentielle de 2017*, Paris, Septentrion, 2017.

88 Veja "Le discours publicitaire, genre discursif", *Mscope*, n. 8, set. 1994, pp. 34-44 ; e o trecho dedicado ao "Discours manipulatoire" em *La manipulation de la vérité*, op. cit., p. 88 e ss.

89 Veja o trecho que lhe é dedicado em *La manipulation de la vérité*, op. cit., p. 88.

90 *Les médias et l'information. L'impossible transparence du discours* (2. éd.), De Boeck, Bruxelles, 2011.

91 "Le contrat de communication dans la situation de classe", em Halté J.-F. (dir.), *Inter-actions*, Université de Metz, 1993.

92 Veja a diferença entre "controvérsia" e "polêmica" no nosso *Le débat publique. Entre controverse et polemique. Enjeu de vérité, enjeu de pouvoir*, Limoges, Lambert-Lucas, 2017.

93 Uma vez mais, trata-se de um "tipo ideal". Isso não nos impede de discutir a questão da neutralidade científica.

94 Na França, uma defesa de tese não poderia ocorrer, exceto em casos excepcionais, fora das instalações de uma instituição universitária, de acordo com um ritual determinado. Veja, sobre esse assunto, a obra coletiva: Dardy C., Ducard D. e Maingueneau D., *Un Genre universitaire: le rapport de soutenance de thèse*, Septentrion, 2002.

95 Podemos encontrar sites na internet que orientam sobre o modo de redigir dissertações de mestrado, artigos científicos ou teses de doutorado.

96 O especialista é designado para opinar sobre uma questão.

97 Veja *Le débat public. Entre controverse et polémique*, op. cit., Primeira parte, II e III.

98 Retomada, corrigida, de "Situation et contrat de communication du discours de médiatisation scientifique", em Charaudeau P. (éd.), *La médiatisation de la science dans les médias d'information. Clonage, OGM, manipulations génétiques*, Bruxelles et Paris, De Boeck-Ina, 2008.

99 Às vezes, fazemos a distinção entre "público leigo", "público em geral", "público culto em geral", "público especialista", público esclarecido".

100 Termo emprestado de Daniel Jacobi, que o emprestou a Freud. Consulte Jacobi D., *Diffusion et vulgarisation. Itinéraires du texte scientifique*, Annales Littéraires de l'Université de Besançon, Les Belles Lettres, Paris, 1986, p. 25.

101 Idem, ibidem.

O sujeito falante em liberdade vigiada

As estratégias de "individuação"

A fala é "um ato individual de vontade e inteligência."
(Ferdinand de Saussure, *Curso de linguística geral*)

O conceito de "estratégia" está no centro de várias disciplinas das ciências humanas e sociais. Ele pode ser encontrado na Sociologia, na Ciência Política e na Economia, mas é principalmente na Psicologia e na Psicossociologia que ele é o foco da análise. A palavra em si, no que diz respeito à sua definição, vem da "arte de mover um exército em um teatro de operações até o ponto em que ele entra em contato com o inimigo",[1] uma arte conceitual, pois envolve pensar em "um conjunto de ações e manobras coordenadas com vistas à vitória".[2] Daí a extensão de seu campo de aplicação para as esferas política, econômica, comercial e de comunicação. Da mesma forma, seu escopo pode ser estendido às relações humanas, indivíduos que se encontram em situações de conflito, ou simplesmente difíceis de resolver, podem tentar implementar comportamentos que lhes permitam atingir seus objetivos. Essa noção foi até mesmo teorizada no âmbito das ciências morais, particularmente no campo dos jogos: "Na linguagem da teoria dos jogos, 'uma estratégia' designa um conjunto coerente de decisões que um agente que assume responsabilidades se propõe a tomar, em face das várias eventualidades que ele é levado a prever, tanto como resultado de circunstâncias externas quanto em virtude de hipóteses relativas ao comportamento de outros agentes interessados em tais decisões".[3] Assim é no xadrez, onde o vencedor é aquele que usa a melhor estratégia.

A partir dessas definições, reteremos um certo número de palavras-chave que caracterizam essa noção: as de *decisão*, pois se trata de um ato que pressupõe um *cálculo* sobre as possibilidades de *combinar* certas maneiras de fazer (nesse caso, de dizer), desde que isso seja feito de maneira *coerente* para visar à *resolução* do problema; isso sugere que o sujeito que se engaja nesse raciocínio é levado a fazer

196 O sujeito falante em ciências da linguagem

escolhas. De fato, na Psicologia Cognitiva, a estratégia corresponde à "sequência de operações [que] reflete as escolhas feitas para alcançar, da maneira mais eficiente e menos custosa, um objetivo definido antecipadamente [...] de acordo com as habilidades cognitivas do locutor".[4] E, na Psicologia Social, encontramos essa mesma ideia no campo da organização social de empresas e instituições, uma organização concebida como um conjunto de relações de poder: "relações estratégicas de manipulação, limitadas pelo fato de que cada uma deve encontrar benefícios suficientes para continuar a relação, de modo que sua fonte de poder não se esgote".[5] O interessante nessa concepção é que a estratégia faz parte de uma interação (direta ou indireta), "uma espécie de jogo, definido [...] como 'um mecanismo concreto pelo qual os homens estruturam suas relações de poder e as regulam, permitindo-lhes – permitindo a si mesmos – sua liberdade'".[6] O que prevalece aqui, e que retomaremos no contexto do discurso, é que a noção de estratégia é "a afirmação e a atualização de uma *escolha* dentro de um conjunto de possibilidades",[7] que ela está ligada a uma situação de *incerteza* e que ela "não significa necessariamente um cálculo racional e consciente".[8] Como explica Claude Chabrol, que estabelece o vínculo com o ato de fala: "Agir estrategicamente também implica que o comportamento produzido não é o único possível na situação, e que nenhum determinismo natural, social, psíquico ou lógico, interno ou externo ao produtor, o obriga estritamente a se comportar de uma determinada maneira, linguisticamente".[9]

Nosso objetivo é definir essa noção no contexto da Análise do Discurso. Em um artigo publicado na revista *Communications* n. 32, na década de 1980, Herman Parret se propôs a definir o que ele chamou de "estratégias pragmáticas". Desde o início, ele se opôs à "maioria dos filósofos da linguagem [que] pressupõem uma ou outra variante da teoria de que o significado da linguagem-em-contexto é uma questão de regras".[10] Em particular, ele se opõe ao que chama de "projeto redutor e idealizador (como o da gramática chomskyana) em que a noção de 'regras' é central", que parte de um *a priori psicobiológico* sobre o que pode ser a competência do sujeito falante. Parret, por outro lado, propõe considerar que "o *a priori* formal que rege as regularidades do discurso é uma *rede estratégica* (e não um sistema de regras)".[11] No entanto, não seguiremos seu exemplo, pois seu objetivo é "reconstruir" um modelo de análise pragmática que leve em conta todas as "*condições de possibilidade* da atividade discursiva",[12] e isso a partir de uma perspectiva epistemológica que o leva a desenvolver um sistema complexo de estratégias de "restrição", "função", "condição" e "princípio", que ele cruza com critérios de *aceitabilidade, contextualidade* e *normatividade*.[13] No entanto, retomaremos algumas de suas noções (estratégia *de competência, translinguística* e *normativa*), que retiraremos de seu contexto para integrá-las à nossa perspectiva. De fato, são estratégias *de competência* na medida em que fazem parte da competência dos indivíduos falantes, não como regras para a correta conformidade composicional das dimensões fonéticas, morfológicas, sintáticas e semânticas da frase – regras que, em última análise, são obrigações –, mas como *possibilidades* de jogar com essas regras. Também diríamos que as estratégias são *translinguísticas* na medida em que, embora possam se manifestar no nível da combinação de elementos da frase, é sempre por meio de relações interfrásticas e intertextuais. Não iremos tão longe a ponto de descrever as estratégias como *normativas*, preferindo reservar esse termo para a qualificação do contrato, conforme discutido anteriormente, e considerar que as estratégias estão mais do lado da *criatividade* do que da *sistematicidade*.[14]

É nesse sentido que definiremos estratégias discursivas, tornando-as um conceito que entra em ação em qualquer ato de linguagem, sob a responsabilidade de um sujeito falante, em todos os tipos de situações de comunicação, sejam elas orais ou escritas, monolocutivas ou interlocutivas. Pois é o indivíduo que, ao se confrontar com a diferença do parceiro da troca e conhecer as restrições da linguagem, define um curso de ação a ser seguido para agir sobre as representações do outro e preservar ou aprimorar sua imagem, seu eu, seu *ethos*. Na verdade, ao mesmo tempo em que respondo a uma solicitação de informações, estou fornecendo informações e construindo meu *ethos* de sujeito competente que respeita o contrato. Gumperz nos lembra que "uma vez que falar é interagir, uma tal teoria [teoria sociolinguística] deve, acima de tudo, extrair seus postulados básicos do que sabemos sobre interação".[15] Isso é verdade, mas o é, como postulamos, se estendermos a noção de interação a qualquer ato de linguagem, a troca de linguagem envolvendo duas instâncias de fala, por iniciativa de um sujeito comunicante. É sob uma perspectiva que são consideradas as estratégias discursivas "que regem o uso que o ator faz do conhecimento lexical, gramatical, sociolinguístico e outros na produção e interpretação de mensagens em contexto".[16]

O SUJEITO FALANTE E AS ESTRATÉGIAS DISCURSIVAS

Precisamos voltar ao postulado da intencionalidade e seus princípios. Esses princípios de alteridade, regulação e influência entram em ação aqui, tendo como pano de fundo o princípio da relevância, que está sempre presente em todas as ocasiões. Definimos o princípio de alteridade como a base do ato de linguagem em uma relação inseparável *eu-tu*, processo de reconhecimento recíproco da identidade e do papel de cada um dos parceiros na troca. Essa relação coloca para cada um desses parceiros o problema da não coincidência da construção de significado entre o sujeito comunicante e o sujeito interpretante. Os indivíduos que vivem em sociedade estabelecem estruturas de reconhecimento e rituais que lhes permitem se dar bem, pelo menos em parte. Daí a existência de contratos de fala. Mas as diferenças permanecem, e o sujeito comunicante nunca tem a garantia de compartilhar com seu interlocutor ou com seu público seu universo de discurso. Portanto, podemos pensar que o que motiva o sujeito falante a tomar a palavra é um desejo de comunicar seu mundo ao outro, de fazê-lo compartilhá-lo, ou até mesmo impor o seu mundo ao outro, em outras palavras, de transmitir-lhe sua intenção. É o princípio de influência que o levará a usar estratégias discursivas com o auxílio de uma variedade de procedimentos linguageiros.

Aceitar o princípio da influência exige que questionemos a noção de influência em si mesma, especialmente porque há algum debate sobre isso se observarmos a história da retórica argumentativa. Para Aristóteles, por exemplo, a principal preocupação é ajudar a deliberação coletiva e, com o objetivo de estabelecer uma opinião majoritária, é apropriado dizer o que deve "parecer verdade" no contexto da democracia ateniense. Perelman, por sua vez, marcado pelo julgamento de Nuremberg como um fórum para o confronto de argumentos em um jogo mais ou menos fechado de perguntas e respostas, descreve os mecanismos argumentativos que devem permitir tomar uma decisão "razoável" ponderando os argumentos em um provável eixo de probabilidade. Seguindo os passos de Aristóteles, ele buscou um modelo dialético e retórico para explicitar as condições sob as quais uma argumentação é voltada para o outro, a fim de fazê-lo concordar com uma tomada de posição.

Isso levanta a questão de saber se podemos presumir que todos os seres humanos compartilham a mesma forma de racionalidade ou se devemos aceitar que existem diversas formas de racionalidade em diferentes contextos sociais e culturais. Não entraremos nesse debate, que é bem destacado na edição 25 da revista online *Argumentation et analyse du discours*, intitulada precisamente: *Discours sociaux et régimes de rationalité*. O que nos interessa aqui é que "[...] não existe *a priori* uma definição axiomática consensual absoluta da racionalidade ou da razão prática. Elas são o resultado de procedimentos discursivos moldados por diferentes contextos culturais, sócio-históricos ou políticos".[17] Além disso, trabalhos recentes nas ciências humanas e sociais mostram que, embora as sociedades sempre tenham sido compósitas, fragmentadas, formadas por várias esferas de atividade nas quais os indivíduos tentam regular socialmente as relações de força que nelas se estabelecem, parece que a contemporaneidade fortalece as relações de poder, que são desempenhadas menos no modo de "ser verdadeiro" do que no de "acreditar ser verdadeiro". O que predomina nas interações sociais em termos de comunicação e persuasão é menos a "força lógica" dos argumentos do que sua "força de adesão", menos a prova relacionada a um saber de conhecimento do que a evidência local da opinião circunstancial situada. Em *A manipulação da verdade*, mostramos como uma verdade geral é mascarada por uma verdade relativa que, ao mesmo tempo, se mostra definitiva.[18] As estratégias discursivas nem sempre se baseiam em uma racionalidade lógica absoluta, elas encenam discursos que se situam entre "crer", "fazer crer" e "dever crer". É assim que o princípio da influência se desenvolve socialmente.

Estratégias no processo de individuação

Nesse jogo, a existência do sujeito, sua "individuação", está em jogo. Individuação não é individualismo. O individualismo é um retorno ao ego, uma recusa fantasiosa de compartilhar os valores do coletivo, um desejo de se diferenciar subjetivamente referindo-se apenas a si mesmo. E se isso se tornar uma forma de pensar, torna-se um tipo de "narcisismo", como sugere Pascal Quignard.[19] A individuação é um "processo pelo qual um indivíduo se torna o que ele é, diferente de qualquer outro, seja a partir de um substrato indiferenciado, seja a partir de uma espécie já instituída".[20] Esse processo se revela em um ato pontual do sujeito que busca se singularizar em meio a um conjunto de determinações, como garantia de sua própria liberdade. No campo da atividade linguística, a individuação inscreve-se no princípio da alteridade e corresponde ao momento em que o sujeito falante faz determinadas escolhas dentre um conjunto de possíveis materiais linguísticos, de acordo com a situação em que se encontra e com seu projeto de fala, a fim de resolver um problema relacional. Portanto, é no momento do ato de enunciação que ocorre a individuação em relação às restrições da situação de comunicação (o contrato de fala), por meio da implementação de estratégias discursivas. No campo da comunicação verbal, essa noção só pode ser concebida dentro de uma estrutura contratual que garanta a estabilidade e a previsibilidade dos comportamentos, na qual o sujeito fará escolhas entre os diferentes componentes do material linguístico (palavras do léxico, construções frasais, modos de organização do

200 O sujeito falante em ciências da linguagem

discurso) para atingir um determinado objetivo. Isso não quer dizer que as escolhas feitas pelo falante sejam necessariamente conscientes, calculadas, controladas ou manipuladoras. Não estamos lidando aqui (embora possamos estar) com uma transação comercial, nem com o contexto específico da propaganda política. No campo da comunicação verbal, a estratégia não deve ser entendida como um cálculo maquiavélico com o objetivo de manipulação. A manipulação é caracterizada por um plano deliberado para enganar. Uma estratégia discursiva não é necessariamente um "estratagema", como sugere Schopenhauer em sua *Art d'avoir toujours raison*,[21] jogando com as pretensões (*exagerando, jogando com as palavras, escondendo o jogo, afogando o peixe, confundindo a questão* etc.), porque, diz ele, a discussão é a arte da guerra entre adversários que buscam triunfar usando os recursos infinitos da linguagem. É certo que isso faz parte da luta pelo poder entre os indivíduos, mas a comunicação significa tentar resolver o problema angustiante de não ser compreendido. E ter de escolher entre uma forma ou outra de se expressar é uma estratégia. Dizer: "Você optou por aumentar a idade de aposentadoria para 65 anos", ou "Você optou por...", ou "Seu governo optou por...", ou "O governo optou por...", são três formas diferentes de expressar reprovação, de forma mais ou menos acusatória, em relação ao interlocutor. As escolhas podem ser não deliberadas, não conscientes, surgindo no calor da ação comunicativa, como vemos em certos debates. Além disso, a estratégia pode sair pela culatra para o orador e colocá-lo em apuros. Esse é o ponto principal das estratégias discursivas, que são identificadas tanto pelas formas como o comunicador diz as coisas quanto pelo efeito que elas têm sobre o receptor quando agem novamente. A condição de *incerteza* mencionada pelos psicólogos surge da diferença, como dissemos anteriormente, entre o *eu* e o *tu*, sendo o *objetivo* do primeiro – outra condição dos psicólogos – trazer o parceiro para seu universo de discurso. Quanto às condições de *regra* e *planejamento* que vêm da teoria dos jogos, elas dificilmente são aplicáveis no caso da comunicação verbal. Elas podem ser encontradas no caso específico de trocas envolvendo negociação, em que o jogo termina em uma "soma zero", o que implica a submissão de um dos dois jogadores, um vencedor e o outro perdedor, ou em uma "soma diferente de zero", que implica uma distribuição de ganhos e perdas, com ambos os jogadores ganhando e perdendo algo. Mas, com exceção desses casos especiais, o planejamento não é a regra na comunicação verbal.

Por um lado, o falante, no calor da interação verbal, nem sempre está em posição de planejar; por outro lado, influenciar a outra pessoa não se baseia necessariamente na aplicação de regras, já que cada falante é único e imprevisível; finalmente, como dissemos, a estratégia nem sempre é consciente e pode ser revelada apenas pela reação da outra pessoa. Além disso, às vezes o uso de uma única palavra (por exemplo, chamar alguém de "assassino" quando você sabe que não é) pode ter um forte impacto sobre a outra pessoa. A estratégia se torna evidente assim que você percebe que, em uma determinada situação, qualquer forma de expressão pode ser diferente. Dizer, no contexto de uma controvérsia política, "Você errou ao privatizar os bancos" não é a mesma coisa que dizer "A privatização dos bancos que você decidiu foi um erro". A primeira afirmação questiona mais a outra parte; a segunda, ao essencializar o ato de privatizar, sugere que a ação é definitiva, sem possibilidade de voltar atrás. O contrato de comunicação e o projeto de fala se complementam, um fornecendo uma estrutura de restrições situacionais e instruções discursivas, o outro se desdobrando em um espaço que torna cada ato de linguagem um ato de liberdade, mas um ato de liberdade vigiada. Basicamente, na ordem da comunicação social, enquanto as instruções da estrutura contratual são *previsíveis* uma vez que o comportamento linguístico é esperado, as estratégias são *imprevisíveis*. Ainda mais porque, como vimos, os *efeitos pretendidos* pelo sujeito comunicante não coincidem necessariamente com os *efeitos produzidos* pelo sujeito interpretante. As estratégias discursivas podem, portanto, ser definidas como as ações de um sujeito que, limitado por um quadro de restrições, sente (consciente ou inconscientemente) a necessidade de "se individuar" para marcar sua singularidade e persuadir ou seduzir seu interlocutor a compartilhar seu ponto de vista.

OS ESPAÇOS DE ESTRATÉGIAS

Já descrevemos essas estratégias em muitas ocasiões ao analisar vários tipos de discurso.[22] Vamos retomá-las aqui para enfatizar a coerência do modelo. Em primeiro lugar, lembremos que o ato de comunicação ocorre em um palco com quatro protagonistas, o sujeito-pessoa comunicante (*Sc*) e o sujeito-personagem enunciador (*Se*), por um lado, e o sujeito-personagem destinatário (*Sd*) e o sujeito-pessoa interpretante (*Si*), por outro. Portanto, é por meio da imagem que o comunicante constrói do destinatário e de si mesmo que ele pode colocar em prática suas estratégias de individuação. E em seu relacionamento com o outro, cuja diferença representa um problema para ele, ele é confrontado com uma primeira questão, a de saber como tomar posse da palavra e como ocupar o espaço da troca de linguagem; pois tomar posse da palavra é, de certa forma, impor-se ao outro. A questão é: na situação em que me encontro e dependendo da imagem que tenho do meu interlocutor, como posso fazer contato com ele, como posso justificar meu direito à fala e em nome de quê? Sua legitimidade está em jogo e, para alcançá-la, ele emprega uma *estratégia de legitimação*. Ao mesmo tempo em que ele está falando, surge outra questão: como fazer para ser acreditado? Pois uma coisa é ele ser reconhecido como tendo o direito à fala, e outra bem diferente é suas palavras serem consideradas com base na razão. O que está em jogo é sua *credibilidade*, seu *ethos*, e para alcançá-los ele recorrerá a *estratégias de credibilidade*. O fato é que ele ainda precisa "tocar o outro", fazer com que ele entre e compartilhe seu universo de discurso. O que está em jogo é o seu poder de influenciar a outra pessoa e, para isso, ele pode recorrer a estratégias que apelam ora para a razão (*logos*), ora para a emoção (*pathos*), em outras palavras, a estratégias de captação. Portanto, há três questões em jogo para o sujeito falante, para as quais ele empregará estratégias de *legitimação*, *credibilidade* e *captação*.

O espaço de legitimação

Fazer contato com outras pessoas não é uma tarefa fácil. É certo que os rituais de saudação e cortesia fazem com que pareça fácil. Mas é justamente porque não é fácil que as pessoas desenvolvem rituais de acordo com seus hábitos culturais. De fato, falar com outra pessoa é incentivá-la a entrar em um relacionamento comunicativo com você, mesmo que ela não tenha o desejo de fazê-lo. Alguns chegariam a dizer que essa é uma forma de violência simbólica. Talvez seja para mascarar essa possível violência que toda sociedade determina, por convenção, um certo número de comportamentos e adota fórmulas de linguagem ritualizadas que desempenham uma variedade de funções: de *aproximação* (chamando a outra pessoa), de *solicitação* (para pedir informações), de *encerramento* (para justificar o fim da troca), de *interrupção* (para justificar o corte do interlocutor), de *agradecimento* (para reconhecer uma gentileza) etc.

Seja qual for o caso, o sujeito falante que toma a iniciativa de falar com um interlocutor, seja ele quem for, deve ser capaz de dar uma razão para isso. E essa razão diz respeito à relação que se estabelece entre a identidade do sujeito falante, a situação de comunicação em que ele fala e a relação que o liga ao interlocutor ou ao público. Como mostramos, toda situação de comunicação é estruturada em torno de um contrato, e o contrato estabelece antecipadamente parte da identidade psicossocial do falante, ou seja, sua legitimidade, e é na relação do sujeito com os dados do contrato que sua legitimidade é julgada. Podemos imaginar que, na maioria das vezes, a identidade do sujeito e a identidade do contrato coincidem:

um professor que chega à sala de aula não precisa dizer em nome de quem está falando; em um restaurante, ao fazer o pedido, o garçom e o cliente reconhecem imediatamente o *status* um do outro. Um político, um jornalista, um médico, um juiz, um policial, um pesquisador não precisam especificar sua identidade, desde que se expressem no contexto da situação de comunicação que lhes dá esse *status*. E assim, em todas as situações de comunicação institucionais ou convencionalmente normatizadas, a legitimidade é dada pelo contrato e o sujeito não precisa se justificar. A menos que um intruso intervenha nesse contrato sem ter o *status* para isso. Esse seria o caso de um aluno que entra em uma sala de aula e interrompe a aula para fazer um anúncio em nome de um grupo sindical ou de um comitê de greve. Ele terá que se legitimar declarando que pertence ao grupo que representa e em nome do qual está falando: ele cumprirá uma estratégia de *legitimação*.

Também pode acontecer de o sujeito falante se encontrar em uma situação em que não tenha certeza de que seu interlocutor ou público entenda seu direito à fala e em nome de quem ele está falando; o interlocutor poderia até contestar-lhe esse direito. Nesses casos, ele terá que especificar ou lembrá-los do que lhe dá esse direito. Por exemplo, em um debate, lembrando sua capacidade como especialista: "Como biólogo, gostaria de dizer que..."; em uma conversa entre amigos, um deles especificando que está dando conselhos de saúde: "Este é o médico falando com você"; em uma entrevista política: "Estou falando aqui como ministro, e não como representante de um partido"; em uma negociação: "Fui encarregado de lhe dizer...". Ao perceber que a pessoa com quem estão falando parece ignorar seu *status*, eles também podem precisar mostrar autoridade, lembrando-a: "Não, mas você sabe com quem está falando?", "Mostre um pouco de respeito ao seu pai", "Senhor, o senhor está falando com um ministro da República". E no campo da comunicação política, sabemos que a legitimidade concedida pelo mandato precisa ser constantemente reativada por várias justificativas, pois pode ser questionada por aqueles que a concederam. A esse respeito, consulte a edição da revista *Argumentation et analyse du discours* dedicada a essa questão no contexto da pandemia do coronavírus.[23] Jürgen Siess e Ruth Amossy mostram as várias estratégias empregadas pelos líderes de diferentes países para relegitimar sua posição diante de uma situação sem precedentes.[24] Ruth Amossy, por sua vez, analisa as várias estratégias usadas pelos políticos para se relegitimarem: relembrar a legitimidade *institucional* de autoridade eleita, que lhe dá o poder de decidir ("É por isso que, depois de consultar e ouvir os especialistas e as pessoas no local, e em sã consciência, *decidi* reforçar ainda mais as medidas"); relegitimar-se confiando nos *valores da democracia*, argumentando que o representante eleito pelo povo está *preocupado com o bem geral* e *a proteção dos mais vulneráveis* ("Neste contexto, o mais urgente é proteger nossos compatriotas mais vulneráveis"); e insistir no *caráter excepcional* e extremamente dramático da situação (alguns dirigentes recorreram à metáfora da guerra).

Em todos esses casos, é uma estratégia de reconstrução da *legitimidade* que o orador adota, quando a legitimidade, que é dada pelo contexto da situação de comunicação, não é reconhecida ou é questionada.[25] O processo de legitimação é, portanto, direcionado ao destinatário, mas também é direcionado ao próprio sujeito falante, ao seu *ethos*, pois se trata, para ele, de fornecer provas daquilo em nome do que está falando, seja do ponto de vista do *status* social que lhe confere determinado poder (*status*, título, responsabilidade, delegação), ou do ponto de vista de sua especialidade (perito, estudioso, pesquisador), que lhe confere uma autoridade de conhecimento, ou do ponto de vista pessoal, na relação com o interlocutor ou o público (experiência, carisma), que lhe atribui certo prestígio.

O espaço de credibilidade

A legitimidade conferida pelo contrato, e mesmo aquela construída pelo processo de legitimação, não é, entretanto, a totalidade do ato de comunicação. De fato, a posição de legitimidade que dá ao sujeito um direito assim que é reconhecido seu *status*, título ou personalidade não garante em todos os aspectos que ele será ouvido, lido e acreditado. A legitimidade comunicativa não tem poder de coerção, como na esfera jurídica. Ela não pode forçar os outros a acreditarem ou se submeterem ao que é dito. A legitimidade é meramente o reconhecimento contratual de um contrato de comunicação, ela não presume como será a sua recepção. É por isso que o sujeito falante tem outro espaço a conquistar, o da *credibilidade*. A credibilidade não é uma qualidade ligada à pessoa do sujeito, como é a legitimidade por meio do contrato. É o resultado da construção, pelo sujeito falante, de sua identidade discursiva de tal forma que os outros são levados a considerá-lo "digno de fé", uma pessoa em quem podemos confiar e a cujas palavras podemos razoavelmente aderir. Um político pode alegar ser legítimo, mas isso não significa que acreditarão nele ou que sua visão da sociedade será aceita. Portanto, o sujeito falante deve tentar responder à pergunta: "Como fazer para ser acreditado?".

A credibilidade deve ser entendida em um sentido amplo. Uma pessoa pode ser considerada confiável se formos capazes de verificar certas condições: o que ela diz sempre corresponde ao que ela pensa (condição de sinceridade ou transparência); ela tem os meios para aplicar o que anuncia ou promete (condição de desempenho); o que ela anuncia e aplica é seguido de efeito (condição de eficácia). Por outro lado, revelar-se mentiroso, incapaz de honrar suas promessas ou atingir seus objetivos, só pode desacreditar o sujeito. Obviamente, esses tipos de condições variam em importância, dependendo do que está em jogo em cada situação de comunicação. Por exemplo, na situação de comunicação publicitária, o anunciante dificilmente precisa ter credibilidade, pois o desafio dessa situação de comunicação é despertar, no consumidor em potencial, o *desejo de acreditar*, e ele não precisa que a promessa seja cumprida, basta que ela o faça sonhar. No caso da mídia noticiosa, por outro lado, o sujeito da informação precisa de credibilidade, pois o desafio nessa situação é transmitir informações que devem ser comprovadas, não truncadas, e cuja explicação deve ser considerada plausível (condição de transparência). Poderíamos pensar que, na comunicação científica, a questão da credibilidade não se coloca, que ela seria pressuposta, uma vez que o sujeito pesquisador, do alto de sua legitimidade, deve estar expondo uma verdade. Entretanto, alguns pesquisadores são considerados mais ou menos confiáveis por seus pares, dependendo dos resultados de suas pesquisas e da natureza de seus escritos (uma condição de eficácia). Em outras palavras, a credibilidade se baseia na capacidade do orador de construir uma imagem favorável de si mesmo, sempre em relação ao interlocutor ou ao público ao qual se dirige, uma imagem que lhe confere *autoridade* real, a posição de autoridade em questões de comunicação resultante da conjunção entre legitimidade e credibilidade: "Ele é uma autoridade no assunto", dizemos.

Portanto, é mais uma vez uma questão de *ethos* que definimos e categorizamos em nosso estudo do discurso político.[26] Vamos relembrar aqui o que é o objeto de discussão. Aristóteles incluiu essa noção entre os três meios de persuadir um público, juntamente com *logos* e *pathos*. Na Análise do Discurso, a questão da relação entre o *ethos* "pré-discursivo" e o *ethos* "discursivo" foi amplamente discutida, mas agora há um consenso de que há uma interação constante entre os dois.[27] Ela envolve a construção de uma imagem do sujeito falante em termos de tudo o que pode acrescentar credibilidade à sua legitimidade, credibilidade e poder de influência, por meio de suas palavras passadas ou presentes, mas também por meio dos indícios não verbais de seu comportamento físico: expressão facial (nervosa ou relaxada), olhar (fixo ou móvel, direto ou indireto), postura física (sentado na ponta da cadeira ou de costas com as pernas cruzadas) etc. Esses indícios, que chamaremos de semiológicos, são estudados experimentalmente pela Psicologia Social.[28]

De modo geral, podemos dizer que a questão da credibilidade se baseia na necessidade de garantir a posição do sujeito falante em relação à "verdade". No livro *A manipulação da verdade*,[29] descrevemos diversas figuras de verdade, e, do ponto de vista da credibilidade, podemos considerar que o sujeito falante está na posição dupla de ter de *ser sincero* e *dizer a verdade*. Ser sincero implica que o sujeito falante declare o que pensa sem qualquer maquiagem, que o que ele diz como sujeito enunciador (*Se*) corresponda ao que ele pensa como sujeito comunicante (*Sc*), de modo que se possa dizer que ele é sincero e confiável. O sujeito falante faz a escolha da transparência, com o problema que essa escolha representa para ele, pois dizer que ele é sincero não pressupõe que ele esteja dizendo a verdade, mas apenas a *sua* verdade. "Falar a verdade", por outro lado, implica que o sujeito se expresse com razão, de acordo com um princípio de seriedade e honestidade. Para fazer isso, ele pode escolher várias posições: (i) uma posição de *relatividade*, que consiste em reconhecer que a verdade que estão afirmando não pretende ser uma verdade absoluta por causa da existência de outros pontos de vista, que está aberta à discussão, que é uma "verdade até que se prove o contrário"; (ii) uma posição de *neutralidade*, que leva o sujeito a evidenciar uma posição que não tem um *a priori*, que não depende de ninguém e que pode ser acompanhada por sinais de "distanciamento", adotando uma atitude fria e controlada do especialista que raciocina e analisa sem paixão; (iii) uma atitude de *compromisso* que, ao contrário do caso anterior, leva o sujeito a optar (mais ou menos conscientemente) por uma posição de afirmação absoluta, não tanto com relação a uma verdade universal, mas com relação à sua própria convicção, uma ética de convicção que faz eco ao "imperativo categórico" de Kant. Nesse aspecto, o caso do *testemunho* é interessante. A testemunha fala no modo de constatação, relatando o que viu e ouviu como uma "verdade factual", mas, ao mesmo tempo, o que viu e ouviu foi vivenciado por meio de sua subjetividade e, portanto, sua alegação de dizer a verdade é manchada pela suspeita de que a emoção influencia a verdade. O discurso de testemunho é, portanto, um discurso da verdade "em seu estado bruto", com um efeito de autenticidade, submetido à perturbação da subjetividade.

É verdade que a credibilidade e a legitimidade são mutuamente dependentes. Elas podem entrar em conflito ou, pelo contrário, se complementar. Um exemplo disso são os vários momentos da pandemia do coronavírus no contexto francês. Inicialmente, quando a pandemia foi declarada, o governo foi criticado por sua falta de previsão e, acima de tudo, por sua má administração com relação às máscaras cirúrgicas que estavam em falta. Ele perdeu a credibilidade devido à falta de confiança da população francesa, como mostra Sophie Moirand em sua análise dos relatos da mídia sobre a pandemia.[30] Como resultado, foi o Conselho Consultivo Científico que assumiu o controle, por meio de seu presidente e do porta-voz do governo. Esse Conselho, que imediatamente desfrutou de legitimidade tanto institucional quanto de saber, tomou o poder dos políticos. Depois, em uma segunda fase, opiniões diferentes, até mesmo contraditórias, foram ouvidas dos especialistas, às quais se somaram as rivalidades entre eles (caso do microbiologista Didier Raoult) quando entraram em polêmicas; a palavra científica perdeu credibilidade, a ponto de sua legitimidade em termos de política de saúde ser questionada. Em seguida, diante de consequências econômicas dramáticas, o chefe de Estado e o governo recuperaram o poder com a abordagem "custe o que custar" para ajudar as empresas em dificuldade; eles recuperaram a credibilidade ao apontar que, em questões econômicas e políticas, é o governo que é legítimo. Nesse momento, quando chegou a hora de voltar à vida normal, tomando a decisão de abandonar as medidas de segurança sanitária, o governo recuperou o poder de uma vez por todas, impondo-se ao Conselho Consultivo Científico: não sem algumas críticas, mas ele estava recuperando sua legitimidade e alguma credibilidade.

O espaço de captação

A legitimidade e a credibilidade ainda não garantem completamente que o sujeito falante será ouvido, no sentido pleno do termo. Porque, mais uma vez, o outro é diferente, o outro tem suas próprias referências que guiarão sua interpretação, o outro tem seu próprio projeto de fala, o outro é um ser vivo com sua própria liberdade. Obviamente, eles podem se encontrar em situações de total submissão, mas vamos partir desse princípio ideal de um sujeito interpretante livre. O desafio da captação baseia-se, portanto, na necessidade de o sujeito falante garantir que o parceiro na troca comunicativa compreenda seu projeto intencional, compartilhe suas ideias e opiniões e/ou seja "impressionado", ou seja, atingido em sua intimidade pessoal. Eles então precisam responder à pergunta: "Como posso fazer para que a outra pessoa 'entre' em meu universo de discurso?". O desafio da captação é, portanto, totalmente voltado para o interlocutor, de modo que ele se pergunta, simetricamente: "Como posso evitar aderir ao que está sendo dito?" Tanto mais que, para o sujeito falante, a questão surge sempre que ele não está em uma relação de autoridade com seu interlocutor, público ou leitor. Se fosse esse o caso, bastaria dar uma ordem e a outra pessoa a cumpriria. Como esse não é o caso, a

208 O sujeito falante em ciências da linguagem

visada do sujeito falante é, mais uma vez, "fazer acreditar" para que o interlocutor se encontre em uma posição de "dever acreditar".

Dois caminhos se apresentam para ele, o da emoção (*pathos*) e o da razão (*logos*). No entanto, precisamos levar em conta a situação de comunicação, nesse caso, a maneira como ela é configurada, dependendo se a troca de palavras é interlocutiva ou monolocutiva. No primeiro caso, o sujeito falante tem seu interlocutor presente, que, por sua vez, intervém e precisa ajustar suas estratégias de acordo com as do interlocutor, em um jogo constante de regulação. Por outro lado, no segundo caso, como o receptor-sujeito-interpretante não pode intervir na instância de fala do emissor-sujeito-comunicante, este último tem liberdade para organizar suas estratégias, construindo sua própria imagem e a de seu destinatário.

Na primeira abordagem, a da sedução, o sujeito falante se esforça para fazer com que o interlocutor ou o público se sinta interessado. Isso envolve o uso de certos modos de interpelação que podem valorizar a identidade social do locutor ("Você que é especialista em...."), psicológica ("Você sabe como manter a calma") ou moral ("Estou apelando para sua reputação de homem sábio"), ao mesmo tempo em que marca um certo tipo de relacionamento, por exemplo, por meio do uso de certas desinências: as diferentes formas de se dirigir a uma mulher, por exemplo ("senhora", "senhorita", "jovem", "cara amiga"), podem ter o efeito de marcar um determinado tipo de relacionamento (deferência, familiaridade, superioridade, condescendência), e o mesmo se aplica a "senhor", "jovem", "caro amigo", que podem ser acompanhados pelo uso de nomes ou sobrenomes. E ainda há o carrossel de emoções disponíveis para o falante, que merece um desenvolvimento próprio.[31] Gostaríamos apenas de salientar que as emoções fazem parte de uma estrutura de racionalidade intencional baseada no conhecimento socialmente compartilhado de crença, cujas manifestações linguísticas podem ser marcadas por palavras que sugerem emoção ("vítima", "assassinato", "crime", "massacre").[32] Mas, muitas vezes, é a situação que investe as palavras de emoção: "Chega!", gritam os manifestantes de uma marcha branca sobre os atos de violência que causaram a morte de vários jovens; "Meu filho era puro, inocente", disse um pai durante um julgamento contra os responsáveis por um ataque terrorista; "Um dia comum em Sarajevo", disse um jornalista de televisão ao mostrar imagens do último bombardeio na cidade. Portanto, as estratégias emocionais visam a tocar as emoções do receptor, menos para fazê-lo pensar do que para fazê-lo sentir. Isso fica evidente no anúncio ("A vida é muito curta para vestir-se triste"; "Acorde o leão que existe em você"; "Deixe as emoções aflorarem"); em manchetes de jornais ("O Reino Unido em luto por um ícone mundial"; "Violência insuportável"), às vezes por meio de jogos de palavras ("Assassinato em Síria"; "Femen não teme").[*] Um exemplo dessas estratégias patêmicas é a crítica cinematográfica, que tem como objetivo interessar, aconselhar e orientar os espectadores em potencial, transmitindo os sentimentos do crítico ao leitor (ou ouvinte) da crítica: sentimentos positivos ("Uma performance impressionante, capaz de transmitir uma rara gama emocional") ou sentimentos negativos ("Falta de empatia no roteiro"; "Encenação fria"). O mundo político não está isento desses momentos emocionais, jogando mais particularmente com o medo, estratégia destinada a desestabilizar o público a fim de tirar vantagem dele, como é típico do discurso populista.[33]

Na segunda abordagem, a da persuasão (que também pode incluir momentos emocionais), o sujeito recorre à razão em seus vários modos de raciocínio. Esse raciocínio deve satisfazer as condições básicas da argumentação que foram descritas pela *Retórica* de Aristóteles, revisitadas por Perelman[34] em um contexto jurídico e retomadas por estudos contemporâneos da Retórica Argumentativa a partir de uma perspectiva da Análise do Discurso.[35] Resumimos aqui, para registro, as condições para a encenação discursiva do ato argumentativo.[36] Para persuadir o parceiro no ato de comunicação, o sujeito da argumentação, levando em conta as instruções da situação de comunicação em que se encontra, deve desenvolver estratégias baseadas em uma atividade discursiva tríplice: (i) fazer com que o outro saiba do que se trata (*tematizar*) e de que ponto de vista deve ser abordado (*problematizar*); (ii) indicar sua posição (*tomar posição*); (iii) fornecer argumentos para sustentá-la (*provar*). A operação de *tematização* consiste em recorrer a um domínio de saber de extensão variável ("a terra", "o clima") e organizá-lo em um lugar temático de discurso (*topos*) para especificar "do que estamos falando" ("aquecimento global"); essa é sua dimensão "topicalizante". Mas precisamos saber como queremos falar sobre isso, o que significa que a operação de tematização precisa ser acompanhada por uma operação de *problematização*, que consiste em centralizar o discurso em torno de uma pergunta ("Qual é a causa do aquecimento global?", "Quais são as consequências?", "Como podemos combater o aquecimento global?").

Estratégias discursivas

Há estratégias para cada uma dessas áreas. A escolha da *tematização* já é uma forma de se afirmar em um debate, seja para formar a estrutura da discussão, seja

---

[*] N.T.: No original, "Tueur en Syrie", "Femen pas peur".

210 O sujeito falante em ciências da linguagem

para descartar outras que sejam mais embaraçosas para o debatedor, como neste debate sobre poder de compra: "O assunto salário não está na pauta; trataremos das contribuições"; "Estávamos falando sobre imigração legal. Você não estava na pauta. Você não estava no assunto", François Hollande disse a Nicolas Sarkozy durante o debate presidencial de 2012. Mas é, acima de tudo, a escolha da *problematização*, que é uma forma de propor-impor o questionamento que atrai o debatedor. É por isso que, nos debates, o questionamento é objeto de uma luta para enquadrar e reenquadrar, movendo-o, acrescentando um novo ou substituindo o que foi imposto pelo outro debatedor: "A questão das causas do aquecimento global é menos importante do que a de suas consequências. É essa última que precisa ser discutida". As estratégias de problematização são usadas para legitimar a discussão, em nome do que é realmente digno ou relevante de ser discutido, a fim de trazer o questionamento para seu próprio terreno e, ao mesmo tempo, trazer o outro debatedor para seu campo de especialização. É o que exprimem expressões como: "O problema está mal colocado", "A verdadeira questão é...", "Talvez, mas há outra questão mais importante", "Precisamos ser sérios e falar sobre o que realmente está em jogo", e assim por diante. Isso é amplamente praticado por políticos em debates face a face. Aqui estão alguns pontos do debate presidencial de 2012 entre Nicolas Sarkozy e François Hollande:[37]

> (i) Contestação de uma problematização
> Sobre a questão da redução do número de cargos de professores nas escolas, François Hollande apontou a baixa proporção de alunos por professor nas escolas primárias e culpou Nicolas Sarkozy, que simplesmente respondeu: "Isso é outro assunto", em outras palavras, não ficou nessa fase do jogo.
> (ii) Mudando o campo de argumentação
> Quando François Hollande o criticou por ter dado "presentes aos ricos" e lhe perguntou: "Qual é o nível de deduções obrigatórias? Responda à minha pergunta", Nicolas Sarkozy mudou de assunto: "Não preciso responder à sua pergunta. O senhor contesta o fato de termos os impostos mais altos da Europa? Contesta?".

A escolha de uma posição – especialmente quando o assunto mostra isso – pode ter um efeito de captação. Como vimos com as estratégias de legitimação e credibilidade, o sujeito é levado a insistir no reconhecimento de seu direito à fala e no desejo de ser acreditado. Mas na primeira dessas estratégias, tratava-se mais de relembrar um *status* e, na segunda, de uma posição moral com relação à verdade. Aqui, o objetivo é influenciar o interlocutor ou o público, impondo sua posição de saber e saber fazer no contexto de um debate ou discussão: o sujeito busca impressionar o público com suas qualidades. Isso pode ser feito enfatizando o *status* de especialista (perito, estudioso, pesquisador), caso em que a credibilidade entra em jogo. Mas também pode ser por meio da confiança em sua experiência ("Eu, que tenho viajado muito por esses países, posso testemunhar que..."); seu conhecimento profundo de uma área ("Estudo essa questão há vinte anos") ou o fato de ter vivenciado pessoalmente um evento do qual foi vítima ou testemunha. As apostas são altas em determinadas situações, como no caso do debate presidencial mencionado antes, em que, em resposta à primeira pergunta da jornalista sobre o estado de espírito em que os candidatos estavam ao se aproximarem do debate, Nicolas Sarkozy, após a declaração de François Hollande, disse solenemente:

> Eu ouvi o Sr. Hollande, é bastante clássico o que ele disse. [...] Quero que esta noite seja um momento de autenticidade, em que todos digam sua verdade. Não com fórmulas vazias. [...] Esse é o nosso desafio, Sr. Hollande, ser verdadeiro. [...] Não sou um homem de partido, não estou falando para a esquerda. Ontem, falei com todos os franceses.

O posicionamento também se manifesta nas relações que o sujeito estabelece com os outros participantes de uma discussão ou debate. Ele pode influenciar um ou outro desses participantes jogando com as relações de lealdade ("Como meu colega acabou de dizer..."; "Vou concordar com a senhora e acrescentar que...") ou de oposição ("Não posso aceitar tais comentários"), ou fazendo críticas ("Não sei por que você pode ser tão assertivo, pois se tivesse consultado as estatísticas, como eu fiz, veria que o que está dizendo é falso").

Por fim, captar um interlocutor ou um público também significa garantir a validade de suas observações, apoiando-as com argumentos cuja força depende do valor que carregam, um valor que, para Toulmin, representa (em termos de seu impacto moral) o "fiador" do raciocínio.[38] Todas essas são estratégias probatórias baseadas na escolha de argumentos e em vários procedimentos de raciocínio (dedução, analogia, contradição, cálculo de probabilidade etc.),[39] todos amplamente descritos pela Retórica Argumentativa. A esse respeito, podemos ver como a sequência de argumentos se desenvolve nas várias controvérsias descritas em nosso estudo sobre debate público.[40]

212 O sujeito falante em ciências da linguagem

Obviamente, no calor do momento, mesmo quando a fala é controlada, as estratégias se combinam, se misturam, se reforçam (e às vezes se contradizem): exagerar, jogar com as palavras, generalizar, afirmar peremptoriamente, semear conflitos, despertar a raiva do oponente, turvar as águas, introduzir uma distinção, desviar a conversa, usar uma petição de princípio, encontrar uma exceção, virar o argumento do oponente de cabeça para baixo, ridicularizar o argumento do outro, declarar-se incompetente – tudo isso são "estratagemas", como Schopenhauer os descreve.[41] Por fim, é preciso lembrar que o sujeito que possui o *skeptron* do poder (Bourdieu) não precisa, em princípio, reativar sua legitimidade, nem assegurar sua credibilidade, nem recorrer à captação, sua palavra se torna palavra de autoridade que se impõe. Se é levado a fazê-lo, é porque a ameaça de um questionamento desta autoridade o exige, mesmo que tenha de disfarçá-la sob a aparência de humildade ou de indulgência.

PROCESSOS E MARCADORES LINGUÍSTICOS

Os processos são múltiplos. Seu efeito não pode ser determinado antecipadamente, tanto que dependem das características de cada situação de comunicação, e raramente transmitem, por si só, uma estratégia particular. As estratégias são de ordem conceitual e processual. Conceitual, porque correspondem a uma operação de intencionalidade, a um cálculo que escolhe entre várias possibilidades discursivas como influenciar o interlocutor; processual, porque, para usar a linguagem da Psicologia Social, o processo de influência é regulado por um jogo de "maximização de ganhos possíveis" e "minimização de custos". Os processos, por outro lado, são de natureza formal, baseados em categorias linguísticas inscritas na língua, que, no entanto, não podem prever qual será sua significação no decorrer de seu uso discursivo nem o efeito que provavelmente produzirão. Lembremo-nos de que o *significado* das palavras e das categorias gramaticais é apenas potencial na organização do sistema linguístico; elas só adquirem *significação* em um determinado contexto e situação de uso particular. Uma mesma expressão, como "Perdão", pode significar *pedir perdão* se você ofendeu alguém, *justificar* por que está falando se estiver interrompendo alguém ou, com um determinado tom, *discordar*. Uma saudação como "*Salut!*" em francês pode ser usada como *saudação* ao encontrar alguém conhecido, como um *comentário final* ao se despedir de alguém ou, ironicamente, como *um fim de conversa*, significando que você está com raiva e não quer continuar a discussão. Um excesso de fórmulas de polidez pode produzir um efeito de suspeita quanto à sinceridade da pessoa que as usa ou, ao contrário, um efeito de conivência por meio da diversão: "Seria um efeito de sua bondade me emprestar sua caneta?".[42] Os processos são estáveis como categorias de língua, mas polivalentes e instáveis no discurso, onde devem ser considerados apenas como *indícios* que, combinados com outros indícios, produzem um determinado efeito de sentido.

Portanto, os processos são identificáveis e imprevisíveis em termos de seu efeito de sentido no contexto. Podemos, no entanto, observar que em determinadas situações em que as instruções discursivas dos contratos são explícitas certos dispositivos são recorrentes, como pode ser visto em situações de conversação altamente ritualizadas ou em situações propícias à geração de *slogans* políticos ou publicitários. A título de ilustração, apresentaremos aqui alguns desses dispositivos, com seu possível efeito de sentido de acordo com certas situações de comunicação: categorias de língua que podem atuar como marcadores linguísticos e modos de organização do discurso que podem produzir um efeito estratégico.

Marcadores linguísticos

O sujeito falante pode usar os componentes do sistema fonético e prosódico do idioma. Por exemplo, ele pode imitar um sotaque regional, estrangeiro ou de classe social (sotaque parisiense, sulista, suburbano, classe média alta etc.) para zombar de alguém ou de um grupo de pessoas ou, ao contrário, para estabelecer uma convivência. Os humoristas os utilizam para mostrar os efeitos que esses sotaques têm nas relações sociais. A escolha dos nomes estabelece um tipo de relacionamento entre os indivíduos desde o início, e o efeito que eles têm dependerá da identidade dos indivíduos e da situação em que eles se encontram: as formas de se dirigir às pessoas ("ei!", "oi!", "você aí!", "tsst!"), as formas de nomear as pessoas (nome próprio, primeiro nome, apelido) e a escolha de fórmulas de saudação ("Bom dia!", "Olá!") provavelmente marcarão diferenças nas relações entre os indivíduos, dependendo se estão em uma atividade de trabalho (superior e inferior), em um restaurante (convivência) ou em um debate público. Brincar com os pronomes pessoais pode produzir uma variedade de efeitos: referir-se ao falante *tu* como a terceira pessoa *ele* ("Ele está satisfeito com seu trabalho?") mostrará, dependendo da situação e da identidade dos parceiros na troca, deferência, cautela ou ironia cúmplice. A menos que essa substituição seja feita com a ajuda de "a gente" ou "alguém": "Então, *a gente* quer mesmo se calar?", com o possível efeito de distância autoritária; "Alguém trabalha aqui!" de um professor para seus pequenos alunos, com o possível efeito de autoridade ou convivência divertida. O "nós" também pode tomar o lugar

214 O sujeito falante em ciências da linguagem

do "eu", englobando este último em uma indeterminação que pode produzir uma sensação de desinteresse, de distância de si mesmo: "Você está bem?", alguém pergunta ao amigo, "Estamos indo...", o amigo responde com um ar desiludido[43] para indicar que não quer ser muito explícito sobre o assunto.

Há também todos os tipos de expressões que podem ser usadas para justificar uma interrupção ("Se me permite..."), para amparar o interlocutor ao fazer um pedido ("Seja gentil de me responder..."), evitar ofensa em discordâncias ("Sem querer ofender..."), dar conselhos sem parecer que está fazendo isso ("Eu, no seu lugar, eu lhe diria..."), mostrar humildade ("Eu não pretendo ser dono da verdade, mas é o que penso"). Os tempos e modos verbais (pretérito imperfeito, subjuntivo, condicional) podem ser usados para evitar parecer que se está expressando uma opinião de forma absoluta ou peremptória ("Você *deveria* ter mais consideração com seus colegas") ou uma informação, como às vezes os títulos de jornais fazem com o emprego do condicional ("O chefe do estado *deveria* apresentar seu novo governo até o final da semana").

Outra técnica é jogar com pressuposições implícitas, especialmente pressuposições que forçam o interlocutor a levá-las em consideração: "Porque vocês querem uma França forte, próspera e livre [...], vocês responderão em massa ao meu apelo", declarou o presidente Pompidou em um discurso televisionado na esperança de incitar os franceses a votarem "sim" no referendo sobre a entrada da França na Comunidade Europeia; dizer "porque vocês querem uma França forte" é pressupor que todos os franceses querem uma "França forte", o que deve levá-los a votar "sim". Expressões prontas ("É um mar sem fim"), provérbios ("De grão em grão, a galinha enche o papo"), aforismos de textos filosóficos ("O homem é um caniço pensante"), textos literários ("Muitas vezes precisamos de alguém menor do que nós") ou textos sagrados ("Olho por olho, dente por dente") desempenham o mesmo papel quando citados durante uma conversa ou em um texto explicativo. Os *slogans* publicitários os utilizam para brincar com as palavras (*"Il n'y a que Maille qui m'aille"*;* *"On a souvent besoin de petits pois chez soi"***). Essas

---

* N.T.: *Slogan* publicitário de uma marca de mostarda e maionese na França. Uma tradução aproximada seria "A mostarda Maille é a minha mostarda" ("Só Maille me faz bem").

** N.T.: *Slogan* publicitário incentivando o consumo de ervilha ("petit pois") na França. Inspira-se no provérbio que serve como moral de algumas fábulas de Esopo e de La Fontaine, tais como o "Leão e o rato", "A pomba e a formiga", "A raposa e as uvas", entre outras – "On a souvent besoin d'un plus petit que soi" ("Sempre precisamos de alguém menor que nós"), "On a souvent besoin de petits pois chez soi" ("Sempre precisamos de ervilhas em nossa casa").

expressões forçam o ouvinte ou leitor a compartilhar um conhecimento que tem o valor da sabedoria popular e, às vezes, até mesmo sagrada.

A polidez também é um dispositivo discursivo com uma variedade de marcadores, cuja escolha revela a atitude do falante em relação à outra pessoa. No caso de trocas não conflitantes, principalmente na vida cotidiana, quando as pessoas são abordadas, se despedem, agradecem ou parabenizam, o comportamento linguístico é convencional e rotineiro, com fórmulas codificadas ("bom dia", "olá", "obrigado", "até logo") ou turnos frasais combinados ("Você poderia me dizer as horas?"). Estamos tratando aqui de *polidez civil*. No entanto, o falante pode querer obter algo da outra pessoa e usa para isso uma variedade de formulações: "Posso lhe pedir para abaixar o volume da música?"; "Você poderia fazer a gentileza de falar em voz baixa?"; "Se não for muito incômodo, você poderia apagar seu cigarro?". Da mesma forma, quando você precisa contradizer seu oponente e não quer magoá-lo ou ofendê-lo, há muitas maneiras de fazer isso, como usar verbos modais para personalizar a declaração ("Quanto a mim/ no que me concerne/ do meu ponto de vista/ Eu penso/ Eu creio/ Eu suponho/ Imagino que..."), ou usando advérbios ("aparentemente...", "parece que...", "talvez...", "se se pode dizer...").[44]

No caso de trocas conflituosas e tensas, em que o locutor e o interlocutor se contradizem, eles não são obrigados a ser educados, mas podem querer mostrar sua "grandeza de espírito", especialmente para terceiros que estão ouvindo ou lendo (esse é o caso de controvérsias e debates públicos). Para isso, usam fórmulas que suavizam a mensagem por meio de quantificadores e adjetivos qualificativos ("O que você está dizendo é *um pouco exagerado*") e eufemismos (um escritor que vê que seu editor faz uma careta ao ler seu manuscrito pergunta: "É tão ruim assim?", ao que o editor responde: "Digamos que há trabalho a ser feito"). Eles também podem recorrer a formas indiretas de dizer as coisas, por exemplo, parecendo criticar um terceiro quando é o interlocutor que está sendo visado ("Não gosto de pedantes", diz o locutor, referindo-se a um terceiro ausente, quando na verdade ele está visando a pessoa a quem se dirige), como se quisesse dizer: "A bom entendedor, basta!". A falsa negação é outra possível mudança de frase ("Não me diga que você partilha essa opinião"). E há também a forma definitiva de desacreditar os comentários de um oponente: a figura da ironia. Em nossa análise do debate presidencial de 2012 entre Nicolas Sarkozy e François Hollande, observamos vários exemplos de ironia, inclusive este:

216 O sujeito falante em ciências da linguagem

Nicolas Sarkozy, familiarizado com invectivas, chamou François Hollande de mentiroso três vezes: "É mentira".

François Hollande: "Não. Qual mentira? Qual?".

Nicolas Sarkozy: "É mentira".

François Hollande: "Qual delas?".

Nicolas Sarkozy: "Quando você diz 'estou sempre satisfeito comigo mesmo', que não assumo responsabilidade, isso é mentira!".

François Hollande: "Você está muito infeliz consigo mesmo. Devo ter cometido um erro. Peço desculpas, você está muito infeliz consigo mesmo".[45]

As palavras ditas como rudes ou insultantes também são marcadores de várias estratégias: uma estratégia de agressão a um interlocutor em um contexto de conflito, com o objetivo de desqualificá-lo, odiá-lo ou rejeitá-lo ("Você é um verdadeiro cretino!"). A menos que o insulto seja direcionado a um terceiro que esteja tentando fazer com que a outra pessoa concorde com ele ("Ele é um verdadeiro cretino!"); por outro lado, uma estratégia de afeto usando paradoxo ("Ah, meu cretino favorito, faz muito tempo que não nos vemos!", direcionado a um amigo querido), ou falsa zombaria ("Venha cá, seu 'carinha suja'!", direcionado por uma mãe a seu filho manchado de chocolate). Entretanto, os insultos podem ser expressos de forma que não incluam nenhuma dessas palavras. Dizer: "Você não vai mudar, será sempre o mesmo" ou "Você não enxerga um palmo diante do nariz" pode ser tão humilhante quanto o uso de palavras ofensivas. Além disso, não se deve esquecer que, como em qualquer ato de linguagem, o valor e o efeito das maneiras de se expressar dependem da situação de comunicação, do contrato de troca e da identidade dos parceiros envolvidos. Sobre esse assunto, consulte o artigo que dedicamos a vários casos de violência verbal.[46]

Modos de organização do discurso

A escolha de um modo de organização do discurso também pode ter um certo efeito sobre o público. A descrição, a narração e a argumentação são feitas por meio de diferentes formas de organização da linguagem: descritiva, narrativa, argumentativa e enunciativa.[47] Cada um desses modos de organização tem suas próprias particularidades, embora estejam entrelaçados no ato de enunciação textual. O descritivo tem uma função essencialmente identificatória: nomeia os seres e objetos no mundo e as qualidades que atribuímos a eles ("Ele era alto, ele era bonito, ele cheirava a areia quente"). A escolha da denominação dos seres ("malandro", "delinquente", "criminoso") e das suas qualidades ("corajoso", "colaborador", "solidário", "cruel", "impiedoso") os glorifica ou estigmatiza, e são percebidos como tal pelo público ou pelo leitor. O narrativo descreve o mundo de acordo com uma determinada sequência de eventos em vários graus de cautela. Combinado com o descritivo, ele forma uma narrativa cuja característica é permitir que o receptor se projete nela como puder e como quiser, de acordo com o que seu próprio ser disser. O descritivo e o narrativo são modos "projetivos", enquanto o argumentativo é um modo "impositivo". Argumentar é forçar o ouvinte a entrar em um modo de pensamento, uma certa estrutura de raciocínio, que ele deve levar em consideração para responder e possivelmente contra-argumentar. Quanto ao enunciativo, é o modo que revela a posição que o falante adota em relação ao que está dizendo (*asserção, probabilidade*), ao interlocutor (*ordem, conselho, questionamento*) e a si mesmo (*dúvida, convicção*).

A escolha de um modo de organização pode ter um efeito estratégico de persuasão ou sedução. Se eu vir uma criança andando em cima de um muro à beira de um precipício, posso tentar dissuadi-la dizendo: "Não ande aí, você vai cair e se machucar" (*enunciado de comando*); ou "Se você andar nesse muro, pode cair e se machucar" (*enunciado explicativo*), ou ainda, como se não estivéssemos falando com ela, "Era uma vez um garotinho que estava andando no muro, escorregou e se machucou muito" (*enunciado exemplificativo*). É seguro apostar que os efeitos não seriam os mesmos. Uma amiga do Quebec me disse que, quando visitou o Arco do Triunfo em Paris, em pleno mês de julho, ela tirou os sapatos e foi interpelada por uma policial: "Senhora, por favor, coloque seus sapatos de volta" (*uma declaração cominatória* de uma autoridade pública). Até aí, tudo normal. Mas então a policial acrescentou: "Senhora, não estamos na praia aqui"; esse comentário (*enunciado exemplificativo*), que para a policial talvez fosse uma forma de justificar sua ordem, pareceu inconveniente para minha amiga, que o interpretou como o "dar lição", característico, em sua opinião, da atitude dos franceses.[48]

O uso do "discurso relatado" também é um meio de produzir efeitos particulares de significado, dependendo de como é formulado. Citar as palavras de alguém entre aspas parece reproduzir as palavras como foram ditas, fornecendo, assim, prova de sua autenticidade e isentando a pessoa que está relatando de qualquer responsabili-

218 O sujeito falante em ciências da linguagem

dade. Por outro lado, incluir as palavras ditas em uma construção narrativa como: "Ele alega que não foi informado da reunião" (repetindo "Eu não fui informado") é comprometer quem está reportando com um determinado julgamento ao implicar (pressupor) que a razão dada pelo autor da declaração inicial é, no mínimo, duvidosa, se não falsa. No discurso científico, por outro lado, a citação é uma forma de apoiar uma explicação relatando as palavras de um autor com certa reputação científica. No discurso da mídia, o objetivo é autenticar os fatos. Em outras situações, como em debates, o objetivo de lembrar o que o sujeito falante disse pode ser contradizer o oponente, o que é comum em debates políticos: "Você disse antes que era a favor da representação proporcional e agora é contra".[49] Esses dispositivos, assim como as marcas linguísticas, são versáteis e polissêmicos, o que explica por que é difícil fazer um inventário deles *a priori* e fora do contexto.[50]

*

O sujeito falante, longe de ser totalmente determinado pelas restrições sociais da situação de comunicação (*contrato*), tem um espaço de liberdade. Ele joga constantemente entre seu ser psicossocial, o *locus* de suas visadas (*pessoa*), e seu ser linguístico, o *locus* da enunciação (*personagem*). Como um enunciador, ele às vezes obedece às instruções do contrato, às vezes as transgride, às vezes reforça, obscurece ou desloca sua imagem de sujeito comunicante. Ele exerce essa liberdade fazendo escolhas nos três espaços de enunciação que se abrem diante dele: (i) o espaço de *locução* no qual ele deve resolver o problema de tomar a palavra, colocar-se como *eu* detentor da fala, estabelecer-se como princípio e origem do discurso produzido em plena legitimidade; (ii) o espaço de *relação* no qual ele deve, por um lado, encontrar uma maneira de envolver o outro, estabelecê-lo como *tu*-auditório, influenciá-lo, seja qual for sua natureza e, por outro lado, garantir sua credibilidade; (iii) o espaço de *tematização* no qual ele trata e organiza um campo de conhecimento ao incluí-lo em uma estrutura de questionamento (*problematização*)[51] e ao escolher vários *modos de raciocínio* e de construção discursiva para refutar, justificar ou ponderar as várias posições tomadas. Esse é um processo de individuação pelo qual o sujeito marca seu território e o faz existir em sua singularidade em um jogo de vai-e-vem, de máscaras sucessivas, entre sua identidade social de "ser" e sua identidade discursiva de "dizer", como se essas duas identidades formassem um todo.

Consideremos esta frase de uma mãe para a filha que não quer visitar a avó: "Você sabe o quanto sua avó a ama". Na tentativa de superar a resistência da filha, ela não se expressa de forma autoritária nem dá ordens. Ela apela para seus sentimentos ("ama") e, ao mesmo tempo, cria um dever moral para que ela responda a um ato de amor ("ela a ama") com outro ato de amor, dizendo-lhe que ela não pode ignorar isso ("você sabe"), um ato que é ainda mais indutor de culpa porque o amor de sua avó é tão grande ("quanto"). O mascaramento de um "dever fazer" por um "dever amar": mãe maiêutica, mãe afetuosa e mãe moral. Uma maneira maravilhosa de se individuar e atingir seus objetivos.

Liberdade, portanto, mas liberdade vigiada, porque o sujeito falante, em sua consciência individual, está em confronto com "duas forças heterogêneas: as tendências do ego e as exigências da vida social, às quais todos estão sujeitos e se submetem de bom grado pelo profundo instinto da espécie. O resultado é uma série de ações e reações, uma espécie de guerra interna, cujo resultado deve ser um ajuste de interesses aparentemente divergentes, mas que só pode ser alcançado por meio de peripécias de vitória e derrota de ambos os lados".[52] Representamos esse jogo entre as restrições e a liberdade do sujeito neste diagrama, no centro do qual está o sujeito falante preso entre as instruções discursivas que vêm do contrato de comunicação e os espaços de estratégias nos quais ele pode tentar se individualizar.

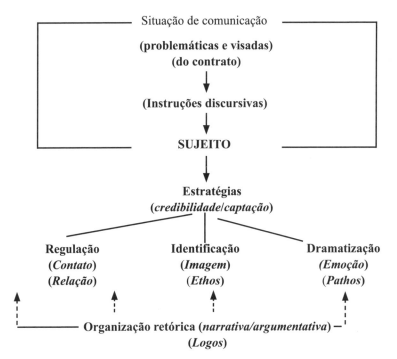

220 O sujeito falante em ciências da linguagem

Notas

[1] Dicionário *Le Robert*, 2009. Ver também o trabalho de Carl von Clausewitz, que teorizou a guerra: *De la guerre*, Paris, Minuit, 1959.

[2] Idem.

[3] René Roy, citado por André Lalande em *Vocabulaire technique et critique de la philosophie*, vol. 2, PUF, 1997, p. 1278.

[4] Esperet E., "Apprendre à produire du langage: construction des représentations et processus cognitifs", em Gaonac'h D. (ed.), "Acquisition et utilisation d'une langue étrangère. L'approche cognitive", *Le Français dans le monde*, edição especial, Paris, Hachette, p. 8.

[5] Marc E. e Picard D. *L'interaction sociale*, Paris, PUF, 1989, p. 116.

[6] Idem, ibidem.

[7] Idem, citação de Michel Crozier na p. 115.

[8] Idem, p. 115.

[9] Chabrol C., "Réguler la construction de l'identité du sujet du discours", em Berrendoner A. e Parret H. (orgs.), *L'interaction communicative*, Berna, Peter Lang, 1990, p. 216.

[10] Parret H. "Les stratégies pragmatiques", *Communications*, n. 32, 1980, p. 250.

[11] Idem, p. 251.

[12] Idem, ibidem.

[13] Idem, ver sua tabela sinóptica na página 254.

[14] Mas é verdade que há estratégias recorrentes em diferentes áreas da prática linguageira.

[15] Gumperz J. J., *Sociolinguistique interactionnelle*, op. cit., p. 28.

[16] Idem, p. 33.

[17] Amossy R. e Koren R., "Introduction: Y a-t-il des régimes de rationalité alternatifs?", em *Discours sociaux et régimes de rationalité*, revista online *Argumentation et Analyse du Discours*, n. 25, 2020.

[18] *La manipulation de la vérité*, op. cit., capítulo II.

[19] Consulte "Païdeïa de l'anthrophomorphose. Pascal Quignard en son 'Dernier Royaume'", de Franck Colin, online.

[20] Godin C., *Dictionnaire de philosophie*, Fayard, 2004.

[21] Schopenhauer A, *L'art d'avoir toujours raison*, Mille et Une Nuits, 1983.

[22] Principalmente, na segunda parte de nosso *Le débat public. Entre a controvérsia e a polêmica. Enjeu de vérité, enjeu de pouvoir*, Limoges, Lambert-Lucas, 2017.

[23] Amossy R. e Wahnich S. (eds.), "La légitimité et l'autorité à l'épreuve: les premières allocutions sur le coronavirus", *Argumentation et Analyse du Discours*, n. 28, 2022.

[24] Siess J. e Amossy R., "Légitimité démocratique et autorité en temps de Corona: L'allocution à la nation d'Angela Merkel (18mars 2020) ", *Argumentation et Analyse du Discours*, n. 28, 2022.

[25] Lembre-se de que, gramaticalmente, "legitimidade" descreve um estado, e "legitimação", um processo.

[26] Ver *Le discours politique*, op. cit., terceira parte.

[27] Consulte Amossy R., *Images de soi dans le discours. La construction de l'ethos*, Lausanne, Delachaux et Niestlé, 1999.

[28] Consulte Georget P., "Comprendre la gestuelle des politiques" dossiê eleitoral, *Cerveau & Psycho* n. 20, 2007; "Gestualité et attribution de crédibilité", em Bromberg M. e Trognon A. (dir.), *Psychologie sociale et communication*, Paris, Dunod, 2003.

[29] *La Manipulation de la vérité*, op. cit., capítulo 1.

[30] Moirand S., "Instants discursifs d'une pandémie sous l'angle des chiffres, des récits médiatiques et de la confiance", *Repères DoRiF*, n. 24, 2021.

[31] Veja nosso: "Une problématique discursive de l'émotion. A propos des effets de pathémisation à la télévision", em Plantin C., Doury M., Traverso V., *Les émotions dans les interactions*, Presses Universitaires de Lyon, 2000, pp. 125-55, e "Pathos et discours politique", em Rinn M. (coord.), *Émotions et discours. L'usage des passions dans la langue*, Rennes, Presses Universitaires de Rennes, 2008.

[32] Aqui voltamos à teoria dos *topoï* e da orientação argumentativa defendida por Anscombre e Ducrot. Ver Anscombre J.-C. e Ducrot O., *L'argumentation dans la langue*, Bruxelles Mardaga, 1983, e Anscombre J.-C. *Théorie des topoï*, Paris, Kimé, 1995.

[33] Ver nosso *Le discours populiste. Un brouillage des enjeux politiques*, op. cit.

[34] Consulte Perelman, Chaim e Olbrechts Tyteca, *Traité de l'argumentation. La nouvelle rhétorique*, Bruxelas, Éditions de l'Université de Bruxelles, 1970; e Perelman e Chaim. *L'Empire rhétorique. Rhétorique et Argumentation*, Paris, Vrin, 1997.

[35] Veja os escritos da revista online *Argumentation et Analyse du Discours*; Plantin C., *L'Argumentation*, Paris, Seuil, 1990, e o *Dictionnaire de l'argumentation. Une introduction aux études d'argumentation*, Lyon, ENS-Édition, 2016; e Danblon E., *La fonction persuasive. Anthropologie du discours rhétorique: origines et actualité*. Paris, A. Colin, 2005.

[36] Veja nosso "L'argumentation dans une problématique d'influence", *Argumentation et Analyse du Discours*, 1, 2008.

[37] Sobre esse assunto, consulte nosso: "Le débat présidentiel. Un combat de mots. Une victoire aux points", *Langage et Société*, n. 151, pp. 109-29.

[38] Toulmin S., *Les usages de l'argumentation*, Paris, PUF, 1993.

[39] Para vínculos causais, consulte nossa *Grammaire du sens et de l'expression*, op. cit., terceira parte, capítulo 5.

[40] *Le débat public*, op. cit., terceira parte, p. 149 e seguintes.

[41] Schopenhauer, *L'Art d'avoir toujours raison*, Éd. de Minuit, 1983.

[42] Veja o caso de "L'hyperpolitesse" discutido por C. Kerbrat-Orecchioni, em *Le discours en interaction*, Dunod, Paris, 2005, p. 209.

[43] Sobre esses vários efeitos, consulte em Charaudeau P. (dir.), *La voix cachée du Tiers. Des non dits du discours*, Paris, L'Harmattan, 2004, nosso "Tiers, où es-tu? A propos du tiers du discours".

[44] Sobre a questão da polidez, consulte nosso: "Étude de la politesse entre communication et culture", em Cozma A-M., Bellachhab A. e Pescheux M. (dir.), *Du sens à la signification. De la signification aux sens. Mélanges offerts à Olga Galatanu*, Bruxelles, 2014, pp. 137-54. Também vale a pena ler o capítulo de Catherine Kerbrat Orecchioni sobre esse assunto em *Le discours en interactio*, Paris: Armand Colin, 2005.

[45] "L'arme cinglante de l'ironie et de la raillerie dans le débat présidentiel de 2012", em *Humour et ironie dans la campagne présidentielle de 2012. Langage & Société* n. 146, 2013, pp. 35-47.

[46] "Réflexions pour l'analyse de la violence verbale", em Pineira-Tresmontant C. (ed.), *Dire et ne pas dire la violence*, Paris, L'Harmattan, 2021, pp. 19-63.

222   O sujeito falante em ciências da linguagem

[47] *Grammaire du sens et de l'expression*, op. cit., terceira parte.

[48] Isso é o que significa a expressão quebequense "maudits français" [malditos franceses].

[49] Sobre esse assunto, consulte nosso artigo "Le débat présidentiel. Un combat de mots. Une victoire aux points", *Langage & Société*, n. 151, mar. 2015.

[50] Uma série de outros procedimentos pode ser encontrada em Maingueneau D., *Analyser les textes de communication*, Paris, Dunod, 1998.

[51] Ver nosso "Quand le questionnement révèle des différences culturelles", em *Le questionnement social*. Actes du Colloque International de Rouen, Université de Rouen, 1995.

[52] Sechechaye A., "La pensée et la langue ou comment concevoir le rapport organic de l'individuel et du social dans le langage", em *Essais sur le langage*, Ed. Minuit, 1969, p. 92.

QUARTA PARTE

A DIMENSÃO TOPICALISANTE

O sujeito falante em confronto com os saberes

Os "imaginários sociodiscursivos"

Definimos o ato de linguagem como um ato de troca (oral ou escrito) entre o iniciador desse ato, sujeito comunicante, e um receptor, sujeito interpretante. Especificamos que essa troca poderia ocorrer sob forma interlocutiva, em copresença física dos interlocutores, cada um podendo tomar a palavra por sua vez, ou sob forma monolocutiva, de um lado, com um sujeito que se exprime oralmente ou por escrito e, de outro, com um sujeito do auditório, singular ou coletivo, que não toma a palavra. Disso, concluímos que a significação de toda troca é o resultado do encontro entre o sentido intencional do sujeito comunicante e o sentido interpretado do sujeito receptor; em outras palavras, de uma *coconstrução*. Em todos esses casos, o jogo do cruzamento de expectativas entre os parceiros da troca ocorre em função das representações que cada um constrói do outro.

Vamos, agora, considerar o ato de linguagem do ponto de vista da relação do sujeito com o mundo, porque, como já visto desde a definição do sujeito no ato de enunciação, é sempre em referência à palavra de um *ele-terceiro*, portador dos discursos que circulam na sociedade, em que essa coconstrução é realizada, fazendo com que a significação de toda troca linguageira resulte de uma relação *eu-tu-ele*. Trata-se, portanto, de saber como se faz, por meio da linguagem, o trabalho de representação significante do mundo. Esse trabalho de representação depende de relações de interação entre o *eu* e o *tu*, esses dois alter egos que, ao se tornarem plurais, produzem o que chamamos de "imaginários sociais". Sendo assim, se esses sujeitos são, ao mesmo tempo, constrangidos e livres em relação às condições de encenação do ato de comunicação, eles são igualmente constrangidos e livres em relação às representações que são coletivamente partilhadas em uma comunidade linguística. Submersos como estão no turbilhão dessas representações, eles se exprimem

O QUE É O SABER?

O que é o saber? Questão ampla. Foucault, a esse respeito, nos dá uma primeira ideia.

> Um saber é o que se pode falar em uma prática discursiva onde se encontra especificada [...]; um saber é também o espaço no qual o sujeito pode tomar posição para falar dos objetos com os quais está lidando em um discurso [...]; um saber é também o campo da coordenação e da subordinação dos enunciados em que os conceitos aparecem, se definem, se aplicam e se transformam [...].[2]

O saber está, portanto, ligado à linguagem pelo exercício de práticas discursivas. Mas o saber é a verdade? Convém distinguir essas duas noções ainda que a primeira possa ser o caminho que conduz à segunda. A verdade é um resultado, e não um processo, um resultado ao qual o sujeito diz ter chegado por meio da razão. Abordamos essa questão em *A manipulação da verdade*, ao rever as batalhas que são entregues aos filósofos entre correntes objetivistas em que predomina a razão e correntes subjetivistas que remetem às representações do sujeito.[3] O saber, nesse sentido, é abordado em relação à questão do conhecimento e de suas condições de elaboração, com essa questão colocada por Jean-Michel Besnier: "Como se efetua esta elaboração que levou ao saber, por quais prismas a realidade passou antes de se tornar um objeto conhecido para o sujeito", concluindo "que não há conhecimento sem a intervenção de signos para interpretar o real [...]".[4] Assim, o saber é aquilo que se coloca em relação à racionalidade humana (no sentido geral desta noção, que inclui a dimensão emocional) com o mundo, encontro que testemunha uma certa percepção conceitual por meio de uma construção mental, o que leva, como nos lembra Foucault, a não confundir essa construção com a própria realidade. Mas, novamente, não é no quadro filosófico que pretendemos tratar dessa noção, embora a Filosofia seja um bom guia. Em todo caso, não é abordando-a sob um ponto de vista ontológico, como propriedade do ser humano. Por outro lado, é interessante considerá-la em relação à noção de poder, como sugere Foucault. De

Os "imaginários sociodiscursivos" **227**

fato, para ele, não é necessário separar o poder do saber, porque todo saber que deseja se legitimar por meio de uma busca de objetivação comporta em si regras que podem ter um efeito de coerção, por exemplo, através de procedimentos de poder que são a vigilância e a punição:

> Talvez, seja necessário renunciar a acreditar que o poder enlouquece e que, em troca, a renúncia ao poder é uma das condições sob as quais alguém pode se tornar sábio. É necessário, antes, admitir que o poder produz conhecimento (e não simplesmente favorecendo-o porque ele serve ou aplicando-o porque ele é útil); que poder e saber se implicam diretamente um ao outro, que não há relação de poder sem constituição correlativa de um campo de saber, nem de saber que não supõe e não constitui ao mesmo tempo relações de poder.[5]

Certamente saber e poder estão intrinsecamente ligados. Mas trata-se para nós de abordar essa questão pelo viés da linguagem. O saber, de fato, permite ao sujeito falante tirar proveito de sua posição na situação de comunicação ou se impor, de maneira peremptória, ao outro, como é o caso do argumento de autoridade ("eu sei porque eu sei"). Para nós, o poder do saber é um efeito, tanto do contrato de fala quanto das estratégias discursivas empregadas pelo sujeito. Abordamos essa noção pela ideia de que o conhecimento do mundo, sua construção em saber, resulta de enunciados produzidos pelos sujeitos falantes. Dizer: "O mundo está em perigo" é perceber e conceituar uma parte da realidade chamada "o mundo"; é perceber e conceituar um certo estado dessa parte da realidade ("em perigo"), tudo através de um certo sistema de signos e sob a responsabilidade de um ser falante. Colocamos, assim, que é o discurso que constrói o saber como fenômeno de conceitualização do mundo, e não que exista um saber anterior à fala, porque o que é construído não é a realidade, mas uma *representação* da realidade. Podemos, portanto, dizer que, nessa perspectiva, o saber não é uma categoria abstrata da mente, tendo uma natureza própria, porque ele se constrói à medida que a atividade humana se desenvolve, por meio do exercício da fala, de um discurso configurado em maneiras de dizer, com o objetivo de tornar o mundo inteligível. O saber depende da forma de perceber o mundo por intermédio da atividade de linguagem que o descreve, o narra, o explica e isso mesmo quando se trata do que se chama um "saber intuitivo",[6] uma espécie de percepção imediata do mundo, mas da qual se pode pensar que sua tomada de consciência ainda passa por uma representação. Mais uma vez, é o sujeito que está

228 O sujeito falante em ciências da linguagem

em ação na construção do saber, jogando com as possibilidades da língua, o que Foucault parece confirmar: " [...] um saber é também o espaço no qual o sujeito pode tomar posição para falar sobre os objetos com os quais está lidando em seu discurso [...], é também o campo de coordenação e de subordinação de enunciados em que os conceitos aparecem e se definem, se aplicam e se transformam [...]".[7] Cabe a nós, portanto, examinar em que consiste esse processo de representação pelo qual os sujeitos falantes conceitualizam o saber, quais categorias de saber eles distinguem e como podemos definir essas categorias.

Da realidade ao "real" via a significação

No capítulo consagrado à fabricação do sentido, concluiu-se que a significação é construída ao final de um duplo processo de *transformação* e de *transação*. Postulamos que o mundo empírico se encontrava em um estado sem significação e que é pelo processo de transformação – sob a égide do sujeito falante – que esse mundo que se apresenta em estado bruto assume significação: pelo efeito de um ato de linguagem e do sujeito que o implementa, o "mundo a significar" se torna "mundo significado". A esse mundo empírico, sem significação, chamaremos "realidade" e sua transformação em mundo significado, "real". Assim, postulamos que a "realidade" corresponde ao mundo empírico por meio de sua fenomenalidade, como um lugar para significar, e o "real", ao mundo tal como é construído, estruturado, pela atividade significante dos sujeitos falantes, por meio do exercício da linguagem: "O real, aquilo que cada um chama de real, é o produto da atividade do sujeito operante a partir de um quadro de interpretação"[8]. O filósofo Hilary Putnam, que fez uma crítica detalhada do que ele chama o "realismo científico" – "uma concepção realista ingênua"; como disse igualmente o antropólogo Georges Balandier[9] – teorias "mentalistas" para as quais "a mesma representação tem sempre [...] o mesmo "conteúdo", mesmo quando os locutores tenham crescido em ambientes radicalmente diferentes",[10] acrescenta, a seu modo, com esse ponto de vista, ao declarar: "A referência é um fenômeno social".[11]

A realidade é objeto de uma "formatação" para tornar-se real, e esse trabalho de formatação se faz pelo viés das formas de uma língua que permitem fazer existirem conceitualmente os seres do mundo nomeando-os, qualificando-os, descrevendo-os e narrando as ações nas quais eles estão implicados, explicando as causas e os motivos de suas ações, argumentando para provar sua validade. Podemos dizer que nos encontramos aqui em uma visão platônica, se estivermos dispostos a considerar que

Os "imaginários sociodiscursivos" **229**

o mundo físico existente fora do homem, se impõe a ele sob a aparência sensível das coisas – o que corresponderia à realidade –, e que é pelo exercício de sua racionalidade que o homem, ao sair da caverna, alcançaria o conhecimento e as ideias – o que corresponderia ao real. Mas não estenderemos a comparação e preferiremos concluir com Hegel que "o que é racional é real, o que é real é racional". Em outras palavras, o real é conhecido pela marca do espírito humano sobre o mundo.

Da realidade às representações

A noção de representação é diversamente definida em Sociologia (Bourdieu, 1979; Morin, 1955), em Psicologia Social (Moscovici, 1994; Guimelli, 1999), em Antropologia (Durand, 1969) e em Filosofia (Marin, 1993). Essa noção é objeto de discussões. Na Filosofia da Linguagem, por exemplo, é criticada a ideia cartesiana de que linguagem e ideias estão em relação de transparência, de que elas se encontram em uma posição intermediária entre a linguagem e a materialidade do mundo e de que a primeira é apenas uma "ferramenta de conhecimento".[12] Trata-se da problemática da relação entre as ideias e o mundo, aquelas tendo supostamente a função de representar este: "a partir de então, a verdade das ideias claras e distintas é garantida por um deus verdadeiro e não enganoso, as ideias são capazes de representar as coisas do mundo".[13] Esse não será o nosso ponto de vista. Preferimos situar-nos na filiação linguística saussuriana. O signo linguístico, como se sabe, compõe-se de uma dupla face, significante *versus* significado, construindo-se no cruzamento desses dois eixos paradigmáticos de relações de oposição ("ser o que os outros signos não são") e sintagmático de relações de combinação ("ser em coexistência com outros signos"). E, ao final desse cruzamento, o significado remete à realidade (referência), não por ser seu espelho, mas por construí-la em real significante do mundo: se a palavra "neve" remete a uma realidade empírica do mundo, para retomar o exemplo de Saussure, é construindo, através da língua francesa e de seu contexto cultural o conceito de neve, quer dizer, o real significante neve; e basta mudar de língua e de cultura (entre os inuítes) para constatar que esse real significante não é o mesmo. Não há, pois, ideias intermediárias entre o signo e o mundo; é o signo ele mesmo que constrói o mundo. Nas Ciências Sociais, a discussão incide sobre a natureza das representações. Para o sociólogo Durkheim, "a vida coletiva é feita de representações",[14] na medida em que elas testemunham as "maneiras de agir, de pensar e de sentir *exteriores ao indivíduo*", porque elas são dotadas "de um poder de coerção em virtude do qual eles [os fatos sociais] se impõem ao indivíduo".[15] Ele as nomeia de "representações

230 O sujeito falante em ciências da linguagem

coletivas". O psicossociólogo Moscovici prefere falar de "representações sociais", porque, diz ele, assim estaremos lidando com uma noção genérica suscetível de explicar e de justificar as práticas sociais em seu conjunto, suas normas e suas regras, incluindo as representações coletivas. Nessa filiação, as representações sociais se constroem ao final de um duplo processo: de "objetivação", que consiste em extrair da experiência um conjunto de informações previamente selecionadas e filtradas para as descontextualizar e construir uma significação global sob a forma de um núcleo figurativo;[16] de "ancoragem" que assegura que "a representação está enraizada no sistema de pensamento preexistente"[17] para chegar a uma categorização, permitindo que o grupo se reconheça em um conjunto de semelhanças e de diferenças. Assim, as representações sociais organizam os esquemas de classificação e de julgamentos de um grupo social, e permitem a ele se exibir por meio de rituais, estilizações da vida, sinais simbólicos. Ao mesmo tempo, as representações sociais constroem um "pensamento comum".

Para nós, as representações são um mecanismo de engendramento de saberes, como processo pelo qual é construída a significação sobre o mundo físico (a realidade) em função da subjetividade dos sujeitos que o percebem, por meio de sua experiência, em relação aos outros, o que impede de considerar que o signo linguístico está em uma relação de transparência com o mundo. Encontramos aqui a crítica que Benveniste dirige a Saussure sobre a arbitrariedade do signo, especificando que não é entre o significante e o significado que se encontra a arbitrariedade, mas entre o significado e o referente: "O que é arbitrário é que tal signo, e não outro, seja aplicado a um elemento da realidade, e não a outro. Nesse sentido, e somente nesse sentido, é permitido falar em contingência, e mesmo assim será menos para dar uma solução ao problema do que para assinalá-lo e para deixá-lo provisoriamente".[18] Ao estender a noção para além do signo, diremos que as representações constroem e organizam a realidade em real, por meio de imagens mentais que são elas mesmas trazidas pelo discurso. Elas procedem de um duplo movimento de conceitualização e de autoapresentação. De conceitualização na medida em que retiram os objetos do mundo em sua existência de objeto, descrevendo-os por meio de um sistema semiológico qualquer em uma imagem que é dada para o objeto ele mesmo e que, no entanto, não é esse objeto (essa é a própria definição do signo linguístico). Mas também, já que sempre temos de voltar ao sujeito do discurso, de autoapresentação, porque essa construção figurada do mundo retorna ao sujeito por um fenômeno de reflexividade: o mundo lhe é autoapresentado e é através dessa visão que ele constrói sua própria identidade. É assim que se construiria a consciência psíquica do sujeito,[19] pela presença nesta de alguma coisa que lhe é exterior, à qual foi dada uma forma-sentido a partir da experiência intelectual e afetiva que o sujeito adquire do mundo por meio das trocas sociais nas quais se encontra implicado. No entanto, essa atividade mental de representação não é necessariamente interiorizada no sentido em que se tornaria automaticamente fonte de um novo comportamento. Ela se mantém como uma representação. Jennifer Church[20] observa que se pode representar uma regra gramatical de uma língua estrangeira sem necessariamente internalizá-la; basta ser capaz de aplicá-la. Pelo contrário, pode-se aplicar corretamente uma regra sem necessariamente ter dela uma consciência clara, como quando se fala sua língua materna sem tê-la estudado. Ela sugere igualmente que não é a mesma coisa ter uma vertigem (fenômeno internalizado) e saber que a altitude causa vertigem (fenômeno de representação), o que, para Paperman, explicaria a razão pela qual, às vezes, as emoções resistem à razão (descobrir que não há razão para se ter medo não elimina necessariamente o medo).[21] As representações se encontram, portanto, em uma relação de face a face com o sujeito, elas podem, no entanto, se interiorizar, o que verificamos na aprendizagem de uma língua estrangeira e, de uma maneira geral, em toda aprendizagem social. Nosso ponto de vista coincide com o dos psicossociólogos, para quem as representações têm por função "interpretar a realidade que nos cerca, de um lado, mantendo com ela relações de conceitualização e, de outro, atribuindo-lhe significações".[22] Elas são constituídas do "conjunto de crenças, de conhecimentos e de opiniões produzidas e partilhadas pelos indivíduos de um mesmo grupo, em relação a um determinado objeto social".[23] Elas, também, têm campos de aplicação diferentes: de ordem *praxeológica*, quando se trata de compreender e de memorizar esquemas de ação padronizados; de ordem *evenemencial*, quando se trata de ordenar informações em torno de um domínio de experiência (um crime); de ordem situacional, quando se trata de julgar a pertinência do contexto no qual se fala e age. Porque, mais uma vez, é o sujeito que está no centro dessas operações. Sujeito individual, lidando consigo mesmo, ou sujeito coletivo, que carrega as representações do grupo a que pertence (ou acredita, ou deseja pertencer); ele se encontra no cruzamento das diversas representações sociais que se entrecruzam na história e no contexto cultural de sua vida pessoal. Assim se produz uma certa categorização social do real que testemunha a relação de "desejabilidade" que o sujeito mantém com o grupo social por meio de sua própria experiência e do comentário de inteligibilidade que ele constrói sobre esta. Consideraremos, portanto, a hipótese de que essas representações constituem maneiras de ver (discriminar e

232 O sujeito falante em ciências da linguagem

classificar) e de julgar (axiologizar) o mundo por meio de discursos que engendram saberes, e que é com esses saberes que se elaboram os sistemas de pensamento, misturas de conhecimento, de julgamento e de afeto.

AS MODALIDADES DE CONSTRUÇÃO DO SABER

As modalidades do saber dizem respeito à maneira pela qual este se constitui quanto à sua relação com a verdade. Há também uma discussão filosófica em torno do valor da verdade entre *objetividade* e *subjetividade*. A primeira supõe que se poderia transformar em "objeto" (humano ou não) o que observamos no mundo. Porém, essa operação é realizada por um sujeito cujo pensamento pessoal, singular, afetivo, com ideias predeterminadas, impregna de subjetividade o objeto construído. É preciso, portanto, imaginar uma abordagem que possa objetivar o saber sobre o mundo. Argumenta-se, então, que a abordagem científica é uma via pela qual se pode construir o objeto fora do sujeito, este não mais se pertencendo e desaparecendo atrás de um "metassujeito", o qual poderia, ao utilizar instrumentos de análise externa a si, colocar entre parênteses sua subjetividade e construir um saber acima de qualquer suspeita. Esse saber se oporia a um saber que resulta de uma tomada direta com o mundo, de sua percepção imediata, por um sujeito impregnado de sensações e de preconcepções. Daí, uma distinção entre "ciência" e "opinião". Platão lançou as bases ao atribuir à ciência a possibilidade de estabelecer uma verdade pela descrição de uma cadeia de conhecimentos demonstrável, verificável por todos e, portanto, assumindo valor universal, enquanto a opinião é fragmentária, variável, pouco verificável e particularizante. Aristóteles, por sua vez, qualifica a ciência de universal, ao contrário da *doxa*, que é sujeita a inúmeras variações: "Acreditamos possuir a ciência uma coisa de maneira absoluta [...] quando cremos que conhecemos a causa pela qual a coisa é, que sabemos que essa causa é aquela da coisa e que, além disso, não é possível que a coisa seja outra que ela não é".[24] Quanto a John Locke, embora empirista, propõe uma distinção entre "conhecimento demonstrativo" e "conhecimento intuitivo".[25]

Então, como abordar o conhecimento do ponto de vista linguageiro? Nós nos colocaremos deliberadamente do ponto de vista do sujeito falante. Não a partir de sua intenção – que ignoramos –, mas a partir de seus modos de enunciação que revelam a maneira pela qual ele se posiciona em seu dizer em relação ao que ele afirma. Dizer: "Os franceses são pretenciosos" revela um sujeito que descreve uma categoria de indivíduos e traz um julgamento sobre eles ao qualificá-los de uma certa maneira, a partir do que se pode interrogar sobre a identidade do autor dessa declaração (é ele mesmo francês ou não; qual é seu sexo, sua idade etc.), a relação em que se encontra face a face com seu interlocutor (em que contrato), a identidade e a reação deste último. É esse conjunto que permite formular hipóteses sobre o saber que o sujeito mobiliza ao falar e ao interpretar.[26] A questão não é, portanto, não saber se o que o sujeito diz corresponde ao que ele pensa, mas qual saber constrói o que ele diz. Retomaremos aqui a distinção entre *saberes de conhecimento* e *saberes de crença* para a qual traremos alguns esclarecimentos e mesmo correções. Com efeito, em nossos escritos anteriores, não ficou muito clara a diferença entre o que chamamos de "modalidades de construção de saberes" e "sistemas de pensamento". Propomos agora operar, para as necessidades da análise, essa distinção, a partir de "duas modalidades de conhecimento (uma científica, a outra, do senso comum), com critérios de identificação específicos"[27] defendidos por Albert Ogien. Duas modalidades que dependem da fonte do saber: se essa é exterior ao sujeito, diremos que construímos um saber de conhecimento; se essa fonte provém do próprio sujeito, diremos que ele constrói um saber de crença.

Os "saberes de conhecimento"

Se eu digo: "A Terra é redonda", eu sei que não sou eu que o diz, mas uma voz, um enunciador abstrato, exterior, que me domina e que me impõe esse saber. Trata-se de um saber que não depende da minha pessoa e que eu apenas repito porque me foi dado como um saber estabelecido em um lugar de pensamento que não é o meu. Eu não coloco em discussão a verdade que ele comporta, essa sendo enunciada sob a forma de um "*ele*-verdadeiro", que descreve a existência dos fatos do mundo e a explicação dos fenômenos como independentes do ponto de vista de um sujeito particular: esse saber é *objetivo* porque provém de um "de fora" do sujeito. Ninguém vê como a Terra gira e, no entanto, temos esse conhecimento porque um sujeito de fora apresenta-o a nós como um saber comprovado e indiscutível, independente de qualquer ato de enunciação pessoal, como um "fantasma da verdade", segundo a sugestão de Berrendonner.[28] Eu não tenho que exercitar meu raciocínio porque não é uma questão de lógica. Essa verdade sobre o mundo me é dada como ela é e eu a tomo tal como é a ponto de integrá-la à minha bagagem de conhecimentos, deixando-a existir em si mesma, independentemente de meu próprio pensamento. Apenas os adeptos da pós-verdade se ocupam em contestá-la colocando-a em pauta e se esforçando para

234 O sujeito falante em ciências da linguagem

encontrar provas do contrário. A fonte do saber de conhecimento é uma espécie de *ele-terceiro*, fora de qualquer julgamento.

No entanto, a fonte do conhecimento continua a ser motivo de preocupação: é preciso que algo garanta a sua verdade, já que não se pode fazê-lo por si mesmo. É então que surge o "saber científico", resultante de uma prática dita científica, que enuncia uma verdade *demonstrada* ao final de um processo que se apoia em procedimentos diversos, de observação, de experimentação, de cálculo, com a ajuda de instrumentos que garantem certa objetividade porque esses procedimentos podem ser reproduzidos e esses instrumentos de análise, utilizados por qualquer outra pessoa que tenha a mesma competência. As explicações sobre os fenômenos do mundo valem para o conhecimento do mundo tal qual ele é. Estamos aqui na ordem da razão, do *provado* e do *verificado* por um *eu* que desaparece sob um *ele-terceiro*, um metaenunciador, voz de uma entidade abstrata e sobredeterminante, que enuncia para além de todo julgamento. E, mesmo que o sujeito pareça tomar distância, declarando "Se acreditamos na ciência", não a colocamos em dúvida, não se emite um julgamento; apenas deixa-se claro que não é ele que fala, ao mesmo tempo em que se reconhece a autoridade do enunciador. Trata-se, portanto, de um instrumento, uma ferramenta intelectual que garante a objetividade do saber, razão pela qual a enunciação científica é acompanhada, segundo os objetos estudados e as disciplinas que os analisam, de um léxico particular e de modos de raciocínio específicos que se inscrevem nas teorias, como veremos no capítulo seguinte. Assim se constrói o discurso científico, que não pertence a ninguém propriamente, cuja fonte enunciativa é um terceiro impessoal, que desempenha, simultaneamente, o papel de referência e de verificador do saber e que faz com que, quando o citamos, tenhamos a impressão de haver recorrido a um enunciado que se apresenta como uma verdade comprovada e incontestável. Esse saber pode ser contestado, mas, se o for, é sempre a partir do exterior, porque o que é colocado em causa não é o sujeito falante, mas o sujeito-terceiro, que é a sua fonte.

A partir daí, levanta-se a discussão sobre outro aspecto do saber que se presta à discussão: o "saber de experiência". É uma questão que, na Filosofia, opõe os racionalistas aos sofistas, esses últimos chegando a dizer, por simplificação, que a ciência é apenas uma sensação. Se for esse o caso, então, "estamos a negar-nos a nós próprios a verdade e o erro, a objetividade e a intersubjetividade, a linguagem e o esforço conceitual – ou seja, os elementos mínimos que parecem exigir a ambição do saber".[29] No entanto, se, mais uma vez, consideramos as coisas do ponto de vista da enunciação, há observações e explicações que valem para o conhecimento do mundo, sem que, no entanto, o sujeito tenha que recorrer a procedimentos e a instrumentações específicos. É o caso em que o indivíduo pode reivindicar um conhecimento que provém da experiência direta que tem com o mundo, quando essa se caracteriza pela mesma percepção recorrente de um objeto e de um acontecimento e quando essa percepção pode ser experimentada, na mesma situação, por qualquer outro indivíduo. Se eu disser a uma criança "Se você largar o copo que tem na mão, ele vai cair", é porque eu mesmo experimentei isso, tendo observado que o fenômeno se repete identicamente, sem alternativa possível;[30] essa recorrência serve de verificação e prova da verdade, sem possibilidade de contestação, já que qualquer pessoa além de mim terá tido a mesma experiência. Não me refiro a uma verdade *comprovada*, mas a uma verdade do *experimentado*. Essa verdade do experimentado substitui, para mim, o saber de conhecimento, como se "a mecânica do mundo" me fosse imposta; não preciso de conhecimentos acadêmicos para isso, não preciso, por exemplo, conhecer as leis da gravidade para saber que, se eu deixar cair um objeto, ele cai.

No entanto, esse conhecimento não deve ser considerado inato. Ele é também construído, construído à força de se ver repetido, na empiria do sentir, de ver e de escutar os mesmos objetos, os mesmos acontecimentos, as mesmas causalidades. As recorrências que vêm da experiência criam, como diz Hume, por hábito, ideias fortes que constituem as nossas crenças.[31] O sujeito constrói, então, representações que dá a si próprio para o conhecimento objetivo do mundo. O mesmo se aplica à determinação e à definição dos objetos que ele imagina terem uma existência permanente: "Um gato é um gato", afirma ele sob o modo da evidência. Ocorre o mesmo quanto à explicação de acontecimentos cuja causalidade ele considera inelutável e que exprime sob a forma de um aforismo: "Não há fumaça sem fogo". Nem todos os saberes de experiência se beneficiam desse rótulo de conhecimento, como veremos em seguida. Apenas aqueles que são sustentados por um discurso de evidência, cujo fiador assenta em uma causalidade considerada natural, têm direito a ele. E isso, mesmo que contradigam um saber de conhecimento: continuaremos a dizer que o Sol se levanta e se põe (saber de experiência) enquanto sabemos que é a Terra que gira e não o Sol (saber de conhecimento). Sabemos que esse saber passa pelo filtro da experiência individual, social e cultural, o que o subjetiviza e relativiza. Mas podemos considerar que ele pertence ao saber de conhecimento se tomamos como ponto de vista não aquele do filósofo – lembremos que a Filosofia iluminista distinguia o saber de conhecimento do saber de experiência, estigmatizando esse último, chamando-o de "saber popular" –, mas o ponto de vista do sujeito falante, que, através da instância de sua enunciação,

O sujeito falante em ciências da linguagem

fala de um saber objetivo que lhe advém de uma experiência independente de sua vontade e que ele pode tomar por conhecimento do que é a realidade do mundo: o real construído e a realidade bruta são então confundidos.

Os "saberes de crença"

Raymond Boudon, um sociólogo esclarecido e aberto a outras disciplinas, interroga-se sobre aquilo a que chama "peculiaridade": tendemos espontaneamente a explicar de forma *irracional* os erros lógicos da vida cotidiana ou as crenças "mágicas" dos chamados *primitivos*;[32] e, de fato, "se as crenças descritivas ou normativas dos seres humanos são concebidas como irracionais, como o efeito de suas paixões, de seus instintos ou de forças anônimas, é evidente que não podem ser consideradas como tendo validade objetiva para serem objetivamente válidas".[33] Ele propõe, então, três tipos de crenças: as crenças do tipo 1, "que podem ser comparadas à realidade e, consequentemente, validadas e que, de fato, o são"; as crenças do tipo 2, "que podem ser confrontadas com a realidade e validadas, e que não o são"; as crenças do tipo 3, "que não podem ser validadas pela comparação com a realidade ou, pelo menos, por comparação *apenas* com a realidade. Esse tipo inclui as crenças de tipo normativo e geralmente apreciativo".[34] Voltaremos a essas discussões, mas para propor uma explicação ligeiramente diferente, porque Boudon está interessado nas causas dessas crenças, tentando combinar o lado experimental da Psicologia Cognitiva e o lado observacional da Sociologia. Nosso critério é o da consciência que o sujeito pode ter da fonte de seu saber; a partir dessa proposição, veremos que as crenças resultam de um confronto com aquilo que chamamos realidade e a sua possível representação na realidade. Assim, a crença de tipo 1 corresponde àquilo que chamamos *saber de experiência*, já que pode ser comparado com a realidade e validado por todos; a crença do tipo 2 corresponde ao que chamamos *saber de revelação*, uma vez que não pode ser validado por todos; o tipo 3, como veremos, a uma *figura de opinião*.

Vejamos, portanto, as coisas do ponto de vista do discurso. Se eu digo: "É nesse restaurante que se come o melhor cuscuz", poderá acontecer que alguém se atreva a me dizer: "Conheço outro", ou "Não é a minha opinião", ou "Você está exagerando". Da mesma forma, se eu disser, mesmo sob a forma de um aforismo que poderia ganhar o assentimento de todos, "Quem ama bem, castiga bem", posso receber a resposta: "Não é preciso castigar para amar". Nesses casos, a qualquer momento e em qualquer lugar, o assunto pode ser colocado em dúvida, contestado,

Os "imaginários sociodiscursivos" **237**

contradito. E ele não pode se prevalecer de uma referência exterior a si próprio, que serviria de garantia de verdade absoluta que pode ser imposta ao interlocutor. Isso porque esses enunciados fazem parte de um saber que certamente incide sobre certo conhecimento de mundo, mas por meio de avaliações, de julgamentos sobre os fenômenos, acontecimentos e seres do mundo, seu pensamento, seu comportamento, que implicam a subjetividade do sujeito que os enuncia. O saber de conhecimento procede de um olhar sobre o mundo exterior àquele do sujeito; o saber de crença procede do olhar que o sujeito tem sobre o mundo. Um olhar que interpreta o mundo em função do que ele julga bom ou mau (ponto de vista ético), bonito ou feio (ponto de vista estético), agradável ou desagradável (ponto de vista hedônico), útil ou inútil (ponto de vista pragmático): um ponto de vista do testado, mas testado *subjetivamente*. É por isso que, contrariamente ao que dissemos em outros escritos, propomos agora distinguir o saber de experiência objetiva, com pretensão de conhecimento, como vimos anteriormente, do saber de experiência subjetiva. O primeiro se apoia sobre uma percepção do mundo que se impõe ao sujeito e a qualquer pessoa que se encontre nas mesmas condições (*fora do sujeito*), enquanto o segundo provém do sujeito ele mesmo (*in-sujeito*), seu saber não sendo necessariamente partilhado por todos. Não estamos mais no *ele-verdadeiro*, mas no *eu-verdadeiro*.

Podemos considerar a diferença entre saber de conhecimento e saber de crença ao nos referirmos à teoria dos *topoï*, defendida por Anscombre e Ducrot. Lembremos que a interpretação de um ato de linguagem se faz pelo viés de um cálculo de inferência se apoiando sobre o que se tem chamado, seguindo Toulmin, "garantia" (*warrant*), espécie de discurso implícito que faz parte da memória dos sujeitos falantes e que é mobilizado durante a troca verbal. Essa garantia é chamada de *topoï* por Ducrot e Anscombre em homenagem, como este último especifica, a Aristóteles que o emprega explicitamente desde as primeiras linhas dos *Tópicos*. Em um artigo dedicado à questão, Anscombre afirma que os *topoï* "são princípios gerais que servem de suporte ao raciocínio, mas não são o próprio raciocínio. Na verdade, eles não são afirmados pelo locutor que os coloca no lugar, mas simplesmente utilizados e apresentados como evidentes em uma comunidade mais ou menos vasta".[35] Também encontramos, seguindo Aristóteles, uma definição desses saberes implícitos considerados como pressupostos comumente aceitos nos tópicos de Cícero, que retoma os "lugares comuns, [...] esses tipos de reservatórios dos quais retiramos as provas. Podemos, portanto, definir o lugar, a sede do argumento, e o argumento, o meio que serve para provar algo duvidoso".[36] Podemos encontrar

238 O sujeito falante em ciências da linguagem

lá um critério de distinção entre as duas modalidades de saber: se o lugar comum ou *topoï* provém de um conhecimento de mundo *testado* pelo sujeito, diremos que estamos lidando com um conhecimento de crença; se ele provém de um conhecimento *demonstrado* externo ao sujeito, diremos que estamos lidando com um saber de conhecimento. É, aliás, o que diz Cícero, à sua maneira:

> Ora, desses lugares de onde se extraem os argumentos, uns são inerentes ao sujeito em questão; os outros são retirados do exterior do sujeito. Os lugares retirados do sujeito mesmo, ou intrínsecos, derivam ou do todo, ou das partes, ou da etimologia da palavra, enfim, de todas as coisas relacionadas ao sujeito. Os lugares tomados fora, ou extrínsecos, recebem essa denominação pela sua completa e absoluta separação do sujeito.[37]

Não seguiremos Ducrot e Anscombre em relação à segunda característica dos *topoï*, segundo a qual eles são "intralinguísticos, ou seja, presentes na língua", porque nos parece que esses *topoï*[38] se encontram armazenados na memória discursiva dos sujeitos falantes, e essa memória não é necessariamente a mesma para todos os sujeitos falantes e, portanto, nem todos mobilizam os mesmos *topoï* na instância do ato de interpretação simplesmente porque circulam na interdiscursividade, que não é a mesma para todos. No entanto, Anscombre reconhece que, em certos casos, como o do discurso político: "Vemos aparecer aqui o elo entre o linguístico e o sociológico: é um fato linguístico em que há *topoï*, mas a existência ou não de tal *topos* particular diz respeito à ideologia da civilização. E as inferências que autorizam os *topoï* fazem parte da plausibilidade, e não da inferência logica *stricto sensu*".[39] Podemos ampliar o ponto de vista em direção à Sociologia, ao considerar que os saberes de crença se baseiam em um *conhecimento prático* dos acontecimentos do mundo e do comportamento dos indivíduos. Esse conhecimento prático, que alguns chamam "conhecimento vulgar" e outros, "conhecimento de senso comum", resulta de uma relação direta e imediata com o mundo – Albert Ogien propõe o conceito de "frontalidade" – que "se atualiza em comportamentos e em enunciados, sem necessidade de computação, de cálculo racional, nem de apresentação de provas, nem de verificação por meio de protocolos experimentais".[40] Com exceção da utilização de protocolos experimentais, podemos considerar que, no saber de crença, há a racionalidade, prova e verificação, mas essas são subjetivas, provenientes do próprio sujeito. Ao contrário do que às vezes se afirma, a lógica não é o que distingue o conhecimento da crença.

Existem diversas formas de racionalidade, e o saber de crença recorre a algumas delas do ponto de vista de sua subjetividade.

Os "saberes de opinião"

É aos saberes de crença que se liga o que se chama *opinião*. A opinião é um saber que procede do sujeito falante enquanto sujeito individual. Certamente esse saber pode advir da influência exercida sobre ele por diferentes grupos de pensamento, mas é na medida em que dele se apropria e o assume que ele se torna saber de opinião subjetiva. Como todo saber de crença, o sujeito orienta seu olhar sobre o mundo a partir de seus próprios sentimentos e de seu próprio raciocínio e sente a necessidade de julgar o que vê, quer se trate de acontecimentos, quer se trate de comportamentos de indivíduos: ele avalia o mundo e, ao mesmo tempo, revela a sua atitude própria de pensamento. A opinião resulta de um movimento que vai do sujeito para o mundo, aquele que projeta neste a sua própria visão. É possível que ele integre a esses saberes elementos de conhecimento que lhe vêm do exterior, mas é na medida em que os torna seus, passando pelo moinho de sua subjetividade, que a opinião pode ser dita individual: "Eu penso que". Essa avaliação, ele a calcula, explicitamente ou implicitamente, sobre um eixo de probabilidade que vai do possível ao necessário, até a evidência. Ele dispõe, então, de todo um arsenal de marcas linguísticas (verbos de modalidade, advérbios, expressões) que lhe permitem se posicionar em relação às asserções ("eu creio/eu tenho certeza; provavelmente/certamente; se podemos dizer/com certeza").

Esse saber, na medida em que é relativo e subjetivo, entra em confronto com o dos outros e ingressa em um jogo de concorrência que leva o sujeito enunciador a afirmar sua opinião, a se opor à do outro, ou a negociar com ele diferenças e semelhanças. Resumindo, toda opinião se inscreve, desde sua emergência, em um espaço de discussão. Ela é, em seu fundamento, crítica. É por isso que podemos considerar que o sujeito emite uma opinião, diz algo como: "Eu penso contra (ou com) aqueles (alguns) que pensam que...". É como se houvesse em cada opinião, seja qual for a maneira de expressá-la, uma oposição implícita: "Penso (ao contrário de outros) que a Europa é uma coisa boa para a França". Pode acontecer, no entanto, que, por razões diversas de estratégia pessoal, o sujeito sinta a necessidade de atenuar a oposição, reconhecendo a legitimidade do ponto de vista oposto: "Acho o vinho branco mais agradável que o vinho tinto, mas admito que outras pessoas tenham opinião contrária", ou relativizando seu próprio ponto de vista: "Acho que deveríamos mudar a Constituição, mas, bem, essa é a minha opinião". Não vamos descartar nem por isso os atos de fala em que o sujeito falante quer mostrar que ele pensa como os outros, quer os do grupo a que pertence, quer os de um grupo de referência, que pensam como ele: "Eu penso como eles (como todos os outros) que pensam como eu". É o caso de uma opinião partilhada de que trataremos no capítulo seguinte, como parte de um "sistema de pensamento".

O "saber de revelação"

É um saber que tem um estatuto particular porque faz parte tanto do saber de conhecimento quanto do de crença: o saber de revelação. É um saber de crença que se dá ao saber de conhecimento.

É frequentemente considerado como saber de crença porque nasce na subjetividade, se não na intimidade do sujeito, em um movimento que vai rumo à explicação do mundo. Mas, nesse movimento, o sujeito se apoia em um saber que lhe vem de fora, atuando como fonte de verdade. Mas a diferença em relação ao saber de conhecimento é que a verdade do saber de revelação não precisa ser provada nem verificada. Ela provém de um outro lugar, de um além todo-poderoso ou do fundo da alma, que tem uma visão diferente ou misteriosa do mundo, da sua origem e do seu fim. E essa verdade, não podendo ser ouvida porque não é desse mundo, precisa de um porta-voz que a transmita fielmente e de textos que supostamente possam decifrar as mensagens do além. Esses textos não podem ser questionados, nem mesmo uma vírgula pode ser mudada, porque eles são portadores de uma palavra essencializada que assume o valor de uma explicação última e absoluta do que é o mundo e o destino dos homens. São *sagrados*. Enunciados como "Deus criou o universo e as diferentes espécies vivas" se referem a uma verdade revelada a que só se podem opor a recusa dessa palavra e a recusa da fé nessa palavra. Isso dá origem a um conflito entre a posição dos chamados "criacionistas", que defendem esse saber que se funda sobre o texto bíblico, e os "evolucionistas", que se referem aos estudos darwinistas. Como pertencente ao saber de conhecimento, a verdade situa-se em um *ele-terceiro* incontestável; como saber de crença, situa-se em um *alguém-verdadeiro*, ou seja, um *eu* que se funde com aqueles que partilham a mesma fé. O movimento do sujeito tem origem na sua subjetividade, mas é para se submeter a um conhecimento absoluto que lhe é externo. O saber de revelação, que se encontra sob a forma de "doutrina" nos sistemas de pensamento, é completamente fechado em si mesmo, e os discursos que o sustentam se apresentam sob a modalidade de evidência. O sujeito, a partir de seu impulso de fé, deixa-se impor um saber, recusa críticas até as ignora.

O "saber ficcional"

Não podemos terminar esse capítulo sobre os saberes sem mencionar brevemente o que se poderia chamar o "saber de ficção". Trata-se de um saber que não é de conhecimento nem estritamente de crença, mas que poderíamos qualificar de "sinestésico". Um momento em que, por uma certa narrativa dos acontecimentos, da vida social e da vida pessoal dos indivíduos ficcionalmente construídos, somos capazes de perceber uma explicação e uma compreensão do mundo e dos seres de outra forma que não a explicação comum ou científica. Certos romances, certas peças de teatro, mesmo certos poemas não permitem compreender, de maneira imediata, aspectos misteriosos da vida e da psicologia de nossos companheiros, se não melhor, pelo menos de uma forma diferente das análises acadêmicas? As peças de Sartre não nos fazem compreender – ou sentir – mais intimamente o que seus escritos filosóficos expõem? Será que a composição francesa de Mona Ozouf não nos permite compreender o papel unificador da escola republicana de uma forma diferente da de certas obras de historiadores? Todos, ao que parece, poderiam multiplicar os exemplos a partir de suas próprias leituras. Podemos falar de verdade a esse respeito? Só pode em um regime de verdade que não seja, em todo caso, o da abordagem científica. Essa última, como vimos, é da ordem demonstrativa, procedendo de movimentos indutivos e dedutivos, entre hipóteses, observação empírica e cálculos. O saber ficcional, por outro lado, é global, vago, de ordem impressionante, mas fala diretamente à sensibilidade e à intimidade dos indivíduos, talvez fazendo-os descobrir esse inexplicável "eu não sei o que e quase nada" de que fala Jankélévitch.[41] A questão se coloca: o saber científico pode ser capaz de apreender essa "representação global constituída a partir de experiências anteriores e que têm valor de antecipação para o conhecimento de um objeto",[42] um saber que chega e se coloca em "sinestesia" com outros saberes experimentados ou presumidos? A questão permanece em aberto, mas podemos considerar que estamos lidando aqui com outra forma de inteligibilidade.

AS "FIGURAS DOS SISTEMAS DE PENSAMENTO"

A partir dessas modalidades de saber, podemos tentar descrever algumas de suas configurações que resultam de uma determinada ordenação do conhecimento,

242 O sujeito falante em ciências da linguagem

segundo certos padrões racionais, tornando-o um sistema de entendimento. Pois, para ser produzido, identificado e ouvido, o saber precisa incorporar-se à matéria discursiva: assume, então, uma configuração de *sistema*. Muitos filósofos, sociólogos e psicossociólogos têm usado uma variedade de nomes para descrever esses sistemas: "sistemas de ideias", "sistemas de crenças", "ideologias", "doutrinas", "teorias", "atitudes", "opiniões". Fazemos disso uma questão de linguagem ao tentarmos descrever o que chamamos "sistemas de pensamento", que assumem *figuras discursivas*, segundo certos princípios de coerência. Veremos que essas figuras ora se ligam aos saberes de conhecimento, ora aos saberes de crença e, por vezes, navegam entre essas duas modalidades de saber.

As "teorias"

As teorias se ligam ao saber de conhecimento. No domínio de uma disciplina científica, uma teoria é portadora de um discurso que enuncia um conjunto de proposições, com valor de postulado, um conjunto de princípios e axiomas que se acompanham de conceitos, e descrevem as abordagens que estão ligadas a um certo dispositivo metodológico. Desse ponto de vista, devemos considerar que o discurso teórico é fechado em si mesmo, porque seus postulados, princípios, axiomas e conceitos não podem ser compreendidos de outra forma que não a forma como são definidos em um quadro discursivo. Por exemplo, para compreender, em Física, o primeiro princípio da termodinâmica, que afirma que a energia contida em um sistema isolado, ou que evolui em um ciclo fechado, permanece constante sejam quais forem as transformações que sofre, é preciso saber o que significam nessa disciplina: "sistema isolado", "transformações", "energia", "transferência térmica"; em outras palavras, é preciso conhecer a definição dos conceitos manipulados por essa disciplina. E, como o uso da linguagem comum pode levar a interpretações errôneas, a definição desse princípio é expressa em fórmulas codificadas que variam consoante os diversos aspectos do princípio: "$\Delta U = Q + W$", "$Q = U2 - U1 + W$", "$dQ = dU + dW$", "$dQ = dE + pdV$". Em Sociologia, compreender o que Pierre Bourdieu entende por "as 'línguas' só existem em estado prático, ou seja, sob a forma de *habitus* linguísticos pelo menos parcialmente orquestrados, e de produções orais desses *habitus*" implica se referir ao conceito de "*habitus*", correlativo ao de "capital" e a outros conceitos afins, tal como ele os define nessa disciplina, ao mesmo tempo em que retoma e se diferencia de Durkheim, Mauss e Elias. Vemos que, para interpretar corretamente essas definições, é preciso se colocar no interior de uma certa disciplina, conhecer seus princípios e conceitos.

Uma teoria é, portanto, fechada em si mesma, mas, ao mesmo tempo, pode ser considerada aberta na medida em que esse conhecimento, por mais erudito que seja, pode ser discutido, criticado, a ele podem-se opor proposições diferentes, até mesmo contrárias, e pode suscitar resultados contraditórios. Isso é pertinente dentro da mesma disciplina, mas também se pode argumentar que, para o mesmo fenômeno, outras explicações vindas de outras disciplinas são possíveis.[43] Desse ponto de vista, podemos dizer que o conhecimento teórico é aberto, porque, por definição – isto é, o que funda o discurso científico –, dever ser suscetível de ser posto em causa pela observação e pela crítica acadêmica fundamentada. Mesmo assim, no momento em que a teoria é enunciada como tal, tem a força de verdade de um discurso demonstrativo, construído segundo padrões de raciocínio que dependem de observações, de abordagens analíticas por manipulações ou experimentações que permitem estabelecer leis de funcionamento dos fenômenos da natureza, das sociedades e dos comportamentos dos indivíduos. A verdade resultante da aplicação de uma teoria é independente do sujeito que a enuncia. O sujeito não é uma pessoa, tal como o definimos, é apenas um porta-voz: o efeito de verdade vem de um sujeito confundido com a disciplina. As teorias permitem estabelecer verdades até prova em contrário, porque, diz Foucault, elas são constituídas por elementos

> [...] a partir de que se constroem propostas coerentes (ou não), desenvolvem-se descrições mais ou memos exatas, efetuam-se verificações, desenvolvem-se teorias. Eles formam as condições prévias do que se revelará e funcionará como um conhecimento ou uma ilusão, uma verdade admitida ou um erro denunciado, uma conquista definitiva ou um obstáculo ultrapassado.[44]

As "doutrinas"

As doutrinas têm algo a ver com os saberes de conhecimento, mas navegam entre um saber erudito e um saber de revelação cuja ambiguidade já vimos. Além disso, ao contrário das teorias, são completamente fechadas em si mesmas, não estão abertas ao questionamento, são insensíveis às contradições que podem surgir dos saberes acadêmicos ou dos saberes de experiência; elas recusam a crítica e algumas delas, as mais ideologizadas, reagem com anátemas e excomunhões.

244 O sujeito falante em ciências da linguagem

Conforme o saber de revelação, as doutrinas se autojustificam em referência a uma palavra fundadora trazida por algumas figuras simbólicas e carismáticas, como encontramos nos poetas da Antiguidade, que faziam o papel de intermediários entre deuses e o povo, decifrando as mensagens enigmáticas que eles enviavam; os profetas de certas religiões, responsáveis por explicar revelações divinas e, eventualmente, anunciar as desgraças futuras; os gurus de seitas que exercem um controle sobre certas categorias da população em proveito próprio. As palavras de uma doutrina, que se encontram registradas em textos, exprimem a "verdade absoluta", têm um caráter sagrado e acabam por se instituir em dogma. O dogma é uma "proposição teórica estabelecida como verdade indiscutível pela autoridade que governa uma determinada comunidade".[45] Pode ser encontrado no domínio filosófico. É sustentado por um discurso fechado em si mesmo, que define uma forma de pensamento que diz a verdade em um determinado domínio, sob a égide de um pensador seguido por discípulos e, constituindo, às vezes, uma escola (falaremos, por exemplo, do "dogma cartesiano"). Encontra-se igualmente no domínio religioso, como um discurso que se apoia em textos considerados portadores de verdades incontestáveis. É apoiado pela "autoridade de uma igreja à qual os membros ('fieis') são obrigados a aderir".[46] Se for objeto de discussão, como foi o caso dos Concílios,[47] é sempre para defendê-lo e confortá-lo. Pode-se dizer, desse ponto de vista, que a Igreja Católica criou um dogma que articula "ato de fé" (confiança cega) e "atos de confissão" (não esconder nada) por instrumentação do batismo, da confissão, da penitência e da orientação da consciência.

Por extensão, o dogma estendeu-se a qualquer "tese apresentada em tom de certeza absoluta e imposta como uma verdade incontestável".[48] Vemos, mais uma vez, a diferença com as teorias que também são fechadas, mas ao mesmo tempo abertas, pois são verdadeiras até a prova em contrário, até que uma nova teoria substitua a anterior. Por outro lado, os dogmas são verdadeiros sem possibilidade de uma opinião contrária, a única contestação possível reside em sua rejeição, sua exclusão do campo do conhecimento. Quando os dogmas se estabelecem em um domínio profano, sem poderem se valer de uma origem divina, é por meio da referência a textos que são vistos como fundadores de um modo de pensar – por vezes até uma teoria – também igualmente considerada indiscutível. No entanto, nesse caso, é sempre pela voz dos fundadores e dos seus discípulos que um discurso ou uma explicação se configura dogma. Assim, vemos teorias transformadas em doutrinas pela autoridade de um aparelho de Estado, como foi o caso do marxismo pelo estalinismo. Doutrinas e dogmas baseiam-se no que chamamos, em nosso estudo da manipulação, uma "verdade de convicção".[49] Daí a sua ambiguidade, pois essa verdade se pretende um saber de conhecimento, quando se trata mais de um saber doutrinal, resultado de uma transformação de textos eruditos em textos sagrados. Vemos qual é o lugar do sujeito no discurso doutrinário. Ele deve representar uma autoridade ou referir-se a ela se se trata de seus representantes ou discípulos. Sua posição depende de sua decisão. Ele é portador de um metadiscurso que constitui um quadro de confinamento de corpos e mentes, remetendo a textos que, de uma forma ou de outra, são imutáveis. De fato, ele só pode aderir a esse regime de verdade absoluta por um ato de fé. Onde há doutrina, não há, como aponta Foucault, liberdade, não há história: "A doutrina vincula os indivíduos a certos tipos de enunciação e, consequentemente, proíbe-lhes todos os outros, [e] efetua uma dupla sujeição dos sujeitos falantes aos discursos, e dos discursos ao grupo, pelo menos virtual, dos sujeitos falantes".[50]

As "ideologias"

Explicamos, em nosso estudo sobre o discurso político,[51] como o conceito de "ideologia" colocava um problema para a análise desse tipo de discurso. Recordemos primeiro que, em sua origem, na Filosofia do século XVIII, a ideologia tem um sentido lato, referindo-se a qualquer atividade que procure determinar o que constitui a faculdade de pensar, uma espécie de ciência das ideias, e descrever os modos de organização de um pensamento que articula de maneira coerente a ideia, a sensação e o desejo. O objetivo de Destutt de Tracy, que foi o seu fundador e o expôs no seu *Projet d'éléments d'idéologie* e, mais tarde, em *Éléments d'idéologie*[52] é uma das teorias das ideias que se situa, desde o início, em uma problemática representacional, mas que permanece vaga. Desde então, esse conceito tem sido objeto de muitas discussões, particularmente, a partir da definição dada por Marx. A discussão centra-se na questão de saber se é possível conceber que há uma discrepância entre as formas de viver, agir e se comportar dos indivíduos – o que para nós corresponde à realidade – e as representações que esses indivíduos constroem para explicar o funcionamento do mundo social e justificar seus comportamentos – para nós, o real. Na reflexão marxista, como sabemos, os discursos que constroem as representações mascaram, por sua coerência significante, a realidade social, e é por meio deles que se elaboraria uma "falsa consciência social" dos indivíduos, uma consciência social alienada, já que os discursos de representação proviriam de diversos atores da atividade social pertencentes à classe dominante

246 O sujeito falante em ciências da linguagem

(da política, do direito, da religião e da classe burguesa detentora de poder). Nessa perspectiva, a ideologia é sempre uma *ideologia dominante*, que racionaliza sua própria legitimidade, dissimulando-a, porque é preciso mascarar as relações de dominação para melhor subjugar as classes populares.[53] Essa posição, retomada, reforçada e especificada por Althusser como um sistema de representações com sua lógica própria e um papel histórico, predominante no início do século XX, foi posta em causa no que concerne à divisão social em dois sistemas significantes, pretendendo que, por trás de uma construção discursiva racionalizada, encontra-se (acima ou abaixo dela, segundo as explicações) uma realidade única, pré-construída, com a sua própria verdade, sendo essa oculta e determinada por aquela. Ricœur, particularmente, assinala que seria "absolutamente inútil tentar derivar imagens de algo anterior, que seria o 'real'".[54] Qualquer conhecimento do social passaria necessariamente por sistemas de representação que construiriam outras tantas realidades. Oposição entre uma concepção plurivalente, construtivista, ideológica, e uma concepção monovalente, mistificadora.

Mais uma vez, não vamos nos perguntar se este é o fim das ideologias, como às vezes se sugere.[55] Devemos também ter o cuidado de considerar a ideologia apenas em seu sentido histórico de causa dos grandes conflitos do século XX, o "século das ideologias", como o designam alguns historiadores e filósofos. Marc Angenot recorda que "é um 'neologismo antigo', datado da época do Diretório, tomado de empréstimo por Karl Marx a Destutt de Tracy e aos 'ideólogos' do Império, que podia ter servido para dar um nome ao horror do século XX, ou melhor, para designar sinteticamente a sua fonte: ideologia".[56] Hannah Arendt, por sua vez, descreve a ideologia como a construção de um sistema de pensamento totalitário de acordo com a "lógica de uma ideia" que "poderia explicar tudo até o mais ínfimo acontecimento, deduzindo-o de uma única premissa", assim se misturam ciência e filosofia.[57] O que nos interessa é a possibilidade de situar esse conceito no quadro da produção do discurso, de modo a não colocar no mesmo plano todos os sistemas de pensamento. Podemos nos reportar ao verbete "ideologia", do *Dicionário de análise do discurso*, e ao artigo de James Costa, com título deliberadamente provocador ("Devemos nos livrar das 'ideologias linguísticas'?"),[58] para ter uma ideia da manipulação dessa noção em algumas correntes linguísticas. No que nos diz respeito, aqui vamos nos concentrar nas reflexões extraídas de vários autores para determinar os contornos desse conceito tal como o entendemos. Focault, por exemplo, revisita essa noção, intitulando-a "formação discursiva", expressão que é, em seguida, retomada por Michel Pêcheux e outros linguistas nos anos 1980. Mas se

Os "imaginários sociodiscursivos" 247

esses, seguindo Althusser, para quem a ideologia é uma representação prático-social e não uma teoria, fazem dela uma forma de discurso que corresponde exclusivamente a posições de classe, em consonância com o materialismo dialético, Foucault é mais cauteloso e menos dogmático, pois, para ele, os elementos de enunciação que reunimos "são aquilo a partir de que se constroem proposições coerentes (ou não), desenvolvem-se descrições mais ou menos exatas, efetuam-se verificações, desenvolvem-se teorias. Constituem o pré-requisito do que será revelado e funcionará como um conhecimento ou uma ilusão, uma verdade admitida ou um erro denunciado, uma aquisição definitiva ou um obstáculo ultrapassado".[59] Porque para ele, longe de essencializar os discursos em categorias bem determinadas em relações de dominação, uma análise não deveria procurar "isolar ilhas de coerência para descrever sua estrutura interna; ela não se encarregaria de suspeitar e trazer à luz conflitos latentes"; deveria, em vez disso, descrever *sistemas de dispersão*".[60] Em contrapartida, ele faz a seguinte proposta (usando o condicional): "No caso em que se poderia descrever, entre certo número de enunciados, um tal sistema de dispersão [...], diremos, por convenção, que estamos lidando com uma *formação discursiva*".[61] Permanecendo no âmbito das relações sociais de poder, ele observa que existem "sociedades de discurso cuja função é preservar ou produzir discursos, mas para fazê-los circular em um espaço fechado, distribuindo-os apenas de acordo com regras estritas [...]",[62] levando a "procedimentos de exclusão"[63] (proibições, rejeições, excomunhões). Foucault abre, assim, a possibilidade de aplicar a ideologia a algo mais que apenas às relações de dominação de classe.

Van Dijk, por seu lado, no âmbito da *Análise Crítica do Discurso*, propõe tratar as ideologias como um fenômeno de cognição social, constituído de "crenças sociais partilhadas por comunidades sociais específicas ou 'grupos'"[64] que, de acordo com diferentes setores de atividades profissionais políticas e sociais, controlam ou dominam as representações de outros grupos sociais. Especifica também que devem ser distinguidos das crenças culturais comuns a todos os grupos de uma determinada cultura. Esse ponto de vista é bastante próximo ao nosso, exceto pelo fato de não distinguir com precisão os diferentes sistemas de pensamento, tal como propomos, o que significa que esse ponto de vista tende a essencializar o que chama de "ideologias sociais", tais como o racismo, o sexismo, a escravidão, o antissemitismo, que são sempre definidas em termos de divisão entre grupos dominantes e grupos dominados e que, no entanto, merecem ser consideradas sob o prisma de diferentes categorias de pensamento (teorias, doutrinas, *doxa*, estereótipos), que devem ser cruzadas com os imaginários culturais de que falaremos a seguir. Em

248 O sujeito falante em ciências da linguagem

ambos os casos, o inconveniente reside no fato de que a ideologia, com todas as suas representações de valores, é, à primeira vista, considerada dominante. Porém, ela só pode ser considerada dominante a partir do exterior, ou seja, quando vemos seus efeitos sociais. Não se trata de negar esses efeitos, mas parece-nos importante definir as ideologias em si mesmas, de acordo com os valores de que são portadoras, em uma configuração discursiva que testemunha um certo universo de discurso fechado em si mesmo, segundo uma lógica única, como diz Arendt. E, ainda mais, porque esse termo é empregado em relação a categorias tão diferentes umas das outras que não sabemos mais como defini-lo. Podemos colocar no mesmo nível, como ouvimos dizer, as ideologias políticas, religiosas e sociais?

Partiremos de uma definição geral, que resulta da observação das características discursivas dos discursos que se apresentam como um sistema de ideias. Dentre esses discursos, alguns declaram valores como sendo universais e desenvolvem sempre o mesmo esquema de racionalidade, que consiste em dar uma explicação totalizante da atividade humana, referindo-se a textos orais ou escritos cuja fonte é uma voz, mais ou menos encarnada em uma pessoa, um sujeito "farol", portador de uma palavra que provém ora do além (sujeito divino), ora de uma testemunha dessa palavra (sujeito profeta), ou do fundador de um pensamento (sujeito pen-sador), como vimos a propósito do saber de revelação. Trata-se, portanto, de um discurso com finalidade, ao mesmo tempo, moral, afetiva e pragmática. Em sua tentativa de definir as aspirações humanas, tornam-se normativos. Fazem parte de um princípio de explicação globalizante a partir de um postulado de valor, ao qual a análise dos fatos e dos comportamentos deve ser reduzida como verdade última. Eles, então, entram em competição, ou mesmo rivalidade, com outros discursos que têm o mesmo objetivo, o que os leva a tomar posição contra ideias contrárias, a se defenderem e a se imporem. Isso explica por que, quando os consideramos em uma perspectiva social e histórica, eles se tornam, em algum momento, dominantes, a menos que coexistam com outros discursos ideológicos.

De acordo com essa definição geral, diremos que há um discurso ideologizante cada vez que este se entrega ao real do mundo. Isso significa que esses discursos contêm, ao mesmo tempo, o saber de crença e o saber de conhecimento, mantendo essa ambivalência. Eles fazem parte do saber de crença na medida em que exigem um movimento de adesão por parte do sujeito que dele se apropria; eles fazem parte do saber de conhecimento na medida em que são dados como provenientes de uma fonte exterior ao sujeito, fonte que tem autoridade. Esses discursos, mais ou menos vagos, e com geometria variável quanto à sua configuração, quando se endurecem,

Os "imaginários sociodiscursivos"   **249**

se fixam e se reproduzem na "irredutibilidade obstinada de fórmulas que perduram, não importa o que aconteça",[65] tendem a se tornar doutrina ou mesmo dogma. Vimos anteriormente como se caracteriza o discurso doutrinário, um discurso fechado sobre uma verdade absoluta, sem contestação possível ao qual não se pode aderir senão por um ato de fé. Diremos que, se uma teoria pode-se transformar em doutrina – como veremos mais adiante –, certas ideologias tornam-se doutrinas porque são apoiadas por discursos pertencentes a um sistema de pensamento fechado em si mesmo. Os sistemas fechados de pensamento são revelados por discursos que se encontram presos em categorias que têm a figura "-ismo": religioso (catolicismo, protestantismo, islamismo), político (comunismo, marxismo, estalinismo, socialismo, esquerdismo), sociopolítico (conservadorismo, progressismo, nacionalismo), ou com uma tendência etnicista (racismo, antissemitismo). Como alguns dizem, em outros termos: "A ideologia é uma gramática de engendramento de sentido, o investimento do sentido em matérias significantes".[66] Esta é a sua diferença em relação ao discurso científico: o discurso ideológico é um discurso total de evidência, apoiado em uma crença absoluta, enquanto o discurso científico – que pode ser total – baseia-se apenas em um saber relativo, já que sempre pode ser questionado. Será, então, possível buscar a ideologia em outro lugar que não nos "aparelhos ideológicos do Estado". Ainda é necessário saber como a ideologia se distingue de outros sistemas de pensamento que fazem parte da opinião comum.

As figuras da "opinião comum"

Anteriormente associamos a opinião relativa, a do sujeito singular, ao saber de crença. Mas podemos levantar a hipótese de que essa opinião, por mais pessoal que seja, baseia-se ela mesma em opiniões coletivas que atravessam a vida dos indivíduos em suas múltiplas relações. Mais ou mesmo, dependem de uma *opinião comum*.[67] A opinião comum é de escopo geral, chegando, por vezes, a ponto de se afirmar universal e, por isso, suposta de ser a mais amplamente partilhada. Seja como for que se expresse, o sujeito falante está convencido de que "Todo mundo pensa a mesma coisa e eu também". É que essa opinião comum resulta do encontro entre as opiniões de vários indivíduos, tornando-se uma opinião coletiva. Cada indivíduo que vive em sociedade autoriza-se a ter um ponto de vista pessoal sobre os assuntos do mundo, mas só na medida em que esse ponto de vista possa ser compartilhado por outros que ele se estabelecerá como um padrão de referência válido para todos. A verdade que emerge é uma espécie de "verdade consensual".

250 O sujeito falante em ciências da linguagem

Às vezes, a opinião é expressa por meio de fórmulas mais ou menos codificadas, como os provérbios, ditados e outros enunciados mais ou menos fixos: "um dia de cada vez"; "Outros tempos, outros costumes"; "A prática leva à perfeição"; "Gato escaldado tem medo de água fria". O sujeito falante não precisa reivindicar uma posição particular pelo fato de ter se apropriado de uma opinião que Aristóteles qualifica de "genérica" e que é considerada por ele como uma evidência de ordem moral ("Não podemos aceitar a morte de uma criança"), de ordem afetiva ("A estupidez dos seres humanos é insuportável") ou hedônica ("Saber saborear os prazeres da vida"). Trata-se do que tem sido discutido desde a Antiguidade, a saber, a opinião comum considerada ora como *doxa*, ora como *estereótipo*.

"Doxa"

Desde a Antiguidade, a *doxa* fascina: é objeto de crítica ou de aceitação, conforme seja considerada como distorcendo a realidade, ou ocultando a verdade, ou que seja aceita como reflexo de uma opinião pública, que é necessário para compreender a sociedade. Às vezes é julgada negativamente, às vezes, positivamente, mas, de um modo geral, é objeto de desconfiança. Para Platão, por exemplo, a opinião só pode apreender as aparências do mundo e, portanto, não permite chegar à verdade; ela "não é nem ciência nem ignorância [...], portanto, algo intermediário entre a ciência e a ignorância".[68] A partir daí, desenvolve-se uma corrente que considera a *doxa* uma forma de discurso dúbia, herdada dos sofistas gregos. Spinoza, vítima de uma opinião que o considerava perigoso devido às suas posições críticas em relação à religião, esforçou-se para combater as superstições e os preconceitos que provêm de uma percepção do mundo a que não se aplica a faculdade do entendimento e que fabricam "ideias inadequadas e confusas":[69] a opinião se imporia a nós como uma ideia que nos cega. Na mesma linha de ideias, Roland Barthes a considera como um "mau objeto",[70] porque testemunha o que é um pensamento corrente: "[...] a Opinião pública, o Espírito majoritário, o Consenso pequeno-burguês, a Voz do Natural, a Violência do Preconceito";[71] ele se aplicou a descrevê-la nas *Mitologias*. Pierre Bourdieu, por sua vez, considera que a *doxa* é aquilo que é aceito sem discussão ou exame, aquilo a que o senso comum adere como uma evidência, deve ser combatida em um projeto político, e insta-nos a "desacreditar das evidências, [...] quebrar a adesão ao mundo do senso comum".[72]

Para Aristóteles, por outro lado, a *doxa* deve ser tomada como um conceito e dotada de um estatuto de razoabilidade. Como já foi referido, ele opõe *ciência* e *opinião*, a primeira procedendo de "proposições necessárias" (o necessário não pode ser outra coisa senão o que ele é), a segunda aplicando-se "ao que, sendo verdadeiro ou falso, pode ser diferente do que é [...]".[73] Ciência e opinião pertencem a dois domínios de saber distintos, tendo cada uma sua razão de ser. Quanto à *doxa*, ela não é fruto do acaso. Refere-se, pelo contrário, ao que acontece com certa regularidade sem que tenhamos a certeza de que vai acontecer. É a opinião comum que é compartilhada pelo maior número de pessoas, mas Aristóteles acrescenta-lhe a opinião daqueles que gozam de uma certa autoridade,[74] o que é suscetível de aumentar, no espírito das pessoas, a força da verdade da opinião comum. No entanto, a verdade da *doxa* é apenas da ordem do *provável*, um provável resultante de um acordo sobre o conjunto de possibilidades, um *consenso*, como potencialidade de saber partilhado sobre o que é "crível". É por isso que, na argumentação, ela é um ponto de partida. O sujeito argumentante utiliza-a como premissa. Ele convida o auditório a extrair do reservatório de "lugares comuns", *topoï*,[75] para que possa encontrar nas conclusões aquilo a que adere por meio da *doxa*, porque "o objetivo da argumentação, lembra-nos Perelman, [é] transferir para as conclusões a adesão dada às premissas".[76]

Vemos que desde a sua origem, a noção de *doxa*[77] é creditada com um duplo sentido: o que chega ao indivíduo pelo fato de ser partilhado por todos (saber *objetivo*); o que vem de sua própria opinião (saber *subjetivo*). Ambivalência de sentido, variando, para Barbara Cassin, de alucinação (opinião falsa) à ideia aceita (dogma), da ilusão (aparência enganadora) à aparência glorificada.[78] Ambivalência que se pode reduzir, no nosso vocabulário, a uma dupla ligação: ao saber de conhecimento, *fora do sujeito*, e ao saber de crença, *in-sujeito*. Essa é a armadilha do saber de experiência, que, como vimos, participa tanto do saber de conhecimento, em seu aspecto factual, quanto do saber de crença, em seu aspecto subjetivo, que pode chegar ao ponto de ser enganador (dizemos que o Sol nasce e se põe), dando razão à concepção platônica de uma ilusão de aparências. E, no entanto, é a força desse saber de experiência que penetra na consciência das pessoas. A *doxa* é um fenômeno discursivo, um fator de construção de saberes de crença que se forma por aglomeração e recorrência de discursos convergentes, um fenômeno dialógico, como assinala Amossy,[79] e que, quando se congela, assume a aparência de doutrina.

O discurso humorístico tem prazer em jogar com a *doxa*. Convoca-a de maneira explícita ou implícita para miná-la, ridicularizá-la ou derrubá-la, às vezes, construindo uma *contradoxa*. Quando um comediante como Raymond Devos faz seu cachorro falar, diz que ele se senta em sua poltrona e lhe dá ordens como se ele

252 O sujeito falante em ciências da linguagem

fosse o dono, ele questiona a *doxa*, que diz que os seres humanos são superiores aos animais e que estes são incapazes de se governar. A figura da ironia, em particular, é uma verdadeira máquina de contestar a *doxa*, ora para atacar uma opinião oposta, ora, simplesmente, para questioná-la. O simples ato de dizer "Bravo!" a alguém que acabou de ser reprovado em um concurso, ou dizer "Obrigado por sua gentileza" para alguém que acabou de recusar-lhe um serviço, é ironizar sobre as *doxas*, que preconizam que não se deve parabenizar quem falha e que não se deve agradecer a alguém que não lhe prestou nenhum serviço. Jogando com uma interdiscursividade dialógica, o sujeito falante pode sugerir uma *doxa* que considera que precisa ser criticada; quando, em um jornal, um colunista escreve sobre o aumento dos preços dos imóveis em Paris: "Ministros, corretores de imóveis, a mesma luta. É preciso subir, é preciso comprar",[80] ele lembra a ideia de que os corretores de imóveis esperam que os preços subam para que os clientes os comprem; ao mesmo tempo, coloca os ministros no mesmo saco que eles e critica-os por não combaterem a especulação imobiliária, em vez de pensarem apenas em suas carteiras (*contradoxa*).

"Estereótipo"

Muito se tem escrito sobre o estereótipo.[81] Na Filosofia, evidentemente, desde Aristóteles, que o incluiu entre os "lugares comuns" resultantes de uma construção dóxica; em Psicologia social, no âmbito da análise das interações sociais (Maisonneuve);[82] às vezes na Sociologia – embora mais discretamente –, tornando-o, na maioria das vezes, um protótipo negativo do julgamento social;[83] na literatura, também sob a denominação "cliché", como objeto da estilística[84] e, finalmente, nas ciências da linguagem, em uma orientação retórica e argumentativa (Amossy)[85] ou sociolinguística.[86] Nós mesmos, dada a diversidade de definições, optamos por "imaginário sociodiscursivo". No entanto, longe de querermos livrar-nos dele – como provocadoramente anunciamos no colóquio dedicado a essa questão[87] –, nós o mantivemos como uma das variantes do imaginário.

Que observamos? Em primeiro lugar, que há uma proliferação de termos que cobrem o mesmo campo semântico: "clichês", "convenções", "lugares comuns", "ideias preconcebidas", "preconceitos", "estereótipo", "lugar comum", para citar apenas alguns. Porque há outras, como a expressão "ponte dos burros", ouvida recentemente em um programa de rádio. Não sabemos realmente que distinções estabelecer e, além disso, a maior parte delas é intercambiável. Esses termos têm um certo número de traços semânticos em comum: a *recorrência* e a *fixidez*, porque os enunciados assim qualificados se repetem de forma idêntica, o que acaba por os fixar; *simplificação*, porque esses enunciados descrevem uma característica única, considerada caricatural; *função identitária*, porque esses enunciados circulam entre os grupos sociais e o que eles designam é compartilhado pelos seus membros, funcionando, assim, como um elo social; *juízo negativo*, porque quando esses enunciados são empregados é para criticar, de uma forma ou de outra, as características atribuídas ao outro. E quando um desses termos é mencionado ("Eis um estereótipo") é para rejeitá-lo, com base no fato de que o que ele designa é falso, muito simplista ou muito generalizante. Alguns desses termos insistem mais sobre um ou outro desses aspectos: "ideias preconcebidas" indica que o sujeito se submete ao que lhe é dito; "preconceitos" insiste na ideia de um julgamento não verificado; "lugar comum", na ideia de banalidade. Todos eles, no entanto, carregam o traço da suspeita, relativamente à verdade do estereótipo.

É a presença dessa suspeita que constitui o problema. Porque, por um lado, a pessoa que emprega tal enunciado o dá como verdadeiro, e aquele que o denuncia o dá como falso. Há, portanto, uma ambiguidade quanto ao uso que se faz dessa noção, incluído nos escritos acadêmicos que lhe são dedicados; por um lado, defendemos a ideia de que o estereótipo, quer veicule um julgamento verdadeiro ou falso, é necessário para o estabelecimento do laço social, porque consideramos que a aprendizagem social se faz com a ajuda de ideias comuns repetitivas que se tornam normas de julgamento social; por outro lado, rejeitamos o estereótipo, porque ele deformaria ou mascararia a realidade. Não podemos considerar que o estereótipo possa conter uma parte da verdade? Dizer, como vimos, "Os intelectuais não gostam de contato corporal" talvez seja um estereótipo que os desportistas atribuem aos intelectuais, mas isso não significa que seja completamente falso; o mesmo se aplica aos julgamentos que os homens fazem das mulheres, que as mulheres fazem dos homens, daqueles que os cidadãos fazem dos políticos e vice-versa. Em outras palavras, deve-se conceder ao estereótipo a possibilidade de dizer algo falso e verdadeiro ao mesmo tempo. Além disso, como vimos no capítulo dedicado à construção da identidade do sujeito, todo julgamento sobre o outro é, ao mesmo tempo, revelador de si mesmo, do que pensa o sujeito falante: ao classificar os outros, ele diz que não pertence à mesma categoria. Dizer "Os franceses são cartesianos" pode não ser verdade em termos absolutos, mas revela algo sobre a pessoa que o diz, que se considera não cartesiana ou se distancia dessa caracterização. Da mesma forma, dizer "Os espanhóis são orgulhosos" é julgar os

254 O sujeito falante em ciências da linguagem

espanhóis, classificando-os em uma determinada categoria de indivíduos, dando a entender que não se pertence a essa categoria. O estereótipo parece funcionar como o raio de luz que, direcionado a uma superfície líquida, é refratado no espaço líquido, desviando seu ângulo de incidência e é refletido dessa superfície, voltando à sua fonte: o estereótipo também diz algo desviante sobre o outro (refração)[88] e, ao mesmo tempo, algo verdadeiro sobre aquele que o profere (reflexão).

Referimo-nos anteriormente aos três tipos de crença distinguidos por Raymond Boudon. Na medida em que o estereótipo é dado como uma "verdade indiscutível da experiência", vamos vinculá-lo às crenças do tipo 3, "aquelas que não podem ser validadas por comparação com a realidade ou, pelo menos, por comparação *apenas* com o real. Esse tipo inclui as crenças do tipo normativo e geralmente apreciativo".[89] Manteremos o aspecto *normativo* e *apreciativo* do estereótipo, enquanto julgamento feito sobre o outro (indivíduo ou grupo), tendendo a encerrá-lo em uma categoria essencializante. O estereótipo apresenta, portanto, três efeitos: (i) o sujeito que utiliza um estereótipo apenas relata o discurso do grupo a que pertence e, assim, designa-se a si próprio como compartilhando desse julgamento ("Eu penso, tal como os X dos quais eu faço parte, o que são os Y"); (ii) o julgamento enunciado encerra o outro grupo em uma categoria englobante; (iii) o enunciador distancia-se dele. O estereótipo cumpre assim uma função identitária: construção da identidade do outro, diferenciação e reforço de sua própria identidade. O sujeito falante pode também contestar o estereótipo quando este provém de um sujeito pertencente a outro grupo. Se dissermos: "Os espanhóis pensam que os franceses são chauvinistas", estamos insinuando que esse julgamento é peculiar aos espanhóis e apenas a eles, e pode-se concordar (o sujeito se dissocia de seu grupo de pertencimento e sugere que há alguma verdade nisso), ou discordar (o sujeito defende seu próprio grupo e denuncia a falsidade do julgamento). Às vezes, o estereótipo é sentido como uma necessidade para reforçar uma identidade individual ou coletiva. O mesmo acontece com os estereótipos que as pessoas usam sobre os estrangeiros[90] e mesmo sobre os da aldeia vizinha; que os indivíduos atribuem às outras profissões; que aqueles que pertencem a uma classe social aplicam a uma outra classe; que os homens têm sobre as mulheres e as mulheres, sobre os homens.[91] Esses estereótipos são tão poderosos que são frequentemente utilizados, mesmo instrumentalizados, no campo político. Seus atores os usam abundantemente para desqualificar o adversário, ou para estigmatizar os grupos que são apresentados como a fonte de todos os males na sociedade (os imigrantes), o bode expiatório de que é preciso se livrar.[92] Podemos dizer que, nesse campo, o estereótipo está a serviço da manipulação das multidões, como demonstrado por Wilhelm Reich[93] nos anos 1930, e Gustave Bon,[94] em 1895.

Em resumo. O estereótipo é antes de tudo uma questão de representação que constrói o real a partir da realidade. Essas representações são feitas por sujeitos que vivem no tempo e no espaço e, é por isso, como diz Putnam: "Todas as representações que conhecemos têm uma associação com o seu referente que é contingente e suscetível de mudar conforme a cultura ou o mundo mudem".[95] Do mesmo modo, o estereótipo faz parte dos saberes de crença que dissemos depender da subjetividade dos sujeitos, mas de uma subjetividade partilhada – Georges Kleiber fala de "crença partilhada"[96] –, uma vez que é no reconhecimento da pertença a um grupo que o sujeito assume essas crenças: é o seu lado *convencional*; enquanto crença, o estereótipo tem a particularidade de se inscrever em uma relação de alteridade, de pessoa para grupo, ou de grupo para grupo: é seu lado *intersubjetivo*; por fim, ele atribui a outros uma qualificação positiva ou negativa, e esse é seu lado *normativo*. Do ponto de vista do uso corrente que se pode fazer da palavra, o estereótipo, em seu duplo movimento de refração-reflexão, diz algo sobre o outro, com maior ou menor grau de distorção e exagero, e diz algo sobre si mesmo, com maior ou menor grau de má-fé. Mas quando ele é percebido, na maioria das vezes, é rejeitado, até mesmo combatido, por revelar representações falsas e moralmente inaceitáveis. É o caso de estereótipos ditos racistas, sexistas, colonialistas e outros que proliferam no domínio político (estereótipos de esquerda denunciados pela direita, estereótipos de direita denunciados pela esquerda). Às vezes, torna-se até mesmo a razão de ser de certos trabalhos em Sociologia e em ciências da linguagem, sob o argumento de que devem ser denunciados. Para a Sociologia, no entanto, Hervé Glévarec sublinha o perigo da objetivação social, argumentando que um sociólogo que "denuncia uma essencialização esta[ria] ele próprio a essencializar. Seria levado, em nome da objetividade sociológica, no mesmo movimento de essencialização ligado ao ato de atribuir uma identidade a pessoas específicas. Essas pessoas poderiam opor-se à essencialização sociológica, uma essencialização baseada no argumento da 'objetividade social'".[97]

Vemos, pelas características aqui expostas, que é difícil lutar contra os estereótipos, ancorados como são em uma crença coletiva que desempenha um duplo papel identitário; dificilmente podem ser alterados pela única vontade das pessoas que o denunciam, sejam elas parte dos humoristas que tentam desconstruí-los com maior ou menor sucesso.[98]

256 O sujeito falante em ciências da linguagem

Portanto, se quisermos analisar os estereótipos, devemos começar por nos livrarmos da ideia de que eles existem para serem destruídos. É preciso considerar que os estereótipos são constitutivos da – o que não quer dizer necessários à – construção da identidade social e devemos apreendê-los em toda a sua complexidade. Existem estereótipos tanto negativos quanto positivos, mas também os *contra-*, os *neo-* e os *anti*estereótipos, como mostra Éric Macé em suas obras.[99] E, depois, o discurso impondo-se sobre as palavras da língua, é preciso observar qual é a identidade de quem o usa, a identidade daquele ou daquela a quem ele se aplica, a situação comunicativa (o contrato) e a circunstância (o dispositivo) em que é utilizado, sem esquecer o quadro temporal (sócio-histórico) e espacial (cultural) de seu emprego. O estereótipo faz parte dos imaginários sociais que examinaremos a seguir.

Jogos de saberes

Mas antes de mergulhar nos imaginários é preciso observar que essas categorias de conhecimento e essas figuras de pensamento, devido à sua imprecisão de definição, e, apesar dos esforços de conceitualização, são muitas vezes empregadas umas pelas outras. Produzem-se, então, deslizamentos, combinações entre elas, até confusões. Às vezes, é a distinção entre a teoria científica e a doutrina que é objeto de deslizamentos. Edgar Morin e Pierre Moscovici, por exemplo, acreditam que a psicanálise se equilibra entre "teoria", quando é objeto de discussão científica, e "doutrina", quando é objeto de polêmica, levando à constituição de campos de poder e cenáculos nos quais só se pode entrar por admissão, ou de que só se pode sair por exclusão. O marxismo também é rotulado, às vezes, de "teoria", em sua tentativa de explicação político-econômica das sociedades ocidentais, às vezes como ideologia, tornando-se normativo em sua perspectiva de estabelecer princípios de vida e de orientar as aspirações humanas, veiculando valores suscetíveis de constituir uma idealidade social, ou ainda como "doutrina", quando se fecha em si mesmo, atendo-se apenas aos seus textos fundadores considerados incontestáveis. Pierre Bourdieu, por sua vez, considera que há teorias econômicas que se convertem em doutrinas ou novas ideologias. Outras vezes, é o uso de uma mesma noção em contextos diferentes que confunde sua definição. Por exemplo, a de ideologia que aplicamos a vários setores de atividade: econômico – fala-se de ideologias liberal, neoliberal, ultraliberal, iliberal –, tecnológico, tecnocrático, ecológico, midiático.[100]

Esse jogo de deslizamento pode igualmente consistir em transformar uma opinião pertencente ao "saber de crença" em saber de conhecimento, ou, se não for de conhecimento, pelo menos em uma verdade admitida por todos, uma *doxa*. Isso é particularmente claro no discurso político, que procura estabelecer como verdade baseada no conhecimento o que é apenas uma norma moral baseada na crença. Esse tipo de discurso, quer proferido por um líder político, quer por um militante, procura fazer passar uma verdade de apreciação pessoal ou coletiva como uma verdade universal. Mas em todos esses casos, vemos, mais uma vez, que é de fato o sujeito quem faz as escolhas e que, arremessado entre teorias, doutrinas, ideologias e estereótipos, passa de uma categoria à outra sempre sem saber a qual delas se referir. Isso leva a uma difícil discriminação que nos obriga a introduzir a noção de "imaginário" e, mais precisamente, a de "imaginário sociodiscursivo".

O "IMAGINÁRIO"

O termo imaginário é objeto de definições diversas, até mesmo contraditórias. Refere-se ora a algo que não tem realidade,[101] que é inventado do nada, ora a uma representação dos seres e do mundo que é coletivamente compartilhada, mas questionável ou mesmo falsa. Atribuem-se, então, como sinônimos os termos "mito", "lenda", "ficção". Ora é portador de um juízo negativo, como em "É um doente imaginário", ora alude ao que se inventa sem ter necessariamente um significado negativo, como quando se fala de "um mundo imaginário", por vezes exprime um desejo idealizado (sonho, utopia), não realizado, mas possivelmente realizável, a menos que ele seja tachado de ilusão: "[ela] não para nunca. Ela associa os mortos aos vivos, os seres reais aos imaginários, os sonhos à história", escreve Annie Ernaux em *Les années*[102] a propósito da memória. Parece, portanto, que nos encontramos na mesma situação que a do estereótipo e, assim, devemos ter cuidado com esse termo pelas mesmas razões. Observa-se, no entanto, que é em seu emprego adjetival que a palavra assume esses valores de invenção fora da realidade, ao passo que, em seu uso substantivo, recobre uma noção que se inscreve, ao mesmo tempo, em uma tradição filosófica e em uma tradição das ciências humanas, as quais nos interessam. No entanto, nessas, com exceção da Antropologia, da qual tomaremos emprestada parte da definição, as definições não são sempre muito claras. Na História, por exemplo, às vezes, ouvimos falar que essa disciplina tem por vocação restabelecer a verdade contra o imaginário, as fantasias, os estereótipos.[103] Esse significado um tanto pejorativo é talvez um

258 O sujeito falante em ciências da linguagem

resquício do pensamento do século XVIII, que distinguia uma cultura erudita e uma cultura popular fortemente influenciada pelas histórias de diabo e de bruxaria, pois é verdade que, desde a historiografia da Escola dos *Annales* e a ainda mais moderna dos *Lieux de mémoire*, são colocados no centro das pesquisas dessa disciplina as *mentalidades* e os *imaginários*, como atesta o título de um artigo de François Furet, em um dos números da revista *Le Débat*: "La Révolution dans l'imaginaire politique français" [A revolução no imaginário político francês].[104] Mais recentemente, uma obra dedicada à história da colonização francesa tenta fazer com que as pessoas entendam "o impacto da colonização no imaginário francês".[105] Nos meios artísticos e literários, o imaginário é empregado sem conotação pejorativa, porque se aceita que a função do artista e do escritor (poeta ou romancista) é propor a visão de um outro mundo que aceitamos não corresponder ao da realidade, mas que pode ser uma prefiguração, um anunciador de um mundo real futuro: "O imaginário é o que tende a se tornar real", disse André Breton: todo artista é um *visionário*.

Gilbert Durand salienta que, "desde Sócrates, passando pelo agostinismo, a escolástica, o cartesianismo e o iluminismo", a imaginação era considerada como *fantasia*, próxima da loucura ("a louca da casa"),[106] opondo-se à razão, a única capaz de gerir o confronto entre o Homem e o Mundo, uma espécie de "pecado contra o espírito".[107] No pensamento clássico, que se prolonga até os confins da modernidade, o *homo sapiens* luta contra o *homo demens*. É no fundamento do pensamento filosófico moderno (Kant, 1724-1804) que, segundo Durand, constrói-se em torno da dupla noção de "consciência de si" e de "eu coletivo" uma possibilidade de acesso ao conhecimento que leva a revalorizar a dimensão *imaginada* da mente e sua atividade representacional como parte da construção significante do mundo. Mais tarde, Bergson (1859-1941) garantiu a transição entre sensação e mente pela noção de "*continuum* da consciência". Paralelamente, Bachelard (1884-1962) distingue e relaciona a atividade "conceitualizadora" da mente, que produz a ciência, e o "desvario", uma atividade criativa que produz uma visão poética do mundo: uma dupla atividade da mente que está na origem de princípios organizadores dos comportamentos humanos. Sartre (1905-1980), por sua vez, critica a Psicologia clássica, que confunde o "imaginado" com o "lembrado". Ele defende, a partir de uma perspectiva fenomenológica, um funcionamento específico da imaginação entre as *coisas objetivas* e a sua *cópia mental*. Mas Durand considera que se Sartre teve o mérito "de esforçar-se para descrever o funcionamento específico da imaginação e distingui-la claramente [...] do comportamento perceptivo ou mnésico", permanece a meio caminho entre *sensação* e *ideia* e é mesmo contraditório, porque afirma que a imagem pertence ao domínio da "experiência privilegiada" e, ao mesmo tempo, que não pode ser alcançada por indução.[108]

Em Psicanálise, o Imaginário se opõe ao Simbólico. Freud, ao afirmar a existência de uma dupla consciência no homem, em uma tripartição "id/ego/superego", coloca o Imaginário do lado do "superego", sendo o "id" da ordem do Simbólico. Lacan opõe o Simbólico, que é da ordem do consciente, do *logos* estruturado como linguagem, ao Imaginário, que é da ordem do Inconsciente.[109] Jung (1875-1941), por sua vez, desenvolve sua ideia de "arquétipos" como um conjunto de temas recorrentes de *figuras simbólicas* carregadas pelos sonhos, mitos e contos que constroem os imaginários pessoais com base em um fundo comum de inconsciente coletivo. O Imaginário (com "I" maiúsculo) opõe-se, portanto, ao Simbólico (com S maiúsculo): o primeiro é o lugar do Espelho, que afasta o homem de sua própria imagem (o engodo); o segundo pertence ao campo do inconsciente, como repressão da manifestação perceptível pela consciência. Não podemos seguir esse caminho de dissociação de instâncias constitutivas do sujeito, pois em nossa perspectiva o analista do discurso só pode tentar apreender o que vem à tona na consciência do sujeito, até mesmo em seu inconsciente, que, em uma ou em outra ocasião, pode tornar-se consciente.

Preferimos enquadrar-nos em uma filiação antropológica que, como sabemos, se interessa por rituais, mitos e lendas, como discursos que testemunham a organização das sociedades humanas. Os antropólogos se especializam em vários campos: Georges Dumézil se interessa mais particularmente pelas sociedades sacerdotais, guerreiras e produtivas; André Piganiol, pelos povos pastoris sedentários. Nós manteremos a posição de Gilbert Durand que "se coloca deliberadamente no que [ele chama] a *viagem antropológica, ou seja, a troca incessante que existe no nível do imaginário entre as pulsões subjetivas e assimiladoras e as intimações objetivas que emanam do ambiente cósmico e social*".[110] É nessa linha de pensamento que nos colocaremos para redefinir a noção de imaginário no contexto da Análise do Discurso. Pois trata-se, sem penetrar nas profundezas do inconsciente, de uma questão de representação. No início desse capítulo, seguindo a tradição do signo saussuriano, levantamos a hipótese de que a realidade em si existe, mas não significa, e que, para significar, precisa passar pelo mecanismo das representações sociais, que procede de uma dupla relação: a da percepção e da experiência que o sujeito tem da realidade por meio da linguagem e a da relação que ele mantém com os outros em um movimento de partilha consensual. É essa atividade de percepção significativa que produz os imaginários que, por sua vez, dão sentido à realidade. Em suma, o imaginário é um modo de apreensão da realidade que nasce na mecânica das representações sociais, que, como já dissemos, constroem sentidos sobre os objetos do mundo, os fenômenos que ali se produzem, os seres humanos e seus comportamentos, transformando a realidade em *real significante*. Resulta, portanto, de um processo de simbolização do mundo, de ordem afetivo-racional, por meio da intersubjetividade das relações humanas e é depositado na memória coletiva.

O imaginário social

A esta filiação, acrescentaremos Cornelius Castoriadis (1922-1978), que introduziu em *A instituição imaginária da sociedade*[111] a noção de "imaginário social". O imaginário social é o que liga e torna coerente a relação entre a ordem social e os comportamentos em relação às instituições (Estado, religiões), e, ao fazê-lo, cria regras e normas. É isso que constitui "o cimento invisível que mantém unido esse imenso emaranhado do real, do racional e do simbólico que constitui qualquer sociedade".[112] Ele faz fundir-se, no imaginário, a percepção do mundo por meio da experiência subjetiva e da racionalidade, na medida em que "esse imaginário não apenas desempenha a função do racional, ele já é uma forma dele, ele o contém em uma indistinção primeira e infinitamente fecunda e nela se podem discernir os elementos que nossa própria racionalidade pressupõe".[113] Produzem-se, portanto, "imbricações complexas em que os gestos, os impulsos, as práticas, os atos, as representações se misturam e se informam mutuamente".[114] Alguns são apoiados e mantidos pelos discursos que circulam nas instituições (Escola, Constituição de Estado, Religião, Justiça etc.), outros são aqueles que circulam nas sociedades, como o que chamamos anteriormente de *doxas* e estereótipos, por meio dos modos de falar, dos rituais sociolinguísticos e das diversas formas de intercâmbio linguístico. É na medida em que o imaginário é "o que mantém unida uma sociedade"[115] que ele é o fundador da identidade do grupo. Esta se constrói no cruzamento dos discursos mantidos pelas instituições que são outros tantos lugares de inculcação e os das trocas linguísticas que se instauram em relações de alteridade. Os imaginários sociais estão, portanto, às vezes enterrados no inconsciente coletivo, às vezes emergindo na consciência e explorados de diversas formas. É o caso, pode-se pensar, do imaginário de *laicidade* ou do *centralismo estatal* no contexto sócio-histórico francês.

Nessa interseção entre discursos institucionais e discursos sociais, pode-se dizer – o que não fica totalmente claro em Castoriadis – que o imaginário social, se estiver sempre ligado ao grupo e à memória coletiva, pode ter características mais pessoais. Por exemplo, no caso da percepção da morte, esta será julgada e sentida de forma diferente segundo faça parte da história íntima do indivíduo (a morte de um dos pais, ou de um ente querido),[116] seja por tocar em um sentimento de pertença comunitária (morte de israelenses para israelenses, morte de palestinos para palestinos), seja por um valor moral considerado como universalmente compartilhado (a morte de inocentes, a morte de crianças). Quanto aos imaginários coletivos mais amplos, eles variam de acordo com o teor dos discursos institucionais. Por exemplo, no campo político das discussões parlamentares, lembramo-nos da lei conhecida como Taubira, que visava a reconhecer a escravidão como um crime contra a humanidade. E lembramos que, em contrapartida, foi apresentada uma emenda com o objetivo de reconhecer os aspectos positivos da colonização francesa.[117] Vemos um conflito entre dois imaginários sociais: um que afirma "a igualdade dos cidadãos perante a lei", nos termos da Declaração de Direitos Humanos, cujo desrespeito é considerado discriminatório e merecedor de sansão; o outro que afirma a "excelência da ação educativa" em benefício de um povo considerado subdesenvolvido, ação que merece reconhecimento. Ambos são sustentados, na mente daqueles que os reivindicam, por uma crença em seu valor universal. Recordaremos igualmente o caso das caricaturas do profeta Maomé que pôs em evidência um conflito entre dois imaginários do "sagrado": o da cultura religiosa do Ocidente e a do Oriente. Na obra *Histoire globale de la France coloniale*, a que me referi anteriormente, mostra-se que esta contribuiu para moldar, por meio da "literatura, do teatro, do cinema e toda uma série de cartazes de publicidade ou de propaganda, de fotografias e capas de revistas" imaginários em torno da "violenta erotização da mulher", da "invenção das 'raças selvagens'", da "escola e das colônias", do "mito colonial de Vichy" etc.[118] Em outras palavras, os imaginários sociais são construídos em um campo da prática social determinado (artístico, político, jurídico, religioso, educativo etc.) para, como propõe Castoriadis, tornar coerente a relação entre a ordem social e os comportamentos e para cimentar o vínculo social, com a ajuda de dispositivos reguladores, que são as instituições. Mas dizem respeito igualmente e de forma mais ampla a qualquer grupo social, seja qual for a sua dimensão, que necessite, para se reconhecer, representar o mundo para si, julgar o outro e justificar suas ações. Os grupos sociais se encontram, então, em uma situação paradoxal: não cessam de produzir, de interpretar e até de questionar os imaginários e, ao mesmo tempo, não podem deixar de essencializá-los, porque os imaginários valem apenas por sua pretensão de se acreditarem universais: os massacres de populações, os genocídios e outras purificações étnicas não poderiam ser realizados sem o suporte de imaginários com pretensão universal. Certamente, como diz Castoriadis, o sentido que lhe é atribuído não é "nem verdadeiro nem falso, nem verificável, nem falsificável por referência a problemas 'reais' e a sua 'real' solução",[119] mas é sempre possivelmente verdadeiro e experimentado como absoluto. Em suma, o imaginário resulta de um processo de simbolização do mundo em uma gênese, ao mesmo tempo racional e emocional, subjetiva e objetivante, mas igualmente intersubjetiva, porque inclui o outro em uma partilha de pontos de vista. Dessa forma, o imaginário se deposita na *autoconsciência*, uma consciência que é, ao mesmo tempo, individual e coletiva, nem sempre consciente – entre a possível negação e a má-fé –, e se inscreve, assim, na memória coletiva.

O imaginário sociodiscursivo

A combinação saber, imaginário e consciência de si nos leva a falar de "imaginários sociodiscursivos". Com efeito, levantamos a hipótese de que o sintoma de um imaginário social é a fala (discurso). Foi dito que resulta da mecânica das representações sociais ao fim da qual se constroem universos de pensamento em relação a lugares de instituição de verdades, e isso pela atividade de linguagem, que permite identificar os objetos e os seres do mundo, qualificá-los, descrever suas ações, suas motivações e avaliá-los por juízos verídicos. Em outras palavras, os imaginários são engendrados por um discurso impregnado de *pathos*, de *ethos* e de *logos*, com a ajuda dos quais o sujeito decifra os fenômenos do mundo, os comportamentos humanos e a vida em sociedade, em conivência com os outros. A isso devemos acrescentar que o discurso criador de imaginários se produz em um domínio determinado de prática social que desempenha um papel de filtro axiológico. Isso permite compreender que um mesmo imaginário possa receber um valor positivo ou negativo segundo o domínio de prática em que se inscreve. O imaginário da "tradição" terá um valor positivo, ao passo que será percebido de forma negativa nos campos econômico e tecnológico. O imaginário da "modernidade" pode ser percebido negativamente pelos meios conservadores que querem defender os valores de filiação e de herança e, positivamente, por aqueles que o veem como uma garantia de progresso e emancipação social. Os imaginários de "patriotismo" e de "nacionalismo" estiveram na base dos movimentos de resistência durante a Segunda Guerra Mundial, mas também de extorsões, massacres e genocídio em nome da "pureza da raça". Em *A manipulação da verdade*, fizemos alusão a um imaginário particular concernente às aves, segundo os discursos as descrevam de maneira negativa (os corvos, os necrófagos) ou positiva (as rolinhas, as codornas).

Os imaginários são de geometria variável. Eles passam pela experiência que os indivíduos fazem da vida em sociedade, mas é na medida em que está é falada, explicada, justificada pelo discurso, como veremos a seguir: a experiência do tempo e do espaço, cujos discursos variam segundo as idades, a geografia e as possibilidades de deslocamento, criando imaginários de encerramento ou de abertura sobre o mundo; a experiência da vida cotidiana por meio das relações sociais, cujos discursos manifestam movimentos de rejeição, solidariedade ou segregação; a experiência da língua, cujos discursos criam um sentimento identitário e uma forma de pensamento. A experiência do corpo é particularmente exemplo da maneira como os discursos categorizam os imaginários segundo o domínio da prática. Para o médico, o corpo é o lugar do aparecimento de sintomas, cujo significado oculto ele deve revelar, examinando-o, sentindo-o, apalpando-o e prescrevendo análises; seu imaginário é o do "índice". Para o biólogo, o imaginário varia conforme ele estude os fenótipos (morfologia, cor da pele), os genótipos (distribuição e herança genética), ou a interioridade orgânica do corpo (conjunto de tecidos). Para o psicanalista, pode-se pensar que seu imaginário é o da "somatização".

É, portanto, no espaço da interdiscursividade que se elaboram os imaginários, o espaço em que circulam discursos portadores de significados, cuja coalescência[120] justifica a denominação de *imaginários sociodiscursivos*, qualquer que seja a forma em que estejam configurados. Por exemplo, um diálogo como: A: "Ele é um bandido" / B: "O que você queria? Teve pra quem puxar!" pode ser interpretado em referência a um imaginário que repousa sobre a ideia de que "a herança genética sobredetermina os indivíduos", sustentada por numerosos discursos de diversas naturezas (científica, política), cuja expressão da linguagem corrente "Tal pai, tal filho" é a configuração emblemática. O enunciado: "Já não estamos em casa", que circula em certos círculos militantes, remete ao imaginário de "invasão", a invenção de um território nacional por uma população estrangeira, cuja fórmula "A grande substituição" é a coalescência.[121]

NÍVEIS DE IMAGINÁRIO?

Os imaginários são próprios de um grupo social particular, de uma nação, de uma cultura? Encontramos os mesmos imaginários em culturas diferentes e seriam eles, portanto, antropológicos? Em que nível de generalidade ou de profundidade eles se situam? Podemos determinar níveis de imaginários segundo o grau de consciência? Muitos antropólogos tentaram dar respostas a essas questões e, particularmente, Gilbert Durand,[122] que introduz a noção de "trajeto antropológico", apoiando-se no segundo tópico de Freud. Ele propõe considerar três níveis: (i) o do "id antropológico" como nível de um inconsciente coletivo estável; (ii) o do "ego social", nível consciente (ou não consciente) dos valores e papéis sociais do indivíduo; (iii) o do "superego imaginário", nível consciente do conjunto de regras, códigos, leis de organização social e comportamentos sociais normatizados. Os imaginários circulariam entre esses três polos. A ideia é sedutora, mas parece-nos difícil utilizar essas distinções em Análise do Discurso e classificar os imaginários em níveis. Tanto mais que alguns antropólogos reconhecem, eles mesmos, essa dificuldade, porque, dizem eles, a Antropologia, em sua perspectiva de estudo do gênero humano, encontra-se constantemente em presença do sociocultural e de seus diferentes aspectos locais. Sem entrar em uma problemática de níveis, segundo o grau de consciência, constataremos, no entanto, que certos imaginários parecem atravessar diferentes culturas, e outros parecem ser peculiares a grupos particulares; uns seriam *transculturais*, os outros, *socioculturais*.

Os imaginários transculturais

Os imaginários transculturais tocam as grandes questões do destino humano sustentadas por discursos de valor absoluto: as razões de viver, os medos, as esperanças, a morte e a finitude, e as diferentes concepções da relação entre o Homem e a Natureza. Estaríamos lidando aqui com grandes tópicos arquetípicos concernentes à ordem cosmogônica do mundo com os quatro elementos da matéria (ar, terra, água e fogo),[123] a relação dos seres vivos com os regimes diurnos e noturno da vida, a concepção do espaço e do tempo, o lugar do corpo na fase da vida e na fase da morte, a relação dos humanos com a transcendência. É com imaginários transculturais que estamos lidando em uma parte do conflituoso debate que tem ocorrido em torno do véu islâmico usado por jovens e mulheres de fé muçulmana. Isso fez confrontarem-se dois imaginários: um sobre o que tem sido chamado de "saber de revelação", confrontando uma crença religiosa com uma crença republicano-laica; o outro relativo à "liberdade", opondo-se a livre escolha existencial do indivíduo (nesse caso, da mulher) à escolha constrangida por sua cultura.

É analisando vários *corpora* de textos relativos a crenças religiosas (catolicismo, protestantismo, judaísmo, islamismo), cruzando-os com textos de diversas naturezas, que o filósofo François Flahault dedicou-se a estudar a história da condição humana, que tem marcado o pensamento ocidental.[124] Ele analisa as histórias de diferentes religiões da cristandade, os contos (Barba Azul) e os escritos filosóficos e, observando sua maneira de tratar as relações entre Deus, o Homem e a Natureza em um desejo de transcendência, mostra como o "proibido" acarreta a "transgressão" pelo pecado, o qual acarreta a "queda", depois a "redenção": a sucessão de quatro imaginários em torno da "conjuração da morte". Ora, podemos constatar que, em nossa época, encontramos essa mesma preocupação em diversas manifestações artísticas. Teremos observado, por exemplo, que o cinema americano contemporâneo mostra, exaustivamente, o imaginário da "vida eterna", colocando em cena a *reprodução* do ser humano que se transforma em robôs e outros clones imortais; o vilão *indestrutível* que, como a salamandra, nunca para de voltar quando se acredita que foi definitivamente eliminado; e, pelo viés de efeitos especiais, o *renascimento* idêntico do que foi destruído. Podemos igualmente retomar o debate social sobre a clonagem terapêutica e reprodutiva,[125] relacionando-o a esse mesmo imaginário: a possibilidade de tratar células-tronco para fins de reprodução responde à angústia diante da fatalidade de nosso desaparecimento, deixando a esperança na possível perpetuação de si. Encontramos aqui o mito de Prometeu, que foi condenado por Zeus a ter o seu fígado roído por um pássaro – um fígado que se reconstituía sem cessar por haver transmitido fogo à humanidade. A clonagem reprodutiva seria um desafio lançado pelo homem a Deus, aos deuses ou ao destino, apropriando-se do poder de se perpetuar. Eis-nos em pleno imaginário "prometeico", um imaginário que não está muito longe do imaginário da "desobediência", a desobediência de Satanás, anjo caído, a desobediência de Adão e Eva, expulsos do Paraíso por quererem se apropriar do Conhecimento, ato emblemático de tomada de poder.

Os imaginários socioculturais

Os imaginários socioculturais dizem respeito às visões do mundo e aos valores sociais que são construídos por indivíduos que vivem em grupo segundo sua experiência de vida em um determinado contexto cultural. Os discursos que os sustentam tendem a erigir essas visões e comportamentos em normas sociais. Estamos lidando aqui com "tópicos socioculturais" que respondem, às vezes, às mesmas interrogações que os tópicos transculturais, mas no âmbito do grupo e de sua história particular. É na comparação desses discursos que circulam em diferentes culturas que vemos aparecerem as diferenças de imaginário. Por exemplo, a maneira como os indivíduos representam o "corpo" e o lugar que ele ocupa no espaço social varia de acordo com as culturas: as formas de se locomover, de poder estar em contato físico (próximo no Brasil, distante no Japão); sua exposição (é mostrável em sua nudez e quais partes podem ser?); seu cuidado (o que faz com que seja considerado limpo ou sujo?); sua aparência (roupas, joias); os tabus (gestuais) que a ele se prendem. Georges Vigarello, ao estudar os imaginários relativos à higiene do corpo ao longo dos séculos,[126] mostra, entre outras coisas, que o imaginário do "medo" diante das grandes epidemias levou a uma prática seca de higiene corporal. A publicidade da água mineral Vittel, na França, exportada para o Japão, foi um fracasso nesse país: essa publicidade exaltava as virtudes digestivas da água que, dizia o *slogan*, "elimina as toxinas"[127] do interior do corpo, enquanto para o imaginário japonês as virtudes da água se encontram em seu poder de lavar o corpo do exterior. Nos anos 1960, quando a empresa Marlboro invade o Brasil com sua publicidade de um *cowboy* montado em seu cavalo com seus atributos (laço e chapéu) e fumando um cigarro, o resultado foi que os brasileiros compraram chapéus do mesmo estilo;[128] podemos inferir que foram sensíveis ao imaginário de "virilidade" representado pelo *cowboy* americano, contido, por metonímia, em seu chapéu. É também por comparação que descobrimos que o imaginário do "sucesso social" não é concebido da mesma maneira em um país de imigração de cultura protestante (Estados Unidos) ou católica (América Latina). Patricia von Münchov, devido à sua dupla cultura alemã e francesa, estuda, em uma abordagem contrastiva, diferentes imaginários com a ajuda de vários *corpora* (guias para os pais, manuais escolares, telejornais), mostrando como funcionam as representações coletivas,[129] ou seja, para nós os imaginários próprios de cada cultura. Isso explica que os *tabus* relativos, por exemplo, ao sexo, raça ou religião variam segundo as épocas e as culturas e que, *ao contrário*, em certos contextos, procura-se destruí-los, nomeando-os, como foi o caso da palavra "negritude" por Leopold Senghor e Aimé Cesaire. Esses imaginários dependem de experiências de vida vividas de acordo com vários lugares de atividades: o tempo, o espaço, as relações sociais, a língua.

Os imaginários relativos ao "tempo" diferem segundo o recorte no passado, presente e futuro que os indivíduos operam, e a extensão que eles atribuem a cada um desses momentos. Há povos para os quais o tempo é racionalizado de tal forma que é dividido por atividades específicas (o trabalho, a vida doméstica, o lazer). Outros racionalizam de outra forma, ou dizem que não o racionalizam (a concepção de tempo na África não é a da Europa). E depois, o imaginário do tempo tem também repercussões sobre o lugar simbólico que ocupam, em uma sociedade, as idades e as gerações (na África, um adágio diz: "Quando um velho morre, é uma biblioteca que arde"). Os imaginários relativos ao "espaço" diferem de acordo com a forma de se representar o território, de se mover nele, de o estruturar, de determinar pontos de referência e de se orientar nele. Isso tem implicações sobre a maneira como os indivíduos concebem a cidade (lugar de confinamento) e o campo (lugar de abertura), que não é a mesma, consoante se esteja no continente europeu ou no continente americano. Os imaginários relativos às "relações sociais" também variam segundo a forma como os indivíduos representam para si mesmos quais devem ser seus comportamentos em suas relações com os outros. Disso dão testemunho os "rituais linguageiros" de saudações, desculpas, polidez, injúrias, insultos e as reações de comando ou de negociação. Isso também aparece nas formas de conversar, de discutir, de polemizar: em algumas culturas, interagimos de forma direta, contradizendo explicitamente o outro; em outras, fazemo-lo de forma indireta, ou por subentendidos, por medo de ferir o interlocutor ou de parecer agressivo. O humor, que faz parte dos modos de se relacionar, é um perfeito exemplo disso. O que faz rir uma pessoa não faz rir a pessoa do lado. Uma publicidade que joga com alguns implícitos será considerada *sexista* em um país e *sexy* em outro. Há comunidades que são mais inclinadas a usar o *escárnio*; outras, a *ironia*; outras, o *absurdo*.[130] Por fim, os imaginários relativos à língua, ou seja, à forma pela qual os membros de uma comunidade linguística se representam uns aos outros a língua e o seu uso como fundamento de sua identidade coletiva.[131]

A ANÁLISE DOS IMAGINÁRIOS

É, no entanto, muito difícil estabelecer níveis de imaginários, porque, como já mostramos anteriormente a propósito dos saberes de conhecimento e de crença que se misturam e que se fazem passar uns pelos outros, os discursos portadores de imaginários se entrecruzam constantemente seja sob a forma de *doxa*, de estereótipos ou de ideologia. Os diversos lugares de prática social engendram imaginários próprios, mas, ao mesmo tempo, podem circular de um lugar a outro, assumindo diferentes valores. Além disso, eles evoluem ao longo do tempo e, portanto, na consciência coletiva. O antropólogo Jean-François Bayart, inspirando-se em obras sobre "o imaginário do Terror", mostra, a propósito da guilhotina, o movimento dos imaginários no consciente e no inconsciente coletivo da população francesa da época:

Ao estipular, em 3 de junho de 1791, que "todo condenado à morte terá a cabeça decepada", a Assembleia efetuou uma escolha simbólica através da seleção do modo de operação: rejeitava o enforcamento, que era tradicionalmente infame para a família da vítima e, muito igualitariamente, dava acesso a todos cidadãos "ao orgulho do cadafalso". Restava saber segundo qual procedimento. Dois anos antes, o doutor Guilhotin havia se coberto de ridículo ao propor que o criminoso fosse decapitado "pelo efeito de um mecanismo simples": ele havia abalado brutalmente as representações sociais da morte. Mas o recurso à espada – para além de ser dispendioso, porque o instrumento deveria ser excelente – pressupunha uma coragem e uma dignidade por parte do condenado que, *a priori*, não podiam ser creditadas aos plebeus. Se acrescentássemos que o carrasco tinha que ser hábil, o que nem sempre era o caso, rapidamente veríamos que essa técnica de degolamento não garantiria de forma alguma que a pena de morte, que agora se pretendia igual para todos, fosse de fato aplicada de forma idêntica de uma execução para outra. Foi preciso voltar à "mecânica simples" que, uma vez dissipada a ironia de 1789, tinha também o mérito de corresponder à moda da Máquina. A guilhotina não tardou a encarnar outro devaneio, o da Revolução, cuja justiça deveria ser "rápida como um relâmpago", e o "corpo político", submetido à depuração.[132]

Da mesma forma, o imaginário relativo à "modernidade", que sempre se opõe às épocas passadas, varia no tempo e no espaço, segundo se considere a época da Grécia clássica em relação à Grécia arcaica, do Renascimento em relação à Idade Média, do Iluminismo em relação à época clássica. Ele transforma simultaneamente outros imaginários, como o de "soberania", que passa de uma visão monárquica de fonte divina a uma visão popular de fonte laica. Mais tarde, é um imaginário da "máquina" que surgiu com a Revolução Industrial, como aparece, na nossa era pós-industrial, o imaginário do "digital".

Essa habilidade das categorias da representação social nos incita a propor considerar o imaginário sociodiscursivo como uma categoria genérica resultante da mecânica representacional que constrói os saberes de conhecimento e de crença no interior dos quais vêm a tomar forma as diferentes figuras de pensamento que descrevemos anteriormente. As sociedades são heterogêneas, e os imaginários que nelas circulam testemunham essa fragmentação sob diferentes formas de pensamento. É por isso que, do ponto de vista da análise, pela dificuldade de poder manejar conceitos estáveis, recomendamos descrever imaginários cruzando diversos *corpora* de discurso. É então que se poderá especificar, por ocasião da emergência de tal imaginário, sob que forma ele aparece. A *doxa*, por exemplo, que é uma categoria vaga, lugar de um "politicamente correto ou incorreto", mas que testemunha o que pensa um determinado grupo social. Roland Barthes, que se interroga sobre os efeitos que produz o imaginário do "privado", pensa que este "muda segundo a *doxa* a que se dirige: se é uma *doxa* de direita (burguesa, ou pequeno-burguesa, instituições, lei, imprensa), é o privado sexual que mais se expõe. Mas se é uma *doxa* de esquerda, a exposição do sexual não transgride nada: o "privado" aqui são as práticas fúteis, os traços de ideologia burguesa em que o sujeito confia".[133] Em outros casos, será na forma de *estereótipo* (e contraestereótipo) que, como dissemos, se concretizam em um discurso simplificador, mais ou menos fixo, que traz julgamento sobre os outros. Ou sob a forma de *mito*, histórias que relatam ações e acontecimentos de seres humanos, heróis deste mundo ou do além, envoltos em mistério, ou de *lenda* cuja narrativa se assemelha à do mito, mas que se apoia sobre fatos históricos.[134] A menos que apareça sob a figura da *ideologia* como sistema explicativo de um pensamento que se configura em um *ismo*, axiologizado positivamente ou negativamente. De acordo com o ponto de vista, se se trata de socialismo ou de comunismo (na política), catolicismo ou protestantismo (na religião), racismo, colonialismo ou escravidão (na sociedade).

A vantagem de tal procedimento de análise é que ele deixa emergir, pelo jogo da intertextualidade, imaginários sociodiscursivos, sem determinar, *a priori*, a categoria de que fazem parte. Só mais tarde, depois de ter posto em evidência os imaginários e de os ter trazido à sua condição de produção sociocultural, é que podemos qualificá-los de teoria, doutrina, *doxa*, estereótipo ou ideologia, evitando essencializá-los, cometer anacronismos ou atopismos, porque, mais uma vez, os imaginários, de qualquer teor, têm características que lhes são próprias, em função de seu domínio de prática. Assim, analisando, por exemplo, vários *corpora* relativos a um mesmo domínio científico, podemos, por comparação, pôr em evidência os imaginários próprios a cada disciplina: os da Sociologia não são os da Psicologia nem os das ciências da linguagem. É ainda analisando os vários textos e declarações relativos às políticas de saúde, por ocasião de uma pandemia, que se pode ver emergirem diversos imaginários, segundo os discursos provenham de instâncias de poder (imaginário de "controle"), das instâncias científicas (imaginários de "saber"), das instâncias midiáticas e redes sociais (imaginários do "medo"). É também cruzando *corpora* de declarações de diferentes atores, políticos, ensaios de pensadores que analisam a sociedade e estudos científicos, que se podem colocar em evidência os imaginários ideologizados de diferentes famílias políticas, como nos propusemos fazer em nosso estudo do discurso populista.[135] Um último exemplo a esse propósito. Há algum tempo aparecem escritos que se interrogam sobre o Iluminismo no contexto de nossa modernidade: sua herança,[136] sua crítica,[137] sua renovação,[138] retornado a seus princípios.[139] Trata-se de uma teoria, de uma ideologia, de uma doutrina? Elas se impõem em certas conversas como uma *doxa*, ou mesmo em certos discursos políticos como um lugar comum? É compondo um *corpus* de diversos discursos que a elas se referem que poderemos identificar certos imaginários e determinar, em seguida, a sua natureza segundo o quadro contratual de emprego.

Conclusão

Assim se constituem as memórias coletivas que os indivíduos partilham de acordo com a sua pertença a um ou a outro grupo social. Interdiscursividade e memória andam de mãos dadas em uma mistura nem sempre consciente entre o que os psicólogos chamam de "memória transmitida" pelas instituições (Escola, Igreja, Estado) e "memória adquirida" em relação às nossas histórias pessoais. Dito de outra forma por Régis Debray: "O que nos acontece só nos acontece a nós, mas o que pensamos raramente estamos sozinhos em pensar. No fundo das ideias que nos tocam, ou das crenças que nos exaltam, ressoam um rumor de maré e menos de si do que o nosso amor-próprio gostaria".[140] Podemos relatar também esse enunciado de Pierre Nora que nos parece corresponder aos imaginários; ele define o que chamou de *lugares da memória* por uma fórmula que toma emprestada de Proust: "presença do passado no presente",[141] que ele glosa da seguinte forma: "[...] não o passado tal como aconteceu, mas a sua reutilização permanente, seus usos e mau usos, sua predominância sobre os sucessivos presentes; não a tradição, mas a forma como ela é constituída e transmitida".[142] E ele o ilustra por um: "Analisar a catedral como um arquiteto é uma coisa, mostrar o que esse modelo social e esse espelho do mundo devem ao peso da história e do imaginário que o romantismo lhe deu é outra".[143]

Como já foi dito muitas vezes, o sujeito falante não é um ser abstrato nem ausente. Ele é, pela escolha de seus atos de fala, por iniciativa dos imaginários de que ele próprio é portador, sem sempre ter consciência disso nem perceber sua origem e grau de generalidade. Os indivíduos que vivem em sociedade são simultaneamente produtores de imaginários sociais pelos discursos que produzem e prisioneiros dos mesmos. No entanto, não se pode descartar que, às vezes, eles são mais ou menos conscientes disso e que eles lutam para reivindicá-los ou para rejeitá-los, de acordo com os desafios de comunicação em que se encontram. É, portanto, o sujeito, na medida em que é simultaneamente enunciador e interpretante, que os faz emergir. E é desse ponto de vista que deve se colocar o sujeito que analisa, o qual deve aceitar que o que ele pode trazer à luz são apenas interpretações possíveis decorrentes de inferências que ele é levado a fazer em função dos contextos que mobiliza. Sua tarefa não é simples, pois se produzem constantemente deslizamentos discursivos entre imaginários, e é para determinar as afinidades que podem se instaurar entre os discursos que ele deve se empenhar, sem *a priori*. Porque os imaginários não são um poder por si mesmos. Eles só se tornam um poder pela maneira como são usados e, então, joga-se com relações de força entre os imaginários minoritários que não tem o poder e imaginários dominantes que se impõem como poder. Consideraremos, portanto, que os imaginários não são nem verdadeiros nem falsos em si mesmos. São uma proposta de visão sobre os fenômenos do mundo, que resulta dos saberes que as comunidades humanas constroem, saberes que podem se excluir ou se superpor uns aos outros. Isso permite que o analista não tenha que denunciar este ou aquele imaginário como falso. Seu papel é ver como eles aparece, em que contexto social e cultural se inscrevem e que visão do mundo testemunham.

Notas

[1] Para esta questão, devo retomar o que já escrevi em outras obras, mas isso será, como sempre, com o efeito da distância e da reflexão, trazendo agora esclarecimentos e complementações.

[2] *Archéologie du savoir*, Paris, Tel/Gallimard, 1969, p. 246.

[3] *La manipulation de la verité*, op. cit., capítulo 1.

[4] Besnier J.-M., em *Les théorie de la connaissance*, col. "Que sais-je ?", Paris, PUF, 2005, p. 12.

[5] *Surveiller et punir. Naissance de la prision* (1975), Paris, Tel/Gallimard, 2003, p. 36.

[6] Há também conhecimentos intuitivos e sensitivos, como diz Locke (*Essai sur l'entendement humain*), que passam pela experiência, o encontro do homem com o império do mundo, mas se trata, em nossa perspectiva, do que ele mesmo chama de um conhecimento por reflexão, o que chamamos de *saber conceitualizado*.

[7] Foucault M., *Archéologie du savoir*, op. cit., p. 246.

[8] Behsle C. e Schiele B., em *Les savoirs dans les pratiques quotidiennes*, Lyon, CNRS, 1984, p. 430.

[9] Banadier G., *Antropo-logiques*, Paris, PUF, 1974, p. 133.

[10] Putnam H., *Représentations et realité*, Paris, Gallimard, 1990, p. 52.

272 O sujeito falante em ciências da linguagem

[11] Idem, p. 54.

[12] Para esta crítica, ver Vernant D., *Introduction à la philosophie contemporaine du langage. Du langage à l'action*, Paris, A. Colin, 2010, p.12 e ss.

[13] Idem, p. 67.

[14] Durkheim E., "Répresentations individuelles et représentations collectives", *Sociologie et philosophie*, Paris, Alcan, 1924, p. 2.

[15] "Isso incluirá somente algumas noções que, dispostas de uma certa maneira, constituirão o essencial da representação", Durkheim E., *Les règles de la méthode sociologique*, Paris, Alcan, 1927, p. 8.

[16] Guimelli C. em *La pensée sociale*, Paris, PUF, col. "Que sais-je?", 1999, p. 65.

[17] Idem, p. 67.

[18] Benveniste E., *Problèmes de linguistique générale*, op. cit., pp. 51-2.

[19] Rouquette M.-L. e Rateua P., *Introduction à l'étude des représentations sociales*, Grenoble, Pug, 1998, pp. 86-7.

[20] Church J., "L'émotion et l'intériorisation des actions", em *La couleur des pensées, Raisons pratiques*, Paris, EHESS, 1995, p. 228.

[21] Paperman P., "L'absence d'émotion comme offence", em *La couleur des pensées, Raisons pratiques*, Paris, EHESS, 1995, p. 11.

[22] Guimelli C., *La pensée sociale*, op. cit., p. 64.

[23] Idem, p. 63.

[24] Aristote, *Seconds Analytiques*, I, 2, 71 b9. Disponível em: https://philosophie.cegeptr.qc.ca/wp-content/documents/Seconds-analytiques.pdf. Acesso em: 10 abr. 2025.

[25] Locke J., *Essai sur l'entendement humain*, Paris, Poche, 2009.

[26] Para a interpretação, ver capítulo "O sujeito interpretante".

[27] Ogien A., *Les formes sociales de la pensée*, op. cit., p. 103.

[28] Berrendonner A., *Élements de pragmatique linguistique*, É. Minuit, 1981.

[29] Besnier J.-M., *Les théories de la connaissance*, PUF, 2005, p. 19. Pode-se igualmente consultar o diálogo entre Sócrates e Protágoras em *La Bibliothèque életronique du Québec*, online [Platão; Protágoras; os sofistas; gênero demonstrativo].

[30] Claro que haverá sempre ilusionistas para nos provar o contrário, mas é precisamente ao preço de um truque que o conseguirão fazer, o que reforça, por outro lado, o valor de verdade da afirmação.

[31] David Hume, *Enquête sur l'entendement humain*, Paris, Flammarion, 1983.

[32] Boudon R., *Le relativisme*, Paris, PUF, col. "Que sais-je?", 2008, p. 36.

[33] Idem, ibidem.

[34] Idem, p. 37.

[35] Anscombre J. C., "La théorie des topoï: sémantique ou rhétorique?", *Hermès*, CNRS Éditions, 1995/1, n. 15, pp. 185-98.

[36] Cicéron, *Les topiques de M. T. Cicéron, adressés A. C. Trébatius*. Disponível em: http://remacle.org>bloodwolf>orateurs>topiques.htm. Acesso em: 11 abr. 2025.

[37] Idem.

[38] Mas é verdade que alguns deles são inscritos na língua, como demonstram em relação a certas palavras do léxico.

Os "imaginários sociodiscursivos" **273**

[39] Anscombre J.-C, "La théorie des topoï: sémantique ou rhétorique?", op. cit., p. 191.

[40] Ogien A., *Les formes Sociales de la pensée,* op. cit., p. 104.

[41] Vladimir Jankélévitch, *Le je-ne-sais-quoi et presque-rien*, Paris, Seuil, 1980.

[42] Trata-se da definição de "pré-noção" de Épicure retomada por Durkheim e Bourdieu no *Dictionnaire de Philosophie* de Godin.

[43] É o que temos feito aqui, discutindo algumas observações de Bourdieu. Ver Primeira parte, capítulo "Percurso sociológico"; e a seção "O sujeito 'sociológico'" no capítulo "Percurso linguístico".

[44] Foucault M., *L'archéologie du savoir*, Paris, Tel/Gallimard, 1969, pp. 245-7.

[45] Definição do Centre National de Ressources Textuelles et Lexicales (*CNRTL*). Disponível em: https://www.cnrtl.fr/definition/dogme. Acesso em: 11 abr. 2025.

[46] Lalande A., *Vocabulaire technique et critique de la philosophie*, op. cit.

[47] Podemos nos referir ao Concilio de Niceia sobre a questão da Santíssima Trindade.

[48] Definição do *CNRTL*, op. cit.

[49] Ver *La manipulation de la verité*, op. cit., capítulo: "Les figures de vérité".

[50] Foucault M., *Archéologie du savoir*, op. cit., p. 44.

[51] *Le discours politique*, op. cit., 4ª parte, capítulo 1.

[52] Destutt de Tracy A., *Projets d'éléments d'idéologie. A l'usage des écoles centrales de la république française*, Paris, Pierre Didot, 1976; *Éléments d'idéologie*, Paris, Courcier Libraire-éditeur, ano XIII, 1804.

[53] Ver a este propósito: Thompson J. B. *Studies in the theory of ideologie*, Polity Pres, Cambridge, 1984; e "Langage et idéologie", *Langage & Societé*, 39, 1987, pp. 7-30.

[54] Ricœur, *Du Texte à l'action* (1997); e "Politique, idéologie et discours", *Semen*, n. 21, *Catégories pour l'analyse du discours politique*, 2006.

[55] Ver a este propósito na revista *Commentaire*, de 5 de setembro de 2021, "Les idéologies".

[56] Angenot M., *Robespierre et l'art du portrait*, Montréal, Université McGill, volume XLVI, 2017, p. 505.

[57] Ver Arendt H., *Le système totalitaire. Les origines du totalitarisme*, Paris, Seuil, Coll, Points, 1972, e Gallimand, 2002, p. 295.

[58] Costa J., "Faut-il se débarasser des 'idéologies linguistiques'?", *Langage et Societé*, n. 160-161, 2017, pp. 111-27.

[59] Foucault M., *Archéologie du savoir*, Paris, Tel/Gallimard, 1969, p. 246.

[60] Idem, p. 156.

[61] Idem, ibidem.

[62] Foucault M., *L'ordre du discours*, Paris, Gallimard, 1971, p. 41.

[63] Idem, pp. 11-2.

[64] Van Dijk, *Ideologia. Una aproximación multidisciplinaria*, Barcelona, Gedissa, 1999, p. 63, tradução de *Ideology. A multidisciplinar Approach*. Ver também: "De la grammaire de texte à l'analyse socio-politique du discours", em Moirand (dir.), *Le Français dans le Monde, Le discours: enjeux et perspectives*, Paris, Hachette, 1996, pp. 16-29.

[65] Bouillon A., "Emprise discursive et domination", *Communications*, n. 28, 1978, pp. 29-43.

[66] Veron E., "Sémiosis de l'idéologie et du pouvoir", *Communications*, n. 28, 1978, pp. 7-20.

[67] Ver a esse propósito nosso: *La conquête du pouvoir. Opinion, persuasion, valeurs. Les discours d'une nouvelle donne politique*, Paris, L'Harmattan, 2013.

274 O sujeito falante em ciências da linguagem

[68] Platon, *La République*, GF-Flammarion, 1966, p. 235.

[69] Ver Spinoza, *Traité de la reforme de l'entendement*, Le monde de la philosophie, Paris, Flammarion, 2008.

[70] Barthes R., *Roland Barthes par Roland Barthes*, Seuil, col. "Écrivains de toujours", Paris, 1975, p. 75

[71] Idem, p. 51.

[72] Bourdieu P., *Langage et pouvoir symbolique*, Paris, Seuil, 2001, pp. 188-90.

[73] Aristote, *Organon IV, Second analytiques*, Paris, J. Vrin, 1987, p. 155.

[74] "[...] pelas autoridades mais conhecidas e mais reconhecidas como autoridade", Aristote, *Topiques*, I,1.

[75] Daí a equivalência, às vezes estabelecida, entre *doxa* e *topos*.

[76] Perelman C., *L'Empire rhétorique. Rhétorique et argumentation*, Paris, J. Vrin, 1997-2002, p. 41.

[77] Originalmente, de acordo com Barbara Cassin, em *A odisseia*, *doxa* significava "aquilo que parece normal, prudente". *Le vocabulaire européen des philosophes*, op. cit.

[78] Cassin B., *Le vocabulaire européen des philosophies*, op. cit., pp. 327-8.

[79] Amossy R., *Les idées reçues. Sémiologie du stéréotype*, Paris, Nathan, 1991.

[80] Delhommais P. A., em *Le monde* de 3 abr. 2010.

[81] Ver, entre outros, revista *Hermés*, n. 83, 2019; revista *Langue Française*, n. 123, 1999; Plantin C. (dir.), *Lieux communs, topoi, clichés*, Paris, Kimé, 1993.

[82] Maisonneuve J., *La psycologie sociale*, col. "Que sais-je?", Paris, PUF, 1996.

[83] *Les stéréotypes, encore et toujours, Hermès* n. 83, CNRS, 2019.

[84] Riffaterre M., "Fonction du cliché dans la prose littéraire", *Cahiers de l'AIEF*, n. 16, 1964, pp. 81-95.

[85] Amossy R. e Herschberg A., *Stéréotype et clichés. Langue, discours, societé*, Paris, A. Colin, 2021.

[86] Boyer H. (dir.), *Stéréotypage, stéréotype: fonctionnements ordinaires et mises em scène*, Paris, L'Harmattan, 2007.

[87] Ver nosso "Les stéréotypes, c'est bien. Les imaginaires, c'est mieux", em Boyer H. (dir.), *Stéréotypage, stéréotypes*, op. cit., pp. 49-63.

[88] O termo "refração" vem da física da luz: um raio de luz direcionado para uma superfície líquida é refratado no espaço líquido, desviando seu ângulo de incidência e se refletindo na superfície líquida.

[89] Bourdon, *Le relativisme*, op. cit., p. 37.

[90] Por exemplo, aqueles do mundo dos negócios privados sobre os funcionários públicos e vice-versa.

[91] Do lado dos homens sobre as mulheres: histéricas, doces, submissas, gostam de ser subjugadas; das mulheres sobre os homens: violentos, brutos, mentirosos, inconstantes, dominadores, sexistas.

[92] Ver, a esse propósito, nosso *Le discours populiste*, op. cit.

[93] Reich W., *La psychologie de masse du fascisme*, Paris, Payot, 1998.

[94] Le Bon G., *La psychologie des foules*, Bruxelles, UltraLetters, 2013, atualmente on-line.

[95] Putnam H., *Représentation et realité*, Paris, Gallimard, 1990., p. 52

Os "imaginários sociodiscursivos" 275

[96] Kleiber G., "Dénomination et relations dénominatives", *Langages* n. 76, 1988, e "Prototype, stéréotype: un air de famille?", *DRLAV*, 38, pp.1-61

[97] Glévarec H., "Stéréotypie, objectivité sociale et subjectivité. La sociologie face au tournant identitaire: l'exemple du genre", *Hermés*, 83, 2018.

[98] É uma das obsessões do humorista que busca rastrear estereótipos para ridicularizá-los. Mas conhecemos a armadilha da denúncia humorística: ela é válida apenas na instanciação do ato humorístico.

[99] Ver Macé E., "Des minorités visibles aux néostéréotypes", *Journal des anthropologues*, ed. especial, 2007, pp. 69-87.

[100] Van Dijk, por sua vez, (*Ideologia*, op. cit., p. 71) distingue diferentes tipos de ideologia profissional, social, política, mas os exemplos que dá são difíceis de classificar e, em todo caso, nem todos pertencem à ideologia tal qual a temos definido. Além disso, ele propõe distinguir o que chama de "*commun ground*", uma espécie de "base geral que organiza as atitudes" (por exemplo, o cristianismo) e as ideologias relativas a grupos (por ex., o fundamentalismo); mas também aqui é difícil distinguir entre os dois.

[101] *Dictionnaire Le Robert* (1990): "que existe apenas na imaginação, que é sem realidade. V. irreal, fictício. Animais imaginários. V. Fabulosos. Seres imaginários. V. Lendário, mítico. *Romancista que cria um personagem imaginário. Perigo imaginário*".

[102] Ernaux A., *Les années*, Paris, Gallimard, 2008, p. 15.

[103] Em seu programa *Concordance des temps*, na France Culture, Jean Noël Jeannenay apresenta o seu tema: "Les gares, lieux de tous les imaginaires fantasmes".

[104] *Le Débat*, n. 26.

[105] Ver *Histoire de la colonisation française*, sob a direção de Nicolas Bancel, Pascal Blanchard, Sandrine Lemaire e Dominique Thomas, Ed. Philippe Rey, 2022.

[106] Expressão atribuída por Voltaire a Malebranche, que nunca a teria utilizado.

[107] Durand G., *Les structures anthropologiques de l'imaginaire*, Paris, Bordas, 1969, p. 15.

[108] Idem, p. 19.

[109] Ver Laplanche J. e Pontalis J-B., *Vocabulaire de la psychanalyse*, Paris, PUF, Quadrille, 1997.

[110] Durand G., *Les structures anthropologiques de l'imginaire*, op. cit., p. 38.

[111] Castoriadis, C., *L'instituition imaginaire de la societé*, Paris, Seuil, coll. Essai, 1975.

[112] Idem, pp. 204 e 481.

[113] Idem, p. 245.

[114] Citação de Jean-François Bayart, em *L'Illusion identitaire*, Paris, Fayard, 1996, p. 183.

[115] Castoriadis C., *L'instituition imaginaire de la societé*, op. cit., p. 211.

[116] Isso poderia até ser de um animal para seu tutor ou tutora.

[117] A proposta foi, então, retirada pelo presidente Jacques Chirac.

[118] *Histoire globale de la France coloniale*, op. cit., p. 202.

[119] Castoriadis C., *L'instituition imaginaire de la societé*, op. cit., p. 202.

[120] "Coalescência": reunião, em uma nova unidade, de elementos compatíveis, embora disjuntos (*CNRTL*).

[121] Dois *slogans* do partido de extrema direita, na França.

[122] Durand G., *Les structures anthropologiques de l'imaginaire*, op. cit.

[123] Ver Bachelar G., *La psychanalyse du feu*, Paris, Gallimard, 1949.

276 O sujeito falante em ciências da linguagem

[124] Flahault F., *Adam et Ève: la condition humaine*, Paris, Mille et une nuits, 2007.

[125] Charaudeau P. (dir.), *La médiatisation de la science*, op. cit., Parte III, capítulos 5 e 6.

[126] Vigarello G., *Le Prope et le sale: l'hygiène du corps depuis le Moyen âge*, Paris, Seuil, 1985.

[127] A imagem mostrava um home nu, três quartos de costas, bebendo água na garrafa Vittel e urinando ao mesmo tempo, sublinhando a circularidade da água no interior do corpo.

[128] História contada pelos publicitários da Agência Washington de São Paulo (Brasil).

[129] Von Münchov P., *L'analyse du discours contrastive. Théorie, méthodologie, pratique*, Lambert-Lucas, 2021.

[130] Durante um seminário de doutorado que havíamos consagrado ao humor, os estudantes brasileiros me disseram que não podiam usar a ironia contra o interlocutor, apenas em direção a um terceiro ausente e que consideravam que a ironia que tinha como alvo o interlocutor era característica do "espírito francês".

[131] A esse respeito, podem-se consultar os trabalhos de Anne-Marie Houdebine, mais particularmente, os de 1982, 1983, 1995. Ver nas referências bibliográficas.

[132] Bayart J. F., *L'illusion identitaire*, Paris, Fayard, 1996, p. 184.

[133] Barthes R., *Roland Barthes par roland Barthes*, op. cit., p. 85.

[134] Poderíamos dizer que a narrativa concernente a fatos e façanhas de Joana d'Arc participa do mito quanto às vozes ouvidas e da lenda no que diz respeito à batalha contra os ingleses.

[135] Ver *Le discours populiste*, op. cit.

[136] Yannis Thanassekos, *L'héritage des Lumières en péril. Une Conte-Réforme en cours*, em Lucia, *Les Lumiéres contre eles-mêmes, Avatars de la Modernité*, Paris, Kimé, 2009.

[137] Zeev Sternhell, *Les Anti-Lumières. Du XVIIIème siècle à la guerre froide*, Paris, Livre de Poche, 2010: Lucia, *Les Lumiéres contre eles-mêmes, Avatars de la Modernité*, Paris, Kimé, 2009.

[138] Corine Pelluchon, *Les Lumières à l'âge du vivant*, Paris, Seuil, 2021.

[139] Ernst Cassirer, *La Philosophie des Lumières*, Paris, Fayard, 1990; Michel Foucault, "Qu'est-ce que les Lunières?", em *Dits et écrits*, Paris, Gallimard, T. IV, 1984.

[140] Régis Debray, prefácio de *D'un siècle l'autre*, Gallimard, 2020, p. 9.

[141] Pierre Nora, Étrange obstination, Paris, Gallimard, 2022, p. 281.

[142] Idem, p. 275.

[143] Idem, p. 271.

O sujeito interpretante

"A interpretação baseia-se na convicção de que as palavras são transportadas por uma visada de relevância, que o orador 'quer dizer' alguma coisa."
(François Flahaut, *L'homme une espèce déboussolée*)

"Só há verdade, isto é, identidade de significados, interpretativa; só há realidade contextual."
(Hilary Putnam, *Représentation et réalité*)

Recordemos que a língua é um vasto campo de signos cujas significações são construídas na conjunção de várias forças: *referencial*, porque os signos dizem algo sobre o mundo fenomênico; *estrutural*, porque, de acordo com os dois princípios de organização sintagmática e paradigmática, o sentido surge da diferença entre os signos; *contextual*, porque, para além das unidades sintagmáticas, o sentido dos signos depende daqueles que estão no seu meio mais ou menos imediato; *intertextual*, porque, quando tomamos a palavra, já existe o dito e o sentido resulta deste já dito; enfim, uma força *interacional*, porque o sentido de um conjunto de signos não depende só da intenção daquele que fala ou escreve, do locutor, mas também daquele que escuta, lê e interpreta, e que, através das suas próprias reações verbais (ou não verbais), constrói o sentido. Em conjunto, estes constituem o ato de comunicação como resultado de uma *coconstrução* entre o sujeito comunicante e o sujeito interpretante.

Devemos agora, no final deste percurso, centrar-nos mais particularmente no sujeito receptor-interpretante a partir do qual a *coconstrução* tem lugar: "O destinatário (para nós o sujeito interpretante) 'produz sentido', ou melhor, o sentido é produzido nele através do que se poderia chamar um 'cálculo' interpretativo, uma atividade cognitiva que é geralmente realizada de forma tão rápida e espontânea que ele apenas tem conhecimento do resultado".[1] De acordo com o modelo de Yale (McGuire),[2] a recepção de uma mensagem depende: das possibilidades de *exposição* dos receptores potenciais às mensagens; do exercício de *atenção* dos receptores, que depende das categorias de grupos sociais e das circunstâncias

278 O sujeito falante em ciências da linguagem

contextuais em que as mensagens são recebidas (crises, interesses, ameaças etc.); das faculdades de *compreensão*, que correspondem à posição que o grupo ocupa no mundo do conhecimento; dos movimentos de *aceitação/rejeição*, que não estão necessariamente ligados à compreensão das mensagens, mas sim ao estado emocional do grupo; e dos fatores de *resistência* à mudança, que impedem ou permitem a transformação e a evolução dos comportamentos.

No centro da atividade do sujeito receptor, estão os processos de compreensão e de interpretação. Na linguagem corrente, tal como consta dos dicionários, o verbo "compreender" (etimologicamente "prender" fisicamente e depois intelectualmente) pode ser aplicado ao domínio *psicológico* (apreensão global de uma intenção), ao domínio *lógico* (apreensão do conjunto de um raciocínio) ou ao domínio *moral* (apreensão do sentido de um comportamento ou de uma ação, através da empatia).[3] O verbo "interpretar" (do latim *interpretari, interpretes* = intermediário comercial) significa "explicar, esclarecer, traduzir, tomar em tal ou tal sentido, compreender o pensamento de alguém", depois "ação de traduzir de uma língua para outra", e "ação de dar/atribuir/extrair um sentido a/de alguma coisa".[4] E o dicionário de Filosofia de Godin especifica que existem vários tipos de interpretação: a *interpretação psicanalítica*, que trata da passagem do latente ao manifesto; a *interpretação clínica*, que parte do sintoma manifesto e regressa ao latente; a *interpretação semântica*, que designa "o que uma série de símbolos pertencentes a uma língua formal significa ou denota com base nas regras que constituem o sistema semântico dessa língua".[5] As várias definições da linguagem ordinária não nos permitem apreender a relação precisa entre compreensão e interpretação, mas podemos, no entanto, ver o que parece distinguir estas duas noções: a compreensão consiste num ato resultante global, a interpretação, numa série de operações.

DA HERMENÊUTICA À INTERPRETAÇÃO DISCURSIVA

A hermenêutica[6] nasceu como uma "arte de interpretar textos", aplicada principalmente aos textos sagrados ou canônicos da Teologia (*Hermenêutica sacra*), do Direito (*H juris*) e da Filologia (*H profana*), tendo como uma das grandes figuras Santo Agostinho. A hermenêutica é uma filosofia da mente "na medida em que ela [a mente] se desprende dos seus objetos, que se coloca em antítese com a natureza, [...] tendendo a reduzir seja uma ordem de conhecimentos seja todo o saber humano a um pequeno número de princípios orientadores

[...]".[7] Nas palavras do filósofo Resweber,[8] insere-se numa abordagem antropológica, perguntando se o "sentido do ser" é atingível e se depende ou não da atividade da linguagem e do seu contexto histórico. Em termos simples, houve três momentos principais em que a hermenêutica foi reexaminada: (i) o momento em que, com Dilthey[9] e Schleiermacher, a hermenêutica foi definida como um fundamento metodológico a serviço das ciências humanas, que foram declaradas como "ciências da compreensão"; (ii) o momento em que, com Nietzsche e Heidegger, se afirma que a hermenêutica não é apenas uma metodologia, mas uma filosofia universal da interpretação, afirmando Nietzsche: "Não há fatos, apenas interpretações. Não podemos ver nenhum *factum* 'em si mesmo' [...]".[10] Heidegger, defendendo que a hermenêutica não é apenas interpretação de textos, mas a própria existência, que é vivida através de uma pluralidade de interpretações;[11] (iii) o momento em que Gadamer[12] desenvolve uma "hermenêutica universal da linguagem" em que o sujeito interpretante está implicado, e depois uma hermenêutica da *compreensão subjetiva*, em que passado e presente se fundem através de um dialogismo linguageiro, e sujeito e objeto estão impregnados de uma época e de uma linguagem, porque compreender é "compreender-se a si mesmo". A hermenêutica define-se assim como uma *subjetividade que dá sentido*, na tradição de Nietzsche pela diversidade das interpretações e de Heidegger pelo seu lugar na história.

Compreensão e interpretação na hermenêutica

As noções de compreensão e de interpretação estão intimamente ligadas, mas a hermenêutica se propõe a distingui-las de formas diversas, segundo os filósofos que buscam defini-las. Schleiermacher,[13] por exemplo, para quem a hermenêutica é mais uma "arte de compreender" que uma "arte de interpretar", distingue entre uma *interpretação gramatical*, que se baseia no "significado consensual das palavras e das proposições", sendo, portanto, objetiva, e uma *interpretação técnica*, que procura traçar a intenção do sujeito falante, que "deve ser definida como a compreensão perfeita do estilo", sendo, portanto, subjetiva. Para Gadamer, compreensão e interpretação estão associadas: a primeira depende de uma "pré-compreensão" e visa a totalidade de uma obra sem nunca atingir o "sentido em si", enquanto a segunda é um momento de aplicação a uma situação particular que antecede o momento da compreensão, ambas fundindo-se, no entanto. Ricœur, que dialogou muito com Gadamer, distingue entre o momento

280 O sujeito falante em ciências da linguagem

da *apropriação* do sentido tal como ele é dado à compreensão e o momento interpretativo, que *distancia* a experiência imediata do sentido através de uma *explicação* crítica que denuncia as ilusões da consciência e permite objetivá-la; mas não opõe, em rigor, as duas formas de construção do sentido, porque procura questionar a verdade, que é julgada em relação às coisas.[14] Gardiner, por seu lado, salienta que enunciados como "Está chovendo" ou "Dois e dois são quatro" podem ser pensados como contendo o seu sentido independentemente do sujeito que os profere: qualquer pessoa com um conhecimento da língua portuguesa seria capaz de compreender o *sentido* destes enunciados. No entanto, deduzir do primeiro enunciado que se deve levar um guarda-chuva ou que se deve ficar em casa é entrar na interpretação destes enunciados produzidos por um locutor numa situação. Conclui: "[...] é necessário considerar a qualidade frástica particular como um tipo de sentido".[15] Distingue, portanto, dois estados na construção do sentido, mas não opõe sentido a significação. Nietzsche, por seu lado, ao declarar peremptoriamente que "não há fatos, apenas interpretações", pretende sobretudo demonstrar que o conhecimento é sempre o resultado de interpretações múltiplas – aquilo a que chama "infinito interpretativo" – e, portanto, sempre relativo, nunca objetivo. Derrida, por seu lado, rejeita definitivamente a compreensão como explicação totalizante do ser e opõe-se a uma interpretação que procura o *sentido* como origem, uma presença viva por detrás dos signos, sentido que se imporia ao outro integrando-o num sistema totalizante, sem saber se realmente compreendemos o outro.[16]

A *compreensão* é uma totalidade última em que sujeito e objeto, passado e presente, se fundem através da linguagem, resultando daí uma reconstrução de sentido que reúne uma parte dita *objetiva*, na medida em que pode ser partilhada por todos, e outra dita *subjetiva*, porque procura reconstruir a "individuação inefável" do sujeito falante (Schleiermacher). Ricœur procura articular o sentido que é dado à consciência imediatamente (uma *hermenêutica do pertencimento*) e o sentido que, quando colocado à distância, é objeto de uma construção crítica (uma *hermenêutica do distanciamento*). Schleiermacher distingue entre uma *compreensão comum* que está satisfeita com o que compreende, mas dificilmente é significante, e uma *compreensão autêntica* que visa a significação inscrita no discurso do outro, seu *sentido* e não sua *verdade*.[17] Podemos, portanto, dizer que a compreensão – deixando de lado a questão da transcendência – é, nas trocas linguísticas, o momento em que o sujeito receptor tem a impressão de ter apreendido a totalidade do sentido do que é dito e, consequentemente, da intenção do sujeito falante que o presidiu. Não se trata, porém, de um absoluto. É apenas a impressão que o sujeito interpretante pode ter.

A *interpretação*, quando é definida, é concebida como uma *atividade de deci-fração* e extração de sentido, anterior à construção da compreensão, o que Ricœur exprime recorrendo à noção de *explicação*: "a explicação é doravante o caminho obrigatório para a compreensão".[18] Se, como diz Schleiermacher, "quando se compreende, não se interpreta mais",[19] e se a interpretação está inacabada no momento de aplicação a uma situação particular, como diz Gadamer, é que, de fato, a interpretação antecede a compreensão. Assim, no que diz respeito à linguagem, podemos dizer que a interpretação é uma atividade concebida como *condição para a construção da compreensão*. Além disso, se seguirmos Nietzsche, para quem o conhecimento objetivo não existe, porque o conhecimento nada mais é do que uma interpretação sempre "relativa a uma perspectiva singular",[20] pois "o mundo, ao contrário, tornou-se mais uma vez 'infinito' para nós: tanto que não podemos refutar a possibilidade de ele conter infinitas interpretações",[21] então podemos dizer que a interpretação é uma *atividade infinita*, "um mundo de signos sem falta, sem verdade, sem origem, oferecido a uma interpretação ativa [...]".[22] Temos aqui duas ideias: a interpretação como uma atividade infinita e a interpretação como uma atividade relativa à posição do sujeito.

Balanço da hermenêutica

A partir dessas diferentes posições, podemos ver que, para a hermenêutica, a compreensão e a interpretação são uma questão de linguagem, que tanto funda o sentido como testemunha a responsabilidade do sujeito falante[23] e, em seguida, que a *compreensão* é concebida como um resultado, e a *interpretação*, como uma atividade. Podemos também lembrar que a linguagem é a construtora de um real significante. De fato, não estando separado do mundo, mas sendo a própria experiência do mundo, o sentido não nos é dado, ele é opaco e, portanto, deve ser interpretado. Isto não quer dizer que os fatos não existam, que não tenha havido um tsunami inundando uma determinada aldeia, que não tenha havido trinta e três vítimas num incêndio. Isso quer dizer que o que o tsunami e o número de vítimas *significam* depende da forma como são interpretados. Consequentemente, a compreensão que resulta da tentativa de objetivar o sentido não representa a *realidade* do mundo, mas o *real significante* que construímos. E esta, como vimos, é a hipótese fundadora da Linguística, que defende que o significado não se confunde

282 O sujeito falante em ciências da linguagem

com o referente (a realidade) e é o construtor de seu sentido: a realidade é apenas um dado do mundo, o real é sempre o resultado de uma interpretação.

As posições expressas de diferentes formas por Gadamer, Habermas, Ricœur e Derrida, segundo as quais somos afetados pelo passado e pelo presente através da linguagem, porque "[...] a compreensão não pode ser assegurada por meio da eliminação de preconceitos, mas apenas por meio da reflexão sobre o contexto histórico da tradição que sempre ligou os sujeitos conhecedores aos seus objetos",[24] permitem relacionar o contexto histórico da tradição com a posição discursiva que pretende que a significação depende da intertextualidade, da interdiscursividade e do saber supostamente compartilhado. Se ligarmos agora as várias distinções feitas na segunda parte entre o sentido da língua e o sentido do discurso com as várias posições da hermenêutica moderna, podemos dizer que há, de fato, dois níveis de compreensão: o nível de uma *compreensão do sentido* que se diz literal, explícita e possivelmente partilhada por qualquer sujeito com conhecimento da língua; e o nível de uma *compreensão da significação* que é indireta e específica das circunstâncias de produção e recepção do ato de linguagem.

Recordemo-nos que a compreensão literal do sentido é obtida no final de uma atividade interpretativa baseada em elementos categorizados e repertoriados nos sistemas de uma língua (gramática e dicionário), resultado de uma decodificação do sentido que se supõe ser partilhada pelo locutor e pelo interlocutor, bem como por qualquer outro sujeito que fale a mesma língua e se coloque no seu lugar. Trata-se de uma "compreensão ordinária" em que: "Nada pode ter sido dito de tal modo que os ouvintes não o pudessem ter compreendido".[25] Esse sentido é obtido no quadro de uma semântica do enunciado, fora de contexto, um *sentido de língua* autoconstruído, dito literal e objetivo,[26] que se aparta de sua enunciação. É da ordem do *provável*.[27] A compreensão específica do sentido, ou *significação*, é obtida no final de uma atividade interpretativa que implica relacionar os componentes do enunciado com outros elementos: o contexto discursivo e a situação em que o enunciado é produzido. Nesse nível de compreensão, estamos perante uma especificidade de sentido que se deve às características do ato de enunciação, da identidade dos sujeitos, dos saberes partilhados entre eles e das circunstâncias da relação comunicativa: um sentido específico inferido, um *sentido de discurso*. A significação é intersubjetiva, aberta, variável e plural. Não pode ser categorizada ou catalogada *a priori*, como o é o sentido da língua, porque está sempre dependente de outra coisa, intervindo no próprio ato de enunciação em função da relação que se estabelece entre os parceiros do ato de linguagem. A compreensão específica é da ordem do plausível.[28] Isso nos remete ao que os dicionários assinalam, ou seja, que as interpretações são tratadas de forma diferente de acordo com a disciplina (*interpretação psicanalítica, interpretação clínica, interpretação semântica*). E poderíamos acrescentar que, no interior das ciências da linguagem, as interpretações diferem se a análise é *filológica* (interrogando a história das palavras, suas formas, combinações e significados), *lógica* (interrogando a organização argumentativa e retórica dos textos), *discursiva* (interrogando os conhecimentos que circulam) ou *interacional* (interrogando as condições das trocas linguageiras).

Só haveria, pois, múltiplas interpretações, cada uma das quais não seria mais verdadeira do que a outra, nem mais conforme à natureza do objeto. Isso não significa, porém, que se caia na chamada "teoria realista da interpretação"[29] dos juristas, que "fundamenta-se na ideia de que um texto admite todas as interpretações; não haveria forma objetiva de saber se uma interpretação é ou não correta".[30] Essa teoria tem sido criticada pelos próprios juristas. Em vez disso, seguiremos Derrida, que defende que as interpretações não possuem *a priori* uma hierarquia absoluta, mas, mesmo assim, apresentam a possibilidade de diferenciá-las. O próprio Nietzsche, para quem "a maneira como os homens apreendem as coisas [...] é afinal apenas uma interpretação determinada por aquilo que somos e pelas nossas necessidades",[31] considera que as interpretações diferem segundo seu *grau de coerência*, a qualidade dos detalhes e o novo sentido que outras não forneceram, aquilo que ele chama de sua "potencialidade". Resta, no entanto, saber quais são os critérios e quem os decide.

DA COMPREENSÃO DO SENTIDO À INTERPRETAÇÃO DA SIGNIFICAÇÃO

Do percurso hermenêutico, aprendemos que a compreensão é um momento de apreensão global do sentido, que resulta de várias atividades interpretativas. E é através dessas várias atividades interpretativas que vemos a necessidade de ter em conta a presença do sujeito falante como um sujeito exterior à frase. Além disso, ao mesmo tempo que a sua presença é afirmada, a do outro é afirmada numa relação de alteridade recíproca, mas não simétrica, o que confere ao ato de comunicação um carácter inefável que nos leva a interrogarmo-nos se compreendemos o outro quando dizemos que o compreendemos. A compreensão tem assim a marca de uma *relação intersubjetiva* entre o sujeito falante e o sujeito interpretante numa relação assimétrica entre o que um pretendeu significar (o *sentido intencional*) e o

284 O sujeito falante em ciências da linguagem

que o outro interpreta (o *sentido reconstruído*), o que nos remete para a distinção que sempre defendemos entre o *efeito pretendido* pelo sujeito falante e o *efeito produzido* e construído pelo sujeito interpretante.[32] Daqui resulta que um *mesmo* enunciado pode receber vários sentidos que não são necessariamente previstos pelo sujeito falante, e que esses sentidos podem variar de acordo com a natureza e o estatuto do sujeito interpretante.

Eis um exemplo da vida real. Quando tive de dar a minha opinião a amigos hispanófonos sobre a situação política na Catalunha, parte da qual pedia a independência, disse: "Como alguém que sempre defendeu o plurilinguismo e a pluriculturalidade, sinto-me desconfortável com o desejo de hegemonia nacionalista e linguística". Os interlocutores não catalães concordaram, interpretando a minha afirmação como dirigida apenas ao nacionalismo catalão; os interlocutores catalães concordaram, interpretando a minha afirmação como dirigida apenas ao nacionalismo espanhol; enquanto a minha afirmação se dirigia a ambos os nacionalismos.

A interpretação do sentido (literal) é, pois, necessária, mas não suficiente para permitir ao receptor determinar, através do ato de fala, a intenção comunicativa do locutor. A isso há que acrescentar a interpretação da significação: "Se concordarmos que as línguas não são um simples espelho do mundo ou do espírito", escreve François Rastier, "temos de reconhecer o óbvio: 'as situações de comunicação' têm um impacto decisivo sobre as mensagens linguísticas".[33] O sentido da língua não pode pretender dar conta do sentido dos atos de linguagem produzidos em situações reais de comunicação; tem de ser completado pelo sentido do discurso, pela significação. O sentido do enunciado é da ordem da predicação, a significação da ordem da problematização ("de que se trata?"), como neste exemplo: A: "Repito que estou preso. Não posso pagar meu aluguel. Entende isso?" / B: "O que eu entendo é que você está me pedindo para te emprestar dinheiro". Isso está de acordo com o ponto de vista de Recanati que, como já dissemos, distingue entre a *interpretação semântica* que "é composicional e é uma questão de cálculo, [...] o significado literal do enunciado [sendo] calculável a partir do significado dos constituintes e da forma como são combinados", e a *interpretação pragmática* que "procede de forma a [...] compreender as intenções do agente e [a] determinar contextualmente as razões pelas quais o comunicador diz o que diz".[34] Da mesma forma, Gardiner afirma: "Assim, a totalidade da situação, incluindo a natureza da coisa a que as palavras se referem, deve ser sempre levada em conta na determinação da qualidade frasal, e a interpretação do ouvinte baseia-se sempre em um raciocínio".[35] Em suma, podemos dizer que interpretar é "juntar" os índices de sentido para derivar hipóteses de significação.

Todo enunciado está, portanto, repleto de potencialidades de sentido, de *possíveis interpretativos* que o sujeito analisante faz emergir da diversidade semântica. Isto aproxima-nos do ponto de vista de Nietzsche e da hermenêutica pós-moderna, que diz que a interpretação é plural, e de fazer desse processo de interpretação um "processo ilimitado".[36] Isso também está de acordo com o que Umberto Eco diz sobre a literatura: "[...] o receptor seleciona a mensagem e introduz nela uma probabilidade que certamente está lá, mas entre muitas outras, respeitando uma liberdade de escolha".[37]

Operações interpretativas por inferência

Vimos nos capítulos sobre a construção do sentido e a construção do conhecimento que sentidos e significações são construídos pela operação de *inferência*. Temos de voltar a essa operacionalidade se quisermos compreender a natureza do processo interpretativo. A inferência é uma operação definida de várias maneiras: "Qualquer operação pela qual admitimos uma proposição cuja verdade não é conhecida diretamente em virtude da sua conexão com outras proposições já tidas como verdadeiras";[38] "Um processo lógico pelo qual se parte de um certo número de premissas para chegar a uma conclusão".[39] O ponto comum é que a inferência é uma operação mental que consiste em "tirar uma conclusão ou uma consequência a partir da observação de um fato, de um acontecimento ou de um enunciado".[40] Aplicada à atividade da linguagem, é uma operação de raciocínio que consiste em "admitir uma proposição em virtude da sua ligação a outras proposições já tidas como verdadeiras",[41] ou em passar de uma (ou mais) premissas a uma conclusão, como fazem os silogismos. Se generalizarmos, podemos dizer que se trata de um mecanismo cognitivo por meio do qual o receptor de uma mensagem interpreta, a partir de um dado ato de linguagem, um sentido que retira dos elementos enunciados, quer combinando-os, quer recorrendo a dados do ambiente linguístico e a conhecimentos sobre os interlocutores.

No entanto, a inferência não é uma garantia de verdade. É um processo que conduz a uma conclusão cujas premissas podem ser falsas, cuja conclusão pode ser uma generalização abusiva ou uma simples hipótese mais ou menos provável. Interpretar é, portanto, para um sujeito na situação de receptor, colocar os dados internos do enunciado em relação com os dados externos ao ato de enunciação, a

286 O sujeito falante em ciências da linguagem

fim de obter uma compreensão subjetiva. Essa ligação é feita de duas maneiras: uma que se dá no interior do enunciado com o seu ambiente imediato, por meio do que chamaremos de *inferências centrípetas*, construindo o *sentido*; outra que se dá em relação ao que está no exterior do enunciado, que chamaremos de *inferências centrífugas*, construindo *significação*. As inferências centrípetas têm uma função própria: permitem clarificar enunciados que, de outro modo, poderiam ser ambíguos. Por exemplo, uma palavra como "pato" ("*canard*"), que em francês pode significar "animal vivo", "prato cozido", "jornal" ("*Le canard enchaîné*") ou "*fake news*", será desambiguizada ligando-a a outras palavras do enunciado: "*Comi um confit de canard*". Também é possível recorrer a dados situados antes e depois do enunciado, em copresença mais ou menos próxima com ele, sem considerar o exterior do ato de enunciação, como no diálogo seguinte: A: "Aquela estrela finalmente apagou-se" / B: "Onde?" / A: "Em Hollywood", em que, pela resposta, ocorre a desambiguação. Do mesmo modo, se considerarmos o enunciado "Ele não podia falar", precisaremos de elementos da troca anterior para saber se "não podia" "deve ser interpretado como "incapacidade física permanente" (ele é mudo), "incapacidade psicológica temporária" (ele está aterrorizado) ou "autocensura" (ele não se permite). As inferências centrífugas, por outro lado, permitem-nos apreender os implícitos da significação. São elas que permitem compreender o enunciado "tenho 30 anos" – analisada anteriormente[42] – como "ou demasiado velho", numa certa situação, ou "ainda sou jovem", noutra.

Em todos estes casos, encontramos o "fiador" de Toulmin, a que já nos referimos em várias ocasiões para explicar como se constrói o sentido por inferência. De fato, podemos considerar que o fiador que permite uma linha de raciocínio passar dos dados para uma conclusão é uma espécie de terceiro portador de saberes. Ruth Amossy, analisando uma passagem de *O vermelho e o negro*, de Stendhal, para ilustrar o ato de inferência, mostra o mecanismo argumentativo através do qual um enunciado como "Atormentada pela ideia da pobreza de Julien, Madame de Rênal falou com o marido para lhe doar roupas", passa de dados como: "Julien está necessitado, falta-lhe roupas", para uma conclusão como: "É preciso ajudar Julien, dar-lhe roupas", apoiando-se no fiador "Quando um homem está em necessidade, é preciso ajudá-lo", a partir de um fundamento: "A moral cristã, o princípio da caridade".[43] É uma operação que se apoia em saberes implícitos para tirar uma determinada interpretação, saberes que correspondem a muitos imaginários sociodiscursivos. O que nos leva a concluir que toda interpretação é um discurso sobre o discurso.

Ativação das inferências

Se, para o receptor, interpretar é fazer uma série de inferências, podemos imaginar que ele faz três tipos de ativação inferencial: uma ativação a partir dos dados externos do *contrato de fala* e das suas instruções; uma ativação a partir do conhecimento que o sujeito interpretante tem da *identidade* do sujeito comunicante e das suas intenções (supostas intenções); uma ativação a partir da *configuração discursiva* da qual retira uma significação latente, não necessariamente prevista pelas visadas do sujeito comunicante. Ademais, pode haver vários receptores, voluntários ou não, cada um dos quais, embora percebendo o mesmo quadro contratual, reconstrói questões intencionais diferentes. Isso nos permite compreender melhor o que acontece em certos casos de comunicação. Se a comunicação for monolocutiva, escrita e individualizada (ex.: carta a um amigo), as interpretações dependem unicamente das ativações do receptor-leitor, que pode também modificá-las através da releitura; se a comunicação for monolocutiva, escrita, mas não individualizada (romance, circular administrativa), as ativações variam mais ou menos segundo os leitores, mais ou menos segundo o gênero, e variam ao longo do tempo (releitura da mesma obra em momentos diferentes); se a comunicação for monolocutiva, oral (conferência) ou interlocutiva (debate) na presença de um auditório, as ativações variam em função das referências dos ouvintes ou espectadores que constroem a significação não necessariamente prevista pelo locutor; se a comunicação for interlocutiva, as interpretações dependem das ativações sucessivamente empreendidas pelos interlocutores e as inferências estão sujeitas a modificações ou enriquecimentos.

No entanto, esses diferentes casos de ativação pressupõem que, seja qual for o receptor, existe sempre uma ativação comum que corresponde às inferências geradas pelo contrato, segundo o quadro temporal e espacial. A fábula de La Fontaine "A cigarra e a formiga" foi interpretada de diferentes maneiras de acordo com a época: para Esopo, que parece ser o autor, e talvez também para o século XVII, é a cigarra que está errada, porque o imaginário social da época consistia em ser atencioso e não dilapidar os seus bens. Para as crianças dos séculos XX e XXI, a formiga é má por não querer ajudar a cigarra, pois o imaginário social está evoluindo para valores de solidariedade. O *slogan* publicitário "Banania é bom!",[*] acompanhado do desenho de um africano risonho (um soldado senegalês), que se podia ver nas paredes do

---

[*] N.T.: *Banania* é uma bebida achocolatada sabor banana muito consumida na França no começo do século XX.

288 O sujeito falante em ciências da linguagem

metrô de Paris durante o século passado, correspondia a uma imagem positiva dos benefícios da colonização, uma vez que a África era fornecedora de cacau e os africanos eram frequentemente caracterizados pelo riso ("o riso africano", dizia-se então para justificar a colonização); esse imaginário tornou-se negativo no século seguinte, como representação de um imaginário "racista". Daí decorre o que se designou por "possíveis interpretativos". Ninguém é senhor das significações, ou das interpretações, mas nem todas as interpretações são iguais. Uma vez que a comunicação se processa numa relação triangular entre um *eu-falante*, um *tu-interpretante*, através de um *ele-terceiro-imaginário*, cada ato de interpretação é de ordem *conjectural*.

OS SUPORTES DE INTERPRETAÇÃO

Uma vez que o receptor se encontra em presença de um ato de linguagem cujo sentido depende das suas diferentes componentes situacionais (o contrato de fala, suas identidades, sua visada, seu dispositivo) e de saberes (imaginários) supostamente partilhados, é com base nestes diferentes lugares – a que chamamos "suportes de interpretação" – que ele procede às operações de inferência interpretativa. Eis um breve resumo.

Interpretações com base no conhecimento do contrato de fala

O contrato de fala é a parte normalizada da troca que obriga o sujeito que interpreta a considerar os seguintes componentes: quem fala com quem, com que visada discursiva, em que dispositivo. Para fazer inferências, o sujeito interpretante procura informações nesses diferentes componentes, a fim de deduzir alguns dos significados relativos ao contrato e evitar interpretações errôneas. Por exemplo, o enunciado "Como viver juntos" será interpretado de forma diferente de acordo com o contrato: um anúncio publicitário da Coca-Cola, um manifesto político (lema) ou uma crônica jornalística (título de um artigo de opinião após um atentado).

Se os termos do contrato forem dissimulados ou misturados, o sujeito interpretante pode ser enganado. Foi o caso da campanha publicitária da Benetton que, nos anos 1990, afixou várias imagens nas paredes das cidades: uma que mostrava crianças de diferentes cores (preto, branco e amarelo) pondo a língua de fora e rindo, e, no mesmo espírito, uma outra mostrando, em close, uma mão negra e uma mão branca ligadas por uma algema, imagens que sugeriam a igualdade racial;

uma imagem representando um padre e uma freira beijando-se na boca, como que para celebrar a liberdade dos costumes; havia também uma imagem que mostrava em close uma tatuagem "HIV positivo" num braço, aparentemente para encorajar as pessoas a protegerem-se contra o vírus da aids; ou uma fotografia de pais em torno de uma cama com seu filho morto, vítima da guerra na Bósnia, uma forma de denunciar as desgraças da guerra. Essas imagens, virtuosas em si mesmas, seriam perfeitamente corretas se fizessem parte de uma campanha humanitária, que corresponde ao que se designou por *contrato promocional*, destinado a denunciar um mal ou a celebrar um bem moral. No entanto, sabemos que a Benetton é uma empresa de moda e de vestuário, e que essas imagens se destinam a atrair um público de consumidores, o que as inscreve em um *contrato publicitário* para vender roupa. Com esta campanha, a Benetton apresenta a sua publicidade como se fosse uma campanha humanitária moralista: substitui o contrato publicitário, que exalta um benefício individual de natureza comercial, pelo contrato promocional, que promove um benefício coletivo de natureza moral. A esse respeito, a campanha pode ser descrita como enganadora, porque manipula a mente das pessoas na sua interpretação, levando-as a acreditar que comprar roupas Benetton é um dever de solidariedade moral.[44]

Interpretações baseadas em traços de identidade

Um pai chega em casa e vê o seu filho de 5 anos fazendo uma construção com as xícaras de porcelana da avó, e ri ruidosamente: "Bem, acho que podemos dizer que as xícaras da vovó serviram para alguma coisa", e a criança volta a guardá-las no armário. No entanto, o pai não fez uma afirmação injuntiva ou de comando ("Guarde já essas xícaras!"), mas a criança interpreta-a como uma ordem ou, pelo menos, como uma instrução para fazer alguma coisa. Podemos pensar que ela faz esta inferência devido à posição de autoridade do pai. Mas, para além disso, podemos fazer outras hipóteses sobre as intenções do sujeito falante: (i) o pai, que não gosta do jogo de porcelana, pensa realmente que ele terá servido para alguma coisa e, por isso, a sua reflexão é mais de encorajamento, e se o filho guarda o jogo, talvez seja porque ainda se sinta culpado; (ii) o pai quer que o filho guarde o jogo de porcelana, mas sem parecer autoritário e, nesse caso, o filho, familiarizado com a maneira de falar do pai, pode entender que esta é uma forma indireta de lhe ordenar que guarde as xícaras. Nessa segunda hipótese, o pai constrói uma imagem de pai bem-disposto e estabelece uma relação de cumplicidade com o filho. Ao fazer isso, ele ganha em

290 O sujeito falante em ciências da linguagem

ambos os aspectos, como um pai compreensivo e, ao mesmo tempo, preserva o jogo de louça. Encontramos aqui a duplicação do sujeito falante de que falamos no capítulo sobre a identidade, uma dissociação entre o estatuto do pai, sua identidade psicológica e social como pessoa (sujeito comunicante) e a sua identidade como personagem (sujeito enunciador), conjugando-se as duas no ato de interpretação.

Esse tipo de interpretação é identificado por experiências de Psicologia Social. Elas mostram que os indivíduos interpretam textos e atos de linguagem de acordo com o que sabem (ou pensam saber) sobre a pessoa que os produz (a identidade da *pessoa*). Isso explica por que um enunciado como "Somos a favor da laicidade" será interpretado de forma diferente segundo o que se sabe sobre a filiação política da pessoa que o diz. Do mesmo modo, o enunciado "Sou contra 'o sistema'", que foi amplamente utilizado durante as campanhas eleitorais de 2017 e 2022 na França, não poderia ser interpretado da mesma forma, dependendo do conhecimento que o eleitor podia ter sobre a filiação política do líder que a proferiu.[45] Se nos referirmos ao famoso enunciado citado por Freud: "Que belo dia está começando!", só podemos inferir uma ironia dramática se soubermos que ele é pronunciado por um condenado à morte sendo conduzido ao cadafalso.

Interpretações baseadas no dispositivo

Qualquer troca linguística, oral ou escrita, realiza-se em determinadas circunstâncias materiais e físicas que a enquadram num determinado *dispositivo*: a presença ou ausência dos parceiros da troca (número, posições de cada um em relação aos outros); a natureza da materialidade semiológica (fônica, gráfica, icônica, gestual). O dispositivo organiza a troca, impondo suas próprias restrições, e o sujeito interpretante refere-se a ele (consciente ou inconscientemente) para produzir inferências. Por exemplo, num debate político televisivo, os debatedores sabem que o que dizem se dirige não só ao seu adversário, mas também, e sobretudo, aos telespectadores, que farão interpretações de acordo com as suas próprias opiniões, tendo em conta as características do dispositivo em que se encontram. Vejamos uma sequência do debate presidencial de 2012 entre Nicolas Sarkozy e François Hollande, ao qual já nos referimos. A certa altura, Sarkozy fez uma série de declarações como: "[...] Em primeiro lugar, o senhor Hollande sabe muito pouco sobre a Europa [...]. E não sabe que na Europa não se tomam decisões arbitrárias". Esses enunciados inscrevem-se em um dispositivo em que os debatedores são colocados frente a frente, na presença de moderadores que regulam o debate, sendo este difundido num canal de televisão aos olhos de um grande público, o que os debatedores sabem. Essas declarações incitam o público a interpretar o adversário de Nicolas Sarkozy como incompetente. Além disso, uma vez que, de acordo com o dispositivo, os debatedores se dirigem diretamente uns aos outros usando "o senhor" [*"Vous"*], ele poderá interpretar o tratamento na terceira pessoa infligido por Nicolas Sarkozy a seu adversário como um ato de ironia, superioridade e desprezo.

A materialidade semiológica também desempenha o seu papel, na medida em que podemos navegar entre as suas diferentes formas (o *paratextual*) e fazer inferências significativas. Por exemplo, as páginas de um jornal (particularmente a primeira) são apresentadas de forma a que se possa interpretar os textos através da ligação entre títulos, lides, fotos, legendas, diagramas e charges da imprensa. A leitura das histórias em quadrinhos é um constante vaivém entre os desenhos e o texto escrito nos balões. O humor de uma charge que mostra Cristo carregando pesadamente a sua cruz não pode ser compreendido sem relacionar a imagem com o que um centurião lhe diz num balão de diálogo: "Eu te disse que a liberdade de expressão tem limites!".[46] Nestes casos, poder-se-ia falar de interpretação por *inferências intersemiológicas*.

Interpretações baseadas em saberes de crença

As interpretações testemunham os juízos pessoais dos interpretantes, mas também os julgamentos sobre os acontecimentos, suas causas, suas consequências e o comportamento dos indivíduos, que são partilhados entre os membros de uma dada comunidade. Eles revelam os imaginários sociais que estão ligados a cada grupo social. Aqui encontramos as *doxas*, os estereótipos e outras opiniões comuns anteriormente descritas. Por exemplo, para interpretar corretamente a expressão "maldito pernóstico" [*"maudit baveux"*] que os quebequenses utilizam por vezes para descrever os franceses, é necessário remeter para a opinião partilhada pelos quebequenses de que os franceses são vistos como pessoas que "dão lição de moral" [*"donneurs de leçon"*]. Seria incorreto utilizar o termo *"baveux"* em referência à opinião comum francesa que atribui a esse termo o sentido pejorativo de "tagarelar para não dizer nada" (*"bavarder pour ne rien dire"*), como o demonstra a gíria francesa que designa os advogados por esse termo. Esse conhecimento não tem valor universal; corresponde às opiniões comuns do grupo a que pertence o sujeito que o mobilizou durante as interpretações. As lisonjas ou os insultos, por exemplo, devem ser interpretados à luz do imaginário do grupo a que pertence o sujeito interpretante, sob pena de os interpretar mal e de confundir lisonja com insulto. O mesmo se aplica aos atos

292 O sujeito falante em ciências da linguagem

de linguagem humorísticos, que podem não ser compreendidos ou podem ser mal interpretados, dependendo da forma como os grupos sociais julgam suas maneiras de falar. E sobre os comentários feitos sobre os valores e os efeitos da colonização, da violência, da imigração etc., faremos inferências positivas ou negativas segundo os valores que prevalecem no grupo de pertencimento.

A propósito do aspecto sociocultural dos imaginários, mencionei o caso do anúncio da água mineral Vittel, que não foi compreendido no Japão porque, no imaginário japonês, a água serve para lavar o exterior dos corpos, enquanto o anúncio francês apregoava uma água que "elimina as toxinas", ou seja, que lava o corpo de dentro para fora. E, de fato, há muitos imaginários sobre a água, cuja importância varia de país para país e de cultura para cultura: "água pura", da fonte original, por vezes símbolo de virgindade; "água limpa", para lavar a pele e como fator de higiene, mas que também pode ser fonte de "epidemias"; "água curativa", que cura o corpo de dentro para fora, fonte imaginária de curas termais; "água fresca", a que corre em riachos de montanha, cascatas ou brota de fontes; a "água da chuva", como uma bênção dos céus nos países quentes e desérticos, fonte de fertilidade para as colheitas; mas também "água violenta", quando a natureza liberta a sua fúria em inundações e tsunamis; e depois a "água da morte", a água das profundezas abissais escuras, que nos suga e engole nas trevas; ou a água calma da eternidade ("Na onda calma e negra onde as estrelas dormem. A branca Ofélia flutua como um grande lírio");[47] e, finalmente, a água do desaparecimento, a água que leva a imagem de Narciso, imagem fraturada pela pedra lançada à água. Na presença da água, várias interpretações são possíveis, de acordo com a natureza dos imaginários evocados.

Interpretações baseadas em saberes ideologizados

O conhecimento ideologizado a que os indivíduos aderem orienta suas interpretações. Por exemplo, o termo "arrependimento" será objeto de interpretações diversas conforme nos refiramos aos imaginários de uma cultura católica, cuja ideia de redenção dos pecados passa pela confissão, de uma cultura protestante, cuja ideia é concebida em relação a *obras* realizadas durante a vida, ou de uma cultura judaica, onde a redenção é obtida através de atos de expiação. Uma vez que os discursos subjacentes a esses sistemas de pensamento não são sempre da mesma natureza, as inferências que o sujeito interpretante será levado a fazer serão diferentes. Os saberes ideologizados circulam em vários textos e é reunindo-os em um *corpus* que podemos tentar esclarecer o que designaremos por "matrizes discursivas". Foi esse o objetivo do nosso estudo sobre o discurso populista.[48] Como analista interpretante, destacamos e comparamos as matrizes ideológicas da esquerda e da direita, ou seja, os imaginários sociodiscursivos que constituem os universos de pensamento dessas correntes políticas, no que diz respeito à sua visão do mundo e aos valores que devem orientar o comportamento dos indivíduos que vivem em sociedade. Em suma, para a direita, um *conservadorismo* imaginário baseado na ideia de que o homem deve submeter-se à natureza, em que as relações entre os seres vivos são desiguais – o que justifica os valores de hierarquia – e que a transmissão entre eles é dita "natural" – o que deve justificar as relações de filiação e o direito à herança –; sua visão de povo é marcada pelo *ethnos*, que leva à reivindicação da identidade "nativa". Para a esquerda, um imaginário *progressista* que defende a emancipação do indivíduo e, consequentemente, a emancipação coletiva, um imaginário que diz ser através da cultura que o homem impõe a sua lei às desigualdades da natureza, zelando pelo interesse geral e separando a vida pública da vida privada, segundo um princípio de laicidade; a sua visão do povo é a do *demos*, o povo "cidadão". Isso nos levou a mostrar, após a análise de vários *corpora*, que o discurso populista teve o efeito de confundir a extrema direita com a esquerda radical, num novo imaginário ideológico que divide o povo num "Nós de baixo" oprimido e num "Nós de cima" dominante. Esse tipo de análise mostra as convergências e divergências dos saberes ideologizados.

Interpretações relativas

Os dados relativos às condições situacionais do ato de linguagem e à natureza dos saberes em que se baseia a atividade interpretativa coexistem e misturam-se na enunciação dos atos de linguagem. Isso obriga o sujeito interpretante a identificá-los conjuntamente, medindo os efeitos que produzem uns sobre os outros. Vejamos o seguinte caso: Jean-Paul Guerlain, fabricante dos famosos perfumes com o mesmo nome, foi condenado por injúria racial em 6 mil euros pelo Tribunal Penal de Paris por comentários que fez sobre "negros" durante uma entrevista no noticiário da televisão. Em 15 de outubro de 2010, durante o programa das 13h da France-2, a jornalista Élise Lucet perguntou-lhe como tinha chegado a criar perfumes. Ele respondeu que, para seduzir uma mulher, se tinha esforçado muito para encontrar combinações de aromas e criar um perfume; declarou então: "Por uma vez, comecei a trabalhar como um negro. Não sei se os negros sempre trabalharam tanto, mas...". Na sequência desse fato, a Licra (Liga Internacional contra o Racismo e

294 O sujeito falante em ciências da linguagem

o Antissemitismo), o MRAP (Movimento contra o Racismo e pela Amizade entre os Povos) e SOS Racismo processaram-no por difamação. O tribunal decidiu que a primeira frase não constituía difamação e ele foi absolvido, mas que a segunda frase constituía injúria racial. Isso mostra que o tribunal compreendeu claramente a diferença entre a utilização de uma expressão pronta ("Trabalhar como um negro"), cuja caraterística é o fato de seus elementos constitutivos perderem o seu valor semântico original, e o comentário ("Não sei se os negros sempre trabalharam tanto") que, num contexto livre, confere à palavra o seu forte valor semântico pejorativo. Além disso, o Tribunal considerou que Jean-Paul Guerlain não era um humorista profissional e que, por conseguinte, não podia se beneficiar das disposições da jurisprudência que protege os humoristas profissionais. O seu contrato não era o de um "espetáculo humorístico", mas o de um "contrato de entrevista midiática". Nesse caso, as observações feitas assumem a força de um discurso público suscetível de ter um efeito injurioso. A interpretação dessas mesmas observações no contexto de uma troca entre amigos ("contrato de conversação") poderia ser objeto de uma condenação moral, mas não juridíca. Podemos constatar que, no processo de interpretação dos juízes, foram mobilizados os diferentes componentes do ato de comunicação – e as inferências que os acompanham: inferências contextuais (diferença de sentido entre uma expressão pronta e uma sequência livre de palavras); inferências situacionais considerando o contrato (entrevista midiática), o estatuto do locutor (não é um comediante profissional) e o dispositivo (uma entrevista é um discurso público), e inferências discursivas relativas às opiniões (saberes de crença) então dominantes na sociedade francesa sobre o tema do racismo.

AS INTERPRETAÇÕES EM FUNÇÃO DA SITUAÇÃO E DO ESTATUTO DO SUJEITO INTERPRETANTE

Sendo a compreensão linguageira o resultado de uma relação intersubjetiva entre o sujeito falante e o sujeito interpretante, e participando este último na construção do sentido por meio da sua atividade interpretativa, as interpretações dependem do lugar que o sujeito interpretante ocupa no mecanismo de troca, ou seja, do seu *estatuto*: o estatuto determinado pelas restrições do contrato de comunicação, às quais se juntam as suas próprias características psicológicas e sociais. É então necessário observar a situação em que o interpretante se encontra, porque a sua posição determina as inferências que é levado a fazer ao apoiar-se nos suportes interpretativos que acabamos de descrever.

Interpretação na situação de troca interpessoal privada

Numa situação de troca interpessoal, a interpretação é pouco previsível, porque depende das inferências que os sujeitos fazem em função do que sabem uns dos outros, do que supõem sobre as intenções de cada um e do que imaginam a partir das suas próprias referências, sensibilidades e desejos. Quando alguém diz "Vim a pé", o amigo que o esperava pode inferir: "não gosta do metrô"; "a namorada que ia lhe dar uma carona lhe deu um bolo"; "não vive longe"; "ele se desculpa pelo atraso" etc. Ouviu-se na rua uma troca de palavras entre um rapaz e uma moça: ele: "Vamos ao cinema?" / ela: "Não vai dormir comigo esta noite". A ligação lógica entre a pergunta e a resposta não é imediatamente perceptível. No entanto, podemos pensar (hipótese do postulado da intencionalidade) que uma certa lógica, baseada em dados conhecidos apenas pelos dois interlocutores, deve unir estas duas réplicas em função das relações que essas duas pessoas mantêm e que lhes permitem fazer inferências corretas. Do mesmo modo, para saber se um enunciado como "Ele é um intelectual" deve ser utilizado para fazer inferências que conduzam a um juízo positivo ou negativo, é necessário conhecer a identidade de quem fala, da pessoa a quem se fala, do terceiro a quem se alude, a entoação que o acompanha e o conhecimento de crença (*doxa* ou estereótipo) a que se refere.

No caso de trocas entre várias pessoas, é necessário considerar as diferenças de estatuto e as posições de igualdade ou de hierarquia entre os membros do grupo, bem como as alianças ou oposições que se estabelecem entre eles, as características psicológicas de cada um, uns falando muito ou com veemência, outros com pouca frequência ou timidez, outros ainda com espírito de temperança, e assim por diante.

Interpretação numa situação de recepção de uma fala pública

No caso de um indivíduo isolado que ouve algo dito publicamente (na rádio, na televisão ou na imprensa), as suas interpretações serão pessoais e as inferências que faz dependerão de suas próprias opiniões e preconceitos sobre a pessoa que fala. Se a recepção é feita em grupo, como em reuniões políticas, assembleias gerais ou espetáculos de comédia, é difícil saber até que ponto as interpretações são influenciadas pelo grupo, numa espécie de efeito catártico ou manipulador. E quando o grupo é responsável pela defesa de certos direitos (associações de luta contra o racismo, o antissemitismo, o sexismo etc.), interpretará as propostas de acordo com os princípios em que se baseia sua associação.

Interpretações na situação do sujeito analisante

A posição do sujeito interpretante numa situação de analista é especial, porque não pode contentar-se em ser um receptor "ordinário", apanhado no calor de trocas de conversação mais ou menos polêmicas, ou numa situação pessoal de intercompreensão; é chamado a dar conta de enunciados, textos ou *corpora*, numa posição distanciada, suspensa, na verdade, *metadiscursiva*. É essa a posição do sujeito analisante, cujo estatuto de *avaliador* e de *pesquisador* será distinguido.

O avaliador pode encontrar-se numa variedade de posições de julgamento: como professor, avaliando provas e atribuindo uma qualificação; como membro de uma banca de tese, criticando e fornecendo o seu próprio ponto de vista; como leitor de artigos científicos, oferecendo uma opinião sobre se devem ser publicados; como crítico de arte, cinema ou literatura, fornecendo ao público informações e a sua própria apreciação. As interpretações dependerão da posição de autoridade do avaliador, do seu lugar na comunidade dos seus pares, da sua própria competência e até da sua subjetividade.

O pesquisador, por outro lado, está na posição de um sujeito que analisa os fenômenos sociais de acordo com uma disciplina científica. Para ele, trata-se de "desvendar a culinária do sentido", como disse Roland Barthes.[49] Isso é feito em um duplo movimento: *empírico-indutivo*, partindo da observação dos fenômenos e, por meio de um movimento ascendente de especulação intelectual, desenvolvendo categorias abstratas; e *hipotético-dedutivo*, partindo das categorias estabelecidas num modelo teórico e, através de um movimento descendente, aplicando-as ao objeto estudado para produzir explicações. O primeiro movimento é mais descritivo, o segundo, mais conceitual, mas os dois interpenetram-se no processo do pensamento analisante. Nesse duplo movimento, o sujeito analisante efetua vários tipos de operações, que podem ser resumidas de forma simplificada: circunscrever o objeto de análise, descrever as suas características (utilizando vários métodos quantitativos ou qualitativos), fazer comparações, interpolações, experiências, inquéritos, ordenar e classificar os resultados, interpretando-os. E podemos nos perguntar se a interpretação está envolvida em cada uma dessas operações. Por exemplo, a fase de tratamento estatístico de um *corpus*, que depende das categorias de ordenação previamente determinadas, implica interpretação? A questão é discutível, mas se nos referirmos a um quadro interpretativo de tipo nietzschiano podemos considerar que os dados já são o resultado de uma interpretação. Acrescentaríamos que o trabalho interpretativo tem lugar quando os resultados de uma análise são relacionados com algo que não eles próprios: outros textos, outros *corpora*, outras disciplinas. É nesse momento que se desenvolve a atividade de inferência, envolvendo as inferências epistêmicas internas e externas anteriormente referidas.

Em todo o caso, o trabalho de interpretação depende dos princípios teóricos e dos procedimentos metodológicos de cada disciplina. É diferente quando se trata de uma disciplina de *corpus* (ciências da linguagem, História), de uma disciplina de *campo* (Sociologia, Antropologia), de uma disciplina *experimental* (Psicologia, Psicologia Social), de uma disciplina de *cálculo* (Economia), de uma disciplina de *especulação* (Filosofia) ou de uma disciplina de *regulamentação* (Direito). É curioso notar, a esse respeito, o ponto de vista dos juristas, que consideram que a interpretação segue um movimento oposto ao das disciplinas literárias: "Assim, em direito, fala-se frequentemente de 'interpretação' para designar a aplicação de uma norma geral a um caso particular. Na literatura, ao contrário, o termo é utilizado para designar abstrações, reflexões gerais desenvolvidas a partir de um texto, [porque o objetivo é] alcançar *a* solução correta para cada caso".[50] A isso acresce o fato de que a corrente teórica dominante em um dado momento (designada por "paradigma") – marxismo, estruturalismo, construtivismo, freudismo, lacanismo etc. – influenciará as interpretações. A partir daí, a posição do analista é a de alguém que tenta colocar-se no lugar de vários receptores, produzindo várias ativações que, no seu conjunto, constituem os "possíveis interpretativos", também conhecidos como "espiral da construção do sentido" ou, como diz Roland Barthes, o "desdobramento do sentido".

*

A interpretação não é, portanto, um resultado, mas um processo, um processo que, como vimos, varia em função de um certo número de parâmetros. O fato é que se acreditarmos que só existem interpretações, e que são infinitas, podemos perguntar-nos se algumas são mais corretas do que outras. Vimos que para Derrida não existe uma hierarquia absoluta de interpretações e que Nietzsche considera que as interpretações podem ser diferenciadas em função do seu grau de coerência. Seja como for, há que distinguir entre as interpretações feitas pelos sujeitos interpretantes quaisquer, numa situação de leitura ou de conversação, e aquelas que o sujeito analisante é levado a trazer à luz. No caso das primeiras, dificilmente é possível avaliar o acerto ou o erro de uma interpretação a partir do exterior, ou estabelecer uma hierarquia. São os próprios atores que, nas suas leituras ou interações, julgam o erro ou o acerto das interpretações de acordo com a sua própria razão, sua

298 O sujeito falante em ciências da linguagem

emoção e as circunstâncias da troca. Se eu discordar de uma análise crítica de um filme, não posso dizer que está errada, mas posso dizer, como acontece por vezes: "Não vimos o mesmo filme".

Por outro lado, no que diz respeito à posição do sujeito analisante, podemos argumentar que algumas interpretações são mais convincentes do que outras no que diz respeito ao critério de *coerência*, uma vez que é possível avaliar a maior ou menor coerência de uma interpretação pela referência aos instrumentos de análise utilizados. É pela prova da coerência que podem ser evitados riscos de interpretação: escapar do risco de *anacronismo*, que consiste em fazer interpretações baseadas em dados de um contexto contemporâneo sem ter em conta os dados do contexto da época passada; escapar do risco de *anatopismo*, que consiste em não ter em conta as características do contexto cultural;[51] escapar do risco de *absolutismo*, que consiste em pensar que os instrumentos analíticos utilizados são os mais autênticos e os mais corretos, quando existem outros igualmente válidos;[52] escapar do risco de *finalismo*, que consiste em partir de pressupostos teórico-ideológicos e chegar a interpretações doutrinais que seriam consideradas a verdade de uma análise científica.[53] Nos estudos literários, há análises que procuram traçar as intenções do autor,[54] outras que se centram na estrutura do texto[55] e outras ainda que se referem às condições sociológicas da época do texto.[56] Nas ciências da linguagem, é possível realizar uma análise estrutural, gerativa, discursiva ou pragmática, sem que se possa dizer que uma é superior à outra; por outro lado, podemos observar o que cada uma contribui e considerar que, dependendo de um dado objetivo – e da hipótese que o sustenta –, uma análise contribui mais do que outra. Por fim, há ainda o risco da interpretação por *imputação de intenção*, que consiste – sobretudo na posição de sujeito avaliador – em fazer inferências com base no que pensamos saber sobre o autor, deixando-nos guiar – consciente ou inconscientemente – por *a priori* favoráveis (*superestimação*) ou desfavoráveis (*subestimação*), o que pode acontecer quando analisamos assuntos sensíveis em que estamos mais ou menos envolvidos. É a batalha entre a subjetividade e a objetividade. Isso levanta questões específicas sobre a posição do investigador. Mas essa é uma outra questão em si.

Notas

[1] Flahaut F., *L'homme déboussolé*, op. cit., p. 364.

[2] McGuire W., "The Nature of Attitudes and Attitude Change", em Lindzey G. e Aronson A. (eds.), *The Handbook of Social Psychology*, T. II, Reading Mass, Addison-Wesley.

[3] Ver Godin C., *Dictionnaire de philosophie*, Fayard, 2004.

[4] Ver também Rey A., *Dictionnaire historique de la langue française*, Le Robert, 2009.

[5] Godin C., *Dictionnaire de philosophie*, op. cit.

[6] Repetimos aqui o essencial do nosso artigo "Compréhension et interprétation. Interrogations autour de deux modes d'appréhension du sens dans les sciences du langage", em Achard G et *alii*. (dir.), *Les sciences du langage et la question de l'interprétation (aujourd'hui)*, Limoges, Lambert-Lucas, 2018, pp. 21-54.

[7] Lalande A., *Vocabulaire critique et technique de la philosophie*, Paris, PUF, 1997.

[8] Resweber J-P., "Les enjeux de l'interdisciplinarité", *Questions de communication*, n. 19, Presses Universitaires de Nancy, Nancy, 2011, pp. 171-99.

[9] Dilthey W., "Origines et développement de l'herméneutique (1900)", em *Le Monde de l'esprit*, Aubier, 1947, t. I, pp. 313-40.

[10] Nietzsche, F., *La volonté de puissance*, II, Paris, Tel/Gallimard, 1995.

[11] Ver Heidegger M., *Être et temps*, Paris, Gallimard, 1986.

[12] Ver Gadamer H.-G., *Vérité et méthode*, Paris, Seuil, 1996.

[13] Ver Schleiermacher, *L'herméneutique*, Paris, Le Cerf-PUL, 1989.

[14] Ve: Ricœur P., *Du texte à l'action*, op. cit., p. 57. Ver também *Le conflit des interprétations*, Paris, Seuil, 1969.

[15] Gardiner A. H., *Langage & Acte de Langage. Aux sources de la pragmatique*, Presses Universitaires de Lille, 1989, p. 176.

[16] Ver Derrida J., *L'écriture et la différence*, Seuil, Essais, 2014.

[17] Schleiermacher, *L'herméneutique*, Paris, Le Cerf-PUL, 1989, p. 125.

[18] Ricœur P., *Du texte à l'action*, Paris, Seuil, 1986, p. 110.

[19] Schleiermacher, *L'Herméneutique*, op. cit. p. 173.

[20] Nietzsche, "Fragments Posthumes", em *Œuvres philosophiques complètes*, Paris, Gallimard, 1997, p. 60.

[21] Nietzsche, "Le Gai savoir", em Lacoste J. e Le Rider J., *Œuvres*, Paris, Robert Laffont, 1993, p. 245.

[22] Derrida J., *L'écriture et la différence,* op.cit., p. 427.

[23] Entende-se que esses empréstimos são feitos num espírito daquilo a que chamamos, na introdução aos percursos, "interdisciplinaridade focalizada", ou seja, as noções e conceitos definidos por outras disciplinas são retomados e redefinidos no âmbito da própria disciplina, possivelmente alterando as definições originais.

[24] Habermas J., *Logique des sciences sociales et autres essais*, Paris, PUF, 1987, p. 246.

[25] Schleiermacher, *Hermenêutica*, op. cit., p. 31.

[26] *Objetivo*: o significado é partilhado por todos os falantes da mesma língua.

[27] *Provável*: o significado pode estar sujeito a alguns erros, devido a possíveis ambiguidades causadas pela polissemia linguística (ver "Inferências centrípetas internas" abaixo).

[28] *Plausível*: o sentido é da ordem de uma "verossimilhança" que depende da relação particular estabelecida entre o interpretante, o locutor e o ato de linguagem interpretado.

[29] Troper M., *La théorie du droit, le droit, l'état*, Paris, PUF, 2001, p. 12.

[30] Hochmann T., "Y-a-t-il une loi dans ce tribunal? 'Radicalisation autodestructrice' à propos de l'interprétation", em Arzoumanov A., Sarfati-Lanter J. e Latil A. (dir.), *Le démon de la catégorie. Retour sur la qualification en Droit et en Littérature*, Mare & Martin, 2017, p. 25.

300 O sujeito falante em ciências da linguagem

[31] Denat C. e Wotling P., *Dictionnaire Nietzsche*, Paris, Ellipses, 2013, p. 178.

[32] Sobre este assunto, ver o nosso "Un modèle socio-communicationnel du discours. Entre situation de communication et stratégies d'individuationv", em Miège B., *Médias et Culture. Discours, outils de communication, pratiques: quelle(s) pragmatique(s)?*, Paris, L'Harmattan, 2006, pp. 15-39.

[33] Rastier F., *Sémantique et recherches cognitives*, Paris, PUF, 2010.

[34] Recanati F., *Philosophie du langage (et de l'esprit)*, Paris, Gallimard-Folio, 2008, p. 260.

[35] Gardiner A. H., *Langage & Acte de Langage*, op. cit., pp. 175-6.

[36] Ver Marchand S., "Saint Augustin et l'éthique de l'interprétation", em Wotling P. (ed.), *L'Interprétation*, op. cit., p. 15.

[37] Eco U., *Les limites de l'interprétation*, Grasset, 1992, p. 26.

[38] Lalande A., *Vocabulaire critique*, op. cit.

[39] Godin C., *Dictionnaire de philosophie*, op. cit.

[40] Idem.

[41] *Dicionário Le Robert*, 2009.

[42] Ver Segunda Parte, capítulo "O sujeito falante e a fabricação do sentido", seção "Contextos intra e extralinguísticos".

[43] Ver Amossy R., "Le raisonnement donné en partage: schèmes argumentatifs et matérialité discursive", *Semen*, 50/1, 2021.

[44] Na realidade, não sabemos como funciona o leitor dessa falsa publicidade, se cai ou não no engano. Mas a análise mostra que existe um engano.

[45] Ver o nosso *Le discours populiste*, op. cit., p. 32 e ss.

[46] Desenho do cartunista Côté, publicado em 18 de janeiro de 2015. Disponível na internet.

[47] Arthur Rimbaud, *Ophélie*.

[48] Ver *Le discours populiste*, op. cit., p. 45 e ss.

[49] Barthes R., *L'aventure sémiologique*, Paris, Seuil, 1985.

[50] Hochmann T., "Y-a-t-il une loi dans ce tribunal ? 'Radicalisation autodestructrice' à propos de l'interprétation", em Arzoumanov A., Sarfati-Lanter J. e Latil A. (eds.), *Le démon de la catégorie*, op. cit., p. 23.

[51] Goffman: "Na cultura anglo-americana, o comportamento parece ser concebido de acordo com dois modelos comumente aceitos: a representação verdadeira, sincera, honesta; e a representação enganadora que os falsificadores arranjam para o público" (Tomo 2, pp. 71-3). Aqui vemos algo do imaginário protestante e da sua gestão do bem e do mal. Ver Max Weber, *L'éthique protestante et l'esprit du capitalisme*, Paris, Plon, 1964.

[52] Mais uma vez, remetemos para a nossa análise da noção de *raça*, em *Le débat public*, op. cit., pp. 201-24, na qual são apresentados diferentes pontos de vista sobre essa noção.

[53] Ver Ariel Suhamy, "Sens et vérité: L'interprétation selon Spinoza", em Wotling P., *L'interprétation*, op. cit., pp. 55-7.

[54] Ver Gérard Genette em *Seuils*, Le Seuil, 1987, p. 411.

[55] Cf. a polêmica entre Roland Barthes e Raymond Picard sobre a interpretação dos textos e o método de análise das obras de Racine.

[56] Ver a "Sociocritique" dos anos 1970, com Claude Duchet, na tradição de Georg Lukács e Lucien Goldmann.

Conclusão
O sujeito falante
entre restrições e liberdade

A interpretação é, portanto, o que conclui esses múltiplos percursos através da noção de sujeito falante. Pois, no final, podemos nos perguntar se, quando chegamos ao mundo, não somos sujeitos que interpretam antes de sermos sujeitos que falam. Também podemos nos perguntar se quando falamos não nos interpretamos nós mesmos, a recíproca sendo evidente, a saber: quando interpretamos nos tornamos sujeitos que falam. O sujeito falante está bem no centro da atividade linguageira, e ele existe verdadeiramente enquanto tal, contrariamente ao que afirmam algumas correntes em ciências humanas e sociais que tendem a fazê-lo desaparecer sob determinações de diversas ordens, psicológicas, sociológicas ou antropológicas. De acordo com essas posições, ele não teria voz própria; seria apenas a voz da sociedade ou de seu inconsciente. Enunciando ou interpretando, o sujeito falante se constitui enquanto se debate entre *eu*, *tu* e *ele*, lutando pela sua existência no meio das determinações do seu contexto de vida, de sua própria história, da história do seu entorno, história da sociedade na qual ele vive, já que é herdeiro de tudo o que o precede e testemunha do que vivem os indivíduos.

Mas o sujeito falante não é um ser etéreo cujas propostas circulam como se levadas pelo vento. O sujeito falante encontra-se sempre no centro da situação de comunicação, em uma relação de alteridade diante de um outro, em uma visada de influência, os sentidos das suas propostas dependentes das restrições da situação de comunicação (contrato de fala) e de um sujeito interpretante que, apesar de ser seu alter ego, não é o seu duplo exato, visto que, por sua vez, ele constrói sentido à sua maneira e segundo o seu próprio condicionamento. Assim se coconstrói a significação, que depende do entrecruzamento dos traços de identidade dos sujeitos da troca, com as *visadas* e os *dispositivos* do contrato no qual se desenrola a troca, mobilizando e dividindo os *imaginários* carregados de saberes de conhecimento e de crença. A cada encontro toca-se uma partitura musical que tanto separa quanto reúne os lugares de fala, distribui e divide imaginários, distingue e promove o encontro das vozes de diferentes atores. Assim, o sujeito deposita na língua palavras que são testemunhas de vida, como diz esse texto testamentário de Bakhtin:

> Na língua, não resta nenhuma palavra, nenhuma forma neutra que não pertença a alguém: toda a língua se revela espalhada, transpassada de intenções, acentuada. Para a consciência que vive na língua, esta última não é um sistema abstrato de formas normativas, mas uma opinião heterológica concreta sobre o mundo. Cada palavra tem o cheiro da profissão, do gênero, da corrente, do partido, da obra particular, do homem particular, da geração, da idade, do dia e da hora. Cada palavra tem o cheiro do contexto e dos contextos nos quais viveu sua vida social intensa; todas as palavras e todas as formas são habitadas por intenções.[1]

É nas diversas situações de fala, de troca, de comunicação que o sujeito falante existe, ao mesmo tempo como ser enunciador e ser interpretante. É, ao mesmo tempo, criador, produtor, usuário e, por efeito reflexivo, analista da linguagem. Neste trabalho, um sujeito qualquer, poeta ou analista, é uma espécie de demiurgo prometeico: cria a língua e é seu escravo, sempre em busca de ultrapassá-la, de dominá-la infinitamente para transformar o mundo. Parece-me que é o que sugere o grande escritor argelino Kamel Daoud:

> Uma língua se bebe e se fala, e, um dia, ela vos possui: então, ela se habitua a tomar as coisas por você, ela toma a boca como o faz o casal em um beijo voraz.[2]

Na presença desse patrimônio móvel, sempre em criação, o sujeito falante, restrito e livre, dá testemunho, para os outros e para si próprio, pela encenação de seus atos de linguagem e por seus discursos, de sua herança, de sua presença no mundo.

Notas

1 Bakhtine em Todorov T., *Mikhaïl Bakhtine, le principe dialogique*, Paris, Seuil, 1981, p. 89.
2 Daoud K., *Meursault, contre-enquête*, Arles, Actes Sud, 2014, p. 17.

Agradecimentos

Minha gratidão a toda a equipe de tradução, na qual colaboraram colegas da Universidade Federal do Rio de Janeiro e da Universidade Federal Fluminense, assim como à professora Tânia Reis Cunha, que assegurou a revisão do texto com grande competência.

Minha profunda gratidão às professoras Maria Aparecida da Lino Pauliukonis e Rosane Santos Mauro Monnerat, que coordenaram o trabalho de tradução com inteligência e eficiência, e com as quais mantenho uma grande e intensa amizade.

Por fim, meus agradecimentos à professora Liz Feré, que me trouxe a luz de seus conhecimentos sobre a tradução de alguns conceitos.

Que todas essas colegas, mulheres por excelência, sejam aqui calorosamente agradecidas.

Referências bibliográficas

Adam J.-M., *Les textes: types et prototypes. Récit, description, argumentation, explication et dialogue*, Nathan Université, 1992.

Adam J.-M., *La linguistique textuelle: introduction à l'analyse textuelle des discours*, Armand Colin, 1999.

Adam J.-M., "L'analyse textuelle des discours. Entre grammaires de texte et analyse du discours", dans J.-C. Soulages (dir.), *L'analyse de discours. Sa place dans les sciences du langage et de la communication. Hommage à Patrick Charaudeau*, P.U. Rennes, 2015, pp. 19-26.

Amossy R., *Les idées reçues. Sémiologie du stéréotype*, Nathan, 1991.

Amossy R. (dir.), *Image de soi dans le discours. La construction de l'ethos*, Lausanne et Paris, Delachaux et Niestlé, 1999.

Amossy R., *La présentation de soi. Ethos et identité verbale*, Puf, 2010.

Amossy R., "Le raisonnement donné en partage: schèmes argumentatifs et matérialité discursive", *Semen*, n° 50, 2021, pp. 145-159.

Amossy R. et Herschberg A., *Stéréotypes et clichés. Langue, discours, société*, Armand Colin, 2021.

Amossy R. et Koren R., "Introduction: Y a-t-il des régimes de rationalité alter- natifs ?", *Argumentation & analyse du discours*, n° 25, 2020, *Discours sociaux et régimes de rationalité*, en ligne, n.p.

Amossy R. et Wahnich S. (dir.), *Argumentation & analyse du discours*, n° 28, 2022, *La légitimité et l'autorité à l'épreuve: les premières allocutions sur le coronavirus*.

Angenot M., *Robespierre et l'art du portrait*, Montréal, Université McGill, vol. XLVI, 2017.

Anscombe G.E.M., *L'intention*, Gallimard, 2002.

Anscombre J.-C., "La théorie des *topoï*: sémantique ou rhétorique ?", *Hermès*, n° 15, 1995, pp. 185-198.

Anscombre J.-C., *Théorie des topoï*, Kimé, 1995.

Anscombre J.-C. et Ducrot O, *L'argumentation dans la langue*, Bruxelles, Mardaga, 1983.

Arendt H., *Condition de l'homme moderne*, Calmann-Lévy, 1961.

Arendt H., *Le système totalitaire. Les origines du totalitarisme*, Seuil, «Points», 1972, et Gallimard, 2002.

Arendt H., *Qu'est-ce que la politique ?*, Seuil, 1995. Aristote, *Topiques*, I, 1 100b21, Les Belles Lettres, 1967. Aristote, *Organon* IV, Vrin, 1987.

Aristote, *Rhétorique*, Gallimard, 1991.

Aristote, *Seconds Analytiques*, I, 2, 71 b9 (en ligne).

306 O sujeito falante em ciências da linguagem

Aron R., *La sociologie allemande contemporaine*, Puf, 2007.

Auroux S. (dir.), *Histoire des idées linguistiques*, Bruxelles, Mardaga, 1989. Auroux S., *La philosophie du langage*, Puf, "Que sais-je ?", 1996.

Auroux S., *La raison, le langage et les normes*, Puf, 1998. Austin J.L., *Quand dire, c'est faire*, Seuil, 1970.

Authier-Revuz J., "Hétérogénéité montrée et hétérogénéité constitutive: éléments pour une approche de l'autre dans le discours", *DRLAV*, n° 26, 1982, *Parole multiple. Aspect rhétorique, logique, énonciatif et dialogique*, pp. 91-151 (en ligne sur Persée).

Bach, K., Harnish, R. M. How Performatives Really Work: A Reply to Searle. Linguistics and Philosophy, 15(1), pp. 93-110, February 1992.

Bachelard G., *Psychanalyse du feu*, Gallimard, 1949.

Badiou A., *Abrégé de métapolitique*, Seuil, 1998.

Badir S., *Les pratiques discursives du savoir. Le cas sémiotique*, Limoges, Lambert- Lucas, 2022.

Bally Ch., *Linguistique générale et linguistique française*, E. Leroux, 1932, 2e éd. 1944. Bally Ch., *Traité de stylistique française*, Klincksieck, 1951.

Bakhtine M. (attribué à), *Le marxisme et la philosophie du langage. Essai d'application de la méthode sociologique en linguistique*, Minuit, 1977.

Bakhtine M., *Esthétique de la création verbale*, Gallimard, 1984. Balandier G., *Anthropo-logiques*, Puf, 1974.

Bancel N., Blanchard P., Lemaire S. et Thomas D., *Histoire globale de la France coloniale*, Éditions Philippe Rey, 2022.

Baratin M., "La constitution de la grammaire et de la dialectique", dans S. Auroux (dir.), *Histoire des idées linguistiques*, Bruxelles, Mardaga, 1989.

Barthe Y. *et alii*, "Sociologie pragmatique: Mode d'emploi", *Politix*, n° 103, 2013, pp. 175-204.

Barthes R., *Mythologies*, Seuil, 1957.

Barthes R., "Structure du fait divers", dans *Essais critiques*, Seuil, 1964.

Barthes R., *Roland Barthes par Roland Barthes*, Seuil, 1975.

Barthes R., *Leçon*, Seuil, 1978.

Barthes R., *L'aventure sémiologique*, Seuil, 1985.

Baudrillard J., *De la séduction*, Gallimard, «Folio Essais», 1993.

Bayart J.-F., *L'illusion identitaire*, Fayard, 1996.

Beaud S. et Noiriel G., *Race et sciences sociales. Essai sur les usages publics d'une catégorie*, Marseille, Agone, 2021.

Beauvois J.-L., *La psychologie quotidienne*, Puf, 1984.

Belisle C. et Schiele B., *Les savoirs dans les pratiques quotidiennes*, CNRS, 1984.

Benveniste E., *Problèmes de linguistique générale*, Gallimard, 1966.

Benveniste E., "L'appareil formel de l'énonciation", *Langages*, n° 17, 1970, pp. 12-18.

Berner C., "Interpréter est un art: les grandes lignes de l'herméneutique de Schleirmacher", dans P. Wotling (dir.), *L'Interprétation*, Vrin, 2010.

Bernstein B., *Langages et classes sociales*, Minuit, 1975 (1re éd. *Class, Codes and Control*, London, Routledge & Kegan Paul, 1971).

Berrendonner A., Éléments de pragmatique linguistique, Minuit, 1981.

Besnier J.-M., *Les théories de la connaissance*, Puf, "Que sais-je ?", 2005.

Blanche-Benveniste C., "Syntaxe, choix de lexique, et lieux de bafouillage", *DRLAV,* n° 36-37, 1987, pp. 123-157.

Bonnafous S. et Tournier M., "Analyse du discours, lexicométrie, communication et politique", Langages, n° 117, 1995, Les analyses du discours en France, pp. 67-81.

Boudon R., *Le relativisme*, Puf, «Que sais-je?», 2008.

Boudon R. et Bourricaud F., *Dictionnaire critique de la sociologie*, Puf, 1982.

Bouillon A., "Emprise discursive et domination", *Communications*, n° 28, 1978, pp. 29- 43.

Referências bibliográficas 307

Bourdieu P., *Ce que parler veut dire*, Fayard, 1982.

Bourdieu P., *Choses dites*, Minuit, 1987.

Bourdieu P., *La noblesse d'État*, Minuit, 1989. Bourdieu P., *Réponses*, Seuil, 1992.

Bourdieu P., *Raisons pratiques. Sur la théorie de l'action*, Seuil, 1994.

Bourdieu P., *Langage et pouvoir symbolique*, Seuil, 2001.

Boyer H., *Introduction à la sociolinguistique*, Dunod, 2001.

Boyer H. (dir.), *Stéréotypage, stéréotypes: fonctionnements ordinaires et mises en scène*, L'Harmattan, 2007.

Branca-Rosoff S., "Les lettres de réclamation adressées au service de la redevance", Langage et Société, n° 81, 1997, pp. 69-86.

Branca-Rosoff S., "Des innovations et des fonctionnements de langue rapportés à des genres", *Langage et Société*, n° 87, 1999, pp. 115-129.

Bromberg M., "Contrat de communication et co-construction du sens", dans M. Bromberg et A. Trognon, *Psychologie sociale et communication*, Dunod, 2004, pp. 95-108.

Bromberg M. et Trognon A. (dir.), *Psychologie sociale et communication*, Dunod, 2004.

Bronckart, Jean-Paul et al. Manifesto. Reshaping humanities and social sciences: A Vygotskian perspective. In: Swiss journal of psychology, 1996, vol. 55, n° 2/3, pp. 74–83.

Bronckart, J.-P., *Activité langagière, textes et discours. Pour un interactionnisme socio-discursif* (1996), Limoges, Lambert-Lucas, 2022.

Bronner G. et Géhin E., *Le danger sociologique*, Puf, 2017.

Buber M., *Je et tu*, Aubier, 2012.

Cassin B. (dir.), *Vocabulaire européen des philosophies*, Seuil, 2004.

Cassirer E., *La Philosophie des Lumières*, Fayard, 1990.

Castoriadis C., *L'institution imaginaire de la société*, Seuil, «Essai», 1975.

Cerutti S., "Le *linguistic turn* en Angleterre. Notes sur un débat et ses censures", *Enquête*, n° 5, 1997, pp. 125-140.

Chabrol C., *Discours du travail social et pragmatique*, Puf, 1994.

Chabrol C., "Pychosociologie du langage: vers un calcul effectif du sens", dans A. Decrosse (dir.), *L'esprit de société*, Bruxelles, Mardaga, 1993.

Chabrol C., "Réguler la construction de l'identité du sujet du discours", dans A. Berrendoner et H. Parret (dir.), *L'interaction communicative*, Berne, Peter Lang, 1990.

Chabrol, C., "Régulations du discours et construction du sujet", *L'évolution psychiatrique*, n° 54, 1989, pp. 531-545.

Chabrol C. et Ghiglione R., "Contrats de communication: stratégies et enjeux", *Revue internationale de psychologie sociale*, n° 4, 2000, pp. 7-15.

Charolles M., Coherence as a principle in the interpretation of discourse, 1983.

Church J. "L'émotion et l'intériorisation des actions", dans *La couleur des pensées, Raisons pratiques*, EHESS, 1995.

Cicéron, *Les topiques* de M. T. Cicéron adressés A C. Trébatius (en ligne).

Clément C., *Claude Lévi-Strauss*, Puf, "Que sais-je ?", 2002.

Colas-Blaise M., Perrin L. et Tore G.-M (dir.), *L'énonciation aujourd'hui. Un concept clé des sciences du langage*, Limoges, Lambert-Lucas, 2016.

Compagnon A., dans "Un monde sans auteurs ?", dans J.-Y. Mollier, *Où va le livre ?*, La Dispute, 2000.

Comte A., *Cours de philosophie positive. Leçons I et II* (en ligne). Corcuff P., *Les nouvelles sociologies*, Nathan, «128», 1995.

Cossutta F., "Les discours constituants vingt ans après", dans J. Angermuller et G. Philippe, *Analyse du discours et dispositifs d'énonciation*, Limoges, Lambert-Lucas, 2015, pp. 61-70.

Cossutta F., "Questions de méthode. Comment aborder la conceptualisation philosophique d'un point de vue discursif", dans Cossutta F. (dir.), *Les concepts en philosophie. Une approche discursive*, Limoges, Lambert-Lucas, 2020, pp.15-39.

308 O sujeito falante em ciências da linguagem

Cossutta F. (dir.), *Les concepts en philosophie. Une approche discursive*, Lambert-Lucas, 2020.

Costa J., "Faut-il se débarrasser des 'idéologies linguistiques' ?", *Langage et Société*, n° 160-161, 2017, pp. 111-127.

Danblon E., *La fonction persuasive. Anthropologie du discours rhétorique: origines et actualité*, Armand Colin, 2005.

Danon-Boileau L., *Le sujet de l'énonciation. Psychanalyse et linguistique*, Ophrys, 1987.

Daoud K., *Meursault, contre-enquête*, Arles, Actes Sud, 2014.

Dardy C., Ducard D. et Maingueneau D., *Un genre universitaire: le rapport de soutenance de thèse*, Villeneuve-d'Ascq, Presses du Septentrion, 2002.

Debray R., *Manifestes médiologiques*, Gallimard, 1994.

Debray R., *D'un siècle l'autre*, Gallimard, 2020.

Deleuze G., *Foucault*, Minuit, 1986.

Deleuze G., *Dialogues*, avec Claire Parnet, Flammarion, 1996.

Denat C. et Wotling P., *Dictionnaire Nietzsche*, Ellipses, 2013.

Derrida J., *L'écriture et la différence*, Seuil, «Essais», 2014.

Destutt de Tracy A., *Projet d'éléments d'idéologie. A l'usage des Écoles centrales de la République française*, Didot, 1796.

Destutt de Tracy A., *Éléments d'idéologie*, Courcier, 1804.

Dilthey W., "Origines et développement de l'herméneutique" (1900), dans *Le Monde de l'esprit*, Aubier, 1947, tome I, pp. 313-340.

Donati P., "La relation comme objet spécifique de la sociologie", *Revue du Mauss*, n° 24, 2004, pp. 233-254.

Douet Y. et Feron A. (dir.), *Les sciences humaines*, Limoges, Lambert-Lucas, "Didac- Philo", 2022.

Dubois J., "Énoncé et énonciation", *Langages*, n° 13, 1969, pp. 100-110.

Ducard D., "Terme, notion, concept. L'entreprise du *Vocabulaire* de Lalande", dans F. Cossutta (dir.), *Les concepts en philosophie, Une approche discursive*, Limoges, Lambert-Lucas, 2020.

Ducrot O. et Todorov T., *Dictionnaire encyclopédique des sciences du langage*, Seuil, 1972.

Ducrot, O. Le dire et le dit . Paris, Editions de Minuit, 1984.

Ducrot O., *Dire et ne pas dire. Principes de linguistique sémantique*, Hermann, 1991.

Durand G., *Les structures anthropologiques de l'imaginaire*, Bordas, 1969.

Durkheim E. "Représentations individuelles et représentations collectives", *Sociologie et philosophie*, Alcan, 1924, pp. 1-39.

Durkheim E., *Règles de la méthode sociologique*, Puf, 1981.

Durkheim E., *Leçons de sociologie*, Puf, 2015.

Eco U., *Les limites de l'interprétation*, Grasset, 1992.

Edelman G., *Biologie de la conscience*, Odile Jacob, 2000.

Elias N., *La société des individus*, Fayard, 1991.

Ernaux A., *Les années*, Gallimard, 2008.

Esperet E., "Apprendre à produire du langage: construction des représentations et processus cognitifs", dans D. Gaonac'h (dir.), *Le Français dans le monde*, n° spécial, *Acquisition et utilisation d'une langue étrangère. L'approche cognitive*, pp. 8-15.

Fauconnier G., *Espaces mentaux: Aspects de la construction du sens dans les langues naturelles*, Minuit, 1984.

Fishman J.A., *Sociolinguistique*, Bruxelles et Paris, Labor et Nathan, 1971.

Flahaut F., "Le fonctionnement de la parole", *Communications*, n° 30, 1979, pp. 76-79.

Flahault F., *Adam et Ève: la condition humaine*, Mille et Une Nuits, 2007.

Flahault F., *L'homme, une espèce déboussolée. Anthropologie générale à l'âge de l'écologie*, Fayard, 2018.

Fornel M. de, "Légitimité et actes de langage", *Actes de la recherche en sciences sociales*, n° 46, 1983, pp. 31-38.

Foucault M., *L'archéologie du savoir*, Gallimard, «Tel», 1969.

Foucault M., *L'ordre du discours*, Gallimard, 1971.

Foucault M., "Qu'est-ce que les Lumières ?", dans *Dits et* Écrits IV, Gallimard, 1984, pp. 562-578.

Foucault M., *Résumé des cours, 1970-1982*, Julliard, 1989.

Foucault M., *Dits et écrits II, 1976-1988*, Gallimard, «Quarto», 2001.

Foucault M., *Surveiller et punir. Naissance de la prison* (1975), Gallimard, «Tel», 2003.

Foucault M., *Naissance de la biopolitique, Cours au Collège de France, 1978-1979*, EHESS-Gallimard-Le Seuil, 2004.

Foucault M., *Du gouvernement des vivants, Cours au Collège de France 1979-1980*, EHESS-Gallimard-Seuil, 2012.

Freud S., *L'avenir d'une illusion*, Gallimard, 1933.

Gadamer H-G, *Vérité et méthode*, Seuil, 1996.

Gadet F., Recension d'Hélène Blondeau, *Cet « autres » qui nous distingue Tendances communautaires et parcours individuels dans le système des pronoms en français québécois*, Québec, Presses de l'Université Laval, 2011, dans *Langage et Société*, n° 139, 2012, pp. 157-161.

Gardiner A. H., *Langage & Acte de langage. Aux sources de la pragmatique*, P.U. de Lille, 1989.

Gayon J. (dir.), *L'identité. Dictionnaire encyclopédique*, Gallimard, «Folio», 2020. Genette G., *Palimpseste: la littérature au second degré*, Seuil, 1982.

Genette G., *Seuils*, Seuil, 1987.

Georget P., "Gestualité et attribution de crédibilité", dans M. Bromberg et A. Trognon (dir.), *Psychologie sociale et communication*, Dunod, 2003, pp. 245-253.

Georget P., "Dossier élections: comprendre la gestuelle des politiques", *Cerveau & Psycho*, n° 20, 2007, en ligne, n.p.

Ghiglione R., "Situations potentiellement communicatives et contrats de communication effectifs", *Verbum*, tome VII, fasc. 2-3, 1984.

Ghiglione R. et Chabrol C., "Contrats de communication: stratégies et Enjeux", *Revue Internationale de Psychologie Sociale*, numéro spécial, n° 4, 2000, p. 715. Ghiglione R. et Trognon A., *Où va la pragmatique ?*, P.U. de Grenoble, 1993.

Glévarec H., "Stéréotypie, objectivité sociale et subjectivité. La sociologie face au tournant identitaire: l'exemple du genre", *Hermès*, n° 83, 2019, pp. 54-60.

Glévarec H., "Le tournant subjectiviste de la sociologie française. L'objectivation sociologique face à l'identité revendiquée, notamment sexuelle", dans E. Maigret et L. Martin (dir.), *Les cultural studies: au-delà des politiques des identités*, Lormont (Bordeaux), Le Bord de l'Eau, 2020.

Glissant E., *Le discours antillais*, Seuil, 1981.

Glissant E., *Traité du Tout-Monde*, Gallimard, 1997.

Glissant E., *Philosophie de la relation*, Gallimard, 2009. Godin C., *Dictionnaire de philosophie*, Fayard, 2004.

Goffman E., *La Mise en scène de la vie quotidienne, 1: La présentation de soi ; 2: Les relations en public*, Minuit, 1973.

Goffman E., *Les rites d'interaction*, Minuit, 1974.

Goffman E., *Façons de parler*, Minuit, 1987.

Goffman E., *Les cadres de l'expérience*, Minuit, 1991, p. 19.

Granier J.-M., «Du contrat de lecture au contrat de conversation», *Communication et langages*, n° 169, 2011, pp. 51-62.

Greimas A. J. et Courtés J., *Sémiotique. Dictionnaire raisonné de la théorie du langage*, Hachette, 1979.

Grice H.P., "Logic and conversation", in *Syntax and Semantics*, vol. 3, New York, Academic Press, 1975.

Grice P., "Logique et conversation", *Communications*, n° 30, 1979, pp. 57-72.

310 O sujeito falante em ciências da linguagem

Grinshpun Y., "«Nous» et «vous»: la dynamique des identités universitaires antagonistes lors des blocages du printemps 2018", dans P. Paissa et R. Koren, *Du singulier au collectif, constructions discursives de l'identité collective dans les débats publics*, Limoges, Lambert-Lucas, «Études linguistiques et textuelles», 2020, pp.109-127.

Guimelli C., *La pensée sociale*, Puf, "Que sais-je ?", 1999.

Gumperz J.J., *Engager la conversation. Introduction à la sociolinguistique interactionelle*, Minuit, 1989.

Gumperz J.J., *Sociolinguistique interactionnelle. Une approche interprétative*, L'Harmattan, 1989.

Habermas J., *Logique des sciences sociales et autres essais*, Puf, 1987.

Habermas J., *Théorie de l'agir communicationnel*, Fayard, 1987.

Halliday M.A.K., «Language structure and language function», in J. Lyons (Ed.), *New Horizons in Linguistics*, Harmondsworth & London, Penguin Books, 1970.

Halliday M.A.K., "The functional basis of language", in D. Bernstein (Ed.), *Class, codes and control*, vol. 2, London, Routledge and Kegan Paul, 1973.

Halliday M.A.K., "Dialogue with H. Parret", in Parret H. (ed.), *Discussing Language*, The Hague, Mouton, 1974.

Hegel G.W.H., *La phénoménologie de l'esprit*, Aubier, 1939.

Heidegger M., Être et temps, Gallimard, 1986.

Heinich N., *Ce que n'est pas l'identité*, Gallimard, «Le Débat», 2018.

Hobbes T., *Léviathan*, Gallimard, 2000.

Hochmann T., "Y a-t-il une loi dans ce tribunal? 'Radicalisation autodestructrice' à propos de l'interprétation", dans A. Arzoumanov, J. Sarfati-Lanter et A. Latil (dir.), *Le démon de la catégorie, Retour sur la qualification en Droit et en Littérature*, Mare & Martin, 2017.

Houdebine A.-M., "Norme, imaginaire linguistique et phonologie du français contemporain", dans *Le français moderne*, n° 1, 1982, *La norme, concept sociolinguistique*, pp. 42-51.

Houdebine A.-M., "Sur les traces de l'imaginaire linguistique", dans V. Aebisher et C. Forel (dir.), *Textes de base en psychologie, Parlers masculins, Parlers féminins*, Delachaux et Niestlé, 1983, pp. 105-139.

Houdebine A.-M., "Imaginaires linguistiques et dynamique des langues. Aspects théoriques et méthodologiques", in *Estudios en Homenaxe as profesoras Françoise Jourdan Pons e Isolina Sanchez Regueira*, Univ. de Santiago de Compostela, 1995, pp. 119-132.

Hume D., *Enquête sur l'entendement humain*, Flammarion, 1983.

Husserl E., *Méditations cartésiennes*, Vrin, 1947.

Hymes D. H., "The ethnography of speaking", in T. Gladwin & W.C. Sturtevant (Eds.), *Anthropology and Human Behavior*, Washington DC, Anthropology Society of Washington, 1962, pp. 35-71.

Jacobi D., *Diffusion et vulgarisation. Itinéraires du texte scientifique*, Annales littéraires de l'Université de Besançon, Les Belles Lettres, 1986.

Jacques F., *L'espace logique de l'interlocution*, Puf, 1985.

Jacques F., "Consensus et conflit: une réévaluation", dans *La communauté en paroles*, Bruxelles, Mardaga, 1991, pp. 97-125.

Jakobson R., *Essais de linguistique générale*, Minuit, 1963.

Jankélévitch V., *Le je-ne-sais-quoi et le presque-rien*, Seuil, 1980.

Jost F., "La promesse des genres", *Réseaux*, n° 81, 1997, pp. 11-31.

Jules-Rosette B., "Entretien avec Harold Garfinkel", *Sociétés*, n° 5, 1985, pp. 35-39.

Kant E., *Œuvres philosophiques*, trad. J. et O. Masson, Gallimard, 1986.

Kant E., *Critique de la raison pure*, Flammarion, 1997.

Kerbrat-Orecchioni C., *L'énonciation*, Armand Colin, 1980, 1997.

Kerbrat-Orecchioni C., "Les négociations conversationnelles", *Verbum*, VIII, 1984, pp. 17-42.

Kerbrat-Orecchioni C., *Les Interactions verbales I*, Armand Colin, 1990.

Kerbrat-Orecchioni C., *Le discours en interaction*, Armand Colin, 2005.

Kleiber G., "Dénomination et relations dénominatives", *Langages,* n° 76, 1988, pp. 77- 94.

Kleiber G., "Prototype, stéréotype: un air de famille ?", *DRLAV*, n° 38, 1988, pp. 1-61.

Koren R., "Rhétorique du lancement du mouvement politique 'En Marche !' (06.04 –16.11.2016): une construction singulière du collectif", dans P. Paissa et R. Koren, *Du singulier au collectif,: constructions discursives de l'identité collective dans les débats publics*, Limoges, Lambert-Lucas, «Etudes linguitiques et textuelles", 2020, pp. 39-54.

Koren R., *Rhétorique et* éthique. *Du jugement de valeur*, Classiques Garnier, 2019.

Labov W., *Sociolinguistique*, Minuit, 1976.

Lalande A., *Vocabulaire technique et critique de la philosophie*, Puf, 1997.

Laplanche J. et Pontalis J.-B., *Vocabulaire de la psychanalyse*, Puf, 1997.

Laugier S., "Acte de langage ou pragmatique ?", *Revue de métaphysique et de morale*, n° 42, 2004, pp. 279-303.

Le Bon G., *La psychologie des foules*, 1905, en ligne.

Le Jeune P., *Le pacte autobiographique*, Seuil, 1975.

Lécuyer R., "Psychosociologie de l'espace. Disposition spatiale et communication en groupe", *L'année psychologique*, t. 75, fasc. 2, pp. 549-573.

Lemieux C., "Philosophie et sociologies: Le prix du passage", *Sociologie*, n° 3, 2012, p. 200.

Lemieux C., "Ambition de la sociologie", *Centre Sèvres*, Tome 76, 2013, p. 591-608, en ligne.

Lemieux C., "Sociologie pragmatique: mode d'emploi", *Politix*, n° 103, 2013, p. 175- 204.

Lemieux C, "L'identité est-elle un objet pour les sciences sociales ?", dans J. Gayon *et alii* (dir.), *L'identité. Dictionnaire encyclopédique*, Gallimard, 2020, p. 119-132. Leroux R., *Penser avec Raymond Boudon*, Puf, 2022.

Levi P., *Si c'est un homme*, Julliard, "Pocket", 1987.

Levinson, S.C. Pragmatics. Cambridge, Cambridge University Press, 1983. (Cambridge Textbooks in Linguistics)

Levinas E., Éthique *et infini*, Fayard, «Poche», 1982.

Lochard G., "La notion de dispositif dans les études télévisuelles: trajectoires et logiques d'emploi", Hermès, n° 25, 1999, p. 143-151.

Lochard G. et Soulages J.-C., *La communication télévisuelle*, Armand Colin, 1998.

Locke J., *Essai sur l'entendement humain*, Le Livre de Poche, 2009.

Macé E., "Des minorités visibles aux néostéréotypes", *Journal des anthropologues*, Hors-série, 2007, p. 69-87.

Macherey P. (dir.), Blog *La philosophie au sens large*, *Hypothèses*, en ligne.

Macherey P., "Querelles cartésiennes I (Alquié-Gueroult)", Groupe d'études "La philosophie au sens large", en ligne.

Maingueneau D., *Initiation aux méthodes d'analyse du discours*, Hachette, 1976.

Maingueneau D., *Les termes clés de l'analyse du discours*, Seuil, 1996.

Maingueneau D., *Analyser les textes de communication*, Dunod, 1998.

Maingueneau D., "Cartographie philosophique et extraction de concepts", dans F. Cossutta (dir.), *Les concepts en philosophie. Une approche discursive*, Limoges, Lambert-Lucas, "Le discours philosophique", 2020, pp. 201-217.

Maingueneau D., "Je et identité collective", dans P. Paissa et R. Koren, *Du singulier au collectif: constructions discursives de l'identité collective dans les débats publics*, Limoges, Lambert-Lucas, "Études linguistiques et textuelles", 2020, pp. 25-38.

Maingueneau D. et Cossutta F., "L'analyse des discours constituants", *Langages,* n° 117, 1995, pp. 116-125.

Maisonneuve J., *La psychologie sociale*, Puf, "Que sais-je?", 1996.

Marc E. & Picard D., *L'interaction sociale*, Puf, 1989.

Marchand S., "Saint Augustin et l'éthique de l'interprétation", dans P. Wotling (dir.), *L'Interprétation*, Vrin, 2010, pp.11-36. Marcuse H., *Eros et civilisation*, Minuit, 1966.

Martin R., "Typicité et sens des mots", dans D. Dubois, *Sémantique et cognition*, CNRS, 1991, pp.151-159.

Martin R., *Langage et croyance. Les univers de croyance dans la théorie sémantique*, Bruxelles, Mardaga, 1987.

Marx K., *Contribution à la critique de l'économie politique* (1859), Éd. Sociales, 1969.

McGuire W., "The nature of attitudes and attitude change", in G.Lindzey & A. Aronson (Eds.), *The Handbook of Social Psychology, II*, Reading (Mass.), Addison- Wesley, 1969.

Mead G.H., *L'esprit, le soi et la société*, Puf, 2006.

Merleau-Ponty M., *La Phénoménologie de la perception*, Gallimard, 1945.

Moeschler J. et Reboul A., *Dictionnaire encyclopédique de pragmatique*, Seuil, 1994.

Moirand S., *Carnets du Cediscor, n°1, Un lieu d'inscription de la didacticité*, 1992.

Moirand S., "Instants discursifs d'une pandémie sous l'angle des chiffres, des récits médiatiques et de la confiance", *Repères DoRiF*, n° 24, 2021.

Morgenstern A., *Un JE en construction. Genèse de l'auto-désignation chez le jeune enfant*, Ophrys, 2006.

Moscovici S. (dir.), *Introduction à la psychologie sociale*, Larousse, 1972.

Mouillaud M., *Le discours et ses doubles. Sémiotique et politique*, P.U. de Lyon, 2014. von Münchow P., *L'analyse du discours contrastive. Théorie, méthodologie, pratique*, Limoges, Lambert-Lucas, 2021.

Neveu F., *Dictionnaire des sciences du langage*, Armand Colin, 2004.

Nietzsche F., "Fragments posthumes", Œuvres philosophiques complètes, Gallimard, 1997.

Nietzsche F., *Le gai savoir*, dans Œuvres, Robert Laffont, 1993.

Nietzsche F., *Le gai savoir*, Flammarion, 2007.

Nietzsche F., *La Volonté de puissance* II, Gallimard, "Tel", 1995.

Nora P., Étrange obstination, Gallimard, 2022.

Normand C. (dir.), *Langages*, n° 77, 1985, *Le sujet entre langue et parole(s)*.

Ogien A., "La décomposition du sujet", dans *Le parler frais d'Erving Goffman*, Minuit, 1969, pp. 100-109.

Ogien A., *Les formes sociales de la pensée. La sociologie après Wittgenstein*, Armand Colin, 2007.

Paissa P. et Koren R. (dir.), *Du singulier au collectif: construction(s) discursive(s) de l'identité collective dans les débats publics*, Limoges, Lambert-Lucas, "Études linguistiques et textuelles (Crem de l'U. de Lorraine)", 2020.

Paperman P., "L'absence d'émotion comme offense", dans *La couleur des pensées, Raisons pratiques*, EHESS, 1995.

Parret H. "Les stratégies pragmatiques", *Communications*, n° 32, 1980, pp. 250-273.

Parret H., *La communauté en paroles*, Bruxelles, Mardaga, 1991.

Paz O., *Posdata*, México, Siglo Veintiuno, 1979.

Pêcheux M., "Les Vérités de la Palice", dans M. Pêcheux, *L'inquiétude du discours. Textes présentés par D. Maldidier*, Éditions des Cendres, 1990, pp. 175-244.

Pelluchon C., *Les Lumières à l'âge du vivant*, Seuil, 2021.

Perelman Ch. et Olbrechts Tyteca L., *Traité de l'argumentation. La nouvelle rhétorique*, Bruxelles, Éditions de l'Université de Bruxelles, 1970.

Perelman Ch., *L'Empire rhétorique. Rhétorique et Argumentation*, Vrin, 1997.

Petit J.-L., "Repenser le corps, l'action et la cognition avec les neurosciences", *Intellectica* 1-2, n° 36-37, 2003, p. 17-45.

Petitclerc A. & Schepens P. (dir.), *Semen*, n° 27, 2009, *Critical Discourse Analysis I*.

Plantin C., *L'Argumentation*, Seuil, 1990.

Plantin C. (dir.), *Lieux communs, topoï, stéréotypes, clichés*, Kimé, 1993.

Plantin C., *Dictionnaire de l'argumentation. Une introduction aux études d'argumenta- tion*, Lyon, ENS-Édition, 2016.

Platon, *La République*, Flammarion, "GF", 1966.

Politzer G., *Critique des fondements de la psychologie*, Puf, 2003.

Pottier B., "La formulation des modalités en linguistique", *Langages*, n° 43, 1976, pp. 39-46.

Pradelou V., *La protéiformité de l'éditorial dans l'espace francophone. Étude croisée entre presse roumaine et presse québécoise*, doctorat de l'Université Bordeaux Montaigne, 2022.

Putnam H., *Représentation et réalité*, Gallimard, 1990.

Rabatel A., *Pour une lecture linguistique et critique des médias. Empathie, éthique, point(s) de vue*, Limoges, Lambert-Lucas, 2017.

Rabatel A., "La construction des identités personnelles et collectives autour de François Hollande dans le discours du Bourget de 2012 raconté par Laurent Binet", dans P. Païsa et R. Koren, *Du singulier au collectif, constructions discursives de l'identité collective dans les débats publics*, Limoges, Lambert-Lucas, "Études linguistiques et textuelles", 2020, pp. 55-69.

Ramonet I., *La tyrannie de la communication*, Galilée, 1999.

Rastier F., *Sémantique et recherches cognitives*, Puf, 2010.

Recanati F., *Philosophie du langage (et de l'esprit)*, Gallimard, «Folio», 2008.

Reich W., *La psychologie de masse du fascisme*, Payot, 1998.

Resweber J.-P., "Les enjeux de l'interdisciplinarité", *Questions de communication*, n° 19, 2011, p.171-199.

Rey A. (dir.), *Dictionnaire historique de la langue française*, Éditions Le Robert, 1992. Ricœur P., *De l'interprétation, Essai sur Freud*, Seuil, 1965.

Ricœur P., *Le conflit des interprétations*, Seuil, 1969.

Ricœur P., *Du texte à l'action*, Seuil, 1986.

Ricœur P., *Soi-même comme un autre*, Seuil, 1990.

Riffaterre M., "Fonction du cliché dans la prose littéraire", *Cahiers de l'AIEF*, n° 16, 1964, pp. 81-95.

Robinson B. et Juchs J.-P., "Genèse et développement du concept dans le champ des sciences sociales", *Hypothèses*, 2007, pp. 155-167.

Roulet E., Filliettaz L., Grobet A. et Burger M., *Un modèle et un instrument d'analyse de l'organisation du discours*, Berne, Peter Lang, "Sciences pour la communication", 2001.

Rouquette M.-L. et Rateau P., *Introduction à l'étude des représentations sociales*, Grenoble, PUG, 1998, pp. 86-87.

Sacks H., Schegloff E., and Jefferson G., "A simplest systematics for the organization of turn-taking in conversation", in J. Schenkein (Ed.), *Studies in the Organization of Conversational Interaction*, New York, Academic Press, 1978, pp. 7-56.

Sartre J.-P., *L'Etre et le Néant*, Gallimard, 1943.

Sartre J.-P., *Questions de méthode*, Gallimard, 1986.

Sartre J.-P., *L'existentialisme est un humanisme*, Gallimard, "Folio Essais", 1996.

Schleiermacher F., *Herméneutique*, Le Cerf et PUL, 1989.

Schopenhauer, *L'Art d'avoir toujours raison*, Minuit, 1983.

Searle J.R., *Expression and Meaning*, Cambridge, Cambridge U.P., 1979.

Searle J.R., *L'intentionalité. Essai de philosophie des* états *mentaux*, Minuit, 1983.

Searle J.R., *Du cerveau au savoir*, Hermann, 1985.

Searle J.R., "L'intentionalité collective", dans H. Parret, *La communauté en paroles*, Bruxelles, Mardaga, 1991, pp. 227-243.

Searle J.R., *La construction de la réalité sociale*, Gallimard, 1998.

Sécail C., *Les meetings électoraux. Scènes et coulisses de la campagne présidentielle de 2017*, Villeneuve d'Ascq, Presses du Septentrion, 2017.

Sechechaye A., "La pensée et la langue ou comment concevoir le rapport organique de l'individuel et du social dans le langage", dans *Essais sur la langage*, Minuit, 1969.

314 O sujeito falante em ciências da linguagem

Siess J. et Amossy R., "Légitimité démocratique et autorité en temps de Corona: L'allocution à la nation d'Angela Merkel (18mars 2020)", *Argumentation et analyse du discours*, n° 28, 2022, en ligne.

Soulages J.-C., *Cinquante ans de publicité à la télévision. Les consommateurs, ses avatars, ses imaginaires*, P.U. de Rennes, 2022.

Sperber D. et Wilson D., "Remarques sur l'interprétation des énoncés selon Paul Grice", *Communications*, n° 30, 1979, p. 80-94.

Sperber D. et Wilson D., *La pertinence*, Minuit, 1989.

Spinoza B., *Traité de la réforme de l'entendement, Le monde de la philosophie*, Flammarion, 2008.

Sternhell Z., *Les Anti-Lumières. Du xviiie siècle à la guerre froide*, Le Livre de Poche, 2010.

Strawson P.F., "Phrase et acte de parole", *Langages*, n° 17, 1970, pp. 19-33.

Suhamy A., "Sens et vérité: L'interprétation selon Spinoza", dans P. Wotling (dir.), *L'Interprétation*, Vrin, 2010, p. 37-62.

Thanassekos Y., "L'héritage des Lumières en péril. Une Contre-Réforme en cours", dans Lucia [collectif] (dir.), *Les Lumières contre elles-mêmes, Avatars de la modernité*, Kimé, 2009.

Thompson J.-B., *Studies in the Theory of Ideology*, Cambridge, Polity Press, 1984.

Thompson J.-B., "Langage et idéologie", *Langage et Société*, n° 39, 1987, p. 7-30.

Todorov T., *Les genres du discours*, Le Seuil, 1978.

Todorov, T., *Mikhaïl Bakhtine. Le principe dialogique, suivi des Écrits du Cercle de Bakhtine*, Minuit, 1981.

Toulmin S., *Les usages de l'argumentation*, Puf, 1993.

Touraine A. (dir.), *Mouvements sociaux d'aujourd'hui. Acteurs et analystes*, Colloque de Cerisy-la-Salle, Éditions Ouvrières, 1982.

Touraine A., "La voix du sujet", interview par Jean Carette, *Nuit blanche*, n° 56, 1994, pp. 41-43.

Traverso V., *La conversation familière*, Lyon, PUL, 1996.

Troper M., *La théorie du droit, le droit, l'État*, Puf, 2001.

Van Dijk T., "De la grammaire de texte à l'analyse socio-politique du discours", dans S. Moirand (dir.), *Le français dans le monde*, n° spécial, 1996, *Le discours: enjeux et perspectives*, pp. 16-29.

Van Dijk T., *Ideología. Una aproximación multidisciplinaria,* Barcelona, Gedisa, 1999.

Van Dijk T. "Texte, Contexte et Connaissance", dans A. Petitclerc et P. Schepens, Semen, n° 27, 2009, *Critical Discourse Analysis I*, pp. 127-157.

Vernant D., *Du discours à l'action*, Puf, 1997.

Vernant D., *Introduction à la philosophie contemporaine du langage. Du langage à l'action*, Armand Colin, 2010.

Veron E., "Sémiosis de l'idéologie et du pouvoir", *Communications*, n° 28, 1978, pp. 7- 20.

Veron E., "L'analyse du contrat de lecture", dans *Les médias: expériences et recherches actuelles*, IREP, 1985.

Véronique D. et Vion R., *Modèles de l'interaction verbale*, Aix, P.U. de Provence, 1995.

Verschueren J., "A la recherche d'une pragmatique unifiée", *Communications*, n° 32, 1980, pp. 274-284.

Vigarello G., *Le Propre et le sale: l'hygiène du corps depuis le Moyen Âge*, Seuil, 1985.

Vion R., *La communication verbale. Analyse des interactions*, Hachette, 1992.

Vion R., "Hétérogénéité énonciative et espace interactif", dans A. Decrosse (dir.), *L'esprit de société*, Liège, Mardaga, 1993, p. 67-80. Vygotski L., *Pensée et langage*, Éditions Sociales, 1985.

Warnock, G. J. Saturday mornings. In: Berlin, I. (ed.) Essays on J. L. Austin. Oxford, Oxford University Press, 1973, pp. 31-45.

Warnock, Geoffrey James. The Object of Morality. London, Routledge, 1971.

Referências bibliográficas   315

Warnock, Geoffrey James. J. L. Austin. 2nd ed. London, Routledge, 1999. (Collection The arguments of the philosophers).

Watzlawick P., Helmick B. et Jackson D. D., *Une Logique de la communication*, Seuil, 1972.

Weber M., *Le Savant et le Politique*, La Découverte, 1963.

Weber M., *L'éthique protestante et l'esprit du capitalisme*, Plon, 1964.

Weber M., Économie et Société, Plon, 1971.

Wittgenstein L., *Investigations philosophiques*, Gallimard, 1961.

Wotling P. (dir.), *L'interprétation*, Vrin, 2010.

Yanoshevsky G., "L'identité de l'Un dans le regard de l'Autre: Israël dans des guides touristiques et la question du locuteur collectif", dans P. Paissa et R. Koren, *Du singulier au collectif, constructions discursives de l'identité collective dans les débats publics*, Limoges, Lambert-Lucas, "Etudes linguistiques et textuelles", 2020, pp. 129- 147.

Bibliografia
do autor

1978, *Les conditions linguistiques d'une analyse du discours*, thèse d'État, Université Lille III et Villeneuve-d'Ascq, Atelier de reproduction des thèses.

1983, *Langage et discours*, Paris, Hachette.

1988, "La chronique cinématographique. Faire voir et faire parler", dans *La Presse. Produit. Production. Réception*, Didier Érudition, pp. 47-70.

1992, *Grammaire du sens et de l'expression*, Hachette.

1993, "Des conditions de la 'mise en scène' du langage", dans *L'esprit de société*, Bruxelles, Mardaga, pp. 27-65.

1993, "Le contrat de communication dans la situation de classe", dans J.-F. Halté (dir.), *Interactions*, Metz, P.U. de Metz, pp. 121-135.

1994, "Le discours publicitaire, genre discursif", *Mscope*, n° 8, pp. 34-44.

1995, "Quand le questionnement révèle des différences culturelles", dans *Le questionnement social, Actes du colloque international de Rouen*, Rouen, P.U. de Rouen.

1995, "Une analyse sémiolinguistique du discours", *Langages*, n° 117, *Les analyses du discours en France*, pp. 96-111.

1997, "Les conditions d'une typologie des genres télévisuels d'information", *Réseaux*, n° 81, 1981, pp. 79-101.

2000, "Une problématique discursive de l'émotion. A propos des effets de pathé- misation à la télévision", dans C. Plantin, M. Doury et V. Traverso, *Les émotions dans les interactions*, Lyon, P.U. de Lyon, pp. 125-155.

2001, "Visées discursives, genres situationnels et construction textuelle", dans M. Ballabriga, *Analyse des discours. Types et genres: communication et interprétation*, Toulouse, Éditions universitaires du Sud, pp. 45-73.

2002 (avec D. Maingueneau), *Dictionnaire d'analyse du discours*, Seuil. 2004 (dir.), *La voix cachée du tiers. Des non-dits du discours*, L'Harmattan.

2005, "Quand l'argumentation n'est que visée persuasive. L'exemple du discours politique", dans G. Martel et M. Burger, *Argumentation et communication dans les médias*, Montréal (Québec), Éditions Nota Bene, pp. 23-44.

2005, *Le discours politique. Les masques du pouvoir*, Vuibert.

2005, *Les médias et l'information. L'impossible transparence du discours*, Bruxelles, De Boeck (2e éd. en 2011).

318 O sujeito falante em ciências da linguagem

2006, "Un modèle socio-communicationnel du discours. Entre situation de communication et stratégies d'individuation", dans B. Miège, *Médias et culture. Discours, outils de communication, pratiques: quelle(s) pragmatique(s) ?*, L'Harmattan, pp. 15-39.

2007, "Les stéréotypes, c'est bien. Les imaginaires, c'est mieux", dans H. Boyer (dir.), *Stéréotypage, stéréotypes: fonctionnements ordinaires et mises en scène*, L'Harmattan, pp. 49-63.

2008, *Linguagem e discurso. Modos de organização*, São Paulo, Editora Contexto.

2008 (dir.), *La médiatisation de la science dans les médias d'information. Clonage, OGM, manipulations* génétiques, Bruxelles et Paris, De Boeck & Ina.

2008, "L'argumentation dans une problématique d'influence", *Argumentation et analyse du discours*, n° 1, en ligne, n.p.

2008, "Pathos et discours politique", dans M. Rinn (dir.), *Émotions et discours. L'usage des passions dans la langue*, Rennes, P.U. de Rennes, pp. 49-58.

2008, *Entre populisme et peopolisme. Comment Sarkozy a gagné*, Vuibert.

2009, "Une éthique du discours médiatique est-elle possible ?", *Communication* [Québec], tome 27, fasc. 2, n° 54, pp. 51-75.

2010, "Pour une interdisciplinarité focalisée dans les sciences humaines et sociales", *Questions de communication*, n° 17, pp. 195-222.

2013, "De l'ironie à l'absurde et des catégories aux effets", dans Ma. D. Vivero García (dir.), *Frontières de l'humour*, L'Harmattan, pp. 13-26.

2013 (dir.), *Langage et Société*, n° 146, *Humour et ironie dans la campagne présidentielle de 2012*.

2013, "L'arme cinglante de l'ironie et de la raillerie dans le débat présidentiel de 2012", *Langage et Société*, n° 146, *Humour et ironie dans la campagne présidentielle de 2012*, pp. 35-47.

2013, *La conquête du pouvoir. Opinion, persuasion, valeur. Les discours d'une nouvelle donne politique*, L'Harmattan.

2014, "Étude de la politesse entre communication et culture", dans A.-M. Cozma, A. Bellachhab et M. Pescheux (dir.), *Du sens à la signification. De la signification aux sens. Mélanges offerts à Olga Galatanu*, Bruxelles, Peter Lang, "Gramm-R", pp. 137-154.

2014, "La situation de communication comme fondatrice d'un genre: la controverse", dans M. Monte et G. Philippe (dir.), *Genres et textes. Déterminations, évolu- tions, confrontations – en hommage à J.-M. Adam*, Lyon, P.U. de Lyon, pp. 49-57.

2014, *Le discours politique. Les masques du pouvoir* (2005), Limoges, Lambert-Lucas. 2015 (dir.), *Humour et engagement politique*, Limoges, Lambert-Lucas.

2015, "L'humour de Dieudonné: le trouble d'un engagement", dans *Humour et engagement politique*, Limoges, Lambert-Lucas, pp. 135-182.

2015, "Le débat présidentiel. Un combat de mots. Une victoire aux points", *Langage et Société*, n° 151, pp. 109-129.

2017, *Le débat public. Entre controverse et polémique. Enjeu de vérité, enjeu de pouvoir*, Limoges, Lambert-Lucas.

2018, "Compréhension et interprétation. Interrogations autour de deux modes d'appréhension du sens dans les sciences du langage", dans G. Achard-Bayle *et alii* (dir.), *Les sciences du langage et la question de l'interprétation (aujourd'hui) (ASL 2017)*, Limoges, Lambert-Lucas, pp. 21-54.

2019, *Grammaire du sens et de l'expression* (1992), Limoges, Lambert-Lucas.

2020, *La manipulation de la vérité. Du triomphe de la négation aux brouillages de la post-vérité*, Limoges, Lambert-Lucas.

2021, "Réflexions pour l'analyse de la violence verbale", dans C. Pineira-Tresmon- tant (dir.), *Dire et ne pas dire la violence*, L'Harmattan, pp. 19-63.

2021, *La langue n'est pas sexiste*, Lormont [Bordeaux], Le Bord de l'Eau.

2022, *Le discours populiste, un brouillage des enjeux politiques*, Limoges, Lambert- Lucas.

O Autor

Patrick Charaudeau é professor emérito da Universidade de Paris-Nord (Paris XIII) e fundador do Centre d'Analyse du Discours (CAD) da mesma universidade. Criador de uma teoria de análise do discurso, denominada Semiolinguística, é autor de diversas obras: *A conquista da opinião pública, Discurso das mídias, Discurso e desigualdade social, Discurso político, Dicionário de análise do discurso, Linguagem e discurso e A manipulação da verdade*, todos publicados pela Contexto. Na França, é autor de vários livros, capítulos de livros e revistas, dedicados aos estudos discursivos.

GRÁFICA PAYM
Tel. [11] 4392-3344
paym@graficapaym.com.br